Heinz Reinders
**Qualitative Interviews mit Jugendlichen führen**

Heinz Reinders

# Qualitative Interviews mit Jugendlichen führen

Ein Leitfaden

3., durchgesehene und erweiterte Auflage

**DE GRUYTER**
OLDENBOURG

ISBN 978-3-11-047054-3
e-ISBN (PDF) 978-3-11-046956-1
e-ISBN (EPUB) 978-3-11-046978-3

**Library of Congress Cataloging-in-Publication Data**
A CIP catalog record for this book has been applied for at the Library of Congress.

**Bibliografische Information der Deutschen Nationalbibliothek**
Die Deutsche Nationalbibliothek verzeichnet diese Publikation in der Deutschen
Nationalbibliografie; detaillierte bibliografische Daten sind im Internet über
http://dnb.dnb.de abrufbar.

© 2016 Walter de Gruyter GmbH, Berlin/Boston
Einbandabbildung: Swillklitch/iStock/Thinkstock
Autorenfoto: © Gunnar Bartsch, Universität Würzburg
Satz: le-tex publishing services GmbH, Leipzig
Druck und Bindung: CPI books GmbH, Leck
♾ Gedruckt auf säurefreiem Papier
Printed in Germany

www.degruyter.com

# Inhalt

# Vorwort zur 3. Auflage

Es gibt neue Impulse in der qualitativen Forschung. Die zahlreichen Fortbildungsangebote und die immense Nachfrage nach Winter- und Sommerschulen, in denen Doktorand(inn)en sich in diesem methodischen Arsenal ausbilden lassen, deuten auf eine neue Generation qualitativer Forscher/-innen hin. Aus eigener Wahrnehmung als Dozent dieser Fortbildungsangebote ließe sich diese neue Generation als pragmatisch in ihrem Verhältnis zu verschiedenen Epistemologien charakterisieren.

Qualitative Forschung wird offenbar mehr und mehr als ein leicht praktikabler Zugang zum Wissen über die soziale Realität gesehen. Die Zeit der wissenschaftstheoretischen Debatten darüber, wie man Kenntnis von der „wahren" Gestalt dieser Realität erlangt, scheint vorerst vorbei. Immer wieder betone ich daher gerne in meinen Workshops, dass qualitativ zu forschen bedeutet, deren Prämissen anzuerkennen und nach ihnen forschend zu handeln. Allein deshalb gewinnt der einleitende Teil dieses Bandes eine neue Aktualität, weil er genau zu diesem Zusammenhang von wissenschaftstheoretischer Überzeugung einerseits und Konsequenzen für die Forschungspraxis andererseits ermuntert.

Der neue Pragmatismus der qualitativen Forschung zeigt sich aber auch darin, dass die Kombination verschiedener Forschungszugänge, die Verknüpfung von quantitativen und qualitativen Methoden zur Grundausstattung einer jeden Methodenschule zu gehören scheint. Diese Kombination hieß früher Triangulation, heute heißt sie Mixed Methods und wird als Titel und Programm beworben, als hätte es keine methodischen Vorläufer gegeben. Bezeichnenderweise wird Triangulation/Mixed Methods nach wie vor allem von Seiten der qualitativen Forschung angegangen. Quantitative Forschung schaut diesem Phänomen immer noch mit einer Mischung aus Desinteresse und erhabenem Schmunzeln zu.

Methodisch markante Weiterentwicklungen im Bereich der Interviewtechniken haben auch seit der zweiten Auflage dieses Bandes nicht stattgefunden, es sind aber stärker erfahrungsbasierte Werke zu qualitativen Interviews erschienen. Diese neue Praxisorientierung lässt sich ebenfalls als ein Indiz für die große Nachfrage nach praktischer Forschung einerseits und, abstrahiert, einem allgemeinen Interesse an Pragmatismus andererseits interpretieren. So wird etwa gelegentlich argumentiert, dass qualitative Interviews mit Kindern die Möglichkeit bieten, Kinder bereits unterhalb von acht Jahren zu befragen. Standardisierte Varianten seien aufgrund der schriftsprachlichen Fähigkeiten nicht möglich. Abgesehen davon, dass es sehr wohl möglich ist, Erstklässler mittels Fragebogentechnik zu befragen, schimmert in diesem Argument der Pragmatismus durch, nicht aber die Einsicht, dass qualitative Forschung einen spezifischen Zugang zur sozialen Realität darstellt, eine wissenschaftstheoretische Grundlegung davon, wie wir Wissen über diese Realität erlangen können.

Wird dieser Umstand berücksichtigt, spricht nichts gegen eine gute Forschungspraxis qualitativer Interviewforschung. Es darf ja auch durchaus einen achten Teil der Star-Wars-Saga geben – wenn er gut gemacht ist.

Würzburg, im Juli 2016

# Vorwort zur 2. Auflage

Die vorliegende zweite Auflage zeigt, dass nach wie vor großes Interesse an qualitativer Jugendforschung besteht. Dies ist in Zeiten vornehmlich quantitativer Bildungsforschung sicherlich keine Selbstverständlichkeit und es hat zunehmend wieder den Anschein, dass qualitative Forschung ins Hintertreffen der allgemeinen Aufmerksamkeit tritt. Ein näherer Blick zeigt aber, dass unterhalb der vielfach wahrgenommenen Bildungsstudien wie PISA und IGLU eine große Zahl an qualitativen Projekten mit einem spannenden Ertrag zu finden sind. So befassen sich qualitative Projekte mit dem Einfluss von Gleichaltrigen auf Bildungsaspirationen von Jugendlichen oder der von Schülern wahrgenommenen Qualität von Ganztagsschulen. Der eigenständige Erkenntnisgewinn qualitativer Forschung ist daher nach wie vor unbestritten und der vorliegende Band soll dazu ermuntern und Hilfestellungen geben, subjektorientierte Jugendforschung zu betreiben.

Diverse Rezensionen zur Erstauflage sind dabei so positiv aufgefallen, dass der Autor ganz unvoreingenommen annimmt, dass das Ziel dieses Bandes erreicht wird: verständlich und übersichtlich in die Durchführung qualitativer Interviews mit Jugendlichen einzuweisen. Daher wurde auch kein Anlass gesehen, das Werk grundlegend zu überarbeiten.

Seit der Erstauflage im Mai 2005 haben sich zudem keine substanziellen Methodenveränderungen im qualitativen Bereich ergeben, die zu einer grundlegenden Überarbeitung dieses Bandes hätten führen müssen. Allerdings haben sich durchaus Entwicklungen ergeben, die auf eine Disziplinerweiterung qualitativer Methoden hindeuten, etwa der Anwendung in der Entwicklungspsychologie. Insgesamt aber konzentriert sich die Neuauflage auf redaktionelle Überarbeitungen, bei denen Franziska Seemann für ihre Unterstützung Dank gebührt.

Würzburg, im Juni 2012

# Vorwort zur 1. Auflage

Am Anfang war das Wort – und nicht etwa die Zahl. Dadurch lässt sich vielleicht begründen, warum man sich so ungern mit Statistik, Tabellen und Zahlen befasst. Studierende wählen gerne eine qualitative Interviewstudie als Methode für ihre Abschlussarbeit, weil sie dann nicht mit Zahlen arbeiten müssen. Qualitative Forschung wird dann missverstanden als Gegensatz und leichtere Alternative zur quantitativen – mit Zahlen operierenden – Forschung. Beides trifft eher nicht zu. Zum einen ist qualitative Forschung kein Gegensatz zur quantitativen Herangehensweise. Beide Forschungstypen unterscheiden sich zwar in der Auffassung darüber, wie sich die soziale Realität gestaltet und wählen dementsprechend eine je eigene Methode. Gemeinsam ist beiden Herangehensweisen aber, neue Erkenntnisse über die soziale Realität zu gewinnen. Nicht die Angst vor Chi-Quadrat, Kolmogorov-Smirnov oder Varianzanalysen sollte die eigene Wahl der Forschungsmethode bestimmen, sondern die Angemessenheit des Forschungszugangs zur Fragestellung der eigenen Forschung.

Zum anderen ist qualitative Forschung auch nicht „einfacher" oder gar schneller zu bewerkstelligen als quantitative Forschung. Sie ist anders und damit anders schwierig und aufwendig. Bei der einen Variante wird viel Schweiß u. a. in die Konstruktion des Fragebogens und die Suche nach ausreichend umfangreichen Stichproben gesteckt. Für Studierende ist häufig auch das Erlernen geeigneter Auswertungsverfahren und die Interpretation der Daten eine Herausforderung. Bei qualitativer Forschung steckt viel Arbeit in der Formulierung und Reformulierung des Leitfadens, der Transkription und der intensiven Lektüre der Interviews sowie der Auswertung der Daten. Es sei die These gewagt, dass qualitative Forschung sogar zeitintensiver ist.

Wenn Sie als Lesende aber bereits bei dem Gedanken an Statistiken allergische Reaktionen zeigen, dann empfiehlt sich allein aus gesundheitlichen Gründen doch eher der qualitative Zugang. Allen Zahlen-Allergikern sei dieser Band gewidmet, in dem die eigenen Erfahrungen mit qualitativer Forschung gesammelt sind.

Und weil am Anfang immer das Dankeswort ist, sei an dieser Stelle den (qualitativ formuliert) *vielen* Menschen gedankt, die zu diesem Band lang-, mittel- und kurzfristig beigetragen haben. Lang-, mittel- sowie kurzfristig, und damit besonders hervorhebenswert, war der Beitrag von Prof. Dr. Dagmar Bergs-Winkels. Langfristig, weil sie es war, die mich mit qualitativer Forschung nicht nur vertraut gemacht, sondern auch regelrecht „angefixt" hat. Es liegt jedoch nicht in ihrer Verantwortung, was ich aus diesen Erfahrungen in diesem Band gemacht habe. Mittel- und kurzfristig, weil sie Teile des Manuskripts kritisch gelesen und einen Beitrag für diesen Band verfasst hat (siehe Kap. 2.5).

Ebenfalls langfristig zum Entstehen des Buches haben die unzähligen Interviewer/-innen und Protokolant(inn)en beigetragen, die die qualitativen Forschungsprojekte überhaupt erst ermöglichten, auf deren Erfahrungen dieser Band beruht. Prof. Dr. Gabriele Claßen und Dr. Petra Butz (Typenprojekt) ebenso wie Tanja Mangold, Dr. Karina Karst und Corinna Grimm (Interethnische Freundschaftsbeziehungen), Dr. Sebastian Schmid, Dr. Franziska Dietz und Axel Grund (Wertewandel und Lernmotivation), sowie Benjamin Thomas, Britta Dachner und Dr. Carolina Küpper-Tetzel (Entwicklungsnormen in der Adoleszenz) gilt hierfür besonderer Dank. Obwohl namentlich nicht mehr alle bekannt, ist auch den Protokollant(inn)en der Vorlesung „Empirie/Statistik" im WS 1999/2000 an der FU Berlin zu danken. Ich bin mir sicher, sie hätten lieber zehn Klausuren geschrieben, als die Transkripte anzufertigen.

Auch mittel- und kurzfristig gab es viele helfende Hände bei der Durchsicht und Korrektur des Manuskripts. Anna Seidel und Enikö Varadi haben sich der Rechtschreibung und der Verständlichkeit aufopfernd gewidmet und einen feinen Sinn für guten Ausdruck bewiesen. Alle unverständlichen Sätze dieses Manuskripts habe ich gegen ihren ausdrücklichen Willen beibehalten. Barbara Heim nahm mit bewundernswerter Gelassenheit den Kampf mit dem Literaturverzeichnis auf und hat dieses in filigraner Feinarbeit in ihre endgültige Form gebracht.

Mannheim, im Mai 2005

# 1 Einführung

Dieser Band richtet sich an Wissenschaftler, Studierende und in der Praxis Tätige, die im Begriff sind, eine qualitative Interviewstudie mit Jugendlichen durchzuführen. Das Ziel ist es, bei diesem Vorhaben zu unterstützen. Es wird ein Leitfaden bereitgestellt, der Schritt für Schritt durch die Phasen des Forschungsprozesses begleitet. Der Band soll helfen, Antworten u. a. auf die folgenden Fragen zu finden:

(1) Was bedeutet qualitativ forschen eigentlich?
(2) Wie wirken sich Grundannahmen qualitativer Forschung auf den Forschungsprozess aus?
(3) Nach welchen Schritten kann ich meinen Forschungsprozess organisieren?
(4) Was muss ich bei den einzelnen Schritten beachten?
(5) Wie lege ich eine geeignete Fragestellung, Interviewmethode und Stichprobe fest?
(6) Wie erstellt man einen Interviewleitfaden?
(7) Wie führe ich qualitative Interviews durch?

Entsprechend diesen Fragen gliedert sich der vorliegende Band inhaltlich. Der erste Schwerpunkt beschäftigt sich mit den Fragen (1) und (2). Es soll ein grundlegendes Verständnis qualitativer Forschung vermittelt werden. Es wird aufgezeigt, wie deren Prämissen in die konkrete Forschung und Durchführung von Interviews mit Jugendlichen hineingreifen. Den zweiten Schwerpunkt bilden Hinweise zu den Fragen (3) und (4). Es erfolgt die Darstellung des Ablaufs und der Phasen qualitativer Interviewstudien. Die einzelnen Schritte der Vorbereitung und Durchführung werden eingeführt und im Überblick beschrieben. Der dritte Fokus liegt bei der Bearbeitung der Fragen (5) bis (7). Die Planungs- und Durchführungsphase von Interviewstudien stehen hier im Mittelpunkt. Die Ausführungen zur Planungsphase sollen bei einer möglichst zielführenden Vorbereitung der eigenen Studie behilflich sein. Dies beginnt bei der Festlegung der Fragestellung sowie der Interviewmethode und reicht bis zu Fragen der Stichprobenwahl und der Erstellung von Interviewleitfäden. Für die Durchführungsphase werden konkrete forschungspraktische Probleme angesprochen. Wie erreiche ich die Stichprobe? Was muss ich vor dem Interview beachten? Welche technische Ausstattung wird benötigt? Wie verläuft eigentlich ein Leitfadeninterview und wie muss ich es transkribieren? All dies sind wesentliche Unterpunkte zu Frage (7) bezüglich der Durchführung qualitativer Interviews.

Zu Fragebogenuntersuchungen und Experimenten existieren im Bereich der quantitativen Forschung eine ganze Reihe an Publikationen, die bei der Durchführung von Studien assistieren (etwa Bortz, 1984; Mummendey, 2008). Für qualitative Interviewforschung besteht eine stetig steigende Zahl an Publikationen, die in die Methodologie und Methoden qualitativer Forschung einführen (Lamnek, 1995a, 1995b, Flick, von Kardorff & Steinke, 2000; Mayring, 2002; Friebertshäuser & Prengel, 2003, Misoch, 2014). Was ebenfalls im Zuge des zunehmenden Pragmatismus zugänglich wird, sind Werke, die den qualitativ Forschenden auf seinem Weg von der Fragestellung bis hin zum durchzuführenden Interview begleiten (Kaufmann, 1999; Tietel, 2000; Helfferich, 2011; Vogl, 2015). Im Bereich der Interviews mit Jugendlichen ist es aber nach wie vor jedem qualitativ Forschenden überlassen, immer wieder aufs Neue eigene Erfahrungen zu machen, die auf den Fluren von Forschungsinstituten und Kongressen kolportiert werden. Im günstigsten Fall hilft der Betreuer einer Abschlussarbeit dabei, den zuweilen holprigen Weg bis hin zu den Interviewdaten etwas zu glätten. Auch die zunehmende Zahl an Seminaren zu Methoden qualitativer Forschung stellen einen wichtigen Erfahrungspool für „Neuforscher" dar. Gleichwohl zeigt sich im wissenschaftlichen Alltag immer wieder, dass ein großer Bedarf an nachlesbarem Wissen über den Ablauf qualitativer Interviewstudien mit Jugendlichen besteht.

An diesem Punkt setzt dieser Band an, in dem Kenntnisse der Durchführung qualitativer Interviewstudien aus der Literatur und die in eigenen Projekten gemachten Erfahrungen zusammengetragen und zu einem Leitfaden für die Durchführung qualitativer Interviews mit Jugendlichen verdichtet werden. Es ist insbesondere die letztgenannte Erfahrung, die den Fokus dieses Bandes mitbestimmt. Der Fokus liegt erstens auf der Durchführung von Interviews mit Jugendlichen und zweitens auf der Methode der Leitfadeninterviews. Diese beiden Anker spiegeln sich an verschiedenen Stellen wider und verweisen darauf, dass die Ausführungen nicht uneingeschränkt auf andere Zielgruppen (etwa Kinder, vgl. Vogl, 2015) oder Interviewmethoden (bspw. narrative Interviews, vgl. Helfferich, 2011) übertragbar sind. Gleichwohl sind Begrenzungen unumgänglich, um den Inhalt überschaubar und damit für die Lesenden nutzbar zu halten. An der richtigen Adresse sind demnach mit diesem Band all jene, die beides anpeilen: Jugendliche mit Leitfadeninterviews zu beforschen. Junge Erwachsene stellen aber sicherlich auch eine Zielgruppe dar, die mithilfe dieses Buches interviewt werden können. Auch werden neben dem Leitfadeninterview andere Befragungsmethoden vorgestellt, die in der qualitativen Forschung eingesetzt werden.

Es besteht mittlerweile eine Vielzahl an qualitativen Studien mit Jugendlichen, die seit den 1980er-Jahren gehäuft durchgeführt werden (zusf. Treumann, 1986; Fuchs-Heinritz, 1993; Krüger, 2000; Deppe, 2013; Krüger et al., 2014). Hieran sind wesentlich die Erziehungswissenschaft und die Soziologie beteiligt. Versuche einer qualitativen Entwicklungspsychologie, wie sie um die Jahrtausendwende herum gestartet wurden (Conzelmann, Gabler & Nagel, 1998; Mey, 2000, 2001; Hitzler, 2002; Terhart, 2003), sind eher im Sande verlaufen. Entsprechend besteht vor allem aus erziehungswissenschaftlicher und soziologischer Perspektive ein reichhaltiger Fundus an Studien, die in Ergänzung und Erweiterung quantitativer Forschung zum besseren Verständnis der Jugendphase beitragen. Ein Blick in solche Studien ist lohnend, um sich mit Fragestellungen, Methoden und Befunden der qualitativen Forschung vertraut zu machen. Ergänzend zur Lektüre dieses Bandes kann ein solcher Blick in die Forschung helfen, ein Verständnis für qualitative Jugendforschung zu gewinnen. Einen Beitrag hierzu können auch die Beschreibungen derjenigen Projekte leisten, an denen der Autor beteilt war und deren Interviews an vielen Stellen zum besseren Verständnis illustrativ herangezogen werden. Das Verständnis für „Jugend als Lebensphase" kann hilfreich sein, um sich für Besonderheiten der zu untersuchenden Zielgruppe zu sensibilisieren. Denn es ist etwas anderes, einen berufstätigen 40-Jährigen mit Familie, Haus und Garten zu befragen als einen 15-jährigen Schüler mit nervenden Eltern, Smartphone und unaufgeräumtem Zimmer. In der Jugendphase sind bestimmte Themen, Probleme und Herausforderungen dominant, die in anderen Lebensphasen in dieser Form nicht (mehr) auftauchen. Der Fokus auf die Zielgruppe der Jugendlichen ist damit eine Besonderheit dieses Bandes und notwendige Begrenzung. Durch diese Fokussierung können Spezifika bei der Durchführung von Interviews mit Jugendlichen betont und besprochen werden.

Bevor der Gang durch das Buch beginnt, sei auf einen weiteren Punkt hingewiesen. Auf die Darstellung von Auswertungsschritten und -methoden für qualitative Interviews wird verzichtet. Zum einen, weil es keine Auswertungsvarianten gibt, die besonders für Jugendinterviews geeignet sind. Im Gegensatz etwa zur Durchführung von Interviews, die sich wesentlich nach der Zielgruppe richtet, sind Auswertungsverfahren weniger stark abhängig von der Untersuchungsgruppe, aus der die Daten hervorgegangen sind. Zum anderen gibt es eine ganze Reihe guter Darstellungen von Auswertungsmethoden, deren Einflechtung in diesen Band den Rahmen eindeutig gesprengt hätte. Für die Auswertung wird also auf zusätzliche Literatur verwiesen (etwa Mayring, 2000, siehe Kap. 6).

## 1.1 Gang durch das Buch

Dieser Band gliedert sich in insgesamt vier Teile. Diese sind so angeordnet, dass sie dem Fortgang einer qualitativen Studie im Wesentlichen entsprechen. Abweichungen hiervon erfolgen aus Gründen der besseren Verständlichkeit, bleiben aber eher die Ausnahme. Der Pfad durch die einzelnen Kapitel beginnt mit einer Einführung in Grundlagen qualitativer Forschung, leitet über zu ausgewählten Fragestellungen der qualitativen Jugendforschung und mündet in der Planung und Durchführung einer Interviewstudie. Es wird also beim „Allgemeinplatz" qualitativer Forschung begonnen, ein Zwischenstopp bei der qualitativen Jugendforschung eingelegt und auf das Ziel der Durchführung eigener Studien hingearbeitet.

Kapitel 2 beschäftigt sich mit den Grundlagen qualitativer Forschung, die an der Theorie und Methodologie des Symbolischen Interaktionismus aufgezeigt werden. Es sind andere qualitative Zugänge denkbar (etwa die Hermeneutik). Allerdings handelt es sich beim Symbolischen Interaktionismus nicht nur um einen prominenten Vertreter des qualitativen Paradigmas. Auch stehen Leitfadeninterviews, wie sie hier besprochen werden, in der besonderen Tradition dieser Ausrichtung (Flick, von Kardorff & Steinke, 2000). Aus dem Symbolischen Interaktionismus werden Folgen für qualitative Forschung abgeleitet und zentrale Prinzipien qualitativer Forschung besprochen.

Diese Prinzipien führen wiederum dazu, dass der Ablauf qualitativer Forschung in einer ganz spezifischen Weise gedacht werden muss. Wesentliche Merkmale sind nicht einfach nur die Verschiedenheit zum Prozess quantitativer Forschung, sondern ihr stark zirkulärer Charakter. Der Forschungsprozess qualitativer Forschung wird in seinen Teilphasen vorgestellt. Diese Phasen sollen als Orientierung für die eigene Studie dienen und sind aus diesem Grund eine empfehlenswerte Lektüre. Ebenfalls besondere Beachtung sollte das Kapitel zur Zeitplanung bei einer qualitativen Studie finden. Nicht selten scheitern qualitative Vorhaben an einer Unterschätzung des Auswertungs- und Publikationsaufwands (Oswald, 2003). Die Ausführungen sollen helfen, den Zeitplan im Griff zu halten.

In Kapitel 3 werden ausgewählte Fragestellungen qualitativer Jugendforschung vorgestellt. Es werden vier Untersuchungen dargestellt, deren Interviews im Verlauf des Bandes zur Illustration herangezogen werden. Die Darstellung der Projekte soll nicht nur die Variation von Fragestellungen in der qualitativen Jugendforschung aufzeigen. Darüber hinaus soll ein Einblick in Stichproben, Methoden und Befunde am Beispiel konkreter Projekte gegeben werden. Schließlich hilft die Kenntnis der Studien, die zitierten Interviewpassagen dieses Buches besser einordnen zu können.

In Kapitel 4 wird die Planungsphase qualitativer Interviews in den Mittelpunkt gerückt. Diese Phase wird ausführlich behandelt und vier wesentliche Schritte der Planung einer Studie besprochen. Hierbei handelt es sich im Einzelnen um die Festlegung einer Fragestellung, die Festlegung der Interviewmethode sowie der Stichprobe und der Erstellung eines Leitfadens. Es wird aufgezeigt, dass diese Teilschritte rekursiven Charakter besitzen. Das heißt, die einzelnen Phasen bauen nicht trennscharf aufeinander auf. Sie sind vielmehr wechselseitig miteinander verzahnt. Die Ausgangsfrage einer Studie kann sich ändern, wenn die ersten Interviews durchgeführt wurden. Die anvisierte Stichprobe ändert sich unter Umständen mit der Fragestellung und die Interviewmethode kann im Extremfall den Erfordernissen der Fragestellung angepasst werden. Pointiert ausgedrückt: die Planungsphase ist bei qualitativer Forschung definitiv erst nach der Durchführung des letzten Interviews abgeschlossen. Es werden Hinweise auf diese Verzahnung der Phasen gegeben und die einzelnen Teilbereiche ausführlich besprochen.

Kapitel 5 thematisiert die konkrete Durchführung von Leitfadeninterviews mit Jugendlichen. Hierzu gehören Überlegungen zur Kontaktaufnahme mit Jugendlichen ebenso wie Fragen der technischen Ausrüstung zur Aufnahme des Interviews. Ferner wird erörtert, was vor einem Interview zu beachten ist und wie Leitfadeninterviews tendenziell verlaufen. Hierzu werden die 83 Interviews der vier Jugendstudien aus Kapitel 3.2 verwendet und einer quantitativen Inhaltsanalyse unterzogen. Zwar variieren Interviews in ihrem Verlauf in Abhängigkeit von Interviewer und Interviewtem. Dennoch kann ein grundsätzlicher Trend der Informationsdichte in Interviews aufgezeigt werden. Dies ist hilfreich, um bspw. eher konzentrationsschwächere und -stärkere Phasen des Interviews zu identifizieren. Die Aufgliederung des Interviewverlaufs in seine einzelnen Teilphasen ermöglicht es, Hinweise dafür zu geben, in welcher

Phase welche Interviewtechnik genutzt werden kann. Auch werden in diesem Kapitel Bedingungen aufgezeigt, die die Informationsdichte von Interviews mitbestimmen. Anhand der 83 Interviews kann gezeigt werden, wie sich Alter, Geschlecht, Schulform etc. von Jugendlichen auf den Informationsgehalt von Interviews auswirken. Ergänzend zur Verlaufsbeschreibung stehen Probleme und Fehler bei der Durchführung von Interviews im Mittelpunkt und es werden Fragen der Abschrift (Transkription) der Interviewaufnahme behandelt. Am Ende des Kapitels werden zum entspannenden Ausklang einige „Schmankerl" aus den Interviews zitiert.

Eine eher knappe Schlussbemerkung in Kapitel 7 und die darin enthaltenen Literaturhinweise zur Auswertung qualitativer Daten schließen die Ausführungen ab. Insgesamt ist der Band so konzipiert, dass die einzelnen Kapitel aufeinander aufbauen. Die Lektüre einzelner Abschnitte ist jedoch möglich, da die für das Verständnis wesentlichen Informationen aus vorangegangenen Kapiteln zusammengefasst wiedergegeben werden.

## 1.2 Ergänzende Hinweise

Vorab sei darauf hingewiesen, dass in diesem Buch die männliche Schreibweise verwendet wird. So wird aus weiblichen Jugendlichen grundsätzlich ein Jugendlicher und aus Interviewerinnen werden Interviewer. Sodann sind Symbole, die an einigen Stellen dieses Bandes verwendet werden, der Verständlichkeit halber kurz zu erläutern:

Hervorhebungen mit dem Blitz als Symbol verweisen auf Hintergrundinformationen, die zu einem Thema gegeben werden. Diese Informationen können als eine Art „Zwischenablage" verwendet werden, damit die Ausführungen im Fließtext besser verständlich sind.

Mit diesem Symbol werden besonders wichtige Aussagen und Merksätze hervorgehoben. Diese Form der Hervorhebung wird sparsam verwendet, um besonders zentrale Aspekte zu betonen. Es handelt sich hierbei entweder um Definitionen, um wichtige „Stolpersteine", die es zu vermeiden gilt, oder um Handlungsempfehlungen für die eigene Studie.

Ferner enthalten die Kapitel Empfehlungen für weiterführende Literatur. Dies sind zumeist Publikationen, die einen vertiefenden Einblick in das Thema geben oder ergänzende nützliche Hinweise enthalten. Diese Literaturhinweise erheben keinen Anspruch auf Vollständigkeit.

# 2 Grundlagen qualitativer Sozialforschung

| | |
|---|---|
| Qualitativer Forscher: | Viele Menschen heutzutage sind von ihrer Arbeit gelangweilt und sind … |
| Quantitativer Forscher: | Welche Leute, wie viele, wann und wie lange sind sie gelangweilt, wo arbeiten sie, wieso sind sie gelangweilt, woher kommen diese Leute, welcher Teil der Arbeit langweilt sie besonders …? |
| Qualitativer Forscher: | Das spielt keine Rolle. |

Dieser Dialog zwischen einem qualitativen und quantitativen Forscher ist zunächst einmal nur für jemanden, der schon seit vielen Jahren Sozialforschung betreibt, witzig. Darüber hinaus macht er aber deutlich, dass die Frage danach, was qualitative Sozialforschung ist, häufig damit beantwortet wird, was sie nicht ist: Statistik, Zahlen, Diagramme und endlose Tabellen – also alles, nur nicht quantitativ. Selbst einschlägige Lehrbücher zu qualitativer Forschung beginnen mit der Gegenüberstellung von qualitativer und quantitativer Forschung, um deutlich zu machen, dass quantitative Forschung genau das ist, was man nicht betreiben möchte (etwa Lamnek, 1995a: 3). Dies hat zwei Gründe: Erstens liefern sich qualitative und quantitative Forschung seit Anbeginn einen erbitterten Kampf darüber, welche der beiden Richtungen die Welt im Allgemeinen und den Menschen im Besonderen besser erfassen kann. Zweitens ist es immer einfacher zu sagen, was man nicht ist, als zu sagen, was man ist. Oswald (2003) hat darauf hingewiesen, dass mit dem Begriff „qualitativ" als Konterpart zu „quantitativ" zu ungenau umgegangen wird, weil auch qualitative Forschung manchmal nicht umhinkommt, zu zählen. Streng genommen müsste ein nicht zählender (qualitativer) Forscher sagen: „Ich habe diesen und jenen Schüler befragt und die Interviews empfand ich als sehr lang." 15 Interviews à 45 Minuten. Das ist präziser, verständlicher und zudem noch kürzer. Die strenge, zuweilen dogmatische Abkehr von den „Fliegenbeinzählern" hilft also erstens nicht zu verstehen, was qualitative Forschung ist, und kann zweitens dazu führen, dass manchmal die Möglichkeit genauer Beschreibungen verschenkt wird (auch wenn das genannte Beispiel überzogen ist).

Am liebsten ist dem geneigten Leser, gleich zu Beginn eine Definition zu erhalten, etwa in dem Stil: „Qualitative Sozialforschung ist …". Das ist aber bei qualitativer Sozialforschung nicht so ohne Weiteres möglich, denn es besteht eine Vielfalt von Methoden, Methodologien, Theorien und vor allem Disziplinen, die sich „qualitativ" nennen lassen. Deshalb heißt dieses Kapitel nicht „Was ist qualitative Sozialforschung?" sondern „Grundlagen qualitativer Sozialforschung". Eine Idee von qualitativer Forschung erhält man dann, wenn grundlegende Voraussetzungen dieses Zugangs benannt sind. So beschreiben Flick, von Kardorff und Steinke (2000) als Ziele qualitativer Forschung, die „Lebenswelten ‚von innen heraus' aus der Sicht der handelnden Menschen zu beschreiben. Damit soll sie zu einem besseren Verständnis sozialer Wirklichkeit(en) beitragen und auf Abläufe, Deutungsmuster und Strukturmerkmale aufmerksam machen." (Flick, von Kardorff & Steinke, 2000: 14)

Damit wird lediglich benannt, was die Ziele qualitativer Forschung sind, nicht aber, was eigentlich genau unter „qualitativ" zu verstehen ist. Mayring (2002) hebt fünf Grundsätze des qualitativen Forscherdenkens hervor: „[...] *Subjektbezogenheit* der Forschung, die Betonung der *Deskription* und der *Interpretation* der Forschungssubjekte, [...] Subjekte auch in ihrer natürlichen, *alltäglichen* Umgebung (statt im Labor) zu untersuchen [...]" (Mayring, 2002: 19, Hervorhebungen im Original).

Auch Bogdan und Taylor (1998) definieren nicht, sondern beschreiben, was charakteristisch für qualitative Sozialforschung ist.

> Qualitative methodologists refer to research procedures which produce descriptive data: *people's own written or spoken word* and observable behavior. [...] Qualitative methods allow us to know people personally and to see them as they are *developing their own definitions of the world*. We *experience what they experience* in their daily struggle with their society. We learn about groups and experiences *about which we may know nothing*. (Bogdan & Taylor, 1998: 4 f., Hervorhebungen des Verfassers)

Die vorangegangenen Zitate und die im letzten Zitat hervorgehobenen Passagen machen deutlich, was wesentliche Grundlagen qualitativer Forschung sind. Erstens ist die Datengrundlage das, was Menschen sagen, schreiben oder wie sie sich verhalten, wobei der Text die häufigste Datenform darstellen dürfte. Entweder wurde dieser Text von Personen direkt geschrieben (Tagebücher, Aufsätze etc.) oder das, was sie gesagt haben, niedergeschrieben (das sogenannte Transkript von Interviews). Diese Texte bleiben in ihrer *inhaltlichen Ganzheit* erhalten und deren Inhalte werden nicht (primär) in Zahlen umgeformt. Zweitens wird den *subjektiven Sichtweisen des Menschen* zentrale Bedeutung beigemessen. Es wird davon ausgegangen, dass Menschen sich so in ihrer Welt verhalten, wie sie diese wahrnehmen. Drittens möchte qualitative Sozialforschung *verstehen*, was Menschen denken, wie sie handeln, was sie erlebt haben oder was sie fühlen. Warum jemand schlechte Laune hat, soll nicht durch Theorien erklärt werden, sondern dadurch, wie diese Person den bisherigen Tag erlebt hat. (Es soll ja Menschen geben, die schlechte Laune bekommen, wenn man nett zu ihnen ist.) Und viertens hat sich qualitative Sozialforschung zumeist zur Aufgabe gemacht, *Neues zu entdecken*: „Standardisierte Methoden benötigen für die Konzipierung ihrer Erhebungsinstrumente [...] eine feste Vorstellung über den untersuchten Gegenstand, wogegen qualitative Forschung für das Neue im Untersuchten, das Unbekannte im Scheinbar Bekannten offen sein kann. Damit können auch Wahrnehmungen von Fremdheit in der modernen Alltagswelt [...] beschrieben und in ihrer Bedeutung verortet werden." (Flick, von Kardorff & Steinke, 2000: 17)

Selbstredend kann auch mit quantitativer Forschung (etwa durch Fragebogenuntersuchungen oder Experimente) Neues entdeckt werden. Wichtiger ist vermutlich, dass qualitative Forschung aufgrund des dynamischeren Forschungsprozesses besser dazu geeignet ist, Fragestellungen zu bearbeiten, zu denen bisher wenig bekannt ist (Krappmann & Oswald, 1996: 25; Oswald, 2003: 79).

Diese vier – zunächst vorläufigen – Grundlagen qualitativer Forschung können entlang des Ablaufs qualitativer Forschung (vgl. König & Bentler, 2003) neu sortiert werden.

(1) Qualitative Forschung eignet sich besonders gut zur Erforschung wenig bekannter Bereiche. Sie beginnt zumeist mit einer mehr oder weniger präzisen Fragestellung („Wieso sind Jugendliche kaum an Politik interessiert?") und zielt nicht selten darauf ab, die neuen Informationen in eine Theorie zu überführen (vgl. Strauss, 2007). Am Beginn qualitativer Forschung steht also keine Annahme (Theorie oder Hypothese), sondern eine Fragestellung.

(2) Qualitative Sozialforschung versucht das Handeln, Denken etc. des Einzelnen zu verstehen. Hierzu muss der Forschende in Dialog mit dem zu Erforschenden treten und durch Kommunikation dessen Sicht der Dinge nachvollziehen. Der direkte, persönliche Austausch (solange es sich nicht um reine Dokumenten- oder Videoanalyse handelt) ist also wesentlicher Teil des Forschungsprozesses.

(3) Aus dem zweiten Punkt folgt, dass die subjektive Sichtweise des Einzelnen bedeutsam ist. Nicht die Welt, wie sie der Forscher konzipiert, sondern so, wie sie der Beforschte sieht, ist wesentlich zum Verständnis für dessen Handeln, Denken und Fühlen. Im qualitativen Paradigma wird nicht von einer objektiv existierenden, sondern von einer subjektiv konstruierten Welt ausgegangen.

(4) Damit diese Subjektivität erhalten bleibt, ist es wichtig, die vom Befragten gegebenen Informationen in ihrer inhaltlichen Ganzheit zu erhalten. Der transkribierte Text eines Interviews oder Tagebucheinträge bilden die „Daten" des qualitativen Forschers. Diese werden zwar im Verlauf der Auswertung meist verdichtet, aber möglichst unter Beibehaltung der wesentlichen Informationen.

Damit ist eine erste Idee vermittelt, was es bedeutet, qualitativ zu forschen, und welche Implikationen die Entscheidung für eine qualitative, empirische Vorgehensweise mit sich bringt. Es ist erstens das Ziel dieses Kapitels, diese Implikationen und zum Teil zwingenden Folgen für den Forschungsprozess aufzuzeigen. Zweitens wird der in den vier Punkten angedeutete Ablauf des Forschungsprozesses sukzessive ausdifferenziert und in seine Teilschritte zerlegt. Auf diese Weise soll ein Verständnis für den direkten Zusammenhang zwischen gewählter Forschungsmethode und zu berücksichtigenden Arbeitsschritten bei der Forschung selbst hergestellt werden.

Dieses Kapitel untergliedert sich in vier Teile. Die ersten beiden Teile widmen sich dem Zusammenhang von qualitativer Methodologie und deren Folgen für den qualitativen Forschungsprozess. Denn qualitative Forschung ist nicht das Gegenteil von quantitativer Forschung, sondern hat einen eigenständigen theoretisch-methodologischen Bezugsrahmen und ein eigenständiges Erkenntnispotenzial. Dieser Zusammenhang von Theorie, Methodologie und Methode wird am Beispiel des Symbolischen Interaktionismus als eine von diversen möglichen methodologischen Positionen aufgezeigt. Die Wahl fällt auf den Symbolischen Interaktionismus, weil er zu den bedeutendsten Grundpositionen qualitativer Forschung zählt und weil die in diesem

Band vorgestellte Interviewmethode diesem Paradigma zuzuordnen ist. In Kapitel 2.1 wird der Symbolische Interaktionismus in seinen Grundannahmen skizziert. Daran anschließend werden in Kapitel 2.2 die Folgen für qualitative Forschung benannt, die sich aus dem Symbolischen Interaktionismus ergeben. Bei diesen Folgen handelt es sich mit der Offenheit, Prozesshaftigkeit und Kommunikation um drei zentrale Prinzipien qualitativer Forschung (Kap. 2.3). Diese bestimmen ihrerseits wiederum den Ablauf des Forschungsprozesses mit. Der Forschungsprozess selbst wird in Kapitel 2.4 bezüglich des Forschungsdesigns, des Ablaufs und der Zeitplanung näher beschrieben.

## 2.1 Der Symbolische Interaktionismus als theoretische Grundlage für qualitative Forschung

Über den gesamten qualitativen Forschungsprozess hinweg sollte beachtet werden, dass die subjektive Sichtweise in den Vordergrund und bis einschließlich der Auswertung in den Mittelpunkt gestellt wird (vgl. Krotz, 2008). Pointiert ausgedrückt würde ein qualitativer Forscher sagen: „Es existiert keine objektive Welt". Das klingt zunächst befremdlich, denn dieses Buch hier bleibt ein Buch, egal, wer es in Händen hält. Es existiert also objektiv, oder doch zumindest intersubjektiv (was nicht dasselbe ist wie objektiv). Das ist auch korrekt, denn wozu sonst ergibt es Sinn, ein Buch zu schreiben, das von der einen Person als Katze, von der anderen als Stuhl und von einer dritten als Das-Tischbein-ist-zu-kurz-Ausgleich angesehen wird. Aber schon das letzte Beispiel, wonach man dieses Buch auch dazu nutzen kann, einen wackelnden Tisch zu stabilisieren (bitte nicht!), weist bereits auf den Kern der Subjektivität hin: die *Bedeutung*. Sie lesen dieses Buch im Moment, um sich auf die eigene qualitative Untersuchung vorzubereiten. Für Sie hat dieses Buch die Bedeutung, Inhalte zu vermitteln. Jemand anderes, der Ihr Buch zufällig auf Ihrem Schreibtisch sieht, mag feststellen, dass es genau die notwendige Dicke hat, um das zu kurze Tischbein in der Küche auszugleichen. Die Bedeutung des Buches ist dann keine inhaltliche, sondern eine alltagspragmatische. Wenn Sie dann das nächste Mal in die Küche kommen und das Buch unter dem Tischbein sehen, werden Sie (hoffentlich) in Rage geraten und der betreffenden Person sagen: „Spinnst du, das Buch brauche ich für meine Arbeit".

Das Buch hat also, obwohl es immer die gleiche Zahl an Seiten hat und von jedem unmittelbar als Buch erkannt wird, nicht für jede Person die gleiche Bedeutung. Und die unterschiedlichen Bedeutungen (etwas über qualitative Forschung lernen vs. genau die richtige Dicke für einen wackeligen Küchentisch) führen auch zu unterschiedlichen Handlungen (das Buch lesen vs. es unter das Tischbein legen). Dies bringt uns zur ersten wichtigen Grundlage von qualitativer Forschung, die in der Tradition des Symbolischen Interaktionismus steht: „Die erste Prämisse besagt, daß Menschen ‚Dingen' gegenüber auf der Grundlage der Bedeutungen handeln, die diese Dinge für sie besitzen." (Blumer, 1973: 81)

Wie Menschen mit „Dingen" (bspw. anderen Menschen, Objekten, Institutionen, historischen Ereignissen etc.) umgehen, wird durch die Bedeutung bestimmt, die diesen „Dingen" von der jeweiligen Person zugesprochen wird. Jugendliche machen ihre Hausaufgaben nicht, weil sie diese unwichtig finden, was Eltern wiederum auf die Palme bringt, weil sie diese sehr wohl wichtig finden. Schüler nutzen den Stuhl zum „Kippeln", weil das viel lustiger ist als nur darauf zu sitzen, während Lehrer das verbieten. In einer Clique wird viel geraucht, weil Rauchen cool ist, während eine andere Clique qualmen uncool findet. All dies sind Beispiele dafür, dass Dinge (Hausaufgaben, Stuhl, Rauchen) sehr unterschiedliche Bedeutungen besitzen können (wichtig vs. unwichtig; kippeln vs. sitzen; cool vs. uncool). Deshalb kann der Umgang damit sehr unterschiedlich sein.

---

**⚡ Die Grundideen des Symbolischen Interaktionismus**

Der *Symbolische Interaktionismus* ist eine theoretische Position, die sich damit beschäftigt, wie der Mensch sozial handelt und zum gesellschaftsfähigen Subjekt wird (vgl. Abels, 2010: 43 ff.). Dieses Erkenntnisziel hat sie mit Sozialisationstheorien allgemein gemeinsam. Sie ist in Abgrenzung zu anderen Ansätzen (etwa dem Strukturfunktionalismus, wie er von Parsons (1968) vertreten wird) dadurch gekennzeichnet, dass sie zwei wesentliche Aspekte in den Mittelpunkt stellt. Erstens hebt sie „die sprachlichen Grundlagen menschlichen Zusammenlebens" (Denzin, 2005) hervor. Gemeint ist damit, dass Menschen sich über *Symbole* (Sprache ist eine sehr komplexe Form der Symbolik) miteinander verständigen. Die Symbolik selbst unterliegt dabei ebenfalls unterschiedlichen Bedeutungszuschreibungen. Personen müssen sich einerseits darauf verständigen, welche Bedeutung ihre sprachlichen Wendungen haben. Andererseits dienen die verwendeten Symbole dazu, ihr Handeln „in wechselseitiger Beziehung zueinander" (Denzin, 2005) auf der Basis vorgenommener Bedeutungszuschreibungen zu koordinieren. Es gilt demnach, dass „die an der Interaktion Beteiligten ihre Handlungen aufeinander beziehen und abstimmen, – wobei sie zunächst die soziale Handlung identifizieren, an der sie im Begriffe sind, sich zu beteiligen, um sodann, in der Ausbildung der gemeinsamen Handlung, wechselseitig die Handlungen der einzelnen Beteiligten zu interpretieren und zu definieren" (Blumer, 1966, zitiert nach Wilson, 1973: 59).

Zur Illustration stelle man sich das Treffen zwischen einem Sachsen und einem Schwaben vor. Der Sachse sagt, er gehe nachher streuseln. Der Schwabe fragt, was der Sachse denn streuseln will. „Na, Einkaufsläden streuseln", wird der Sachse erwidern und der Schwabe wird fragen, wie, bitte schön, das funktionieren soll. „Kennt ihr das nicht in Schwaben?". Der Schwabe wird kopfschüttelnd verneinen und von dannen ziehen, womit wieder eine Gelegenheit zur Völkerverständigung zwischen Ost und West vergeben sein wird. Für beide ist der Begriff „streuseln" als Wort identisch, nur die Bedeutung ist eine andere. Der Sachse meint mit „streuseln" Schaufensterbummeln, in Schwaben wird etwas auf den Boden gestreut, wenn „gestreuselt" wird. In diesem Beispiel ist es den Interaktionspartnern nicht gelungen, sich über die Bedeutung eines Begriffs zu verständigen: Die Symbolik wurde nicht entschlüsselt. Der Symbolische Interaktionismus ist also nicht nur Schirmherr für eine Reihe noch schlechterer Witze als den eben präsentierten, sondern befasst sich theoretisch mit dem Phänomen, wie Menschen interagieren, Bedeutungen aushandeln und auf der Basis der ausgehandelten Bedeutungen handeln.

Diese Denkweise wurde durch die amerikanische Sozialpsychologie zu Beginn des 20. Jahrhunderts durch Wissenschaftler wie John Dewey (1859–1952) und George Herbert Mead (1863–1931) wesentlich begründet. Insbesondere die in dem Band „Mind, Self and Society" posthum versammelten Aufsätze von G. H. Mead waren wichtige Grundlage für Weiterentwicklungen des Symbolischen Interaktionismus, wie sie durch Herbert Blumer (1900–1987) vorgenommen wurden. In Deutschland ist der

Aufsatz von H. Blumer über den „Methodologische Standort des Symbolischen Interaktionismus" aus dem Jahr 1973 zu einer wichtigen Publikation geworden. In diesem Beitrag skizziert Blumer sehr umfassend und gleichzeitig sehr präzise die Grundprinzipien dieser theoretischen Position. Mittlerweile gilt ein Grundverständnis von symbolischer Interaktion als „wechselseitiges, aufeinander bezogenes Verhalten von Personen und Gruppen unter Verwendung gemeinsamer Symbole, wobei eine Ausrichtung an den Erwartungen der Handlungspartner aneinander erfolgt" (Lamnek, 1995a: 47).

Daraus folgt nach Denzin (2005: 141), dass Interaktionisten nichts von Warum-Fragen halten: „Sie stellen stattdessen Wie-Fragen. Wie z. B. ist ein vorliegender Erfahrungsausschnitt strukturiert, wie wird er gelebt, und wie wird ihm Bedeutung verliehen?".

---

Es stellt sich dann die Frage, wie diese Bedeutungen entstehen. Wie kommt eine Person dazu, einer bestimmten Sache oder Tätigkeit eine gewisse Bedeutung zuzusprechen? Hierfür sollen als Beispiel die beiden erwähnten Cliquen und deren unterschiedliche Ansicht über das Rauchen herangezogen werden.

In der einen Gruppe von Jugendlichen wird nicht geraucht. In gelegentlichen Unterhaltungen tauschen sich die Jugendlichen darüber aus, dass Rauchen ungesund ist, man ständig nach rauch stinkt und es eklig ist, einen Raucher zu küssen. Man stelle sich vor, wie jedes Mitglied der Gruppe eine eigene Geschichte zum Rauchen beiträgt. Der eine erzählt vom Onkel, der an Lungenkrebs gestorben ist, der andere von einem Film, in dem Raucherbeine gezeigt wurden, und wieder jemand anderes berichtet davon, wie widerlich es war, jemanden zu küssen, der raucht. In diesen Gesprächen (Interaktionen) hat sich die Gruppe darauf „geeinigt", dass Rauchen ätzend ist.

In der anderen Gruppe wird viel geraucht. Man bietet sich gegenseitig eine Kippe an und schwärmt davon, wie leicht es ist, mit anderen auf einer Party ins Gespräch zu kommen, wenn man gemeinsam draußen in der Kälte steht und raucht. Es macht die Runde, dass Rauchen schlank halte und gut gegen Akne sei. Außerdem fühlt man sich mit der Fluppe im Mundwinkel und einem Bier in der Hand irgendwie lässiger. Diese Clique hat sich darauf geeinigt, dass Rauchen cool ist.

Wichtig an beiden Beispielen ist, dass die Bedeutung des Rauchens nicht schon immer existiert hat, sondern durch den Austausch untereinander entstanden ist. Studien zeigen, dass solche Austauschprozesse stattfinden und Jugendliche sich gegenseitig in ihrem Verhalten beeinflussen. So konnte Kandel (1986) nachzeichnen, wie sich Freunde mit der Zeit immer stärker in ihrem Rauchverhalten (in diesem Fall Marihuana) annähern. Die Bedeutung von Dingen – in diesem Falle das Rauchen – entsteht also durch das gegenseitige Mitteilen. Oder in der Terminologie des Symbolischen Interaktionismus: „Die zweite Prämisse besagt, daß die Bedeutung solcher Dinge aus der sozialen Interaktion, die man mit seinem Mitmenschen eingeht, abgeleitet ist oder aus ihr entsteht." (Blumer, 1973: 81)

Selbst dann, wenn sich Personen nicht auf eine gemeinsame Bedeutung einigen, ist die individuelle Bedeutung dennoch Resultat dieser Interaktion. Man vergewissert sich sozusagen der eigenen Position in Abgrenzung zur Meinung anderer. Für Jugendliche spielt dies bspw. eine nicht unwesentliche Rolle. Es ist für den eigenen Identitätsfindungsprozess wichtig, etwas nicht gut zu finden, was Erwachsene rühmen, und umgekehrt etwas zu favorisieren, was Erwachsene verabscheuen. Musik- und Kleidungsstile, Verhaltensweisen und Meinungen sind die offenkundigsten Beispiele für Interaktionen, in denen Heranwachsende (aber auch Erwachsene) sich vergewissern, andere Bedeutungen zu entwickeln.

Nun sind die einmal vorgenommenen Bedeutungszuschreibungen nicht unabänderlich. So können Sie etwa nach der Lektüre dieses Buches zu der Ansicht gelangen, dass es Ihnen nicht weiterhilft. Sie drücken es dem verdutzten Mitbewohner in die Hand, er möge es wieder unter das Tischbein legen. Zu etwas anderem sei das Buch ohnehin nicht gut. Sie haben die dem Buch zugewiesene Bedeutung durch Interaktion mit dessen Inhalt (auch dieses Geschriebene ist Gegenüber einer Interaktionshandlung) von relevant in irrelevant geändert. Oder jemand hat Ihnen erzählt, das Buch sei nicht hilfreich gewesen. Vielleicht haben Sie es auch dem Betreuer Ihrer Forschungsarbeit gezeigt, der kurzerhand auf sein Schreibtischbein verweist und Ihnen damit bedeutet, was er von diesem Buch hält. Bedeutungen sind demnach veränderbar: „Die dritte Prämisse sagt, daß diese Bedeutungen in einem interpretativen Prozeß, den die Personen in ihrer Auseinandersetzung mit den ihr begegnenden Dingen benutzt, gehandhabt und abgeändert werden." (Blumer, 1973: 81)

Dabei ist zu bedenken, dass manche Bedeutungszuschreibungen eher stabil sind, während andere starken Schwankungen unterliegen. Die Bedeutung eines Stuhls als Sitzgelegenheit ändert sich ab einem bestimmten Alter nicht mehr grundlegend, wohingegen sich die Bedeutungen von Arbeit oder Freizeit für eine Person ändern können.

Immer aber sind Bedeutungszuschreibungen situativ; sie entstehen in sozialen Interaktionen und werden durch die Situation beeinflusst. Handlungen, die von diesen Bedeutungszuschreibungen abhängen, sind demnach auch immer situativ. Sie können nur im Kontext der situativen, subjektiven Bedeutungen und intersubjektiven Bedeutungsaushandlungen verstanden werden. Mit der Auflösung einer Situation, dem Abbruch einer Handlung oder veränderten Interaktionen ändern sich Bedeutungen und mit ihnen wieder Handlungen. „Es ist der soziale Prozeß des Zusammenlebens, der die Regeln schafft und aufrecht erhält, und es sind nicht umgekehrt die Regeln, die das Zusammenleben schaffen und erhalten." (Blumer, 1973: 99).

Führt man sich diese Aussage vor Augen, wird auch deutlich, warum es aus der Perspektive des Symbolischen Interaktionismus keine objektiv existierende Welt geben kann. Menschliche Interaktionen stellen die Grundlage für Bedeutungen dar. Diese Bedeutungen konstituieren Handlungen und Handlungen organisieren menschliches Zusammenleben. Eine Gesellschaft besteht nach Blumer (1981: 153) aus sozialen Handlungen, die von ihren Mitgliedern geformt und vollzogen werden.

Deshalb ist es aus Sicht von qualitativer Forschung, die sich diesem theoretischen Zugang verschrieben hat, so wichtig, die Bedeutungen – im Sinne der Beforschten – zu verstehen. Denn es sind diese Bedeutungen, die deren Handeln bestimmen. „Interaktionisten wenden sich gegen Theorien, die menschliche Erfahrung objektivieren und quantifizieren. Sie bevorzugen in ihren Texten eine Darstellung, die eng an den aktuellen Erfahrungen der Menschen bleibt, über die sie schreiben." (Denzin, 2005: 141).

## 2.2 Folgen des Symbolischen Interaktionismus für qualitative Forschung

Wird der Symbolische Interaktionismus als theoretische, vielleicht besser: methodologische Grundlage für die eigene qualitative Forschungsarbeit herangezogen, so ist dies kein Selbstzweck.

---

Der Symbolische Interaktionismus stellt eine *Theorie* dar, die Aussagen darüber macht, wie soziale Wirklichkeit hergestellt wird. Genauer gesagt handelt es sich beim Symbolischen Interaktionismus um eine Metatheorie oder auch Epistemologie. Epistemologien sind Annahmen darüber, wie wir verlässliche Erkenntnisse über die „Realität" erlangen können. Sie enthalten also Annahmen darüber, wie die „Wahrheit" entdeckt werden kann. Der Einfachheit halber wird vom Symbolischen Interaktionismus von einer Theorie gesprochen. Der Symbolische Interaktionismus dient einigen Richtungen qualitativer Forschung als *methodologische* Grundlage, um bestimmen zu können, was eine angemessene *Methode* zur Erfassung der sozialen Realität darstellt. Zum besseren Verständnis dieser Zusammenhänge sollen die drei Begriffe kurz erläutert werden:

### Theorie

Von einer Theorie wird gesprochen, wenn es sich um ein zusammenhängendes und in sich stimmiges System von Aussagen (Hypothesen) über die (soziale oder physische) Realität handelt. Theorien beinhalten Definitionen relevanter Phänomene, postulieren Zusammenhänge zwischen diesen Phänomenen und benennen Bedingungen, unter denen die theoretischen Aussagen zutreffend sind. Die „Theorie geplanten Handelns" von Ajzen und Fishbein (1980) besagt etwa, dass eine Handlung immer dann erwartbar ist, wenn eine Person auch die Absicht hat, die Handlung auszuführen und die Handlung von der Person selbst und der Umwelt positiv bewertet wird.

### Methodologie

Einfach ausgedrückt ist Methodologie die Lehre der (Forschungs-)Methoden. In der Methodologie wird festgelegt, was als geeignete Methode zur Erfassung der sozialen Realität anzusehen sei. Hierbei gibt es nicht, auch nicht innerhalb des qualitativen Paradigmas, die eine Methodologie, sondern eine Vielzahl von methodologischen Richtungen (vgl. Lamnek, 1995a: 93 ff.). Dabei ist die jeweils verwendete methodologische Grundlage in zwei Richtungen verknüpft. Zum einen leitet sie sich aus einer Theorie ab. Es ist das Verdienst von Blumer (1973), die methodologischen Grundlagen für Forschung aus der Theorie des Symbolischen Interaktionismus abgeleitet zu haben. Blumer (1979: 42) betont, dass Methodologie nicht nur die Lehre von anzuwendenden Methoden darstellt, sondern „die gesamte Bandbreite des wissenschaftlichen Akts [umfasst]; sie schließt sowohl die Ausgangsprämissen als auch das ganze Arsenal von Durchführungsschritten ein, die in diesem Akt enthalten sind". Nach Lamnek (1995a: 93 f.) umfasst Methodologie dementsprechend „die kritische Problemauswahl und -formulierung, die Bestimmung der zu erhebenden Daten und der dazu erforderlichen Mittel [...], die Interpretation der Ergebnisse und der Verwendung theoretischer Konzepte". Zum anderen steckt die Methodologie die zu verwendenden Methoden ab, die adäquat im Sinne des theoretischen Paradigmas sind. Da im Symbolischen Interaktionismus die subjektive Konstruktion der sozialen Realität im Vordergrund steht, sind Methoden zu verwenden, die in der Lage sind, diese subjektiven Konstruktionen adäquat zu erfassen und nachzuzeichnen.

**Methode**
Als Methode kann allgemein der gewählte Zugang zur Informationsgewinnung und -auswertung bezeichnet werden. Eine Forschungsmethode ist ein auf einem Regelsystem aufbauendes Verfahren zur Erlangung von Erkenntnissen oder praktischen Ergebnissen. Wesentlich ist, dass das Regelsystem offengelegt und damit nachvollziehbar gemacht wird. Das Interview stellt eine Methode der Informationsgewinnung dar, ohne dass damit bereits das Regelsystem benannt wäre. Ein standardisiertes Fragebogeninterview folgt anderen Regeln als das offene, narrative Interview. Das Regelsystem einer Methode bestimmt sich aus den methodologischen Grundlagen. So sind standardisierte Fragebögen aus der Perspektive des Symbolischen Interaktionismus deshalb nicht angebracht, weil Befragte ihre Sicht nicht mit eigenen Worten wiedergeben können. Eine allgemeine Regel für qualitative Methoden würde dann lauten: Informationen sind in der Sprache der Befragten zu erheben.

---

Es ist nicht ausreichend in einem Statement festzuhalten, dass die Herren Mead, Blumer oder Wilson für die eigene Forschungsarbeit Pate gestandenen haben. Vielmehr ergeben sich aus dieser theoretischen Grundlage wichtige methodologische, und damit auch methodische Konsequenzen für den Forschungsprozess selbst.

In diesem Abschnitt werden fünf solcher Konsequenzen aufgezeigt. Es handelt sich im Einzelnen um das Prinzip der Offenheit (untergliedert in die Offenheit für subjektive Bedeutungszuschreibungen, die Offenheit für Unerwartbares und die Offenheit für scheinbar Irrelevantes), das Prinzip der Prozesshaftigkeit und des kommunikativen Charakters qualitativer Forschung. In diesem Abschnitt geht es zunächst nur darum, diese Prinzipien aus den Prämissen des Symbolischen Interaktionismus abzuleiten, um kenntlich zu machen, dass Methodologie und Methode eng miteinander verwoben sind. Eine nähere Erläuterung der drei Kernprinzipien Offenheit (Kap. 2.2.1), Prozesshaftigkeit (Kap. 2.2.2) und Kommunikation (Kap. 2.2.3) erfolgt in Kapitel 2.3.

## 2.2.1 Offenheit

Wird die Betonung auf subjektive Bedeutungen als Handlungsbegründung gelegt, so hat dies Folgen für qualitative Forschung. Die vermutlich Wesentlichste ist, dass das, was Jugendliche in Interviews erzählen, nicht in Kategorien von „Wahr" und „Falsch" bewertet werden kann und auch nicht bewertet werden sollte. „Der Antwortende lügt nie – die zutreffende Interpretation dessen, was er sagt, hängt vom Können des Analytikers ab." (Manning, 1967: 315)

Dennoch kommt einem nach so manchem Interview der Gedanke, dass der befragte Jugendliche reichlich übertrieben, Dinge verzerrt dargestellt oder schlichtweg Märchen erzählt hat. Wie schnell solche Wertungen erfolgen, kann an folgenden Interviewpassagen eines 15-Jährigen demonstriert werden:

„Und da waren Bundesjugendspiele in ganz Baden-Württemberg und da haben eben die Klassen usw. so Sportarten gemacht. Und man kann eben, (.) dann werden Urkunden verteilt und so. [...] Und da hab ich eben sehr gut abgeschnitten. Ich hab auch mehrere Ehrenurkunden gehabt. Und dann, so eine Woche später hab ich von meiner Lehrerin gehört, dass der Bürgermeister, (.) weil ich war der Beste von Baden-Württemberg in Leichtathletik, hab ich gehört, dass der Bürgermeister zu uns in die Schule kommt und dann so Siegerehrung. [...] Und dann war ich an dem Tag net in der Schule. Und dann ruft die Lehrerin an zu mir, wo iss n der Paul und so weiter, der Bürgermeister ist da. In Leichtathletik war ich sozusagen der Beste."

Neben diesen sportlichen Erfolgen bei den Bundesjugendspielen erwies sich der Jugendliche aber auch als talentierter Fußballer:

„Und dann hab ich aufgehört, (- -) und dann hab ich Fußball gespielt auch, (.) angefangen in Sandhofen. Die Mannschaft war aber sehr schlecht. Ich war, (.) ich will nicht angeben, aber ich war der beste Spieler und ich wollt nach einer Saison aufhören und da wollten wir gerade nach Wales gehen und ich wollt aufhören und (.) ich hatte keine Lust mehr bei der Mannschaft zu spielen, überhaupt net so. [...] vor Kurzem war ja so die WM für die Jugendlichen. Hab ich öfters mitgemacht und da sind ja auch Talentsucher zum Beispiel (.) von Waldhof überall so. Ich hab eigentlich viele Angebote [...]"

Während des gesamten Interviews betont der Jugendliche immer wieder, dass er in vielen sportlichen Bereichen der Beste ist und man ist irgendwann geneigt, ihn in die Kategorie „Aufschneider" einzuordnen. Weitere Passagen des Interviews weisen sodann darauf hin, dass Paul in der Schule eher schlecht zurechtkommt, mäßige Noten hat und aufgrund seiner Migration nach Deutschland im Alter von neun Jahren kaum Anschluss an Gleichaltrige findet. Seine besondere Betonung sportlicher Leistungen könnte vor diesem Hintergrund als eine Form von Kompensation angesehen werden. Dabei ist irrelevant, ob Paul diese Leistungen wirklich erbracht hat, sondern relevant ist, welche Bedeutung er diesen für sein Selbstbild beimisst. Kaufmann (1999: 100) spricht in diesem Zusammenhang von „Lebens-Märchen":

Außerdem hat man es nicht immer mit einer Lüge zu tun, wenn das Gesagte und die objektiven Tatsachen auseinanderklaffen. Manchmal erzählen uns die Menschen Geschichten, die weit von der Wirklichkeit entfernt sind, nicht weil sie den Interviewer anlügen, sondern weil sie sich selbst eine Geschichte erzählen, an die sie aufrichtig glauben und die sie auch nicht nur dem Interviewer erzählen.

Die zweite wichtige Konsequenz der symbolisch-interaktionistischen Sichtweise ist, dass die Aussagen der Befragten nicht in Kategorien von „zu erwarten" und „nicht zu erwarten" gelesen werden. Erwartbarkeit ist eng verbunden mit der Vorhersagbarkeit von Verhalten oder Handlungen und steht in der Denkweise theoriegeleiteter Forschung. Letztere formuliert Hypothesen, die einen Zusammenhang zwischen einer Ursache und einer Wirkung herstellen. Qualitative Forschung ist aber gerade offen für das Unerwartbare, weil sie aufgrund der situativen Bedeutungsaushandlung keine Prognosen anstellen kann. Die Notwendigkeit, das Unerwartbare als möglich anzusehen und als Erweiterung des Wissens zu akzeptieren, lässt sich wiederum an besagtem Jugendlichen aufzeigen:

---

„[...] ich wollt nach einer Saison aufhören *[mit dem Fußball]* und da wollten wir gerade nach Wales gehen und ich wollt aufhören und ich hatte keine Lust mehr bei der Mannschaft zu spielen, *(-)* überhaupt net so. Und dann hat der Trainer gemeint, *(.)* so zu mir, der Ausflug nach Wales hat 580 DM gekostet so für mich und da hat er gemeint, [...] ich bezahl für dich den Ausflug usw. nach Wales so.“

---

Auch wenn die Folgerung streitbar ist, so ist die naheliegende Erwartung, dass Paul die Gelegenheit nutzt und sich eine Reise nach Wales bezahlen lässt. Schließlich kostet ihn die Fahrt auf diese Weise nichts. Tatsächlich entscheidet sich Paul dagegen und quittiert das Angebot mit einem: „Und des wollt ich eben nicht“.

Die dritte zentrale Folge besteht darin, dass Informationen, die die Befragten in Interviews geben, nicht ohne Weiteres nach „relevant“ und „irrelevant“ sortiert werden können. Bei quantitativer Forschung bestimmt sich die Relevanz von Informationen durch die zu prüfenden Hypothesen und die Operationalisierung zentraler Konstrukte. Wenn in einer Fragebogenstudie der Zusammenhang zwischen Geschlecht und Schulleistungen untersucht werden soll, sind relevante Informationen Geschlecht und Schulleistung (zzgl. einiger Kontrollvariablen). Irrelevant ist, wie die Haustiere der Befragten heißen.

Bei qualitativer Forschung kann nicht im Vorhinein festgelegt werden, welche Informationen von Bedeutung sind und welche nicht. Dies erschließt sich erst im Verlauf des Forschungsprozesses, wenn erhobenes Datenmaterial sukzessive zu einer Schärfung der Fragestellung führt. Aber auch nach einer Reihe von Interviews können neue Informationen auftauchen, die zum Verständnis eines Phänomens wesentlich sind oder bereits erhobene Daten in neuem Licht erscheinen lassen. Ob dies allerdings die Namen der Haustiere sein werden, ist auch in qualitativer Forschung fraglich.

Insgesamt münden diese ersten drei Konsequenzen für Forschung, die dem Paradigma des Symbolischen Interaktionismus folgt, in einem zentralen Grundsatz qualitativer Forschung: Offenheit. Offenheit für das Unglaubwürdige, das Unerwartbare und das scheinbar Irrelevante. Diese Form der Offenheit hat nichts mit Willkürlichkeit oder unstrukturierter Vorgehensweise zu tun. Offenheit meint auch nicht, dass unvoreingenommen oder ahnungslos mit Interviews begonnen werden kann. Da jeder Mensch eigene Vorstellungen mit sich herumträgt, wie die Welt beschaffen ist, ist Unvoreingenommenheit nicht möglich. Es ist aber möglich, sich selbst die eigenen Vorannahmen bewusst zu machen.

Ahnungslos sollten Interviews allein schon deshalb nicht geführt werden, weil mit Jugendlichen stundenlang gut Reden ist über alles Mögliche und Unmögliche. Die Betonung liegt hierbei auf *stundenlang* und stundenlange Gespräche werden spätestens bei der Transkription bereut. Das Wissen zum eigenen Thema sollte bereits vor den Interviews umfassend genug sein, dass Fragestellungen eingegrenzt werden können ohne dabei die Offenheit für Neues aus den Augen zu verlieren.

### 2.2.2 Prozesshaftigkeit

Eine vierte wichtige Folgerung ergibt sich aus der Grundannahme des Symbolischen Interaktionismus, dass Bedeutungszuschreibungen in der Interaktion mit anderen ausgehandelt werden und über die Zeit Veränderungen unterliegen. Wenn dem so ist, dann reicht es streng genommen nicht, sich der sozialen Realität aus Perspektive der Befragten nur einmal zuzuwenden. Das, was heute von einem Befragten als bedeutungsvoll angesehen wird, kann morgen bedeutungslos geworden sein. Ein Jugendlicher aus der „Raucherclique" kann während seiner Mitgliedschaft der Meinung sein, dass Rauchen cool ist und nach seinem Austreten aus der Gruppe zum militanten Nichtraucher werden.

Diese Bedeutungsveränderung ginge bei nur einmaliger Befragung verloren. Allerdings ist es in der Regel sehr aufwendig, Personen über einen gewissen Zeitraum hinweg in bestimmten Abständen zu befragen. Solche Längsschnittstudien sind aufgrund des hohen Aufwands an Zeit, Geld und Personal eher selten vorzufinden (vgl. die Rechtsextremismusstudie von Heitmeyer et al. (1993) oder die Studie von Möller (2001) zur Entwicklung von Gewaltakzeptanz im Jugendalter).

Eine andere Möglichkeit, der Prozesshaftigkeit von Bedeutungszuschreibungen beizukommen, ist die retrospektive Befragung. Hier werden die Interviewten gebeten, sich an ihre Vergangenheit zu erinnern und Veränderungen zu beschreiben. Dies hat den Vorteil, dass Personen nicht immer wieder aufs Neue befragt werden müssen, der Aufwand geringer ist und dennoch Bedeutungsveränderungen nachgezeichnet werden können. Die Biografieforschung kann als der wohl wichtigste Vertreter dieser retrospektiven Befragung angesehen werden (vgl. Marotzki, 2000), wobei dort vor allem das narrative Interview Anwendung findet (vgl. Jakob, 2003). Aber auch bei Interviews mit Jugendlichen ist es zuweilen geboten nach Bedeutungsveränderungen zu fragen. Fragen wie „War das bei Dir schon immer so?" oder „Denkst du, dass sich das seit deiner Kindheit geändert hat?" können Aufschluss darüber geben, ob Bedeutungszuschreibungen konstant geblieben sind oder sich geändert haben und welche Gründe die Befragten für die Stabilität oder Veränderung sehen. Die Relevanz von Veränderungen, die sich mit der Zeit ergeben, kann anhand einer Interviewpassage mit einem Jugendlichen verdeutlicht werden, der über einen USA-Aufenthalt als wichtiges Erlebnis berichtet:

---

„Ja, also er *[der USA-Aufenthalt]* hat mir, *(.)* also er hat mir auf jeden Fall was gebracht. Erstmal sprachliche Kenntnisse, des sowieso, dann *(räuspert sich)* ich weiß nicht, ob das auch so gekommen wär, wenn ich hier geblieben wär, aber ich würd sagen, ich hab mich ziemlich verändert halt. Wie ich vorhin schon mal gesagt hab, während der Zeit, und *(- -)* ehm, na ja, ich mein, *(.)* ich weiß nicht, ob ich jetzt selber sagen darf: ‚Ich bin erwachsener geworden' *(lacht)*. Aber, so, *(.)* na ja auf jeden Fall, ich würd schon sagen, dass ich irgendwie <p> mich vom Kind mehr zum Erwachsenen entwickelt hab und, *(.)* ehm vielleicht ein bißchen eigenständiger geworden bin.</p>"

---

Die Veränderungen beziehen sich in diesem Bericht auf ein gewandeltes Selbstbild, erwachsener geworden zu sein. Damit gehen, wie sich in dem Interview zeigt, auch veränderte Bedeutungen von Freundschaften und der Beziehung zu den Eltern einher.

Prozesshaftigkeit ist aber nicht nur bei der Betrachtung einzelner Personen relevant. Vielmehr gilt dieses Prinzip generell für den Forschungsprozess, denn gemäß des Symbolischen Interaktionismus existiert keine objektive Welt, die, wenn sie einmal erfasst und beschrieben ist, keinen Veränderungen unterliegt. Daraus folgt, dass die Beschreibung sozialer Realitäten ständig neu erfolgen muss, Fragestellungen sich als irrelevant erweisen werden und neue Fragen auftauchen. Diese zweite, übergeordnete Form der Prozesshaftigkeit ist im Sinne einer generellen Anforderung an wissenschaftliches Arbeiten zu sehen und betrifft singuläre Studien nur insofern, als der Prozess der Informationsgewinnung erstens offen gehalten werden muss für neue, unerwartete Informationen (siehe Kap. 2.2.1) und zweitens mit Abschluss des letzten Interviews nicht der Anspruch erhoben werden kann, einen Teilbereich sozialer Realität vollständig erfasst zu haben.

### 2.2.3 Kommunikation

Die fünfte Folge ist jene des kommunikativen Charakters von qualitativer Sozialforschung (vgl. Krotz, 2008). Wenn Bedeutungszuschreibungen symbolisch via Kommunikation hergestellt werden, ist der adäquate Weg, diese nachzuvollziehen, jener der Kommunikation selbst. Präziser müsste von der synchronen Kommunikation oder vom direkten Dialog die Rede sein. Denn auch das Ausfüllen eines Fragebogens stellt einen kommunikativen Prozess dar. Der Unterschied besteht aber darin, dass das Nachfragen nach dem Ausfüllen eines Fragebogens in der Regel nicht mehr erfolgt. Hat ein Befragter bspw. bei einer Frage die Antwortkategorie „Weiß nicht" angekreuzt, dann kann dies ein tatsächliches Nichtwissen, die Lustlosigkeit beim Ausfüllen des Fragebogens oder auch das Verweigern einer Entscheidung für eine der vorgegebenen Antworten bedeuten. In qualitativen Interviews besteht in solchen Fällen immer die Möglichkeit, nach den Gründen für eine Antwort zu fragen. Auch ist es möglich, nicht verstandene Aussagen der Befragten an diese zurückzuspiegeln und danach zu fragen, was mit der Antwort gemeint war.

Wesentlicher aber ist, dass bei der Datenerhebung im Sinne des Symbolischen Interaktionismus das gleiche Medium gewählt wird (Alltagssprache), in dem auch die Befragten Bedeutungszuschreibungen aushandeln. Daraus wiederum folgt, dass die Kommunikation zwischen Interviewer und Interviewtem auch funktionieren muss.

Beide sollten im Verlauf des Gesprächs einen gemeinsamen Bedeutungshorizont von Sprache entwickeln. Als Interviewer kann dies u. a. dadurch gesteuert werden, dass sich der eigene Sprachgebrauch an jenen des Befragten anpasst (siehe hierzu ausführlich Kap. 5.5.6). Es ist nicht schwer, bei den folgenden drei Fragevarianten zu entscheiden, welche bei Jugendlichen angebracht ist:

(1) Antizipiere ich die Semantik deiner Aussage korrekt, dass heterosexuelle Beziehungen an Relevanz gewinnen?

(2) Verstehe ich das richtig, dass für dich Freundschaften zu Jungen wichtiger geworden sind? Oder wie meinst du das?

(3) Wie jetzt? Finste Jungs jetzt krass oder korrekt, oder was, ey?

Variante (1) hat zur Folge, dass die Jugendlichen kein Wort verstehen und die Antwort mit Sicherheit nichts damit zu tun haben wird, welche Bedeutung romantische Freundschaften tatsächlich für sie haben. Variante (3) ist eine unnötige und darüber hinaus dem Interview schadende Anbiederung an den Sprachstil Jugendlicher. Vermutlich verstehen die Interviewten die Frage, allerdings macht man sich mit großer Wahrscheinlichkeit lächerlich. Variante (2) stellt ein prototypisches Beispiel für eine verständliche Sprache dar, ohne dabei die Authentizität des Interviewers zu beeinträchtigen.

## 2.2.4 Zusammenfassung

Es war Anliegen dieses Kapitels, den Zusammenhang von methodologischer Grundlage und deren Implikationen für die verwendeten Forschungsmethoden aufzuzeigen. Ist die Entscheidung darüber gefallen, dem „Weltbild" des Symbolischen Interaktionismus zu folgen, so müssen auch die verwendeten Methoden darauf ausgerichtet werden. Es wurde in diesem Kapitel auf die Feststellung Wert gelegt, dass

- Offenheit im Forschungsprozess gegenüber Unerwartetem, Unglaubwürdigem und vermeintlich Irrelevantem geboten ist, weil die subjektive Deutung der Welt durch den Befragten und nicht die Deutung durch den Forscher im Vordergrund steht.

- die Erfassung veränderbarer Konstruktionen der sozialen Realität prozesshaft erfolgen muss, um diese Veränderungen adäquat nachzeichnen zu können. Dies gilt sowohl für individuelle Veränderungen bei den Befragten als auch für Veränderungen der sozialen Realität, wie sie sich durch jenen dynamischen Prozess ergeben, „in dem die Teilnehmer die Handlungen der jeweils anderen definieren und interpretieren" (Blumer, 1973: 135).

- Informationen möglichst mit dem Medium gewonnen werden, in dem soziale Realitäten konstruiert werden: der natürlichen Kommunikation, die dem Alltagssprachlichen der Befragten möglichst nahekommen sollte.

Aus diesen drei Punkten, die im Folgenden als zentrale Prinzipien qualitativer Forschung näher beschrieben werden, kann ein allgemeiner Imperativ abgeleitet werden: „Berücksichtigen Sie die Beschaffenheit der empirischen Welt und bilden Sie eine methodologische Position aus, um diese Berücksichtigung zu reflektieren. Dies ist das, was meines Erachtens der Symbolische Interaktionismus zu tun bemüht ist." (Blumer, 1973: 143)

Dieser Imperativ betont den Zusammenhang zwischen der Theorie des Symbolischen Interaktionismus und den daraus resultierenden Folgen für die zu verwendenden Forschungsmethoden.

### Weiterführende Literatur

Abels, H. (2010). *Interaktion, Identität, Präsentation. Kleine Einführung in interpretative Theorien der Soziologie* (S. 43–57). Wiesbaden: VS Verlag.

Blumer, H. (1973). Der methodologische Standort des Symbolischen Interaktionismus. In Arbeitsgruppe Bielefelder Soziologen (Hrsg.), *Alltagswissen, Interaktion und gesellschaftliche Wirklichkeit* (80–145). Hamburg: Rowohlt.

Lamnek, S. (1995b). *Qualitative Sozialforschung. Band 1:Methodologie* (Kap. 3.1.3). Weinheim: Beltz PVU.

## 2.3 Zentrale Prinzipien qualitativer Forschung

Im vorigen Kapitel wurde dargestellt, wie sich die Prinzipien der Offenheit, der Prozesshaftigkeit und des kommunikativen Charakters qualitativer Forschung aus dem Realitätsverständnis des Symbolischen Interaktionismus ableiten. In der Literatur werden neben diesen drei Grundpfeilern noch weitere angeführt.[1] Die Fokussierung auf die Offenheit (Kap. 2.3.1), Prozesshaftigkeit (Kap. 2.3.2) und Kommunikation (Kap. 2.3.3) soll also nicht suggerieren, erschöpfend zu sein. Sie dürften jedoch die drei wesentlichsten Grundprinzipien darstellen und werden in den folgenden Abschnitten näher beleuchtet.

---

1 So nennt Lamnek (1995a) zusätzlich Reflexivität, Explikation und Flexibilität als Forderungen an qualitative Forschung. Lamnek (1995a) selbst weist darauf hin, dass Flexibilität nur analytisch von den anderen Prinzipien trennbar ist. Explikation (also das Offenlegen der einzelnen Arbeitsschritte im Forschungsprozess) ist kein genuines Prinzip qualitativer Forschung, sondern gilt für Forschung allgemein. Es kann zwar eingewendet werden, dass quantitative Forschung weniger interpretativ sei, allerdings dürfte dies nur bedingt zutreffend sein. Zahlen als Indikatoren für Aspekte der sozialen Realität suggerieren nur Faktizität, unterliegen bei der Ergebnisdarstellung aber hoch inferenten Interpretationen und Schlussfolgerungen. Was die Reflexivität anbelangt, so ist diese immanent wichtig, ist aber im Kern im Prinzip der Offenheit von Forschung enthalten. Meines Erachtens ist die Offenheit nur dann aufrechtzuerhalten, wenn der eigene Zugang zum Feld, der Umgang mit erhaltenen Informationen und deren Einordnung in die Fragestellung stets kritisch-reflexiv gehandhabt wird.

### 2.3.1 Offenheit

Es klingt zunächst trivial, dass Forschung offen sein soll für neue Erkenntnisse. Auch quantitative Forschung ist offen für Neues. Im Kritischen Rationalismus (vgl. Popper, 1935) bspw. steht durch das Grundprinzip der evolutionären Wissensgewinnung nicht die Bestätigung von Theorien im Vordergrund, sondern es wird gerade die Unmöglichkeit einer endgültigen Verifikation von Theorien (also postuliertem Wissen über die soziale Realität) betont. Die Widerlegung einer Theorie ermöglicht den Perspektivenwechsel und enthält somit Offenheit für neue Beschreibungen der „Welt" als konstitutives Element. Diese Form der Offenheit ist aber bei qualitativer Forschung nicht gemeint.

Vielmehr geht es darum, „den Wahrnehmungstrichter empirischer Sozialforschung soweit als möglich offen zu halten, um dadurch auch unerwartete, aber dafür umso instruktivere Informationen zu erhalten" (Lamnek, 1995a: 22). In der qualitativen Forschung stellen Theorien und Hypothesen als Zugang zur sozialen Realität einen solchen inadäquaten „Wahrnehmungstrichter" dar. Ein kleiner Exkurs in die Autoritarismusforschung soll dies verdeutlichen.

---

Die Autoritarismusforschung der Frankfurter Schule um Adorno (vgl. Adorno, 1995) hat sich damit beschäftigt, unter welchen Bedingungen sich die sog. „Autoritäre Persönlichkeit" ausbildet, die durch unkritischen Gehorsam gegenüber Autoritäten und wenig kontrollierter Machtausübung gegenüber „Untergebenen" gekennzeichnet ist (Radfahrermentalität: „Oben buckeln, unten treten"). Aus dieser Forschungsrichtung haben sich seit etwa Anfang der 1980er-Jahre zwei Zugänge zu diesem Phänomen entwickelt: einer quantitativ und einer qualitativ orientierten Forschungsrichtung. Während die quantitative Forschung stets bemüht war, die Triftigkeit der Theorien von Adorno und Kollegen nachzuweisen (oder wahlweise zu widerlegen) (vgl. Oesterreich, 1993; Classen, Bergs-Winkels & Merkens, 1998), hat sich der qualitative Zugang stärker den einzelnen Facetten des Phänomens „Autoritarismus" zugewandt (vgl. Hopf, 1990, 1992).

Harbordt (1995), der einen quantitativen Zugang wählt, berichtet in seiner Fragebogenstudie, dass die von ihm untersuchten rechtsextremen Jugendlichen ein hohes Maß an Autoritarismus aufweisen und gleichzeitig ein sehr positives Bild ihrer Familie zeichnen. Dies ist vor dem Hintergrund der „ursprünglichen" Autoritarismustheorie nicht verständlich, denn es sollten gerade Kinder in autoritären Elternhäusern sein, die zu autoritärem Verhalten neigen. Gemäß den Befunden von Harbordt (1995) wäre zu folgern, dass ein gutes Familienklima die Ausbildung von Rechtsextremismus bei Kindern fördert. Dies wäre eine fragwürdige pädagogische Konsequenz. Diesem scheinbaren Widerspruch ist beizukommen, wenn nicht im Vorhinein die Annahme zugrunde gelegt wird, autoritäre Familienverhältnisse begünstigen autoritäres Verhalten, sondern vielmehr die Frage gestellt wird, wie autoritäre Persönlichkeiten ihre Familie beschreiben. So konnte Hopf (1992) auf der Basis von qualitativen Interviews zeigen, dass Personen mit der Tendenz zur autoritären Persönlichkeit zur Eltern-Idealisierung neigen. Sie stellen ihre Eltern in ein besonders positives Licht. Dies kann erklären, warum die von Harbordt (1995) befragten rechtsextremen Jugendlichen ein positives Familienklima berichten. Der theoretische „Wahrnehmungstrichter" führt in diesem Fall dazu, dass relevante Erklärungen für soziale Phänomene ausgeblendet und Befunde u. U. widersprüchlich bleiben oder fehlinterpretiert werden.

---

Dieses Beispiel verdeutlicht, wie eine theoretische Festlegung zu verengten Zugängen zur sozialen Realität führen kann. Im qualitativen Paradigma wird versucht, dies möglichst zu vermeiden. Dies kommt bereits darin zum Ausdruck, dass qualitative Sozialforschung keine zu prüfenden Hypothesen, sondern Fragen formuliert (vgl. Hoffmann-Riem, 1980: 343). „Das Prinzip der Offenheit besagt, daß die theoretische Strukturierung des Forschungsgegenstandes zurückgestellt wird, bis sich die Strukturierung des Forschungsgegenstandes durch die Forschungssubjekte herausgebildet hat."

Pointiert ausgedrückt: Nicht der Forscher, sondern die zu Erforschenden bringen durch ihre Aussagen Ordnung in das anfänglich unbekannte soziale Terrain. Daraus resultiert, dass qualitative Forschung stärker explorativen, also erkundenden Charakter besitzt. Je nach Perspektive verzichtet qualitative Forschung gänzlich auf Hypothesen oder dient der Generierung von Hypothesen. Allgemein wird aber anerkannt, dass Hypothesen die Formulierung von Vorwissen sind und Vorwissen die Perspektive des Forschers einschränkt. „Gerade weil man sich der Tatsache bewusst ist, dass das Wissen [des Forschers] Wahrnehmung und Handeln beeinflusst, will man vermeiden, dass der Forscher mittels der Hypothesen auf bestimmte Aspekte ‚festgeschrieben‘ wird [...]." (Meinefeld, 2000: 266)

Durch die Formulierung von Fragen soll sichergestellt werden, dass eine größtmögliche Offenheit gegenüber den Deutungsmustern und Interpretationen der Befragten gewährleistet wird. Hierzu ist anzumerken, dass Forschende selbst bei einer „Suspendierung des Vorwissens" (Meinefeld, 2000) eine Vorstellung von der sozialen Realität haben und diese in den Forschungsprozess hineintragen. Wichtig ist hierbei, dieses Vorwissen explizit zu machen und nach seiner möglicherweise einengenden Wirkung auf die Untersuchung hin zu befragen.

Es ist zudem auch aus forschungspraktischen Gründen nicht ratsam, sich von allem Vorwissen freizumachen – wie dies etwa von Glaser und Strauss (1967) gefordert wurde – denn die unstrukturierte Erkundung eines Phänomens der sozialen Realität führt zu einer extensiven Sammlung von Informationen, deren Sinn und Zusammenhänge ab einem bestimmten Punkt nicht mehr erschließbar sind (vgl. Hopf, 1983; Oswald, 2003).

Als Kompromiss zwischen der methodologisch geforderten und forschungspraktisch nicht uneingeschränkt umsetzbaren Offenheit wird deshalb an dieser Stelle für eine Art „bedingter Offenheit" plädiert.

---

**!** Im Prozess des Forschens sollte Offenheit für eine Vielzahl an Antworten auf Fragen herrschen sowie das Aufkommen neuer Fragestellungen zugelassen werden. Gleichzeitig sollte aber eine konkrete, auf ein bestimmtes Phänomen hin zugeschnittene Fragestellung formuliert werden, die durch Vorwissen strukturiert und eingegrenzt werden kann. Hierdurch wird dem Ausufern gesammelter Informationen begegnet.

---

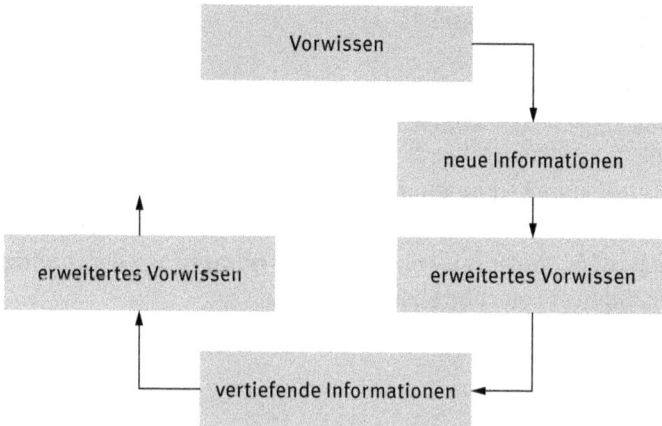

**Abb. 1:** Wechselspiel von Vorwissen und Erweiterung des Wissens durch erhaltene Informationen (eigene Darstellung, abgewandelt nach Danner, 2006; Mayring, 2002).

Es ist in der Forschungspraxis nicht immer einfach, hier einen Mittelweg zwischen Offenheit und Pragmatik zu finden. Abbildung 1 zeigt schematisch, wie sich im Laufe des qualitativen Forschungsprozesses die Gestalt des Vorwissens verändert und den Grad der Offenheit tendenziell beeinflusst.

Das methodologische Grundprinzip der Offenheit, wie es Terhart (2003: 30) pointiert ausgedrückt hat, sollte aber keinesfalls aufgegeben werden: „Qualitative Forschung will dem jeweiligen Gegenstandsbereich keine vorab formulierten Theoriemodelle überstülpen [...]" Diese Offenheit gilt nicht nur für den Beginn der eigenen Forschung, sondern für den gesamten Verlauf der Untersuchung. Auch nach dem fünften Interview sollte sichergestellt werden, dass die aus den Interviews gewonnenen Informationen nicht zu voreilig generalisiert werden und als Erwartung an alle weiteren Interviews herangetragen werden. Die im Verlauf der Forschung gewonnenen Informationen sollen nicht dazu genutzt werden, die Antworten in späteren Interviews vorherzusagen. Erhaltene Informationen dienen vielmehr dazu, die Fragen für spätere Interviews zu modifizieren und/oder zu präzisieren. Die Offenheit ändert sich im Verlauf einer Studie bezüglich der Art und Tiefe der Fragen, nicht der Antworten.

Um sich diese Offenheit zu erhalten, kann es hilfreich sein, die folgenden Fragen am Beginn der Forschung für sich zu beantworten (Aufschreiben ist dabei von Nutzen), um eigene Vorannahmen, die als Wahrnehmungstrichter wirken können, explizit zu machen:[2]

---

2 Hier kann eingewendet werden, dass das Explizieren eigener Annahmen erst recht zu deren Handlungswirksamkeit führt. Dem kann entgegengehalten werden, dass Vorannahmen implizit im Hintergrund die eigene Forschung mit steuern und es deshalb sinnvoller ist, sich ihrer steuernden Wirkung

- Was weiß ich über das Untersuchungsfeld?
- Was möchte ich erfahren?
- Was glaube ich, werden die Interviewten auf meine Fragen antworten?
- Wie würde ich meine Fragen beantworten?

Im weiteren Verlauf der Forschung ist es sinnvoll, die Fragen aufs Neue für sich zu beantworten und dann zu vergleichen, was sich geändert hat. Auf diese Weise wird dem Prinzip der Offenheit zumindest ansatzweise Rechnung getragen und gleichzeitig die Prozesshaftigkeit qualitativer Forschung berücksichtigt.

### 2.3.2 Prozesshaftigkeit

Wenn sich Menschen endgültig darauf einigen könnten, wie sie die Welt sehen und wie die Welt beschaffen ist, dann müsste Forschung nicht prozesshaft sein. Es genügt, jeden Menschen einmal zu befragen, was er oder sie unter einem Cheeseburger versteht. Diese Informationen könnten dann ausgewertet und publiziert werden. Dem ist nicht so und die sich stets (zum schlechteren hin) wandelnde Interpretation des Begriffs „Cheeseburger" durch Fast-Food-Ketten macht dies deutlich. Aus diesem Grund nimmt qualitative Sozialforschung „die Verhaltensweisen und Aussagen der Untersuchten nicht einfach als statische Repräsentationen eines unveränderlichen Wirkungszusammenhangs, sondern als prozeßhafte Ausschnitte der Reproduktion und Konstruktion von sozialer Realität." (Lamnek, 1995a: 25)

Dies ist die eine Form der Prozesshaftigkeit: den Prozess des Entstehens der sozialen Wirklichkeit nachzuzeichnen. Die andere Form der Prozesshaftigkeit ist die des Forschens selbst. Dadurch, dass Forschende als Subjekte selbst zur Konstruktion und damit der Veränderung von Wirklichkeit beitragen, muss auch der Forschungsprozess immer wieder neu initiiert werden. Streng genommen endet eine Studie unter diesem Primat nie. Praktisch sollte dies aber der Fall sein, weshalb die Prozesshaftigkeit der Studie nicht durch Unendlichkeit, sondern durch kürzere Arbeitsschritte umzusetzen ist. Kürzere Arbeitsschritte heißt: die in Interviews erhaltenen Informationen in kürzeren Intervallen auf die eigene(n) Fragestellung(en) zu beziehen. In stark verkürzter Form ist diese Variante der „zirkulären Prozesshaftigkeit" in Abbildung 2 dargestellt.

Zu Beginn der Studie wird eine (oder eine Reihe von) Frage(n) formuliert, die als Grundlage für die Durchführung von Interviews dienen. Die auf diese Weise gesammelten Informationen werden ausgewertet und tragen zur Modifikation oder Präzisierung der Fragestellung(en) bei. Eine qualitative Studie besteht aus einer Reihe solcher Forschungszirkel und kann dazu beitragen, bereits einige Tage nach Beginn der Studie Erkenntnisse über das Untersuchungsfeld zu erhalten.

---

wenigstens bewusst zu sein. Insbesondere das Aufschreiben eigener Vorannahmen zu verschiedenen Zeitpunkten der Studie hilft, deren Einfluss auf den Forschungsprozess nachzeichnen zu können.

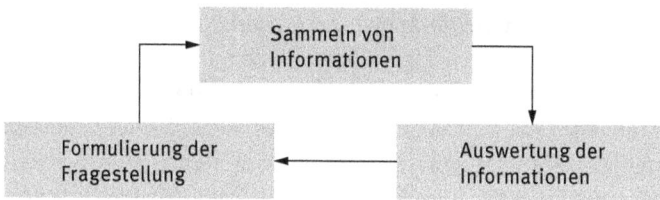

**Abb. 2:** Zirkulärer Prozesscharakter qualitativer Forschung (eigene Darstellung).

Auch quantitative Forschung ist prinzipiell zirkulär angelegt, allerdings ist der Weg zu ersten Informationen wesentlich länger. Theorie- und Hypothesenbildung, Operationalisierung, Erstellen der Fragebögen, Erhebung, Auswertung und Interpretation nehmen dort sehr viel mehr Zeit in Anspruch, wodurch die Modifikation von Annahmen und Theorien in geringerer Frequenz erfolgt.

Der Unterschied der Zirkularität von quantitativer und qualitativer Forschung kann mit der Metapher gefasst werden, dass mit qualitativer Forschung die Bilder laufen lernen. Ähnlich wie ein Film auf der kurzen Abfolge vieler Standbilder basiert, gründet sich der „Film" über die soziale Realität auf in kurzer Abfolge erhobenen Informationen. Hierdurch ist es möglich, Fragestellungen in relativ kurzer Zeit und im Hinblick auf die subjektive Perspektive der Befragten zu verändern. Neue Informationen helfen, die bisherige Perspektive zu präzisieren und die Konstruktion der sozialen Wirklichkeit adäquater zu erfassen, was sich zumeist in der Modifikation des Interviewleitfadens niederschlägt (siehe Kap. 2.4.2).

Prozesshaftigkeit bei qualitativer Forschung bedeutet erstens, den dynamischen Prozess der sozialen Konstruktion von Wirklichkeit zu beachten. Zweitens muss aus diesem Grund der Forschungsprozess als eine Reihe von Schleifen verstanden werden, die um die Formulierung von Fragen, das Sammeln von Informationen und der Reformulierung von Fragen kreisen.

### 2.3.3 Kommunikation

Wie bereits beschrieben wurde, nimmt der Symbolische Interaktionismus an, dass die Kommunikation das wesentliche Vehikel zur Aushandlung von Bedeutungen und zur Konstruktion sozialer Realitäten darstellt (siehe Kap. 2.1). Deshalb, so die daraus abgeleitete Folge, sollte das Ziel, diese sozialen Realitäten zu verstehen, mit dem gleichen Medium erreicht werden, mit dem die Konstruktion erfolgt: der möglichst alltagsweltlichen Sprache. „Das Prinzip der Kommunikation besagt, daß der Forscher den Zugang zu bedeutungsstrukturierten Daten im allgemeinen nur gewinnt, wenn er eine Kommunikationsbeziehung mit dem Forschungssubjekt eingeht und dabei das kommunikative Regelsystem des Forschungssubjekt in Geltung lässt." (Hoffmann-Riem, 1980: 346 f.)

Forschung als Kommunikation heißt dann erstens, sich in der Form mit den Interviewten auseinanderzusetzen, die dieser im Alltag zur Bedeutungsaushandlung nutzt: dem Gespräch. Zweitens folgt daraus, dass diese Kommunikation den Regeln folgen muss, die der Interviewte kennt und denen er folgen kann. Drittens müssen auch die Inhalte der Kommunikation für den Interviewten verständlich und nachvollziehbar sein. Umgekehrt muss auch der Forschende die vom Interviewten transportierten Inhalte verstehen.

Diese drei Kernelemente der Kommunikation (Form, Regeln, Inhalte) gilt es bei qualitativen Interviews zu beachten, wenn die subjektive Perspektive des Befragten berücksichtigt werden soll. Deren Bedeutung lässt sich am besten illustrieren, wenn diese Bedingungen verletzt sind:

### Form

Auch mittels eines Fragebogens kommuniziert der Forschende mit den Befragten. Es werden dem Interviewten Fragen oder Aussagen vorgelegt, auf die dieser (in der Regel) durch Ankreuzen vorgegebener Antworten reagiert. In dieser asynchronen Form mit dem alltagsunüblichen Medium „Fragebogen" entspricht die Kommunikation aber nicht derjenigen Form, in der Befragte ihre Bedeutungsaushandlungen tagtäglich vornehmen. Selbst wenn der Befragte in einem Fragebogen die Antwort „Stimmt völlig" als für sich zutreffend ansieht und diese ankreuzt, entspricht dies nicht der gewohnten Form der Kommunikation. Niemand antwortet in einem Gespräch mit Freunden auf jede Frage mit „Stimmt völlig". Im qualitativen Interview wird Wert darauf gelegt, dass dieses dem alltäglichen Gespräch möglichst nahekommt.

### Regeln

Erstens hat im Alltagsgespräch jeder Dialogpartner (prinzipiell) die Möglichkeit, Themen zu initiieren (Stimuli zu erzeugen) oder auf Aussagen zu reagieren (Response). Bei der Fragebogenmethode ist diese prinzipielle Möglichkeit nicht gegeben. Die Art der Themen (Stimuli), deren Reihenfolge und Tiefe werden durch den Fragebogen (also einseitig vom Forschenden) vorgegeben. Es bleibt dem Befragten nur die Möglichkeit, zu reagieren. Kommunikationsregeln des Alltagsgesprächs ermöglichen es dem Einzelnen, nicht nur zu reagieren, sondern selbst initiativ zu werden. Deshalb wird den Befragten in qualitativen Interviews, je nach Grad der Standardisierung, die Gesprächsführung hinsichtlich bearbeiteter Themen und deren Tiefe (mit-)überlassen.

Zweitens beruht (das Aufrechterhalten von) Kommunikation auf dem Prinzip der wechselseitigen Bedeutungsvergewisserung. Jeder Gesprächspartner hat (wieder prinzipiell) die Möglichkeit, nachzufragen, wenn etwas nicht verständlich ist. Deshalb wird im qualitativen Interview Wert darauf gelegt, dass beide – Interviewer und Interviewter – die Möglichkeit haben, sich über Bedeutungen zu verständigen. Dies ist für den Befragten relevant, da er die Möglichkeit haben muss, die Fragen im Sinne des Interviewers zu verstehen (und dann ggf. dessen Bedeutung zu verändern). Gleichzeitig ist dies auch für den Interviewer relevant, um sich der subjektiven Bedeutung von Gesagtem (rück-)versichern zu können. Dieser Austausch über Bedeutungen ist bei der Fragebogenmethode in dieser Form nicht möglich.

### Inhalte

Eng mit den vorherigen beiden Punkten ist jener der Inhalte von Kommunikation verknüpft. Bei vom Forscher fest vorgegebenen Fragen kann der Befragte nicht über die zu behandelnden Inhalte mitbestimmen. Bei standardisierten Antworten kann er auch seine Reaktionen auf die Stimuli nur begrenzt variieren. Im Alltagsgespräch hat eine Person Kontrolle über beides. Ferner ist auf der inhaltlichen Ebene von besonderer Bedeutung, dass, wie bereits benannt, ein Austausch über Bedeutungszuschreibungen möglich ist. Unidirektionale Kommunikation (wie die eines Fragebogens) bietet diese Option nicht, weshalb Missverständnisse nicht oder nur schwer aufgedeckt werden können. So können verschiedene Personen mit der Antwort „Stimmt teilweise" in einem Fragebogen etwas grundsätzlich anderes verbinden. Der Forscher hat über die individuelle Interpretation dieser Antwort keine Informationen. Beim qualitativen Interview ist wesentlich, dass sich Forscher und Befragter über die Inhalte der Kommunikation und die jeweiligen Bedeutungszuschreibungen vergewissern. Es rückt „notwendigerweise der Prozeß des gegenseitigen Aushandelns der Wirklichkeitsdefinitionen zwischen Forscher und Erforschtem in den Mittelpunkt des Interesses, also ihre kommunikative Interaktion. Forschung wird damit als Kommunikation begriffen." (Lamnek, 1995a: 24)

Die Beachtung aller drei Aspekte bei der Durchführung von Interviews mündet in der Forderung von Forschung als Annäherung an eine möglichst natürliche Kommunikationssituation (vgl. Hoffmann-Riem, 1980).

---

„Natürlich" heißt, eine Kommunikationssituation zu schaffen, die jener nahekommt, die der Befragte aus seinem Alltag kennt, sich also den ihm gewohnten Formen, Regeln und Inhaltsaushandlungen möglichst stark annähert (vgl. Friedrichs, 1990).

---

„Natürlich" bezieht sich weiterhin darauf, dass der Forschungsakt nicht in einer dem Befragten fremden Umwelt stattfindet (etwa ein Experimentalraum o. Ä.) (siehe hierzu ausführlich Kap. 5.1.2). Unter anderem aus diesem Grund ist qualitative Interviewforschung zumeist als Feldforschung konzipiert.

### 2.3.4 Zusammenfassung

In diesem Abschnitt wurden die drei Grundprinzipien qualitativer Forschung, wie sie sich aus dem Symbolischen Interaktionismus ergeben, näher beschrieben. Es wurde hervorgehoben, dass qualitative Forschung durch Offenheit, Prozesshaftigkeit und (natürliche) Kommunikativität gekennzeichnet ist.

– Offenheit bedeutet, sich dem Forschungsgegenstand ohne das vorherige Formulieren von Theorien oder Hypothesen zu nähern.
– Prozesshaftigkeit meint, dass zur Beschreibung der sozialen Realität kein einmaliger „Schnappschuss" ausreicht, sondern fortlaufend Konstruktionen der sozialen Realität durch Akteure nachgezeichnet werden.
– Ferner meint Prozesshaftigkeit, Forschung als kurzschrittigen Wechsel von Fragen und Informationen anzusehen.
– Mit dem Prinzip der Kommunikation als Forschungsgrundlage wird herausgestellt, dass das Gewinnen von Informationen durch Interviews geschieht, die dem alltäglichen Gespräch von Befragten hinsichtlich Form, Gesprächsregeln und Inhaltsverständigung möglichst nahekommen.

Diese drei Grundprinzipien sind keine Aushängeschilder, auf die zu Beginn des Methodenteils einer Arbeit verwiesen werden kann. Sie sind vielmehr Grundpfeiler von qualitativer Forschung im Sinne des Symbolischen Interaktionismus. Davon, wie viel Beachtung ihnen während des Forschungsprozesses (und nicht erst beim Niederschreiben der Abschlussarbeit oder des Forschungsberichts) geschenkt wird, hängt auch die Qualität der erhaltenen Informationen ab.

### Weiterführende Literatur

Hoffmann-Riem, Ch. (1980). Die Sozialforschung einer interpretativen Soziologie. Der Datengewinn. *Kölner Zeitschrift für Soziologie und Sozialpsychologie*, 32. Jg., Heft 3, 339–372.
Lamnek, S. (1995a). *Qualitative Sozialforschung. Band 1: Methodologie* (Kap. 2.2). Weinheim: Beltz PVU.
Mayring, Ph. (2002). *Einführung in die qualitativeSozialforschung* (Kap. 2). Weinheim: Beltz.

## 2.4 Ablauf des Forschungsprozesses bei qualitativer Forschung

Nachdem in den vorigen Kapiteln die methodologischen Grundlagen und deren Implikationen für qualitative Forschung benannt wurden, widmet sich dieses Kapitel dem Ablauf qualitativer Forschungsprozesse. Obwohl dies bereits nach einer handfesten Anleitung zur Durchführung der eigenen Studie klingt, gehört das Kapitel dennoch in den Bereich der Grundlagen qualitativer Forschung. Erstens, weil der qualitative Forschungsprozess einen anderen Ablauf als quantitative Forschung hat. Zweitens, weil dieser anders gestaltete Ablauf unmittelbar aus den Grundprinzipien „Offenheit" und „Prozesshaftigkeit" abgeleitet ist. Qualitative Studien müssen so angelegt sein, dass sie die Offenheit des Forschenden für den untersuchten Gegenstand bewahren. Dies wird nicht nur durch das Fehlen von Hypothesen erreicht, sondern auch durch

die zirkuläre Prozesshaftigkeit mit kurzem Wechsel von Fragestellung, Informationsgewinnung und -auswertung (siehe Kap. 2.3.2). Zunächst wird auf den Begriff des Forschungsdesigns eingegangen (Kap. 2.4.1) und die Bestandteile des Forschungsprozesses werden bestimmt (Kap. 2.4.2). Besonderes Augenmerk wird auf die Zeitplanung bei
qualitativen Studien gelegt, da diese häufig ein Problem darstellt (Kap. 2.4.3).

## 2.4.1 Forschungsdesign

Jedes Forschungsvorhaben – auch jenes von Bachelor- oder Masterarbeiten – sollte
mittels eines Forschungsdesigns vor Beginn der Studie (gut) geplant werden. Dies bedeutet nicht, dass im Verlauf der Studie keine Modifikationen möglich wären, etwa
die Veränderung der Fragestellung. Im Gegenteil: Diverse Vorabfestlegungen unterliegen im Verlauf der Forschung Veränderungen. Jedoch hilft die Vorabfestlegung des
Forschungsdesigns die eigene Studie „im Zaum zu halten". Es kann leicht passieren,
dass die eigene Neugierde, eine schlechte Planung oder auch ein allzu ambitionierter
Betreuer einer Abschlussarbeit die Untersuchung aus den Fugen geraten lässt, weil
zu viele oder die falschen Personen befragt wurden, die Auswertungsstrategie nicht
mehr zum Material passt oder schlicht Zeit und Ressourcen überschätzt wurden (Letzteres ist ein häufiges Problem, vgl. auch Oswald, 2003; siehe Kap. 2.4.3).

Für qualitative Forschung werden eine Reihe verschiedener Forschungsdesigns skizziert, die sich nach
Flick (2000) grob hinsichtlich der zeitlichen Perspektive und der Anzahl befragter Personen unterscheiden lassen.

### Zeitliche Dimension
Bei Querschnittsstudien werden Personen nur zu einem Zeitpunkt befragt und Informationen über soziale Prozesse der Bedeutungsaushandlung retrospektiv erhoben (etwa bei biografischen Interviews).
Längsschnittstudien versuchen, die Prozesshaftigkeit dadurch einzulösen, dass identische Personen
zwei- oder mehrmals in bestimmten zeitlichen Abständen befragt und Veränderungen über die Zeit
zur Rekonstruktion sozialer Konstruktionsprozesse identifiziert werden.

### Anzahl befragter Personen
In Einzelfallstudien steht, wie der Name bereits ausdrückt, der einzelne Fall, eine einzelne Person
oder Biografie im Vordergrund. Demgemäß wird das Interview nur mit dieser Person durchgeführt, ein
Design, das häufig in der klinisch-psychologischen und Biografieforschung anzutreffen ist. Demgegenüber werden bei Vergleichsstudien mehrere Personen befragt und die Informationen miteinander
verglichen. Auf diese Weise wird eine größere Bandbreite an Informationen erreicht, die zur Typenbildung oder Generalisierung herangezogen werden kann. Als Einzelfallstudien werden aber auch solche
Untersuchungen bezeichnet, bei denen zwar mehrere Personen befragt werden, deren Informationen
aber nicht miteinander verglichen werden.

Da der häufig anzutreffende Fall qualitativer Forschung jener der einmaligen Befragung mehrerer
Personen darstellt und auch die Darstellung in diesem Band auf diesem Forschungsdesign aufbaut,
orientieren sich die weiteren Darstellungen des Forschungsdesigns und -prozesses an der Variante
einer querschnittlichen Vergleichsstudie.

Was aber ist ein Forschungsdesign? Zunächst einmal stellt ein Forschungsdesign eine Art „Checkliste" dar. Diese Checkliste enthält all jene Dinge, die beachtet werden müssen, um am Ende zu Ergebnissen zu gelangen. Das Forschungsdesign ist also nichts weiter als „Mittel zum Zweck der Sammlung aussagekräftiger Daten" (Diekmann, 2008). Gleichzeitig ist dieses Mittel zum Zweck das A und O einer jeden Studie. Oder anders formuliert: Ohne gut durchdachtes Forschungsdesign ist das Gelingen einer Untersuchung vielleicht göttliche Fügung, nicht aber Ergebnis wissenschaftlichen Arbeitens. Flick (2000) hat eine Reihe von Dingen benannt, die die Checkliste beinhalten sollte:

- Welche Ressourcen stehen für die Studie zur Verfügung?
- Welche Fragestellung wird verfolgt?
- In welchen theoretischen Rahmen ist die Studie eingebettet?
- Welche Personen sollen befragt werden?
- Mit welcher Erhebungsmethode soll befragt werden?
- Mit welcher Methode sollen die Informationen ausgewertet werden?

Je nach Art der Forschung variieren diese Fragestellungen. Wird bspw. als Erhebungsmethode die teilnehmende Beobachtung gewählt, ist nicht zu beachten, wer befragt, sondern wer beobachtet werden soll. Dies ist allein schon auf der pragmatischen Ebene entscheidend, denn zu Interviews können Personen in ein Café eingeladen werden. Bei teilnehmenden Beobachtungen ist die Auswahl der Stichprobe schwieriger. Es ist sehr viel mehr Zeit zu veranschlagen und wesentlich mehr Wert auf das Setting der Erhebung zu legen (vgl. Friebertshäuser, 2003a). Im Folgenden sollen die einzelnen Ingredienzien des Forschungsdesigns kurz beschrieben werden. Ausführlicher wird auf die einzelnen Punkte in den betreffenden Abschnitten eingegangen.

## Ressourcen

Für jede Studie ist die erste und wichtigste Frage, welche Ressourcen zur Verfügung stehen. Wie viel Zeit steht zur Verfügung? Wie viele Personen werden mit wie vielen Arbeitsstunden an der Studie mitwirken können und welche Qualifikation besitzen die Mitwirkenden? Der letztgenannte Punkt sollte nicht unterschätzt werden, denn je weniger qualifiziert Mitwirkende sind, umso mehr Zeit muss in die Aneignung des Forschungswissens investiert werden und die Wahrscheinlichkeit von Pannen steigt (und Pannen kosten Zeit). Gerade bei Abschlussarbeiten[3] schleicht sich leicht die Vorstellung ein, man führt mal eben schnell zwanzig Interviews durch, transkribiert und wertet sie aus, um die gewonnenen Informationen auf achtzig bis hundert Seiten zu bannen. Wird aber der hierfür benötigte Zeitrahmen beachtet, wird es sehr schnell

---

[3] Diese Unterschätzung des Aufwands ist dabei gar nicht einmal den Studierenden anzulasten, die noch über keine Erfahrung mit Forschung dieses Umfangs verfügen werden. Es ist Aufgabe der Betreuenden, auf die Machbarkeit einer Studie hinzuweisen.

eng in der Planung. Nehmen wir einmal den Zeitraum von sechs Monaten für eine Abschlussarbeit als Rechenexempel:

– 20 Interviews bedeuten erstens, dass 20 Tage für die Erhebung zu veranschlagen sind. Denn die Durchführung von Interviews ist sehr anstrengend und bedarf einer guten Konzentration, um die eigenen Fragen und das Gesagte des Interviewten gut miteinander in Beziehung setzen oder gezielte Nachfragen stellen zu können. Es empfiehlt sich daher nicht, zwei oder gar mehrere Interviews an einem Tag durchzuführen.[4] Da erfahrungsgemäß nicht jeden (nicht einmal jeden zweiten) Tag ein Interview durchgeführt wird, und zudem zwischen den Interviews Zeit zu veranschlagen ist, um den Leitfaden zu überarbeiten und neue Befragte zu akquirieren, wird allein die Erhebung ca. eineinhalb Monate in Anspruch nehmen.

– Angenommen, jedes Interview dauert eine Stunde. Je nach Computerschreibfähigkeit und verwendetem Notationssystem sind für die Transkription eines Interviews zwischen acht und fünfzehn Stunden zu veranschlagen. Selbst im günstigsten Fall bedeutet dies bei 20 Interviews 160 Arbeitsstunden. Im ungünstigsten Fall steigt der Aufwand auf 300 Arbeitsstunden, was etwa eineinhalb Arbeitsmonaten entspricht.

– Die Transkription von 20 Interviews produziert bei ca. 6000 Wörtern pro Interview (siehe Kap. 5.4.1), was je nach Formatierung zwischen 15 und 30 DIN-A4-Seiten entspricht, in etwa 300 bis 600 Seiten Interviewmaterial. Diese müssen nicht nur gelesen, sondern auch in irgendeiner Weise sortiert, kategorisiert und teilweise paraphrasiert werden. Hierfür einen Zeitrahmen zu veranschlagen ist schwierig, aber wenn es schnell gehen soll, mögen hierfür *zwei Monate* reichen (was bei gründlichen Auswertungen nicht der Fall ist).

Nach also etwa fünf Monaten ist demnach nicht mehr erreicht, als dass das Interviewmaterial erhoben und einer ersten Auswertung unterzogen wurde.[5] Bis zu diesem Zeitpunkt ist keine einzige Seite der Abschlussarbeit geschrieben oder eine gründliche Auswertung des Materials erfolgt.[6] Je nach Fragestellung und Design der Studie empfiehlt es sich nicht, die Zahl von zehn Interviews zu überschreiten. Letztlich ist aber nicht die Anzahl der Interviews entscheidend, sondern die Qualität der gewonnenen

---

4 Dies allein schon deshalb nicht, weil die Informationen aus den Interviews zur Modifikation der eigenen Fragen genutzt werden sollten. Zumindest die ersten Interviews sollten zunächst transkribiert und durchgearbeitet werden, bevor das nächste an der Reihe ist.

5 Das Rechenbeispiel basiert auf der Durchführung einer Studie mit vergleichsweise klar eingegrenzter Fragestellung und der Verwendung von Leitfadeninterviews. Bei narrativen oder Tiefeninterviews ist wesentlich mehr Zeit für die Durchführung der Erhebung und der Transkription zu veranschlagen.

6 Zuweilen werden im empirischen Teil von Abschlussarbeiten nicht endend wollende Passagen aus Interviews zitiert, um die eigenen Ergebnisse zu präsentieren. Dabei handelt es sich aber nicht um Ergebnisse, sondern um das Rohmaterial. Das wäre, als würden in einer quantitativen Arbeit nur Teile der Rohdaten berichtet.

Informationen. Es ist besser, fünf erschöpfend statt zehn unzureichend ausgewertete Interviews als empirische Grundlage der eigenen Studie zu verwenden.

### Fragestellung der Studie

Die Fragestellung einer qualitativen Untersuchung bestimmt sich nicht unwesentlich durch die zur Verfügung stehenden Ressourcen. Generell gilt: Je weniger präzise die Fragestellung ist und je geringer das Vorwissen über ein Untersuchungsfeld, desto mehr Zeit wird die Forschungsarbeit in Anspruch nehmen. Es ist nicht möglich, eine definitive Empfehlung für geeignete Fragestellungen zu geben. Nicht empfehlenswert sind allerdings Fragen dergestalt: Wie werden Jugendliche erwachsen? oder auch: Wie gestalten sich Sozialisationsprozesse in türkischen Familien? Diese sind zu weit gefasst und nehmen viel Zeit in Anspruch. Aber auch aus wissenschaftlich-erkenntnistheoretischer Perspektive empfehlen sich nicht alle Fragestellungen für qualitative Forschung. Zum einen ergibt es wenig (wissenschaftlichen und persönlichen) Sinn, bereits sehr gut gesichertes Wissen über ein Thema nochmals zu replizieren. Zum anderen ist nicht jede Fragestellung sinnvollerweise qualitativ zu bearbeiten. Insbesondere Fragen nach der Verbreitung von Phänomen („Wie viele Jugendliche sind suizidgefährdet?") gehören nicht in das Metier qualitativer Forschung. Die in Kapitel 3.2 dargestellten Forschungsprojekte sollen einen Eindruck davon vermitteln, welche Fragestellungen vernünftigerweise im Rahmen einer qualitativen Studie bearbeitbar sind.

### Theoretischer Rahmen (Vorverständnis)

Nachdem in Kapitel 2.3.1 großer Wert auf die theoretische Unvoreingenommenheit des Forschenden gelegt wurde, mag es zunächst verwundern, dass hier vom theoretischen Rahmen einer qualitativen Studie die Rede ist. Damit ist nicht gemeint, aus einer Theorie Hypothesen abzuleiten, die dann zu überprüfen sind. Vielmehr soll hervorgehoben werden, dass jede Fragestellung in einen weiteren theoretischen Kontext eingeordnet werden kann. So wäre bei der Frage nach Konfliktpotenzialen in Familien mit Jugendlichen festzulegen, ob diese Frage im Rahmen entwicklungs- oder familienpsychologischer Theorien behandelt werden soll. Je nach Orientierung würde der Interviewleitfaden eher die (entwicklungspsychologisch) individuelle oder die (familienpsychologisch) systemische Perspektive in den Vordergrund stellen. Die Einordnung in einen theoretischen Rahmen ermöglicht es zudem, das noch Unbekannte von bereits ausführlich Erforschtem unterscheiden zu können. Theoretische Rahmung in qualitativer Forschung heißt demnach nicht, Hypothesen abzuleiten, sondern die Fragestellung der Studie präzisieren zu können.

### Festlegung der Erhebungsmethode

Es ist zu klären, mit welcher Methode die gesuchten Informationen gewonnen werden sollen. Das Spektrum reicht von teilnehmender Beobachtung bis zur Dokumenten- oder Bildanalyse. Es ist im Einzelfall zu entscheiden, welche Methode geeignet ist. Selbst wenn, wie in diesem Band, eine Festlegung auf das Interview erfolgt ist, verbleiben eine Vielzahl verschiedener Interviewvarianten, die zum Teil sehr unterschiedliche Informationen zutage fördern sollen. Innerhalb der unterschiedlichen Interviewtechniken kann als erste Orientierung festgehalten werden: Je weniger über einen Untersuchungsgegenstand bekannt ist, desto weniger standardisiert sollte die Interviewtechnik sein. Ein Überblick über mögliche Interviewtechniken mit Jugendlichen und deren primäre Erkenntnisziele und -möglichkeiten wird in Kapitel 4.2 gegeben.

**Zu befragende Personen**

Dieser Teil des Forschungsdesigns legt fest, welche Personen Informationen besitzen (könnten), die bei der Bearbeitung der Fragestellung hilfreich sind. Auf die Stichprobenauswahl wird noch ausführlicher eingegangen (siehe Kap. 4.3). Hier soll der Hinweis genügen, dass eine Entscheidung darüber getroffen werden muss, wie viele Personen (siehe Ressourcen), welchen Alters, Geschlechts etc. in das Design einbezogen werden. Im Gegensatz zu quantitativer Forschung kann sich die Zielstichprobe im Verlauf der Studie ändern. So können neuartige Informationen aus Interviews dazu führen, dass vorher nicht berücksichtigte Personen in die Stichprobe aufgenommen werden oder andere wieder aus dem Sample herausfallen. Auch wenn das Sampling im Verlauf der Studie Änderungen unterliegen kann, empfiehlt es sich, vorab eine Zielgruppe festzulegen, von der erwartet wird, relevante Informationen geben zu können.

**Festlegung der Auswertungsmethode**

Da dieser Band die Auswertung von Interviews mit Jugendlichen nicht behandelt, soll an dieser Stelle der Hinweis genügen, dass die Methode festgelegt werden muss, mit der die erhobenen (und transkribierten) Informationen ausgewertet werden sollen. Das Spektrum reicht von quantitativer Inhaltsanalyse (bspw. der Auszählung von Worthäufigkeiten) über verschiedene Techniken qualitativer Inhaltsanalyse bis hin zu Interpretationsverfahren, wie sie in der objektiven Hermeneutik verwendet werden.

In einer einfachen Dimensionierung können die verschiedenen Auswertungsverfahren danach unterschieden werden, ob sie die erhobenen Informationen drastisch reduzieren (unter Verlust von Sinnzusammenhängen, wie bei der quantitativen Inhaltsanalyse), moderat reduzieren (unter Beibehaltung von Sinnzusammenhängen) oder Daten extrapolieren (durch die Herstellung von neuen Sinnzusammenhängen, wie in der Objektiven Hermeneutik). Als eine Art „Quasistandard" hat sich die qualitative Inhaltsanalyse von Mayring (1983) etabliert, die ihren Reiz unter anderem dadurch erhält, dass sie eine Schritt-für-Schritt-Anleitung zur Auswertung qualitativer Daten enthält (vgl. zusf. Mayring, 2000).

Ergänzend zu diesen „Zutaten" des Forschungsdesigns werden verschiedentlich noch weitere genannt, wie etwa das Darstellungs- und Generalisierungsziel einer Stu-

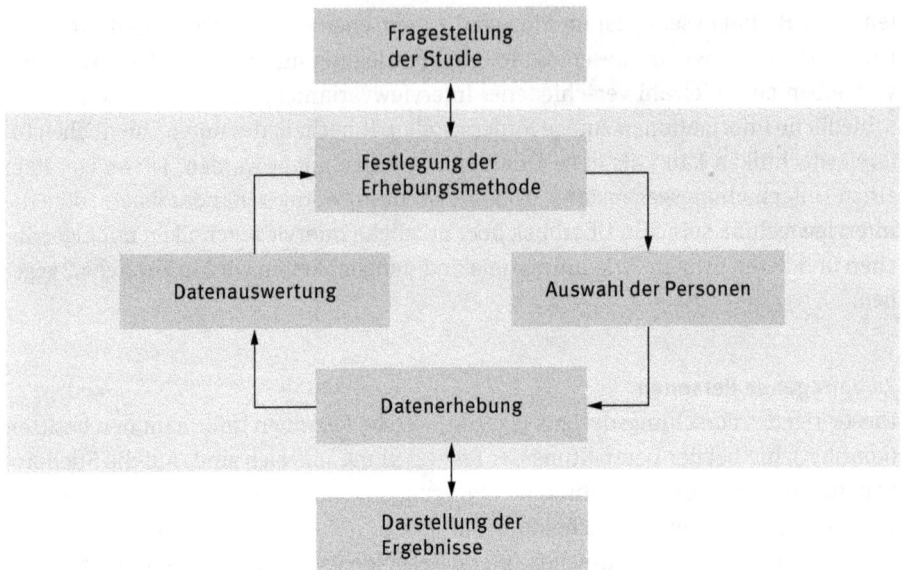

**Abb. 3:** Zirkularität der Festlegung des Forschungsdesigns qualitativer Studien (eigene Darstellung in Anlehnung an Witt, 2001).

die (Flick, 2000: 260 f.). Da diese aber in den Bereich der Auswertung fallen, werden sie hier nicht weiter thematisiert.

Wesentlich hinsichtlich der einzelnen Punkte auf der Checkliste ist, dass diese zwar zu Beginn der Studie im Forschungsplan beantwortet werden, im Verlauf der Studie aufgrund des Prozesscharakters aber veränderbar sind und zuweilen auch verändert werden müssen. In Anlehnung an Witt (2001) lässt sich die Zirkularität dieser Entscheidungen in Abhängigkeit des Fortgangs der Studie wie in Abbildung 3 darstellen. Offenkundig ist dies bei der Fragestellung einer Studie. Aufgrund der Offenheit gegenüber dem Forschungsgegenstand sollten unerwartete und neue Informationen dazu genutzt werden, die Fragestellung der Studie zu modifizieren. Bei einer guten Fragestellung sollte sich diese zwar nicht in der Substanz, wohl aber in mehr oder weniger bedeutsamen Nuancen ändern. Mit der Fragestellung kann sich dann auch die Erhebungsmethode und die Stichprobe ändern. Dies kann seinerseits wieder zu einer neuen Perspektive der Studie führen.

Aus der Prozessualität und der Offenheit des Forschungsprozesses ergibt sich trotz vorab definiertem Forschungsplan eine gewisse Dynamik, die dem Forschenden Flexibilität abverlangt. Im folgenden Kapitel soll der Forschungsprozess qualitativer Forschung auf der Basis der in diesem Kapitel benannten Checkliste beschrieben werden.

## 2.4.2 Forschungsprozess

Der qualitative Forschungsprozess ist nicht linear, sondern vollzieht sich in einer Reihe von Schleifen (Witt, 2001). Insbesondere in der Erhebungsphase werden die einzelnen Schritte nicht einfach abgehakt und es wird nicht zur nächsten Phase übergangen. Vielmehr werden manche der Arbeitsschritte in vergleichsweise kurzer Folge wiederholt. So kann sich die festgelegte Fragestellung bereits nach dem ersten durchgeführ-

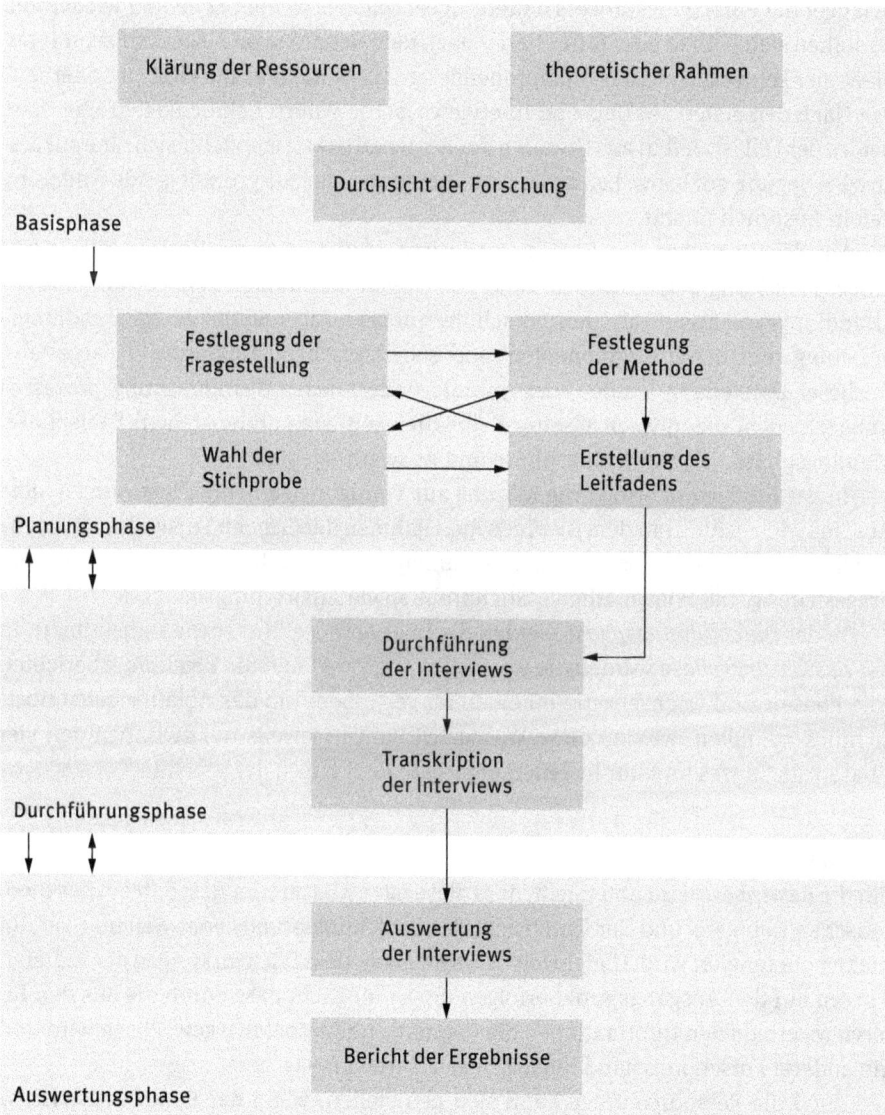

**Abb. 4:** Arbeitsschritte im qualitativen Forschungsprozess (eigene Darstellung).

ten Interview wieder ändern, weil bspw. die befragte Person nichts zum Thema sagen kann oder sie die gestellten Fragen nicht oder anders als intendiert versteht. Eine Veränderung des bereits erstellten Interviewleitfadens ist dann unabdingbar. Auf diese prinzipielle kurzschrittige Zirkularität wurde bereits in Kapitel 2.3.2 hingewiesen.

Es wurde herausgestellt, dass qualitative Forschung in einer groben Betrachtung aus den Schritten „Formulierung einer Fragestellung", „Sammeln von Informationen" und „Auswertung von Informationen" besteht, wobei die Auswertung die Reformulierung der Frage zur Folge haben kann. Ein generelles Kennzeichen dieses Prozesses ist: Je länger der Forschungsprozess dauert, umso seltener werden Schleifen wiederholt. So sollten sich – überspitzt formuliert – nach dem neunten von insgesamt zehn Interviews der Leitfaden und das Stichprobendesign nicht mehr grundsätzlich ändern.

Nach den ersten zwei bis drei Interviews ist die Wahrscheinlichkeit größer, dass beides der Fall ist. Allein aus Gründen der Realisierbarkeit empfiehlt sich eine sukzessive Festlegung auf bspw. Leitfaden und Stichprobe, da jede grundlegende Änderung Zeit in Anspruch nimmt.

Mit der Checkliste des Forschungsdesigns sind bereits die Basisschritte qualitativer Forschung benannt. Diese sind aber weiter auszudifferenzieren, um eine Art „Handlungsanleitung" für den Forschungsprozess zu erhalten. Diese Handlungsanleitung und deren Komponenten sind schematisch in Abbildung 4 dargestellt. In dieser Darstellung werden vier grundlegende Phasen des Forschungsprozesses unterschieden, die in wechselseitiger Abhängigkeit zueinander stehen: Basisphase, Planungsphase, Durchführungsphase und Auswertungsphase.

In der *Basisphase* erfolgt die Klärung zur Verfügung stehender Ressourcen, eine Auseinandersetzung mit dem theoretischen Rahmen der eigenen Forschung sowie die Durchsicht des Forschungsstands. Die *Planungsphase* beinhaltet die Festlegung von Fragestellung, Interviewmethode, Stichprobe sowie Auswertungsmethode.

In der *Durchführungsphase* werden die Interviews geführt sowie transkribiert. In der *Auswertungsphase* werden die Interviews analysiert und die Ergebnisse berichtet. Alle Phasen sind wechselseitig miteinander verwoben. Um das Ablaufschema übersichtlich zu halten, werden diese Wechselwirkungen jeweils nur zwischen den vier Phasen als Ganzes und nur in Teilen innerhalb der Phasen dargestellt.

**Basisphase**

Für die *Basisphase* wird unterstellt, dass diese nach Klärung der Ressourcen, des theoretischen Rahmens und der Durchsicht des Forschungsstands vom weiteren Verlauf nicht mehr tangiert wird. Gleichwohl ist es möglich, dass Rückwirkungen der späteren Phasen auf den Ausgangspunkt erfolgen. So ist möglich, dass durch die aus den Interviews erhaltenen Informationen die theoretische Perspektive gewechselt wird und ein anderer Forschungsstand hinzugezogen werden muss.

Auch die Ressourcenfrage kann sich neu stellen, wenn der Forschungsprozess schneller oder langsamer als erwartet vonstattengeht. Im Regelfall aber stellen die drei benannten Aspekte jene Basis für eine Studie dar, die von den folgenden Forschungsschleifen nicht mehr unmittelbar tangiert ist. So wird sich die Ressourcenfrage nach gründlicher Klärung bei einer Studie nicht mehr stellen. Beispielsweise stehen für eine Abschlussarbeit in der Regel sechs Monate und eine Arbeitskraft (man selbst) zur Verfügung. In einem Forschungsprojekt werden die geplanten Ressourcen beantragt (aber nicht in jedem Fall bewilligt) und definieren so den Möglichkeitsraum der Studie. Der einmal festgelegte theoretische Rahmen wird in der Regel nicht grundlegend gewechselt, allenfalls erweitert oder modifiziert. Er gibt die zumeist disziplinäre Perspektive auf eine Fragestellung vor. So werden sich Soziologen und Psychologen dem Phänomen des „Rechtsextremismus" in unterschiedlicher Weise zuwenden und Pädagogen einen anderen Blick auf schulische Lernprozesse haben als Soziologen. Welche Perspektive auch gewählt wird, in jedem Fall empfiehlt es sich, den Forschungsstand zur eigenen Fragestellung zu sichten. Im schlimmsten Fall führt dies zum Verwerfen der eigenen Fragestellung, etwa weil schon unzählige andere Untersuchungen hierzu vorliegen (bspw. zu jugendlichem Rechtsextremismus) oder weil sich zeigt, dass die eigene Frage nicht bearbeitbar ist. In der Regel hilft die Durchsicht bestehender Forschung aber, das eigene Thema zu präzisieren und besonders interessante Seiten der Fragestellung in den Vordergrund zu stellen. Hierdurch kann in der Basisphase eine grobe Vorstellung der eigenen Studie in eine präzisierte Fragestellung umgewandelt werden.

Insgesamt findet in der Basisphase über die drei genannten Punkte hinaus eine erste Festlegung des Forschungsdesigns hinsichtlich der in Kapitel 2.4.1 genannten Punkte statt. Von hier aus kann in die Planung der einzelnen Arbeitsschritte übergangen werden.

### Planungsphase

In der *Planungsphase* wird die eigentliche Untersuchung in ihren einzelnen Bestandteilen geplant. Als erster Schritt erfolgt die Festlegung der Fragestellung. Diese sollte präzise genug sein, um gezielt in einen Leitfaden übersetzt zu werden, aber gleichzeitig offen genug, um auch neue Perspektiven auf das Thema zu ermöglichen.

Die folgenden beiden Schritte erfolgen mehr oder weniger parallel. Zum einen ist festzulegen, mit welcher Interviewmethode befragt werden soll. Auch wenn in diesem Band eine Fokussierung auf Leitfadeninterviews erfolgt, ist damit noch nicht die konkrete Variante benannt. Auch kann die Entscheidung gegen ein Leitfadeninterview und bspw. für ein narratives Interview erfolgen. Der Ablauf bleibt im Prinzip aber identisch. Die Wahl einer Interviewmethode ist zum einen abhängig von der Fragestellung. Wie bereits erwähnt, empfehlen sich unstandardisierte Varianten bei geringem, und zunehmend standardisierte Interviewformen bei differenzierterem Wissen über einen Forschungsgegenstand. Sodann ist zu klären, welche Personen befragt werden sollen. Hier ist zu entscheiden, wer prinzipiell Informationen zur Fragestellung geben kann bzw. welche Zielgruppe untersucht werden soll. Je geringer das Wissen über bestimmte Personengruppen (Populationen), desto schwieriger gestaltet sich dieser Prozess. Bei der Stichprobenfindung und -aqkuise sind sog. „Gatekeeper" sehr nützlich. Darunter werden Personen verstanden, die dem Forschenden Zugang zu Personengruppen und zu Wissen über diesen Personengruppen verschaffen (bspw. Sozialarbeiter in einem Jugendzentrum oder Ausbilder einer Weiterbildungsmaßnahme). Die Art der Stichprobe hat ihrerseits wieder Rückwirkungen auf die gewählte Interviewmethode. So ist die Durchführung von narrativen Interviews an die Elaborationsfähigkeit oder auch Erzählfreude von Personen gebunden. Für Jugendliche kann als Leitlinie formuliert werden: Je jünger die Befragten und je geringer der Bildungsstand, desto eher empfehlen sich Befragungsformen, die dem Befragten eine gute Orientierung bieten, also eher (teil-)standardisiert sind (siehe Kap. 5.4.2). Sind diese drei Aspekte in der Planungsphase (vorerst) geklärt, erfolgt die Erstellung einer ersten Version des Interviewleitfadens, sofern diese Interviewvariante gewählt wird. Aber auch bei bspw. narrativen Interviews sollten einige Erzählstimuli vorbereitet werden, um den Gesprächsfluss aufrechtzuerhalten. Der Interviewleitfaden dient dazu, die Fragestellung der Studie in Teilfragen zu zerlegen.[7] Je besser das Wissen um den Forschungsgegenstand, desto einfacher ist die Zerlegung in Teilfragen zu bewerkstelligen. Desto größer ist aber auch die Gefahr, relevante Unterfragen aus dem Blick zu verlieren. Neben der thematischen Gliederung gibt der Leitfaden aber auch eine grobe Struktur des Gesprächsverlaufs vor, in dem Fragen für den Einstieg, den Ausstieg und den inhaltlichen Hauptteil formuliert werden.

Wurden diese vier Schritte zu Beginn der Studie absolviert, ist die Planungsphase vorerst abgeschlossen. Eine erneute Rückkehr in die Planungsphase hängt vom weiteren Verlauf der Studie ab.

**Durchführungsphase**

In der *Durchführungsphase* findet vor allem die Durchführung der Interviews statt. Dies bedeutet nicht, dass alle geplanten Interviews komplett durchgeführt werden. Vielmehr dienen die ersten Interviews neben der Datengewinnung dazu, die Fragestellung der Studie und in der Folge den Interviewleitfaden u. U. zu modifizieren. Insbesondere zu Beginn einer Studie zeigen Leitfäden Schwächen.

Bei der Durchführung gilt es zunächst, Interviewpartner für ein Interview zu gewinnen. Je nach Stichprobe sind hierbei finanzielle Anreize hilfreich, um die Bereitschaft zu erhöhen. Häufig ist aber auch ein großes Interesse seitens der Befragten gegeben. Sodann ist der Ort für das Interview zu klären. Hier empfiehlt es sich, die Befragten Vorschläge machen zu lassen, damit diese sich in dem gewählten Setting möglichst „zu Hause" fühlen. Das Interview sollte auf einem Tonband/Aufnahmege-

---

7 Im Grunde handelt es sich um eine Präzisierung der Fragestellung, denn die Basisphase ist bereits bestimmt durch eine grobe, mehr oder weniger diffuse Vorstellung der interessierenden Themenstellung (etwa Familienkonflikte oder Rechtsextremismus als Thema).

rät aufgezeichnet werden, damit keine Informationen verloren gehen. Eine Überprüfung des Aufnahmegeräts und (möglichst) externen Mikrofons vor dem Interview ist deshalb wichtig. Am Interviewort selbst sollte ein Bereich gewählt werden, der wenige Hintergrundgeräusche aufweist. Diese beeinträchtigen nicht nur den Gesprächsfluss, sondern erschweren das spätere Transkribieren der Aufnahme erheblich, weil Gesprächspassagen durch Cappuccinomaschinen übertönt werden. Cappuccinomaschinen und Eiscrusher in Cafés sind der Transkription ärgster Feind.

Bei der Transkription wird die Tonbandaufnahme des Interviews je nach gewählten Verfahren wortgetreu in Schriftform übertragen. Ob dabei Laute wie „Ehm" oder Lachen mit transkribiert werden, hängt von der Fragestellung der Studie und der gewählten Auswertung ab. Steht etwa das Expertenwissen von Jugendlichen zu Musikgruppen oder Sportarten im Vordergrund, ist das Transkribieren auf die eigentlichen Informationen begrenzt. Soll aber die Bedeutung von abweichendem Verhalten (Ladendiebstahl etc.) untersucht werden, ist von Interesse, ob Jugendliche bei Antworten zögern, verunsichert lachen usw. Dringend empfiehlt es sich, die Transkription unmittelbar nach dem Interview vorzunehmen. Zum einen können hierdurch Probleme (bspw. des Leitfadens) schneller identifiziert werden. Zum anderen hilft eine „frische" Erinnerung an das Gespräch bei der Transkription. Sodann sollte das Interview nach Möglichkeit vom Interviewer oder einer beim Interview anwesenden Person (bspw. Protokollant) transkribiert werden, da das Transkribieren eines selbstgeführten/-gehörten Gesprächs leichterfällt. Diese Transkripte der Interviews stellen das Datenmaterial dar, mit dem bei der Auswertung gearbeitet wird.

**Auswertungsphase**

In der *Auswertungsphase* erfolgen zum einen die Auswertung der Interviewtranskripte und zum anderen die Darstellung der Ergebnisse (in einem Bericht, im empirischen Teil einer Abschlussarbeit, auf Konferenzen etc.). Bei der Auswertung der Transkripte ist nochmals nach zwei Varianten zu unterscheiden: einer ersten Durchsicht des Materials und der tiefer gehenden Auswertung.

Die erste, eher unsystematische Durchsicht der Transkripte sollte nach jedem Interview, insbesondere zu Beginn der Studie erfolgen. Die vom Befragten gegebenen Informationen sollen dazu genutzt werden, Schwächen der Fragestellung, des Leitfadens und der eigenen Interviewtechnik zu identifizieren. Der Leitfaden umfasst meist zu viele Fragen, die nicht durchgängig für die Befragten verständlich sind, nicht erzählgenerierend wirken und für die Befragten als persönlich nicht relevant eingeschätzt werden. Je früher die Interviews als Intervention zur Verbesserung des Leitfadens genutzt werden, desto schneller lassen sich Fehler und Probleme beheben und desto schneller kann ein für alle Interviews verwendeter fester Kern an Leitfragen formuliert werden. Dies erleichtert den Vergleich der verschiedenen Interviews. Sodann sollten die ersten Interviews jeweils unmittelbar nach der Durchführung und Transkription gesichtet werden, um Schwächen des eigenen Interviewstils zu identifizieren. Suggestivfragen, voreiliges Unterbrechen des Redeflusses, unverständliche Formulierungen oder Nichtbeachten des vom Interviewten Gesagten werden auf diese Weise schneller ersichtlich (siehe Kap. 5.5).

Im weiteren Verlauf der Studie kann die Auswertung der Interviews dazu dienen, neue Personen für die Stichprobe in den Blick zu nehmen. Zuweilen geben Jugendliche interessante Informationen über Gleichaltrige, die diese als interessanten Interviewpartner für die eigene Fragestellung erscheinen lassen. Auch können sich in Interviews neue Fragestellungen ergeben, für die eine andere als die ursprünglich geplante Zielgruppe infrage kommt.

Die zweite Form der Auswertung erfolgt systematischer, etwa anhand eines Kategoriensystems oder einer bestimmten Kontrastierungsmethode. Hierbei dienen zumeist ein Teil der Interviews zur Ermittlung von Kategorien (Induktion), um das auf diese Weise aufgestellte Kategoriensystem auf alle Interviews anzuwenden. In der Ergebnisdarstellung werden dann bspw. die wesentlichen Inhalte der Kategorien und ihrer Beziehungen zueinander präsentiert.

### Wechselbeziehungen zwischen den Phasen

Die einzelnen Phasen einer Studie mit ihren Teilschritten werden aufgrund der kurzschrittigen Prozesshaftigkeit in Schleifen durchlaufen. Es bestehen eine ganze Reihe von *Wechselbeziehungen* zwischen den Arbeitsschritten, die, würden sie im Ablaufschema durchgängig mit Pfeilen gekennzeichnet, mehr zu Konfusion führen als zur Klarheit der Vorgehensweise und der Darstellung in diesem Band beitragen.

Deshalb werden lediglich die wichtigsten und am häufigsten auftretenden Schleifen kurz skizziert. Hierzu zählt zweifellos jene zwischen der Formulierung der Fragestellung, der Konzeption des Interviewleitfadens und der Auswertung der Interviews. Wie bereits skizziert, sollten die ersten Interviews dazu genutzt werden, die eigene Fragestellung zu modifizieren. Neue Aspekte aus Interviews sollten aufgegriffen und unergiebige Fragen aus der Untersuchung herausgenommen werden. Diese Veränderung der Fragestellung führt dazu, dass auch der Leitfaden angepasst werden muss. Denn dieser stellt eine Art „Operationalisierung" der übergeordneten Frage dar. Was im Leitfaden nicht enthalten ist, wird, – wenn überhaupt – nur zufällig in Interviews als Information auftauchen.

Die zweite wichtige Schleife ist jene zwischen Auswertung der Interviews und der Stichprobenwahl. Während der ersten Interviews kann sich herausstellen, dass die ursprünglich ins Visier genommene Befragtengruppe keine ergiebigen Informationen zur Fragestellung geben kann. Dann sollten Überlegungen und evtl. Recherchen angestellt werden, welche Personengruppe für die eigene Untersuchung in Betracht kommt. Ein weiterer Grund für diese Schleife kann das „theoretische Sampling" (Glaser & Strauss, 1967) sein, bei dem auf der Basis bereits erhaltener Informationen Personen gesucht werden, die einen maximalen Kontrast herstellen können (bspw. beim Umgang mit Arbeitslosigkeit jene Personen, die sich aktiv um eine neue Arbeitsstelle bemühen, und solche Personen, die keine diesbezüglichen Aktivitäten zeigen). Bei dieser Variante ist die Schleife Informationenstichprobe explizit im Forschungsprozess vorgesehen (siehe ausführlich Kap. 4.3). Eine dritte Variante dieser Schleife ist das Auftauchen neuer, bisher nicht beachteter Aspekte, die es notwendig werden lassen, andere, qualifiziertere Informationsträger in das Design einzubeziehen.

Neben diesen beiden wesentlichen Rückkoppelungen sind noch eine Reihe weiterer zu nennen. So etwa zwischen der Stichprobe und der gewählten Interviewtechnik. Ist es bspw. unabdingbar, für die Studie Jugendliche am Ende der Primarstufe zu befragen (also je nach Bundesland ca. 10- bis 12-Jährige) und die gewählte Form des narrativen Interviews nicht oder nur schwierig anwendbar, so ist die gewählte Methode zu verwerfen. Auch kann sich bei der als abschließend geplanten Auswertung zeigen, dass bestimmte, zentrale Informationen kaum vorhanden sind (etwa dass bestimmte Kategorien wenige Interviewsegmente enthalten).[8] Dann ist es u. U. sinnvoll, weitere Interviews nachzuerheben.

Halbwegs sicher vor diesen Schleifen ist man vermutlich erst, wenn die Ergebnisse der Studie publiziert sind oder bereits Anwendung gefunden haben. Aber auch dann kommt es vor, dass noch Wissenslücken bestehen (was mit Sicherheit der Fall sein wird). Die dann folgende Schleife ist aber eine, bei der der ganze „Zirkus" wieder von Neuem beginnt. Dies sollte freilich nicht für jene Studien gelten, die als Abschlussarbeiten nach Ablauf einer gesetzten Frist einzureichen sind.

### 2.4.3 Zeitplanung

Schwierig zu beantworten ist die Frage nach der Zeitplanung einer qualitativen Studie. Hierzu besteht keine Literatur, weshalb hier auf eigene Erfahrungen und die Ausführungen von Oswald (2003) zurückgegriffen wird. Der absolute Zeitrahmen einer Studie ist schwer zu beziffern. Für eine „ausgewachsene" qualitative Studie sollten aber zwei Jahre in Betracht gezogen werden. Bei Abschlussarbeiten ist der zeitliche Umfang ohnehin auf die jeweils durch die Prüfungsordnung zugebilligte Zeit (zwischen drei und sechs Monaten) begrenzt. In jedem Fall sollte aber bei der Planung einer Studie darauf geachtet werden, dass diese im anvisierten Zeitraum zum Abschluss gebracht werden kann. Und „Abschluss" beinhaltet auch die Publikation der Befunde.

Die in diesem Band zugrunde gelegten, eigenen qualitativen Forschungsprojekte hatten einen Umfang von sechs Monaten bis zu zwei Jahren. Dieser zeitliche Umfang

---

**8** Zuweilen wird der Informationsgehalt zu einigen Aspekten der Studie systematisch überschätzt. Insbesondere Aussagen zu Themen, die den Forschenden besonders interessieren, werden stärker erinnert als Informationen, die als nicht relevant erachtet werden. So kann es passieren, wenn die ersten Interviews nicht unmittelbar gesichtet werden, dass man in dem Glauben lebt, zu einem bestimmten Aspekt viel in den Interviews gehört zu haben, und dass man bei der Kategorisierung feststellt, dass die Jugendlichen hierzu nur ganz wenige Informationen geliefert haben.

steht in engem Zusammenhang zur Anzahl durchgeführter Interviews (12 bis 33 Interviews mit Jugendlichen) und den daran mitarbeitenden Personen.

Für die Zeitplanung ist es wichtig, die internen Relationen zwischen den einzelnen Phasen zu beachten. Die Basisphase sollte so geplant werden, dass sie nicht in die Zeit der eigentlichen Untersuchung einberechnet wird. Bei Abschlussarbeiten sollten die Probleme und Fragen der Basisphase *vor* Anmeldung der Abschlussarbeit erledigt sein.

Dies empfiehlt sich schon deshalb, weil die Fragestellung der Studie in der Regel bis dahin mit dem Betreuer geklärt sein muss. Für Forschungsprojekte gilt ähnlich, dass die Basisphase möglichst vor Beginn weitgehend abgeschlossen sein sollte. Da in der Regel ohnehin ein Forschungsantrag formuliert werden muss, in dem diese Dinge zu klären sind, wird ein Großteil der ersten Phase vor dem eigentlichen Projektbeginn liegen.

Ein zweiter wichtiger Zeitfaktor ist die eigene Einarbeitung in qualitative Forschungsmethoden. Diese stellen nicht flächendeckend ein Bestandteil der Ausbildung an Universitäten oder Fachhochschulen dar. Auch variiert der Anteil und die Tiefe der Methodenausbildung in qualitativer Forschung disziplinär. Aber auch wenn qualitative Forschungsmethoden im Studium vermittelt werden, sollte ausreichend Zeit vor der Planungsphase für die eigene methodische Ausbildung kalkuliert werden. Denn in der Regel ist das methodische Wissen bis dahin eher theoretischer Natur und es bestehen kaum praktische Erfahrungen mit qualitativer Forschung. Dieser Zeitrahmen ist schwer zu beziffern und hängt u. a. vom eigenen Vorwissen ab.

Planungs-, Durchführungs- und Auswertungsphase stehen zuweilen in einem schwierigen Missverhältnis zueinander. Die Planungsphase sollte in jedem Fall weniger Zeit in Anspruch nehmen als die übrigen beiden Phasen. Je besser die Vorbereitung in der Basisphase erfolgt ist, umso weniger Zeit wird die Planungsphase in Anspruch nehmen. Insbesondere aber das Verhältnis zwischen Durchführungs- und Auswertungsphase sollte gut überlegt sein.

> Sicherlich sind auf der einen Seite die Erfahrungen der Feldarbeit oft aufregend, abenteuerlich, fordernd und auf eine befriedigende Weise anstrengend. Auf der anderen Seite ist es sehr schwierig, Ordnung in die ungeordnet anfallenden Daten zu bringen und sie zu analysieren, und vielen Menschen fällt es schwer, auf der Grundlage qualitativer Daten einen Interesse weckenden Text zu formulieren. In den meisten Projekten ist entsprechend diesen zwei Seiten der Forschungsprozeß in zwei Phasen gegliedert, von denen die erste, das Sammeln und Aufbereiten der Daten, oft zu lange dauert, so daß für die zweite, das Analysieren und Schreiben, zu wenig Zeit bleibt. In Vorplanungen und Forschungsanträgen werden für die beiden Phasen oft je die Hälfte der Zeit veranschlagt, tatsächlich ist das Verhältnis dann aber oft zwei Drittel zu einem Drittel oder noch ungünstiger. Unter dem Gesichtspunkt eines zufrieden stellenden Endproduktes, also eines Interesse weckenden wissenschaftlichen Berichtes, müßte das Verhältnis aber umgekehrt sein. (Oswald, 2003: 72)

Wie bereits in Kapitel 2.4.1 dargestellt, sollte die Anzahl der durchgeführten Interviews u. a. daran festgemacht werden, wie viel Zeit insgesamt für die Studie zur Verfügung steht. Bei einer sechsmonatigen Studie ist es empfehlenswert, die Zahl der Interviews (neben inhaltlichen Erwägungen) so zu begrenzen, dass die Erhebung nicht mehr als zwei Monate in Anspruch nimmt.

---

Die einzelnen Phasen der Studie sollten zeitlich so geplant sein, dass die Basisphase mit Beginn der Forschung weitgehend abgeschlossen ist. Auch grundlegende Entscheidungen der Planungsphase sollten nicht in den eigentlichen Zeitrahmen der Studie fallen. Durchführungs- und Auswertungsphase stehen mit einem Drittel zu zwei Dritteln in einem guten Verhältnis.

---

### 2.4.4 Zusammenfassung

In diesem Kapitel stand der Prozess qualitativer Forschung im Vordergrund. Es wurde herausgestellt, dass bei der Durchführung einer Studie vorab das Forschungsdesign skizziert werden sollte, um das Gelingen einer Untersuchung wahrscheinlicher zu machen. Für die Festlegung des Forschungsdesigns ist zu klären
- welche Ressourcen zur Verfügung stehen und welche theoretische Perspektive auf den Forschungsgegenstand gewählt wird (Basisphase),
- wie die Fragestellung der Studie lautet, welche Personenkreise hierzu Antworten liefern können und wie diese Informationen erhoben werden sollen (Planungsphase),
- mit welcher Methode die Interviews durchzuführen, zu transkribieren und auszuwerten sind (Durchführungs- und Auswertungsphase).

Die Betonung lag dabei nicht nur auf der Abfolge der einzelnen Arbeitsschritte, sondern auch auf den zwischen den übergeordneten Phasen stattfindenden Schleifen. Als die wichtigsten Wechselwirkungen zwischen den Arbeitsschritten werden angesehen:
- die Wechselwirkung zwischen der Fragestellung der Untersuchung, der Modifikation der Fragestellung und des daraus resultierenden Interviewleitfadens auf der Basis des Interviewmaterials,
- die Wechselwirkung zwischen den aus Interviews gewonnenen Informationen und der in den Blick genommenen Stichprobe.

Die skizzierten Arbeitsschritte sollen demnach als ein grobes Raster zur Organisation der eigenen Studie dienen. Sie sind keine Leitlinie, die einfach Schritt für Schritt abgearbeitet wird und dadurch quasi zwangsläufig zu einer gelungenen Untersuchung führt. Wie nahe die eigene Studie an diesen Arbeitsschritten organisiert werden kann, hängt von der Fragestellung, den Ressourcen und den mit der Studie verbundenen Zielen ab. Insgesamt sollte bei der Planung einer Studie beachtet werden, dass etwa zwei Drittel der Zeit auf die Auswertung und die Dokumentation der Ergebnisse verwendet werden müssen.

**Weiterführende Literatur**

Flick, U. (2000). Design und Prozess qualitativer Forschung. In U. Flick, E. von Kardorff & I. Steinke (Hrsg.), *Qualitative Forschung. Ein Handbuch* (252–265). Reinbek: Rowohlt.

Helfferich, C. (2011). *Die Qualität qualitativer Daten. Manual für die Durchführung qualitativer Interviews.* Wiesbaden: VS Verlag.

König, E. & Bentler, A. (2003). Arbeitsschritte im qualitativen Forschungsprozess – ein Leitfaden. In B. Friebertshäuser & A. Prengel (Hrsg.), *Handbuch Qualitative Forschungsmethoden in der Erziehungswissenschaft* (88–96). Weinheim: Juventa.

Oswald, H. (2003). Was heißt qualitativ forschen? Eine Einführung in Zugänge und Verfahren. In B. Friebertshäuser & A. Prengel (Hrsg.), *Handbuch Qualitative Forschungsmethoden in derErziehungswissenschaft* (88–96). Weinheim: Juventa.

## 2.5 Der Ablauf des qualitativen Forschungsprozesses am Beispiel einer Interviewstudie[*]

Die einzelnen Schritte des qualitativen Forschungsprozesses (siehe Kap. 2.4) werden im Folgenden am Beispiel der Interviewstudie des Projekts „Typologische Entwicklungswege Jugendlicher" (siehe Kap. 3.2.1) illustriert. In der Interviewstudie ging es darum, mehr über die Nutzung öffentlicher Räume („Sozialräume"; vgl. Böhnisch & Münchmeier, 1990) durch Jugendliche zu erfahren und darüber, welche Ressourcen solche öffentlichen Räume für Heranwachsende zur Verfügung stellen. Ziel der Studie war es, aus den Aussagen der Jugendlichen Skalen für eine Fragebogenstudie zu generieren. Ferner standen Arbeitseinstellungen Jugendlicher im Mittelpunkt des inhaltlichen Interesses.

### 2.5.1 Basisphase

**Ressourcen**

Im ersten Schritt des Projekts wurde geklärt, welche personellen und zeitlichen Ressourcen für das Vorhaben zur Verfügung stehen. Bezüglich der personellen Ressourcen waren die Ausgangsbedingungen besonders günstig:

- 4 Mitarbeiter des erziehungswissenschaftlichen Instituts der Freien Universität Berlin standen als Interviewer zur Verfügung.
- 30 Studierende einer Methodenveranstaltung konnten gewonnen werden, die Interviews zu protokollieren und zu transkribieren. Dies stellte eine erhebliche Erleichterung für den Fortgang des Projekts dar und ist eher die Ausnahme als die Regel bei qualitativen Forschungsvorhaben.
- Jedem Jugendlichen konnten € 15,– Aufwandsentschädigung gezahlt werden.

---

[*] Beitrag von Dagmar Bergs-Winkels

Den sehr guten personellen und finanziellen Ressourcen standen nur sehr knappe Zeitressourcen gegenüber. Für die Durchführung der Interviews waren lediglich drei Wochen angesetzt, was in etwa 15 Arbeitstagen entsprach. Eine solche Zeitspanne wäre ohne die personellen Ressourcen nicht realisierbar gewesen. Dabei waren die Vorkenntnisse der Interviewer und Studierenden unterschiedlich. In einem Wochenendtraining wurden Interviewerverhalten, Umgang mit dem Leitfaden, Strategien zur Fehlervermeidung und Transkriptionsregeln vermittelt. Die Interviewdauer wurde auf maximal 90 Minuten festgelegt.

**Durchsicht des Forschungsstands und Theorie**

Theoretisch wurden in dem Projekt die Bewältigungsstrategien in den Mittelpunkt gestellt, die Jugendliche angesichts psychologisch definierter Entwicklungsaufgaben anwenden können oder wollen. Bislang wurde die Jugendphase aus zwei theoretischen Richtungen betrachtet: als Transition (Übergang in den Erwachsenenstatus) oder als Moratorium (Verbleib in der Jugendphase) (vgl. Reinders, 2006). Es sind jedoch durch Verknüpfung der beiden Theorien vertikale und horizontale Bewältigungsstrategien im Hinblick auf den Umgang mit den anstehenden Entwicklungsaufgaben denkbar. Während das Übergangsmoratorium den transitiven Aspekt der Jugendphase, also den Übergangsstatus zum Erwachsensein, betont und somit auf die Zukunft gerichtet ist, hebt das Bildungsmoratorium die Eigenheiten und das soziokulturelle Eigengewicht des Lebensabschnitts Jugend hervor. Es ist somit aus der Perspektive der Heranwachsenden tendenziell auf die Gegenwart gerichtet (siehe Abbildung 5).

Jugendliche bewegen sich also prinzipiell im Entscheidungsraum von Gegenwarts- und Zukunftsorientierung und gestalten ihre Jugendphase entsprechend dieser Orientierungen. Dabei müssen bestimmte Einflussfaktoren berücksichtigt werden,

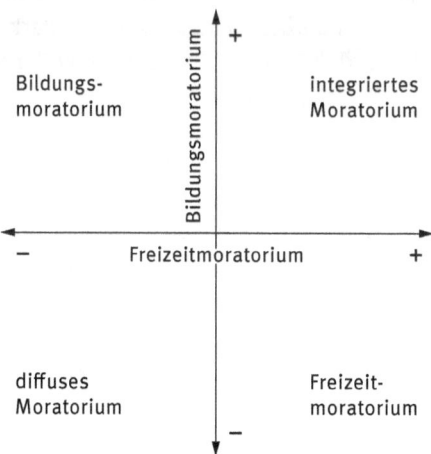

**Abb. 5:** Typologie jugendlicher Entwicklungswege in Abhängigkeit der Transitions- und Verbleibsorientierung (eigene Darstellung nach Reinders, 2006).

die eine Entscheidung für die vertikale bzw. horizontale Dimension wahrscheinlicher werden lassen. Diese sind zum einen abhängig von den Ressourcen der Jugendlichen im Sinne sozialer Netzwerke und zum anderen von einer Zukunftsorientierung, die unterschiedliche Optionen und Möglichkeiten für die eigene Zukunft zulassen.

Um relevante Informationen zu Bewältigungsstrategien und sozialen Netzwerken Jugendlicher zu erhalten, wurde die explorative qualitative Interviewstudie durchgeführt. Zu diesem Themenbereich gab es bis dato nur wenig empirisch verwendbares Material, da Jugendwelten und Lebensstile einem permanenten Wandel unterworfen sind.

Die aus der Durchsicht der Forschung entwickelte Theorie erwies sich als offen genug, um die Fragestellung der Studie vorab nicht zu sehr einzuschränken. Gleichzeitig war die Theorie von Nutzen, den inhaltlichen Rahmen besser abstecken zu können. Aus der Theorie ließ sich entnehmen, dass die uns interessierenden Sozialräume der horizontalen Dimension zuzuordnen sind (Moratorium). Dadurch rückten Probleme der Alltagsgestaltung und -bewältigung in den Mittelpunkt. Gleichzeitig bot die Theorie einen Rahmen an, die Fokussierung auf Arbeitseinstellungen als Bestandteil des Übergangs in den Erwachsenenstatus zu begreifen (Transition). Durch diese theoretische Rahmung wurden keine zu prüfenden Hypothesen formuliert. Vielmehr ließen sich die Fragestellungen für den Leitfaden inhaltlich besser abgrenzen.

## 2.5.2 Planungsphase

### Festlegung der Fragestellung

Für die Interviews standen die Aktivitäten von Jugendlichen in Sozialräumen außerhalb von Familie und Schule im Vordergrund. Es wird angenommen, dass gerade die Entfaltungsmöglichkeiten in Räumen, die nicht per se von Erwachsenen vorstrukturiert sind, eine wichtige Rolle in der Adoleszenz spielen. Diese Sozialräume sind vielfältig und reichen vom Einkaufszentrum über öffentliche Plätze, Straßen, Parks bis hin zu Jugendklubs und -zentren und dürften damit eine sehr unterschiedliche Entfaltungsqualität bieten. Familie, Schule und Peers sind dennoch wichtige soziale Ressourcen für Jugendliche und sollten im Interview auch einen wesentlichen Bereich einnehmen. Darüber hinaus spielen natürlich die Zukunftsperspektiven bzw. die Zukunftsängste der Jugendlichen eine wichtige Rolle für Bewältigungsstrategien. In Bezug auf die Bewältigungsstrategien von Entwicklungsaufgaben, die Jugendliche verfolgen, waren Arbeitseinstellungen von besonderem Interesse. Ohne weitere Spezifikationen wurden als allgemeine Fragen vor dem Beginn der Studie formuliert: Welchen Beitrag leisten Sozialräume für die Entwicklung Jugendlicher? Und: Welche Arbeitseinstellungen haben Jugendliche und durch wen oder was werden diese beeinflusst?

**Festlegung der Interviewmethode**

Da die Fragestellungen in ein allgemeines theoretisches Modell eingeordnet waren und der Rückgriff auf bestehende Forschung möglich und sinnvoll war, entschieden wir uns für Leitfadeninterviews, die sich an die Methode der Problemzentrierten Interviews von Witzel (2000) anlehnte. Die Neuartigkeit der Frage zu Sozialräumen machte es dennoch notwendig, die Fragen im Leitfaden sehr allgemein zu halten, um ausreichend narrative Elemente der Befragten einbinden zu können.

**Wahl der Stichprobe**

Wir haben 30 Leitfadeninterviews durchgeführt. Dabei wurde versucht, ein möglichst breites Spektrum von sozialen Beziehungen und Bildungsleveln von Jugendlichen in den Interviews darzustellen. Das Alter der zu befragenden Jugendlichen sollte zwischen 12 und 18 Jahren liegen. Tatsächlich realisiert werden konnte das Altersspektrum von 13 bis 19 Jahren.

Wie haben wir die Jugendlichen erreicht? Eine Befragung in der Schule stand nicht zur Debatte. Die Realisierung der Auflagen des Datenschutzes (schriftliche Genehmigung der Schulbehörde und der Eltern) wäre zu zeitintensiv gewesen. Wir haben also zunächst über Aushänge in der Nähe von Schulen, Jugendklubs, Einkaufszentren etc. nach Interviewpartnern gesucht. Es kamen auch einige Anrufe, offenbar aufgrund des in Aussicht gestellten Honorars für das Interview. Es meldeten sich jedoch lediglich Gymnasiasten. Also wäre kein breites Spektrum hinsichtlich der Schulform realisiert worden. Wir vermuteten, dass die Hürde, in der Universität anzurufen, für viele Jugendliche, insbesondere die eher bildungsferneren, zu groß war. Wir haben in Folge Sozialarbeiter, Lehrer, Ausbilder und sonstige Mitarbeiter in Schulen, Jugendklubs, Sportvereinen etc. angesprochen und diese um Vermittlung unseres Anliegens gebeten. Durch diese Gatekeeper ist es zum Teil gelungen, die uns interessierenden Jugendlichen zu erreichen. Darüber hinaus sind wir in Parks und Einkaufszentren gegangen, haben dort Jugendliche angesprochen und um Mitarbeit gebeten. So konnte eine heterogene und breit angelegte Stichprobe realisiert werden.

Unter den Befragten waren auch ein körperbehinderter Jugendlicher, eine lernbehinderte Jugendliche und zwei Befragte aus spezifischen Jugendkulturen (Sprayer- und Technoszene). Dies findet deshalb Beachtung, weil der flexible Umgang mit qualitativen Forschungsmethoden hier deutlich gemacht werden kann. Das Interview mit der lernbehinderten Jugendlichen war deutlich kürzer als die anderen Interviews, da ihre Konzentrationsfähigkeit sehr begrenzt war. Der Interviewleitfaden wurde entsprechend gekürzt und bezog sich sehr konkret auf den Ablauf des Tages, an dem das Interview stattfand. Bei den anderen drei Interviews haben jeweils die Themen der Behinderung und der Jugendkultur den größten Raum der Interviews eingenommen, weil die Jugendlichen den Fokus darauf gesetzt haben. Da es Anliegen qualitativer Sozialforschung ist, Lebenswelten nachzuzeichnen und den Befragten Spielraum für die Strukturierung des Interviews zuzugestehen, sind wir diesem Prinzip hier gefolgt.

### 2.5.3 Durchführungsphase

**Umgang mit dem Leitfaden**

Der Leitfaden dient als Rahmung der Interviewsituation, sollte allerdings flexibel angewendet werden, um sich an der inneren Erzählstrukturierung der Befragten orientieren zu können. Praktisch bedeutet das, dass die Forscher die Fragekomplexe präsent haben sollten, vorzugsweise im Kopf, im Notfall auch auf einem Merkzettel. Dabei sollten die Fragen keineswegs ausformuliert sein, da man sonst zum Ablesen neigt und sich nicht auf eine Kommunikationssituation, die dem Befragten entspricht, einlassen kann. Wenn man wenig Erfahrung mit Interviews hat, ist es hilfreich, vorab schriftlich unterschiedliche Fragen zu den Themenkomplexen des Leitfadens zu formulieren und diese zu lernen. Denn anfangs fällt es einem sicher schwer, dem Gespräch zu folgen, auf den Interviewten einzugehen und gleichzeitig Fragen zu formulieren. Das ist letzten Endes aber eine Frage der Übung.

**Verhalten des Interviewers**

Die Strukturierung der Erzählung sollte in erster Linie beim Interviewten liegen, da es zunächst darum geht, dessen Erklärung seiner eigenen Situation nachzuvollziehen. Der Befragte ist sozusagen Experte seiner eigenen Person. Der Interviewer sollte aktiv zuhören, den Interviewten zum Erzählen ermuntern, so wenig wie möglich unterbrechen und die gesamte Situation sanft lenken. Das Ziel dabei sollte sein, alle Bereiche des Leitfadens zu besprechen. Insbesondere bei den Interviews mit den Jugendlichen ging es ja darum, diese selbst zu Wort kommen zu lassen. Eine Hilfe kann es sein, sich Techniken der Gesprächsführung anzueignen. Nachfragen sollten immer zulasten des eigenen Verständnisses gehen, nie zulasten des Interviewten. Sätze wie: „Sie haben sich unklar ausgedrückt" sollten vermieden werden. Eher sagt man: „Habe ich Sie da richtig verstanden?". Der Interviewer sollte Empathie entwickeln ohne dabei kumpelhaft zu sein. Konfrontation ist ein problematisches Instrument im Rahmen von Befragungstechniken. Sie sollte vermieden werden, denn sie wirkt auf den Interviewten bedrohlich. Es ist einfacher, sich einem bestimmten Sachverhalt aus einer anderen Perspektive zu nähern: „Ich habe das und das noch nicht richtig verstanden . . . " kann dabei eine mögliche Einleitung sein.

**Flexibilität bei der Durchführung**

Auch bei einer noch so guten Planung geht in der eigentlichen Erhebungsphase mit Sicherheit etwas schief. Ich nenne das „empirische Realität". Planen Sie den zeitlichen Rahmen Ihrer Studie also großzügig. Hier aus unserer Studie nur eine kleine Auswahl dessen, was alles schiefgehen kann:

– **Ausfall von Interviews**
  Der Ausfall von Interviews war bedingt dadurch, dass Jugendliche in letzter Minute doch nicht aufgetaucht waren oder den Treffpunkt nicht gefunden hatten.

- **Ort des Interviews**

  In der Regel hatten die Jugendlichen den Treffpunkt für die Interviews selbst gewählt. Das haben wir bewusst gemacht, um ihnen die Sicherheit eines vertrauten Ortes während der Interviewsituation zu vermitteln. Außerdem erfuhren wir dadurch etwas von dem Umfeld, in dem sich die Gesprächspartner bewegen. In einigen Fällen gaben die Jugendlichen die Interviews in ihrem eigenen Zimmer, was durchaus viele zusätzliche Informationen vermitteln kann. Gleichzeitig kann dies aber auch den Redefluss begrenzen, je nach Anwesenheit anderer, bspw. der Eltern. Zuweilen sind Orte aufgrund ihres Geräuschpegels eine schwierige Interviewumgebung. In manchen Cafés ist es sehr laut, was die Aufnahmequalität merklich beeinträchtigen kann.

- **Anwesenheit von Freunden**

  In einzelnen Fällen brachten die Jugendlichen Freunde zum Interview mit. Auch das wurde von uns toleriert. In einem Fall haben wir deshalb ein Gruppeninterview durchgeführt. Flexibilität ist eben während des gesamten Forschungsprozesses angesagt.

- **Hartnäckige Mütter**

  In einem Fall erschien auch die Mutter eines Gesprächspartners zum Interview, was diesem deutlich unangenehm war. Wir haben freundlich versucht, sie zum Einkaufsbummeln zu überreden, was sie aber nicht wollte. Dann haben wir sie gebeten, während des Interviews an einem anderen Tisch Platz zu nehmen, da das Gesagte ja anonym bleiben sollte. Leider wählte sie den Tisch nebenan und saß ihrem Sohn somit im Rücken. Aspekte nicht konformen Jugendverhaltens wie Diebstahl, Drogengebrauch etc. waren in diesem Interview folglich kaum zu bearbeiten.

- **Geringer Informationsfluss**

  Auch dass Interviews nicht so informativ werden wie erhofft, ist eine gängige Erfahrung. Das kann die unterschiedlichsten Gründe haben. In obigem Beispiel war es die Mutter. Mangelnde Konzentrationsfähigkeit aufgrund einer Lernbehinderung oder ein sehr stiller Gesprächspartner, dem man alle Informationen mühsam entlocken muss, sowie soziale Erwünschtheit seitens der Jugendlichen hemmen den Informationsfluss merklich.

- **Soziale Erwünschtheit**

  Zum Beispiel machten Jugendliche in Interviews, die durch die zwei älteren Interviewerinnen in unserem Team durchgeführt wurden, keine Äußerungen zu Drogengebrauch oder Diebstahl. Beides sind Aspekte, die durchaus kennzeichnend für das Jugendalter sind. Wir können das nicht mit Sicherheit klären. Aber es ist eher unwahrscheinlich, dass die Interviewerinnen, die im Alter der Eltern der Jugendlichen waren, ausgerechnet die „Braven" befragt haben. Unser Alter war wohl eher ausschlaggebend und damit eine deutliche Distanz zur Jugendphase, die bei den anderen beiden Interviewern keine Rolle spielte.

- **Technische Probleme**

   Und dann sind da die eher technischen Probleme. Die Batterie im Aufnahmegerät ist leer oder das Aufnahmegerät geht kaputt. Im Falle dieser Studie war das nicht so problematisch, da die Jugendlichen in der Regel Batterien und Walkmans dabeihatten und aushelfen konnten.

Die Liste der Probleme, die bei empirischen Erhebungen auftreten können, ließe sich sicher noch fortsetzen. Allerdings tauchen diese Probleme in den Veröffentlichungen der Studien in der Regel nicht auf, weil deren Erwähnung nicht opportun erscheint. Für den Erhebungszeitraum ist es günstig, insgesamt eine gelassene Haltung zu entwickeln und in höchstem Maße flexibel zu sein.

## Transkription

Die Transkription erfolgte aufgrund der Unerfahrenheit der Studierenden, die als Protokollant(inn)en fungierten, im Wortlaut, um so wenig Informationen wie möglich zu verlieren. Eigene Kommentare sollten in Klammern und mit anderem Schrifttyp deutlich identifizierbar ausgewiesen werden. Für die Analyse der Daten ist es sehr wichtig, dass die Transkription den vorher festgelegten Regeln entspricht und sorgfältig verfasst wurde. Sie ist schließlich die wichtigste Grundlage für die Auswertung.

   Zur Einleitung jeden Interviews sollte die Interviewsituation genau beschrieben werden, im Hinblick auf Zeit, Ort, Anwesende, ungeplante Aspekte. Eben alles, was für die Interpretation der Daten später von Bedeutung sein könnte. Darüber hinaus sollte die interviewte Person kurz skizziert werden, in Bezug auf Kleidung, Auftreten und was dem Protokollanten sonst noch wichtig erschien. Das Transkript sollte so zeitnah wie möglich verfasst werden. Anschließend wurde es dann vom Interviewer gegengelesen und gegebenenfalls erweitert.

## 2.5.4 Auswertungsphase

### Auswertungsmethode

Die transkribierten Interviews wurden mithilfe des Programms „winMAX" (inzwischen heißt das Programm „MAXqda") ausgewertet. Diese Methode der computergestützten Auswertung qualitativer Daten basiert auf der Technik der Inhaltsanalyse und der Definition von Kategorien bzw. Kategoriensystemen.

   Dies ist ein von Glaser und Strauss (1967) entwickelter Ansatz, der unter dem Begriff „Grounded Theory" in die wissenschaftliche Diskussion eingegangen ist. Hierbei erfolgt die Texterschließung nicht automatisch, sondern aufgrund der Interpretationsleistung der Wissenschaftler. Als erste Kategorien, die zur Kodierung benutzt werden, dienen dabei zunächst die Fragenkomplexe des Interviewleitfadens.

**Ergebnisse**

Im Folgenden möchte ich sehr kurz einige Ergebnisse zusammenfassen. Insbesondere die Informationen zum Freizeitverhalten sind in die Formulierung eines quantitativen Erhebungsinstruments eingegangen (vgl. Reinders & Bergs-Winkels, 2001).

Insgesamt zeigten die qualitativen Interviews, dass der größte Teil der Freizeit in kontrollierten Sozialräumen verbracht wird. Dabei ist der Tagesablauf vor allem durch Schule, Ausbildungsplatz und durch familiäre Aktivitäten vorstrukturiert. In der Schule werden nachmittags bspw. häufig Arbeitsgemeinschaften besucht oder Sport getrieben (Vereine). Häuslich vorstrukturierte Räume bieten Aktivitäten, wie gemeinsame Mahlzeiten, aber auch das eigene Zimmer, das auch als Treffpunkt mit Freunden fungiert, entweder um Partys zu feiern, Hausaufgaben zu machen, oder Computer zu spielen.

Die unkontrollierten, bzw. weniger vorstrukturierten Sozialräume wurden insgesamt – durch die zeitliche Vorstrukturierung des Alltags bedingt – deutlich weniger besucht. Die von den Jugendlichen genannten Orte, an denen sie sich in der Freizeit aufhielten, wurden folgendermaßen in Kategorien zusammengefasst.

- Einkaufszentren/Einkaufsstraßen
- öffentliche Plätze, auf der Straße und in Parks
- Jugendtreffs und Jugendklubs
- Cafés, Klubs und Kneipen

Diese Sozialräume bieten sehr unterschiedliche Möglichkeiten zur eigenen Entfaltung und sind zweifelsohne von sehr unterschiedlicher Qualität. Ausgangspunkt für die angestrebte Konstruktion von Skalen waren die folgenden Aspekte:

- der Grad der Besetzung des Sozialraums
- die in diesen Sozialräumen stattfindenden Aktivitäten
- Ressourcen, die Jugendliche aus Sozialräumen ziehen
- Themen, die die Jugendlichen in diesen Räumen mit Peers besprechen

Die formulierten Skalen versuchen, diese Aspekte abzubilden. Es geht also jeweils darum, mit wem man sich an dem entsprechenden Ort trifft, was man dort macht und was das Besondere an diesem Ort für Jugendliche ist.

Durch die Nutzung der Interviews für die Formulierung von Fragebogeninstrumenten war es möglich, mit der Sprache und durch die Linse der Jugendlichen zu neuen Skalen zu gelangen, die in der bisherigen Forschung nicht auffindbar waren. Darüber hinaus ist es durch die Interviews gelungen, eine theoretische Struktur zu entwickeln, die das Konzept der Sozialraumnutzung Jugendlicher weiter differenziert.

### 2.5.5 Zusammenfassung

Insgesamt kann man sagen, dass das Führen qualitativer Interviews einiger Übung bedarf und die gesamte Forschungssituation gut strukturiert sein sollte. Dabei ist es sicherlich hilfreich, im Team zu arbeiten. Die Analyse qualitativer Daten ist aufwendig und sehr zeitintensiv. Eine exakte Beschreibung der einzelnen Forschungsphasen und die genaue Protokollierung der geleisteten Arbeit machen die Interpretation nachvollziehbar. Qualitative Interviews als Forschungsmethode empirischer Sozialforschung folgen den Prinzipien der Offenheit, Flexibilität, Kommunikativität und Interpretativität. Vor allem, oder gerade deswegen, machen sie sehr viel Spaß!

# 3 Fragestellungen qualitativer Jugendforschung

Forschung beginnt mit einer Frage. In Kapitel 2.4.2 wurde darauf hingewiesen, dass die Fragestellung einer qualitativen Studie an zwei Punkten des Forschungsprozesses auftaucht. Zunächst steht sie dem ganzen Unterfangen voran. Denn in der Regel beginnt eine Studie nicht mit der Absicht, *irgendetwas* zu erforschen. Vielmehr brennt dem Forschenden eine Frage unter den Nägeln, ein ungelöstes Problem im Verständnis sozialer Realität taucht auf, Alltagsbeobachtungen erzeugen Neugierde oder eigene Lebenserfahrungen sind Ursache für die Beschäftigung mit einem Forschungsgegenstand. Solche Fragen sind zumeist noch diffus, sehr allgemein und nicht hinreichend ausformuliert, um untersucht zu werden. Die Sichtung des Forschungsstands zu der interessierenden Frage und der Bezug zu einer theoretischen Position helfen, die Fragestellung zu präzisieren, sie „erforschbar" zu machen. Somit taucht sie im Forschungsprozess – zu Beginn der Planungsphase – ein zweites Mal auf; hoffentlich ausreichend präzise für eine gelingende qualitative Untersuchung.

> Je weniger klar die Fragestellung formuliert ist, um so größer ist die Gefahr, daß hinterher Berge von Texten entstehen, vor denen der Forscher bei der Interpretation hilflos steht. Die Entscheidung für eine genau gefaßte Fragestellung im Rahmen qualitativer Forschungsprojekte ist auch deshalb wichtig, weil die Auswahl und Zusammensetzung des empirischen Materials sowie die Entscheidung für die Instrumente der Datenerhebung und -auswertung davon abhängen. (Krüger, 2000: 336)

Nun kann an dieser Stelle keine Liste bearbeitbarer Fragestellungen gegeben werden. Selbst Beispiele von Fragestellungen, die im Rahmen eines Forschungsprojekts nicht sinnvoll beantwortet werden können, erweisen sich als trügerisch. So erscheint etwa die Frage danach, wie sich die jugendliche Identität ausbildet, als zu umfassend und weitreichend. Dennoch wurde sie von Erik H. Erikson auf der Basis von qualitativem Material so hinreißend präzise beantwortet, dass auch solch allgemeine Fragestellungen möglich sind. Allerdings sollte bedacht werden, dass es das Lebenswerk von Erikson war, eine Antwort zu finden.

Trotz der Unmöglichkeit, einen Fragekatalog vorzuschlagen oder Kriterien für eine (zufriedenstellende, also Antworten ermöglichende) Fragestellung in einer qualitativen Studie anzugeben, wird der Anspruch aufrechterhalten, hierbei zumindest behilflich zu sein. Es ist das Ziel dieses Kapitels, durch einen Rückblick auf bereits bearbeitete Fragestellungen einen Eindruck davon zu vermitteln, welche Themen und Fragen bearbeitbar sind. Die Arbeit eines intensiven Studiums des Forschungsstands zum Thema der eigenen, geplanten Forschungsarbeit wird hiermit gleich gar nicht abgenommen.

Da auch aktuelle qualitative Jugendforschung nicht ohne historische Vorläufer zu sehen ist, untergliedert sich dieses Kapitel in zwei Teile. Im ersten Unterkapitel erfolgt ein kurzer Abriss qualitativer Jugendforschung (Kap. 3.1). Im zweiten Abschnitt werden die vier Forschungsprojekte kurz skizziert, auf denen dieser Band basiert und aus denen die qualitativen Interviews mit Jugendlichen entnommen sind (Kap. 3.2).

## 3.1 Klassische und aktuelle qualitative Jugendforschung

Am Ende des 19. und zu Beginn des 20. Jahrhunderts gewinnt qualitative Forschung, vornehmlich in Deutschland und den USA, an Bedeutung. In Deutschland hält sie in Form der Biografieforschung und der Beobachtung von Kinderverhalten Einzug in die Pädagogik. Bereits Ernst Christian Trapp (1745–1818, „Von der Nothwendigkeit, Erziehen und Unterrichten als eine eigne Kunst zu studiren"; 1779) und August Hermann Niemeyer (1754–1828, „Grundsätze der Erziehung und des Unterrichts"; 1796) unternahmen den Versuch, durch das Studium von Biografien und Alltagsbeobachtungen Unterrichts- und Erziehungskonzepte zu entwickeln, die als Grundlage für die Ausbildung von Kindern und Jugendlichen dienen sollten. Insbesondere das Studium von Biografien wurde für die geisteswissenschaftliche Pädagogik, aber auch anderen Disziplinen, zu einer wichtigen Informationsquelle über die seelische Entwicklung des Menschen. Dieser galt, nicht zuletzt aufgrund der noch engen Verknüpfung zu Philosophie und Theologie, großes Interesse (zusf. Krüger, 2000).

Zu Beginn des 20. Jahrhunderts wurde, ebenfalls in Deutschland, auf der Basis von Alltagsbeobachtungen und Biografien ein Bild geprägt, das bis heute Bestand hat: jenes von Jugend. 1895 wurde in Berlin von Steglitzer Gymnasiasten der sog. „Wandervogel" gegründet. Dies war eine jugendliche Vereinigung, die sich in Anlehnung an die Romantik der Natur verbunden fühlte und sich vom Rationalismus der Erwachsenengeneration abwandte. Hieraus entwickelte sich in verblüffender Geschwindigkeit die sog. „Jugendbewegung", die durch ihre Rebellion gegen die Grundsätze der Erwachsenengeneration und der Forderung nach jugendlicher Autonomie für reichlich durcheinander im wilhelminischen Gesellschaftsgefüge sorgte. Die wichtigsten Vertreter der zeitgenössischen Pädagogik wurden von dieser Jugendbewegung beeinflusst. Auf der Basis von Beobachtungen, der Teilnahme an Treffen der Jugendbewegung, dem Studium von Zeitungen und Pamphleten dieser Generation sowie dem systematischen Durcharbeiten von Tagebüchern wurden Theorien über das jugendliche Seelenleben, die Erziehung der Jugend und das Verhältnis der Generationen in einer Gesellschaft entwickelt.

Zu den wichtigsten Pädagogen, die auf der Basis qualitativer Forschung[1] und hermeneutischer Verfahren Erziehungs- und Entwicklungstheorien entworfen haben, gehören Hermann Nohl (1879–1960, „Die pädagogische Bewegung in Deutsch-

---

[1] Spranger oder Bühler hätten für ihre Arbeiten nicht den Terminus „qualitative Forschung" verwendet. Jedoch verstanden sie ihre Art des Studiums der jugendlichen Entwicklung in Abgrenzung zur aufkommenden experimentellen Pädagogik, die dem naturwissenschaftlichen Forschungstypus zuzuordnen ist.

land und ihre Theorie"; 1933), Charlotte Bühler (1893–1974, „Das Seelenleben des Jugendlichen"; 1922) sowie Eduard Spranger (1882–1963; „Entwicklungspsychologie des Jugendalters"; 1924). Insbesondere Bühler und Spranger leisten durch ihre Generalisierungen qualitativer Forschung einen wichtigen Beitrag zum Verständnis jugendlicher Entwicklung, das bis heute maßgeblich ist (vgl. Fend, 1988). Aber auch die angewandten Methoden wurden für spätere Jugendforschung wegweisend. Ähnliches gilt für den österreichischen Psychoanalytiker Siegfried Bernfeld (1892–1953, „Theorie des Jugendalters"; 1923), dessen Studium von Jugendtagebüchern in der Formulierung einer Theorie über jugendliche Entwicklung mündete (vgl. Habermas, 2001). Die aktuelle Jugendtagebuchforschung beruft sich nach wie vor auf die Vorgehensweisen von Charlotte Bühler und Siegfried Bernfeld (vgl. Winterhager-Schmid, 2003; Krüger, 2000).

Einen anderen, heute als qualitativ zu kennzeichnenden Zugang wählte Martha Muchow (1892–1932, „Lebensraum des Großstadtkindes"; posthum 1935) in ihrer Studie über die Straßensozialisation von Hamburger Kindern und Jugendlichen. In ihrer ethnografischen Untersuchung beobachtete sie das Verhalten in und die Aneignung von Sozialräumen durch Heranwachsende und beeinflusst mit dieser Arbeit seither die ökologisch orientierte Lebensweltforschung (vgl. Zeiher, 2010). Ihre auf der Basis von Beobachtung gewonnene Erkenntnis, dass Kinder mit zunehmendem Alter Räume erschließen, die sich in konzentrischen Kreisen um das Elternhaus sukzessive erweitern, gilt nach wie vor als wichtiger Baustein einer ökologisch orientierten Jugendtheorie (Baacke, 1980, 2009; Böhnisch & Münchmeier, 1990; Noack, 1990).

Etwa zur gleichen Zeit bildete sich in den Vereinigten Staaten rund um die sog. „Chicagoer Schule" eine Hochburg qualitativer Forschung heraus, die sich mittels Feldforschung mit den Problemen von Randgruppen und Jugendlichen beschäftigte. So untersuchte Frederic M. Thrasher („The Gang"; 1927) die Entstehung und Gestalt krimineller Jugendgangs im Chicago der 1920er-Jahre und leitete aus seinen Beobachtungen von über 1300 Gangs eine sozialpsychologische Theorie der Gruppenbildung ab. Diese Studie ist besonders eindrucksvoll, weil sie qualitative Methodik und Theoriebildung in besonderer Weise miteinander verknüpft, indem vorgenommene Generalisierungen fortlaufend an neuen Beobachtungen geprüft und modifiziert werden. Auf diese Weise generiert Thrasher eine Art „Entwicklungstheorie" der Gruppenbildung, die durch ihre scharfsinnige Typisierung besticht.

Ebenfalls maßgeblich im Bereich der Feldforschung sind die Studien von Margaret Mead (1901–1978, „Coming of Age in Samoa: A Psychological Study of Primitive Youth for Western Civilization"; 1928). Sie kam durch die Beobachtung nativer Völker (Samoa) zu der Erkenntnis, dass die Lebensphase Jugend keine biologisch determinierte ist, sondern durch soziale Rituale als eigenständiger Lebensabschnitt von Kindheit und Erwachsenenalter abgegrenzt wird. Auch ihre durch Beobachtung und Vergleich gewonnene Erkenntnis, dass sich in Gesellschaften mit raschem sozialen Wandel der Wissensvorsprung von Jüngeren gegenüber Älteren als wichtige Stütze erweist, hat in Zeiten von Computer und Internet nach wie vor Aktualität.

Insgesamt ist diese erste Phase qualitativer Jugendforschung durch die Verwendung von Beobachtung und Textanalyse als Methoden der Informationsgewinnung gekennzeichnet. Die verfolgten Fragestellungen ranken sich zum einen um die Analyse von Lebenswelten und deren Nachvollzug aus subjektiver Perspektive und zum anderen um die Beschreibung der Identitätsentwicklung in Kindheit und Jugend. Die Fragestellungen bleiben sehr allgemein, münden aber – zumindest bei den „berühmten" Studien – in der Formulierung allgemeiner Theorien über den Zusammenhang von Lebenswelt und Entwicklung einerseits und Lebenslauf und Identitätsentwicklung andererseits. Interviewmethoden sind in dieser Epoche als qualitative Methoden eher rar. Vielleicht mit Ausnahme von Sigmund Freud, dessen Methode der Tiefeninterviews zur Formulierung einer Theorie beitrug, die noch manchmal in der Psychologie Erwähnung findet ...

In der Nachkriegszeit ist Jugendforschung primär quantitative Jugendforschung. Die Fragebogenmethode und repräsentative Studien werden zum Standardinstrument. Die ersten Shell-Jugendstudien und ihre Befunde prägen nachhaltig das Bild, das Jugendforschung und Öffentlichkeit über Jugend besitzt (vgl. Zinnecker, 2001). Arbeiten wie jene von Bertlein (1960) und Rößler (1957), die auf der Basis von Schüleraufsätzen das Bild der Nachkriegsjugend zeichnen, bleiben eher die Ausnahme. Zu dieser Zeit beschäftigt sich Erik H. Erikson in den Vereinigten Staaten mit dem Seelenleben Jugendlicher. Er tut dies in der Tradition Sigmund Freuds und u. a. unter Verwendung qualitativer Tiefeninterviews. Die daraus resultierende Theorie zu Identitätskrisen im Jugendalter avanciert zum Klassiker der Entwicklungspsychologie der Adoleszenz.

---

**⚡** Der Psychologe und Jugendtheoretiker Erik H. Erikson (1902–1994, „Youth: Identity and Crisis"; 1968) wird zumeist nicht qualitativer Forschung zugeordnet. Dennoch gehört er zu den wichtigsten Vertretern der qualitativen Forschung der Nachkriegszeit, da er auf der Basis von Selbstbeobachtung, therapeutischen Gesprächen mit Jugendlichen und der Beobachtung der Jugendproteste in den Vereinigten Staaten im Zuge des Civil Rights Movement der 1960er-Jahre (Antikriegs-, Frauen- und Antirassismusbewegung) seine Entwicklungstheorie entwarf. Eriksons Arbeit steht in der psychoanalytischen Tradition Sigmund Freuds. Von Eriksons acht Lebensphasen kann die Identitätstheorie der Jugend als der am besten ausgearbeitete Teil seines Werkes gelten. Insbesondere seine Interviews mit Jugendlichen im Zuge seiner Tätigkeit als Psychoanalytiker haben zur Formulierung seiner Theorie beigetragen. Diese besagt im Kern, dass Heranwachsende am Ende der Kindheit Anforderungen ausgesetzt sind, die durch körperliche und psychische Veränderung sowie zunehmende soziale Erwartungen entstehen und Jugendliche in eine Krise ihres Selbstbilds „stürzen". Krise wird hierbei – entgegen häufiger Rezeptionen – nicht negativ, sondern im Sinne notwendiger Veränderungen angesehen. Das zentrale Krisenthema der Adoleszenz ist jenes der Identitätsfindung und der Abwehr einer Unsicherheit darüber, wer man ist und sein möchte. Sein Begriff des „psychosozialen Moratoriums" prägt seither die Entwicklungspsychologie des Jugendalters und stellt eine Synthese der Erkenntnis aus Interviews mit Jugendlichen einer subjektiv benötigten Auszeit (psychisches Moratorium) und seiner Beobachtung dar, dass moderne Gesellschaften Jugendlichen diese Auszeit gewähren, damit Jugendliche ihre eigene Identität ausprobieren können (soziales Moratorium). Seine Annahme, dass das zentrale Thema der jugendlichen Identitätsarbeit jenes der Ausbildung einer politisch-moralischen Identität sei, entspringt seiner Beobachtung der US-amerikanischen Jugend, die in den 1960er-Jahren durch ihren

Protest gegen soziale Ungerechtigkeit einen eigenen moralischen Standpunkt ausbildete und diesen artikulierte.

Die von Erikson auf Basis seiner „qualitativen" Forschung vorgenommenen Generalisierungen wurden an zwei Punkten kritisiert. Erstens wurden die Interviews mit „gestörten", „pathologischen" Jugendlichen als unzureichende Datenbasis für eine Theorie moniert, die alle Jugendliche einschließt. Zweitens wurde das von Erikson formulierte politisch-moralische Identitätsziel, das auf seinen Beobachtungen der 1960er-Jugendproteste gründete, als ein auf westlich-demokratische Nationen zugeschnittenes attackiert.

Trotz dieser Einschränkungen kann die Arbeit von Erikson als gutes Beispiel für die Formulierung einer Theorie auf der Grundlage von qualitativen Forschungsbefunden angesehen werden, die nach wie vor zum Standardrepertoire der Entwicklungspsychologie im Allgemeinen und der Jugendforschung im Besonderen zählt.

---

In der deutschen Jugendforschung etablieren sich qualitative Zugänge erst mit Beginn der 1980er-Jahre. Qualitative Interviews mit Heranwachsenden zu jugendlichen Subkulturen und Szenen tragen maßgeblich zu einem besseren Verständnis der Funktion jugendkultureller Expressionen bei (Jugendwerk, 1981). Jugendkultur bleibt bis in die Gegenwart das dominante Forschungsfeld qualitativer Studien (etwa Weller, 2003). Zu Beginn der 1990er-Jahre tritt Rechtsextremismus als weiterer Schwerpunkt hinzu. Studien wie jene von Heitmeyer et al. (1993) und Hopf (1992) widmen sich der Frage nach rechtsextremen und autoritären Persönlichkeitsstrukturen sowie deren gesellschaftlicher bzw. familialer Verursachung. Gegen Ende der 1990er-Jahre treten biografische Ansätze wieder stärker in den Vordergrund. Jugendliche Biografien und Biografieentwürfe werden mittels qualitativer Interviews nachgezeichnet (Jugendwerk, 1997; Blank, 2000) und in Bezug zu gesellschaftlichen Bedingungen des Aufwachsens gesetzt. Als besonders wertvoll erweisen sich Interviewstudien bei Themen, zu denen wenig Wissen bestand. So untersuchen Ramachers (1996) oder Auer und Dirim (2000) das Gefüge von Freundschaften zwischen Jugendlichen unterschiedlicher Herkunft.

Seit der Jahrtausendwende dominiert das Thema „Bildung" auch die qualitative Jugendforschung. Zahlreiche Studien befassen sich mit Bildungseinstellungen Jugendlicher und den Transmissionsriemen zwischen Schule, Peergroup und Familie, die die Bildungsvorstellungen transportieren (Deppe, 2013; Krüger et al., 2014). Klassische Fragen der Sozialisation im Jugendalter wurden zunehmend verdrängt durch Fragestellungen im Bereich nonformaler und informeller Bildungsprozesse (Gruntert, 2015; Reinders, 2015). Durch die geringe Standardisierung und Vergleichbarkeit solcher Bildungssettings (Freizeitgruppe, Jugendzentrum, politische Bildung in Verbänden, Ganztagsbereich in Schulen etc.) scheinen sich auch offene Befragungsformen stärker anzubieten (Fauser, Fischer & Münchmeier, 2006).

Die in den Jahren um die Jahrtausendwende zunehmende Verzahnung qualitativer mit quantitativer Methoden hat indes seit dem sog. „PISA-Schock" deutlich nachgelassen. Einerseits werden in dieser Zeit qualitative Interviewstudien als Explorationsphasen für Fragebogenuntersuchungen genutzt (Reinders et al., 2001; Jugendwerk, 1997). Andererseits dienten die Informationen aus qualitativen Interviews und Schüleraufsätzen dem vertiefenden Verständnis quantitativer Befunde (Deutsche Shell, 2000; Zinnecker et al., 2002). Seit den 2000er-Jahren und dem Bedeutungsverlust klassischer Sozialisationsforschung ist ein Rückgang zu verzeichnen, der sich erst in den vergangenen Jahren durch eine Hinwendung zu den sog. Mixed Methods zu kompensieren scheint.

## 3.2 Ausgewählte qualitative Jugendstudien

Wie im vorangegangenen Kapitel aufgezeigt, hat qualitative Jugendforschung bereits eine längere Wissenschaftsgeschichte hinter sich. Und obwohl im Bereich der Jugendforschung nach wie vor quantitative Untersuchungen die wissenschaftliche Diskussion dominieren, bestehen daneben eine Reihe qualitativer Studien, die sich mit dem Aufwachsen im Jugendalter beschäftigen. Auch wenn diese Studien noch einen geringeren Anteil ausmachen, wäre es ein Unterfangen für sich, diese adäquat darzustellen. Der Fokus wird in diesem Kapitel auf eigene qualitative Studien gelegt. Nicht, weil diese besser als andere qualitative Jugendstudien wären, sondern weil im weiteren Verlauf dieses Bandes auf jene Interviews verwiesen wird, die aus diesen vier Untersuchungen stammen.

Einerseits sollen die vier Studien einen Einblick in mögliche Fragestellungen qualitativer Jugendforschung geben. Andererseits dienen die folgenden Ausführungen dazu, sich mit den Inhalten der Interviews vertraut machen zu können, die zur Einführung in die Methode der Leitfadeninterviews in diesem Band genutzt werden. Die vorgestellten Studien werden im Einzelnen sein:

–  Eine Interviewstudie mit Berliner Jugendlichen, die den Übergang in den Erwachsenenstatus allgemein und die Ausbildung von Berufsorientierungen im Besonderen thematisiert.
–  Eine qualitative Explorationsstudie bei Mannheimer Jugendlichen, die sich mit Entwicklungsnormen beschäftigt, die Jugendliche vonseiten der Gesellschaft, ihren Eltern und Freunden wahrnehmen.
–  Eine ebenfalls qualitative Explorationsstudie zur Präzisierung dessen, was Jugendliche unter Leistungsstreben und Wohlbefindensstreben verstehen.
–  Ein Forschungsprojekt zur Entstehung, Gestalt und Auswirkungen von deutschtürkischen Freundschaften bei Mannheimer und Ludwigshafener Jugendlichen.

Die Darstellung der Studien orientiert sich dabei an den einzelnen Arbeitsschritten qualitativer Forschung, wie sie in Kapitel 2.4.2 beschrieben wurden.

### 3.2.1 Typologie jugendlicher Entwicklungswege

Nach Abschluss der Berliner Jugendstudie[2] (vgl. Butz, 1998; Merkens, 1999), die sich mit dem Aufwachsen von Jugendlichen in Ost- und Westberlin beschäftigte, ergaben sich eine Reihe von Fragen, die nicht nur unbeantwortet blieben, sondern die sich zusätzlich aus widersprüchlichen Befunden der Studie ergeben hatten. Eine dieser Fragestellungen war, warum es so wenig Anzeichen in der quantitativen Längsschnittstudie dafür gab, dass Jugendliche sich auf den Status als Erwachsener vorbereiten. Zwar stimmten die von den Jugendlichen präferierten Werte zumeist mit jenen der Erwachsenengeneration überein. Auch wurden Familie und Lehrer positiv eingeschätzt. Allerdings schien das Handeln der Jugendlichen nicht danach ausgerichtet zu sein. Die Vermutung, dass ökonomischer und sozialer Druck Erwachsenwerden für Jugendliche unattraktiv macht (keine Aussicht auf einen Arbeitsplatz, wenig politische Partizipationsmöglichkeiten), ließ sich in den Daten nicht uneingeschränkt bestätigen. Daraus ergab sich die Ansicht, dass ein differenzieller Ansatz zur Beschreibung von Jugendlichen entwickelt werden müsste. Eine erneute Analyse der Berliner Jugendstudie zeigte, dass sich prinzipiell vier Typen von Jugendlichen unterscheiden lassen, die entweder daran interessiert sind, schnell oder langsam erwachsen zu werden und die großen oder geringen Wert darauf legen, jugendlich zu sein (vgl. Reinders & Butz, 2001; Reinders, 2003). Aus der Kombination der beiden Dimensionen Transitionsorientierung (rascher Übergang in den Erwachsenenstatus) und Moratoriumsorientierung (möglichst langfristiges Verweilen in der Jugendphase) ließ sich ein Muster entwickeln, mit dem Jugendtypen beschreibbar sind. Allerdings waren die Fragebogenkonstrukte der Berliner Jugendstudie nicht auf diesen neuen Ansatz zugeschnitten. Auch lieferte die Theorie nur eine Beschreibung, nicht aber ein Verständnis für das unterschiedliche Interesse Jugendlicher, erwachsen zu werden. Aus diesem Grund wurde eine qualitative Interviewstudie konzipiert, die sich mit diesem Problem befassen und die subjektive Perspektive der Jugendlichen in die Theoriebildung einfließen lassen sollte.

### Theoretischer Hintergrund

Der theoretische Hintergrund der Studie war wesentlich inspiriert durch die Arbeiten von Lothar Böhnisch und Richard Münchmeier (1990). Die Autoren führen aus einer sozialpädagogischen Perspektive Sozialräume (öffentliche Plätze, Jugendzentren etc.) als Entfaltungsmöglichkeiten für Jugendliche ein, die jenseits des Zugriffs von Erwachsenen liegen und die Ausgestaltung des Jugendalters als Moratorium ermöglichen. Kernthese der Autoren ist, dass unklare Biografien und Wege in den Erwach-

---

2 Die Studie wurde mit Sachbeihilfen der DFG an den Arbeitsbereich Empirische Erziehungswissenschaft der Freien Universität Berlin finanziert. Beteiligte Wissenschaftler waren Prof. Dr. D. Bergs-Winkels, Dr. P. Butz und Prof. Dr. G. Classen.

senenstatus bei Jugendlichen dazu führen, sich Entfaltungsräume zu suchen und zu schaffen. Sozialräume bieten in dieser Theorie alternative Wege in den Erwachsenenstatus.

### Fragestellung der Studie

Die übergeordnete Fragestellung nach Erklärungen für die identifizierten Jugendtypen wurde in dieser Studie in Teilfragen zerlegt. Erstens sollte allgemein die Bedeutung von Sozialräumen für Jugendliche und die Art der Nutzung ergründet werden. Die erhaltenen Informationen sollten unter anderem in Skalen für eine Fragebogenstudie übersetzt werden. Zweitens sollte die Bedeutung von Arbeit als wesentliches Merkmal des Übergangs in den Erwachsenenstatus beleuchtet werden. Drittens lag das Interesse auf familialen und Freundeseinflüssen auf die Orientierung Jugendlicher an einem raschen Übergang in den Erwachsenenstatus oder dem Verweilen in der Jugendphase.

### Stichprobe

Die zu befragenden Jugendlichen wurden nicht nach theoretischen Gesichtspunkten oder Kontrastgruppen ausgewählt, sondern nach Verfügbarkeit. Insgesamt wurden 30 Jugendliche (18 Jungen, 12 Mädchen) im Alter von 13 bis 19 Jahren aller Schulformen befragt. Wesentlich war lediglich, ein großes Altersspektrum im Sample repräsentiert zu haben.

### Methode

Mit den Jugendlichen wurden Leitfadeninterviews durchgeführt, die zwischen ca. 30 Minuten und knapp zwei Stunden dauerten. Die Interviewtechnik selbst wurde nicht weiter spezifiziert, sondern lediglich zentrale Themen im Leitfaden skizziert (vgl. Bergs-Winkels, in diesem Band). Ort der Interviews waren zumeist von den Jugendlichen vorgeschlagene Cafés und in wenigen Fällen die elterliche Wohnung oder Jugendzentren. Die Tonbandaufnahmen wurden von den bei den Interviews anwesenden Protokollanten transkribiert.

### Ergebnisse

Bezüglich der ersten Fragestellung nach Sozialräumen ergaben die Interviews, dass die Jugendlichen eine große Bandbreite verschiedener Sozialräume in ihrer Freizeit nutzten. Wiederkehrend wurden öffentliche Plätze, Straßen, Parks, Bushaltestellen einerseits und Jugendzentren und Kaufhäuser, aber auch die Wohnung der Eltern andererseits genannt. In der Regel wurden diese Sozialräume mit Freunden oder einer größeren Clique „besetzt" und als Stammplätze etabliert, an denen man sich regelmäßig nach der Schule trifft. Gewählt wurden die Orte nach verschiedenen Gesichtspunkten, etwa Verfügbarkeit (dies galt insbesondere für Jugendzentren), Infrastruktur

(Erreichbarkeit, Vorhandensein von Läden etc.) und – durchweg als übergeordneter Grund – die Abwesenheit von Erwachsenen.

Auch elterliche Wohnungen wurden danach ausgewählt, wessen Eltern am wenigsten zu Hause waren. Die Bedeutung der Räume war sehr unterschiedlich. Die Aussagen legen aber nahe, dass vor allem das Reden über alltägliche Probleme (mit Partnern, Eltern oder in der Schule) an diesen Orten stattfindet. Jungen berichteten gelegentlich (sportliche) Aktivitäten (Skateboard, Graffiti etc.). „Einfach nur rumhängen" war eine häufige Antwort auf die Frage, was an diesen Orten gemacht wird. Es zeichnete sich ab, dass vor allem Jugendliche, die sich von Erwachsenen abwenden, Sozialräume suchen und für sich nutzen, um „Ruhe" vor Älteren zu haben.

Die häufigsten Aussagen hierzu wurden aus den Interviews herausgegriffen und in eine Fragebogenskala überführt, die sich in späteren Untersuchungen als sehr zuverlässiges Messinstrument erwies (vgl. Reinders, Bergs-Winkels, Butz & Classen, 2001; Reinders & Bergs-Winkels, 2001).

---

**Aus den Interviews generierte Skala zur „Generationendistanz"**
- Ich bin froh, wenn keine Erwachsenen da sind, da hab' ich wenigstens meine Ruhe.
- Ich versuche, mir meine eigene Nische zu suchen, in der Erwachsene nichts zu suchen haben.
- Erwachsene nerven manchmal, weil sie immer alles besser wissen wollen.
- Ich finde, es müsste viel mehr Möglichkeiten geben, wo Erwachsene einem nicht alles vorschreiben, damit ich auch mal meine eigenen Ideen verwirklichen kann.
- Mit den Erwachsenen, die ich kenne, komme ich eigentlich ganz gut aus. (rekodiert)
- Gute Beziehungen zu Erwachsenen sind wichtig, weil die einem manchmal bei Sachen helfen können, die ich alleine nicht schaffen würde. (rekodiert)
- Erwachsene leben doch in einer ganz anderen Welt, die verstehen gar nicht, was wir Jugendlichen eigentlich wollen.
- Ich zeige den Erwachsenen, dass sie an meinen Freizeitorten nichts zu suchen haben.
- Von Erwachsenen kann man eigentlich viel lernen. (rekodiert)
- Wenn Erwachsene da auftauchen, wo ich gerade bin, verziehe ich mich schleunigst.

---

Die zweite Frage nach der Bedeutung von Arbeit für Jugendliche erbrachte eine Reihe bekannter aber auch neuer Informationen. So schätzten die Jugendlichen ihre eigenen Chancen des Übergangs in den Arbeitsmarkt trotz wahrgenommener gesellschaftlicher Restriktionen positiv ein. Arbeit besaß generell einen hohen Stellenwert, wobei Schule nicht durchgängig als geeignete Vorbereitungsinstitution gesehen wurde. Gute Noten wurden hingegen als unabdingbar erachtet, was dafür spricht, dass Jugendliche der Schule eher eine formale und weniger eine inhaltliche Funktion zuschreiben (vgl. Bergs-Winkels & Classen, 2003). Auch zeigte sich, dass der Familie beim späteren Beruf eine wichtige Orientierungs- und Unterstützungsfunktion zukommt. Überraschend war hingegen, dass Familie auch als Mobilitätshemmnis genannt wurde. Ein Teil der Jugendlichen berichtete, einen Arbeitsplatz nur dann annehmen zu wollen, wenn dieser in unmittelbarer Nähe zum Elternhaus liege. Bei dem Weg zum späteren Beruf fahren die meisten Jugendlichen mehrgleisig (etwa durch Ferienjobs, Kontaktsuche im Bekanntenkreis etc.) und verlassen sich nicht nur auf den „Standardweg" über Schule und Bewerbungen in den Beruf.

Hinsichtlich der dritten Fragestellung erwiesen sich die Eltern als eine Art „Zugfaktor" in Richtung Erwachsenwerden. Eltern waren aus Sicht der Jugendlichen an einer ordentlichen Schulbildung und dem Übergang in einen „ordentlichen" Beruf interessiert.

---

„Na ja, ich weiß gar nicht was für ne Ausbildung ich da haben möchte, *(.)* ich mein, *(.)* also man sagt ja immer so *(.)* oder meine Mutter sagt mir immer: ‚Ja Handwerk hat goldenen Boden' oder so was ähnliches oder steht auf goldenem Boden. Nee, wie geht des? Na ja auf jeden Fall, dass Handwerker immer *(- -)*, und dann, ehm *(.)*, meinte sie immer ich sollte was Praktisches lernen, weil das könnt ich dann auch mit in den Haushalt einbringen und ich würde mir auch ganz viel Geld sparen und so was."

---

Der Einfluss der Freunde konnte nicht direkt identifiziert werden. Allerdings ergaben sich aufgrund der engen Verknüpfung von Sozialraumnutzung und Aktivitäten mit Freunden erste Hinweise darauf, dass Gleichaltrige eher als Kontext für die jugendkulturelle Ausgestaltung des Jugendalters zu sehen sind.

### Einordnung und mögliche Fragestellungen

Die Studie stellt ein Beispiel für Forschung dar, bei der Neuland betreten und bisher nicht Bekanntes durch eine sehr offen gehaltene Fragestellung ergründet werden soll. Ursprünglich als Explorationsstudie für eine quantitative Erhebung konzipiert, entwickelte sich die Untersuchung im Verlauf der Durchführung zu einer Theorie generierenden Studie, die erstens eine Reihe neuer Skalen zur Erfassung sozialräumlicher Aktivitäten hervorbrachte (Reinders & Bergs-Winkels, 2001), zweitens zur Vertiefung dieses Forschungsgegenstands führte (Merkens, 2001) und drittens zur Formulierung einer differenziellen Theorie der Adoleszenz (Reinders, 2003) und deren empirischer Überprüfung (Aram, Mücke & Tamke, 2002; Reinders, 2002, 2005) führte.

Probleme der Studie waren unter anderem, dass der Umfang des Interviewmaterials erheblich unterschätzt wurde und die Auswertung erschwert hat. Durch die sehr umfassende Fragestellung gerieten die Interviews zum Teil sehr lang und eine Anpassung des Leitfadens an neue Informationen ist nur in Teilen erfolgt. Insgesamt waren die Konturen der Studie nicht deutlich genug umrissen, was ihr den Charakter einer Art Panoramastudie verliehen hat.

Aus der Studie ableitbare Fragestellungen sind u. a. jene nach dem Prozess der Aneignung und Gestaltung von Sozialräumen in sozialen Interaktionen mit Gleichaltrigen, die „Verteidigung" eigener Sozialräume gegenüber anderen Jugendgruppen, Unterschiede von Jungen- und Mädchenräumen und die Rolle von Sozialräumen bei der Entstehung von „romantic friendships".

### 3.2.2 Personalisierung und Pluralisierung von Entwicklungsnormen im Jugendalter

Ausgangspunkt für diese Studie[3] war die Überlegung, an welchen „Richtlinien" sich Jugendliche im Prozess des Erwachsenwerdens orientieren. Ein Katalog von Entwicklungsnormen wurde bereits 1948 von Robert J. Havighurst in seinem Band „Developmental Tasks and Education; dt. 1972" formuliert. Dessen mittlerweile historischer Charakter ließ allerdings die Frage aufkommen, ob diese – in der Entwicklungspsychologie häufig verwendeten – Normen auch für heutige Jugendliche noch Gültigkeit besitzen (vgl. Reinders & Wild, 2003). Die qualitative Interviewstudie ist Teil einer umfassenderen Untersuchung, die zusätzlich eine quantitative Längsschnittstudie umfasst.

**Theoretischer Rahmen**

Den allgemeinen entwicklungspsychologischen Rahmen stellen die Arbeiten von Erikson (1968) zur jugendlichen Identitätsentwicklung dar. Ferner wird die Auffassung geteilt, dass im Jugendalter bestimmte Anforderungen entstehen, die Jugendliche erfolgreich bewältigen sollten, um den Übergang in den Erwachsenenstatus zu absolvieren (bspw. schulische Vorbereitung auf den Beruf). Gleichzeitig wird bezweifelt, dass diese Entwicklungsnormen für alle Jugendlichen gleichermaßen wichtig sind. Erstens wird angenommen, dass sich der Katalog an Entwicklungsnormen seit den Arbeiten von Havighurst (1948) verändert hat und neue hinzugetreten sind (Pluralisierung von Entwicklungsnormen). Zweitens wird postuliert, dass Entwicklungsnormen nicht mehr allgemeine Gültigkeit besitzen, sondern in direkter Interaktion mit den Eltern und Freunden ausgehandelt werden (Personalisierung von Entwicklungsnormen).

**Fragestellung der Studie**

Die Interviewstudie diente zwei Zielen. Erstens sollte aus Perspektive von Jugendlichen ermittelt werden, welche Entwicklungsnormen die Befragten wahrnehmen und welche ihnen davon persönlich wichtig sind. Zweitens galt die Frage der Art der Aushandlung von Entwicklungsnormen in der Familie und mit den Freunden.

**Stichprobe**

Insgesamt wurden zwölf Jugendliche im Alter von 16 bis 21 Jahren aller weiterführenden Schulformen befragt. Die Jugendlichen stammen aus Mannheim und wurden über Aushänge in Jugendzentren und Akquise auf der Straße für die Studie gewon-

---

3 Die Studie „Personalisierung und Pluralisierung von Entwicklungsnormen in der Adoleszenz" wurde mit Sachbeihilfen der Baden-Württemberg-Stiftung an den Autor gefördert. An der Durchführung der Studie waren B. Dachner, Dr. C. Küpper-Tetzel und B. Thomas beteiligt.

nen. Zur Erhöhung der Teilnahmebereitschaft erhielten die Jugendlichen einen finanziellen Obulus. Die Interviews wurden an Orten (zumeist Cafés) geführt, die von den Jugendlichen selbst vorgeschlagen wurden.

## Methode

Es wurden Leitfadeninterviews durchgeführt, die in Teilen dem Konzept des problemzentrierten Interviews (Witzel, 2000) folgen. Die Jugendlichen wurden zu Aktivitäten und Gesprächen in Familie und Freundeskreis, ihren biografischen Zielvorstellungen, der Wahrnehmung gesellschaftlicher Normen und Normen in Familie und Freundeskreis sowie zu ihren Strategien der Erreichung von Entwicklungszielen befragt. Die Interviews dauerten in der Regel ca. eine Stunde und wurden von einem Interviewer und einem Protokollanten durchgeführt. Die Transkripte wurden von den jeweils Protokollierenden angefertigt.

## Ergebnisse

Hinsichtlich der wahrgenommenen Entwicklungsnormen auf gesellschaftlicher Ebene zeigt sich zunächst, dass das Konzept „Gesellschaft" heruntergebrochen wird auf konkrete Erwachsene der eigenen Umwelt. Die Jugendlichen geben bei wahrgenommenen gesellschaftlichen Entwicklungsnormen in der Regel die Eltern, Lehrer oder ältere Verwandte an, teilweise auch Erwachsene als generalisierte Gruppe. Bezüglich der Inhalte von Entwicklungsnormen ergab sich eine Dualität solcher Normen. Einerseits wurden die „klassischen" Entwicklungsnormen wie Familiengründung und Berufseinstieg genannt. Bemerkenswert bezüglich der klassischen Normen ist, dass bei den Inhalten keine einheitliche Linie wahrgenommen wird, sondern Erwartungen widersprüchlich bei den Jugendlichen ankommen und lediglich die Norm an sich kohärent ist:

„Ich glaub, dass kommt drauf, ja *(.)* kommt wieder drauf an, was für Erwachsene, *(.)* was für Erwachsene ich mir da vorstelle. Ich denk, da gibt's auch große Unterschiede. Die einen wollen, dass man so schnell wie möglich arbeiten geht. Die anderen wollen, dass man, *(.)* ehm, doch erstmal studiert, um dann einen guten, in Anführungszeichen, Job zu kriegen. Ich denk schon, dass die Gesellschaft von uns erwartet, dass wir uns bemühen. Arbeiten gehen irgendwann, dass wir nicht sagen: ‚Oh ha, ich hab keine Lust zu arbeiten und ich mach mir jetzt erstmal 1, 2, 3 Jahre ganz gemütlich und dann guck ich vielleicht noch, vielleicht find ich einen Job.' Ich glaub das will keiner wirklich."

Neben diesen „klassischen" Normen nehmen Jugendliche eine Art „übergeordneter Erwartung" wahr, die sich weniger an bestimmten Übergängen (Familie, Beruf etc.) orientieren, sondern generell Verantwortungsübernahme als Entwicklungsnorm thematisieren:

„Hm, ich denke, zum großen Teil, dass sie *[die Jugendlichen]* sich verhalten wie Erwachsene und extrem viel, also *(-)* eben extrem viel Verantwortung übernehmen und *(.)* Konsequ' *(.)* – also komplett irgendwie selbst Konsequenzen und alles tragen und dann eben extrem, *(-)* also das, hab ich das Gefühl immer extrem entscheidungsfreudig sind, und dann eben alles immer also, *(- -)* ja einfach das Verhalten, was von einem Erwachsenen irgendwie gefordert wird."

Bezüglich der Aushandlung von Normen in Familie und Freundeskreis zeichnet sich ab, dass in der Familie zum einen Fragen der beruflichen Zukunft thematisiert werden, der Schwerpunkt aber auf Aushandlungen über Fragen der Alltagsorganisation liegt. Entwicklungsnormen werden nicht direkt kommuniziert, sondern sind implizit in Alltagsregeln enthalten, aus denen die Jugendlichen selbst Normen generalisieren.

„Zum Beispiel wenn ihre Hausschuhe nicht dastehen, weil ich sie grad weggeräumt hab. Wenn ich Staub gesaugt hab und nicht wieder zurückgestellt hab, dann: *[Macht ihre Mutter nach]*, Ja ich habe dir gesagt, du musst meine Hausschuhe *(- -)*, ich will meine Hausschuhe immer haben und *(-)'*. Das sind so Kleinigkeiten halt. Oder ehm, *(.)* ein Kamm liegt nicht da wo er sollte auf der Waschmaschine oder so. Wieso ich des nicht zurückgestellt habe. Ich denk also, na ja sie übertreibst, also schon ziemlich, aber so, *(-)* sie will halt, na ja, *(.)* dass ich vielleicht später mal eher ordentlich bin."

Aushandlungsprozesse im Freundeskreis verlaufen demgegenüber nicht direkt, sondern zumeist eher über Vorbildfunktionen Gleichaltriger. Sie beziehen sich in der Regel nicht auf die Entwicklung zum Erwachsenen, sondern stärker auf gegenwartsorientierte Themen.

„*[Frage: Würdest du sagen, dass ihr euch über Dinge unterhaltet, die in der Gegenwart sind oder eher über Dinge, die in der Zukunft liegen?]* Also Zukunft weniger, aber wenn man keine Ahnung *(-)*, wenn jetzt halt irgendwas Größeres demnächst geplant ist oder so, unterhält man sich halt dann da drüber, was man da, *(.)* was weiß ich, wie man sich darauf freut oder so, *(.)* aber sonst eigentlich eher halt Gegenwart. *(- -)* Oder halt über irgendwelche Sachen, die man grad gemacht hat oder so."

In Gesprächen werden Aussehen, Kleidung oder Musikgeschmack diskutiert und können bei extremen Disparitäten der Vorstellungen zum Wechsel von Freundeskreisen führen. Den Regelfall stellen nach Aussagen der Jugendlichen Angleichsprozesse dar. Insgesamt deuten die Befunde der Studie darauf hin, dass die klassischen Entwicklungsnormen nach wie vor von Jugendlichen wahrgenommen werden, aber die Orientierung daran individuellen Unterschieden unterliegt. Ferner bestätigt sich in dieser Studie die von Noack (2002) vorgenommene Vermutung, dass Gleichaltrige eher wichtig für Alltagsnormen und Eltern eher für zukunftsorientierte Normen „zuständig" sind (vgl. auch Reinders, 2002). Für den familialen Kontext ist interessant, dass Entwicklungsnormen einerseits explizit thematisiert werden (insbesondere Fragen des späteren Berufs), andererseits aber implizit über Regeln der Alltagsorganisation kommuniziert und von Jugendlichen generalisiert werden.

## Einordnung und mögliche Fragestellungen

Diese Studie ist ein Beispiel dafür, dass bestehendes Wissen über einen Forschungsgegenstand qualitativ nachgezeichnet werden kann. Viele der bei den Jugendlichen auftretenden Themen und Muster sind bereits aus der quantitativen Forschung bekannt. Insofern betritt die Studie kein Neuland, sondern ist eher als zusätzliche Validierung bestehenden Wissens zu werten. Darüber hinaus erlaubt die Studie einen tieferen Einblick in die Aushandlung von Entwicklungsnormen mit Eltern und Freunden, der in dieser Form bisher nicht erfolgt ist. Insgesamt hält sich der Erkenntnisgewinn jedoch in Grenzen. Anlass zu vertiefenden Fragen wirft die Studie insbesondere bezüglich der Normaushandlung im Freundeskreis auf. So wäre eine interessante Fragestellung, warum Gleichaltrige nicht (oder nicht primär) Normen bezüglich des Erwachsenwerdens artikulieren sondern mit Peers eher Aushandlungen über jugendkulturelle Normen (Kleidung, Musik, Aussehen etc.) stattfinden. Weiter wäre interessant zu erfahren, welche dieser Normen der Gleichaltrigen auch im Erwachsenenalter noch Bestand haben. Erste Fragestellung wäre in Gruppendiskussionen mit Freundeskreisen bearbeitbar, zweitere mit biografischen Interviews bei Erwachsenen.

### 3.2.3 Wertewandel und Lernmotivation Jugendlicher

Ausgangspunkt für diese Studie[4] war die eher zufällige Entdeckung, dass die durchschnittlichen Matheleistungen Jugendlicher in der sog. TIMS-Studie (Mullis et al., 1999) erstaunliche Parallelen zu der Verbreitung von postmodernen Wohlbefindenswerten in westlichen Industrienationen (Inglehart, 1997) aufweisen. In einem Land, in dem Wohlbefinden als Lebensziel besonders hohe Wertschätzung erfuhr, waren die durchschnittlichen Schulleistungen Jugendlicher eher gering. Umgekehrt waren die Schulleistungen von Schülerinnen und Schülern in jenen Ländern besser, in denen der Wert „Leistung" als besonders wichtig erachtet wurde (vgl. Hofer, 2003). Daraus entstand die Überlegung, ob der auf Länderebene gefundene Zusammenhang von Werten und Schulleistungen auch auf der Individualebene zutrifft. Zumindest sollte, so die Annahme, eine hohe Betonung von Leistungswerten zu einer höheren Lernmotivation Jugendlicher beitragen.

### Theoretischer Rahmen

Zur Untersuchung des angenommenen Zusammenhangs von jugendlichen Werten und schulischer Lernmotivation wurde die „Theorie motivationaler Handlungskon

4 Die qualitative Studie ist Teil des Projekts „Wertewandel und Lernmotivation", das im Rahmen des Schwerpunktprogramms „Bildungsqualität von Schule" durch Sachbeihilfen der Deutschen Forschungsgemeinschaft an Prof. Dr. M. Hofer, Prof. Dr. M. Clausen, Prof. Dr. S. Fries und den Autor gefördert wurde. Beteiligte Mitarbeiter waren neben den Projektleitern Dr. F. Dietz und Dr. S. Schmid.

flikte" (Hofer, 2003, 2004) entwickelt, die im Kern besagt, dass Jugendliche immer dann über eine geringe Lernmotivation verfügen, wenn das Streben nach Leistung und das Streben nach Wohlbefinden in Konkurrenz zueinander stehen. Wenn es Jugendlichen wichtig ist, für die nächste Klassenarbeit zu lernen, und sie wollen gleichzeitig ihre Freunde treffen, um mit ihnen Spaß zu haben, dann führt dies zu einer Konkurrenz der Tätigkeiten. Denn sowohl Lernen als auch Freunde treffen kostet Zeit. Jugendliche, die beiden Aktivitäten eine vergleichbar hohe Bedeutung beimessen, sollten in ihrer Konzentration für schulisches Lernen beeinträchtigt sein.

### Fragestellung der Studie

Als erklärende Variablen für die jugendliche Lernmotivation werden in der „Theorie motivationaler Handlungskonflikte" das Streben nach Leistung und das Streben nach Wohlbefinden angesehen. Diese wurden der Forschung von Inglehart (1997) entlehnt. Allerdings beziehen sich die Erhebungsinstrumente für diese beiden Strebungen bei Inglehart (1997) auf Erwachsene und nicht auf Jugendliche. Durch die qualitative Explorationsstudie sollte geklärt werden, was Jugendliche unter Leistungs- und Wohlbefindensstreben verstehen, um daraus Skalen für die anschließende Fragebogenstudie generieren zu können. Ferner sollte untersucht werden, ob Jugendliche ihr Streben nach Leistung vor allem in der Schule und ihr Wohlbefindensstreben primär in der Freizeit realisieren.

### Stichprobe

Hierzu wurden 25 Mannheimer Jugendliche der verschiedenen Schulformen im Alter von 13 bis 18 Jahren befragt. Hierunter waren 13 Jungen und 12 Mädchen. Die Befragten wurden durch Aushänge in Jugendzentren und durch Ansprechen an einschlägigen Treffpunkten für die Studie gewonnen. Als Anreiz wurde den Jugendlichen eine Aufwandsentschädigung gezahlt.

### Methode

Die Studie wurde mittels problemzentrierter Interviews durchgeführt. Die Interviews dauerten zwischen 43 und 90 Minuten und wurden mithilfe eines deduktiv aus der Theorie abgeleiteten und induktiv durch das Datenmaterial modifizierten Kategoriensystems inhaltsanalytisch ausgewertet.

### Ergebnisse

Zunächst zeigten die Aussagen der Jugendlichen, dass sie sowohl Leistung als auch Wohlbefinden als Wert hoch schätzten. Während Leistung als Wert für die Jugendlichen ein recht klares Konzept war, taten sich die Jugendlichen damit schwer, Assoziationen zum Begriff „Wohlbefinden" herzustellen. Ein wichtiger Befund der Interviewstudie ist, dass Leistung immer mit postaktionalen Anreizen verbunden wird, also mit Belohnungen, die zeitlich mehr oder weniger deutlich nach der Tätigkeit lagen.

„Also zu Leistung fällt mir eigentlich ein, das ist der Ertrag von ner Arbeit, oder von nem Projekt, das man gestartet hat. Eh, sei es obs einen interessiert oder net."

Lernen für eine Klassenarbeit wurde als Leistung bezeichnet, weil die Belohnung (Note) erst nach dem Lernen und dem Schreiben der Arbeit erfolgte.

„Also ich find das Leistung, aber ich wollte jetzt hier nix vortragen. Da man dann hinterher ein Ergebnis hat, das man dann so arbeitet oder lernt um ein gutes Ergebnis zu erzielen. Und das gute Ergebnis ist dann halt die Leistung, würd ich sagen."

Mit Wohlbefinden wurden demgegenüber eher Tätigkeiten verbunden, bei denen die Anreize eher periaktional waren, also in der Tätigkeit selbst bereits enthalten sind. Hierzu wurden Aussagen gemacht wie „Zu Hause auf der Couch *[sitzen]* und Fernsehgucken" oder „Morgens bis um elf, halb zwölf im Bett liegenbleiben".

„[...] und auch Gitarre spielen (.) eh, beruhigt mich, sach ich jetzt mal oder so, also (.), wenns mir nich so toll geht, dann nehm ich mir manchmal meine Gitarre und spiel dann den ganzen Tag und merk gar nicht wie die Zeit vergeht teilweise und so [...]."

Bezüglich der zweiten Fragestellung, in welchem Kontext Jugendliche die Strebungen am ehesten realisieren, zeigte sich, dass die Jugendlichen zwar auch Wohlbefinden beim Lernen erleben und Leistung in der Freizeit erbringen wollen (etwa beim Sport). Es dominierten jedoch Aussagen, bei denen deutlich wurde, dass Leistung eher in der Schule erbracht und Wohlbefinden stärker in der Freizeit erreicht wird. Hier spielten insbesondere Freizeitaktivitäten mit Freunden eine wichtige Rolle für das Wohlbefinden der Jugendlichen.

„Ja, Leistung eigentlich eher die Schule. Leistung in der Schule fällt mir dazu ein als erstes. (- -) Noten so."

„Zum Beispiel, wenn wir Grillen gehen, so, wir haben erst mal schön gegessen, dann leg ma uns irgendwohin auf die Wiese, oder so was, trinken Bier, unterhalten sich so, kann im Gespräch so entspannen so, da fühlt man sich eigentlich ziemlich wohl."

Der Zusammenhang von Kontext (Schule bzw. Freizeit) und Strebung (Leistung bzw. Wohlbefinden) konnte durch die quantitative Auszählung der Häufigkeiten der Kombinationen bestätigt werden.

Aus dem Interviewmaterial wurden schließlich eine Reihe von Skalen zu den Strebungen und dem Lern- bzw. Freizeitverhalten der Jugendlichen für die Fragebogenstudie abgeleitet. Diese neu generierten Konstrukte wurden zunächst in einem Pretest geprüft und für die Hauptuntersuchung modifiziert (vgl. Hofer, Reinders, Fries & Clausen, 2005).

### Einordnung und mögliche Fragestellungen

Die Stärke der Studie ist in ihrem umfang- und facettenreichen Datenmaterial zu sehen, das auf verschiedene Weise ausgewertet wurde. Es kamen sowohl Techniken der qualitativen als auch quantitativen Inhaltsanalyse zur Anwendung, die einen differenzierten Einblick in jugendliche Auffassungen von Leistung und Wohlbefinden ermöglichten. Diese Skalen konnten in eine Fragebogenstudie eingesetzt und zur Prüfung von Hypothesen genutzt werden. Die Studie stellt damit ein Beispiel für qualitative Forschung dar, die eng mit einer quantitativen Herangehensweise verzahnt ist und die im Zusammenspiel ein hohes Erkenntnispotenzial entwickeln. Problematisch an der Studie ist hingegen, dass der den Interviews zugrunde liegende Leitfaden erst sehr spät an die Aussagen der Jugendlichen angepasst wurde. Zu Beginn wurden mehrere Interviews gleichzeitig durchgeführt, ohne das erhobene Material nach den ersten Interviews intensiv zu sichten. Auch das zunächst induktiv gewonnene Kategoriensystem erwies sich als wenig strukturierend, sodass ein aus der Theorie deduktiv abgeleitetes Kategoriensystem ex post an das Datenmaterial herangetragen wurde. Allerdings war hierdurch eine trennschärfere Kodierung des Materials möglich. Die Ausweichkategorie „Sonstiges" musste bspw. nicht verwendet werden.

Aus den Befunden lassen sich eine Reihe weiterer Fragestellungen ableiten. Da die Freunde im Bereich „Wohlbefinden" eine wichtige Rolle spielen, wäre bspw. Interessant, zu untersuchen, wie Werte von Wohlbefinden unter Freunden vermittelt werden. Sind Freunde Normvermittler, die Einfluss auf die schulische Lernmotivation Jugendlicher nehmen? Lenken Freunde nur von schulischem Lernen ab oder können sie auch als Motivatoren für Lernen wirken? Unter welchen Bedingungen entfalten sie ihre Wirkung in die eine oder andere Richtung?

### 3.2.4 Entstehung, Gestalt und Auswirkungen interethnischer Freundschaften

Auch diese Studie[5] hat, ähnlich wie das Typenprojekt (vgl. Kapitel 3.2) ihren Ursprung in Fragen, die sich aus einer Fragebogenstudie ergeben haben. Im Rahmen der Durchführung von Netzwerkanalysen bei türkischen und deutschen Schülern in Berlin er-

---

5 Das Projekt „Freundschaftsbeziehungen in interethnischen Netzwerken" wurde mit Sachbeihilfen der Deutschen Forschungsgemeinschaft an den Autor gefördert. Beteiligt an der Studie waren Dr. T. Mangold, Dr. K. Karst, C. Grimm und S. Bouwman.

wies es sich als schwierig, jene Bedingungen zu identifizieren, die zu deutsch-türkischen Freundschaftswahlen führen (Reinders et al., 2000). Weder Nationalität, Fremdenfeindlichkeit oder Religiosität erwiesen sich als hinreichende Prädiktoren für interethnische Beziehungen. Gleichzeitig konnte bei den in Schulklassen durchgeführten Netzwerkanalysen festgestellt werden, dass eine relativ hohe Zahl solcher Beziehungen besteht. Ferner zeigte sich, dass Freizeitkontakte von türkischen zu deutschen Jugendlichen mit besseren deutschen Sprachkenntnisse der Migrantenjugendlichen einherging. Dies ließ die Frage nach der Entstehung solcher Beziehungen, die offenbar die Akkulturation von Migranten erleichtern, aufkommen.

**Theoretischer Rahmen**

Die qualitative Studie ist in loser Form mit Konzepten der Migrationsforschung verbunden und lehnt sich an bestehende Forschung zu Freundschaften im Jugendalter an. Migrationstheorien wie jene von Berry und Kollegen (2011) ermöglichen es, psychologische Prozesse bei Migrantenjugendlichen zu skizzieren und Konzepte der Freundschaftsforschung bieten einen Rahmen dafür, Entstehungsgründe für Freundschaften nachzuzeichnen. Aufgrund des sehr geringen Forschungsstands zu interethnischen Freundschaften wurde allerdings eine explorative Interviewstudie notwendig, um mehr über deren Entstehung, Gestalt und Auswirkungen zu erfahren.

**Fragestellung der Studie**

Dementsprechend offen wurde das Fragenspektrum für die Studie gehalten. Es sollten erstens Informationen bei Jugendlichen gesammelt werden, wie ihre Freundschaften zu Jugendlichen anderer Herkunft entstehen. Zweitens sollte herausgefunden werden, ob sich interethnische Freundschaften von intraethnischen Beziehungen in ihrer Qualität und ihrer Gestalt unterscheiden. Drittens galt das Interesse den Auswirkungen dieser Freundschaften auf Vorurteile bei deutschen und Akkulturationsstrategien bei türkischen Jugendlichen.

**Stichprobe**

Das Problem bei der Stichprobenziehung war es, Jugendliche zu finden, die einen besten Freund einer anderen als der eigenen Herkunft hatten. Der qualitativen Studie ging eine Fragebogenstudie voraus, deren Ziel es war, die Verbreitung von interethnischen Freundschaften unter Jugendlichen zu ermitteln (Reinders, 2003). Es zeigte sich, dass etwa ein Drittel der befragten Hauptschülerinnen und -schüler eine interethnische Freundschaft benannten. Aus diesen Daten wurden zehn Jugendliche deutscher und zehn Jugendliche türkischer Herkunftssprache ausgewählt, die jeweils einen deutschen bzw. einen türkischen besten Freund genannt hatten. Hiervon konnten 18 Jugendliche im Alter von 13 bis 16 Jahren interviewt werden. Davon waren vier

Mädchen und sieben Jungen deutscher Herkunft sowie drei Mädchen und vier Jungen türkischer Herkunft.

**Methode**

Die Jugendlichen sollten auf Fragen des Leitfadeninterviews zu den drei Bereichen „Entstehung", „Gestalt" und „Auswirkungen" ihrer interethnischen Freundschaft antworten. Mit einer Dauer zwischen 19 und 44 Minuten fielen die Interviews eher kurz aus. Für deutsche und türkische Jugendliche wurden zwei separate Leitfäden entwickelt, die in weiten Teilen identisch waren, aber im Bereich der Auswirkungen unterschiedliche Fragen enthielten. Die Interviews wurden mitgeschnitten und anschließend transkribiert. Aufgrund des geringen Vorwissens zu interethnischen Freundschaften musste der Leitfaden sieben Mal angepasst werden. Mittels eines induktiv gewonnenen Kategoriensystems, das sich nur grob an den drei Hauptkategorien „Entstehung", „Gestalt" und „Auswirkungen" orientiert, wurden die Aussagen der Jugendlichen inhaltsanalytisch ausgewertet. Ferner wurden die einzelnen Interviews paraphrasiert und zu einer Art Kurzbiografie der Freundschaft verdichtet. Diese Kurzbiografien jedes Jugendlichen wurden mit den Daten aus der Fragebogenstudie verknüpft, um die Informationen aus den Interviews mit den Antworten zur Freundschaftsqualität und möglichen Auswirkungen aus der Fragebogenstudie zu aussagekräftigen Einzelfallanalysen verdichten zu können (Reinders & Mangold, 2005).

**Ergebnisse**

Die Studie brachte einige überraschende Befunde. Es zeigte sich, dass die Entstehung interethnischer Freundschaften dem gleichen Muster wie bei intraethnischen Beziehungen folgte. In der (Grund-)Schulzeit geknüpfte Kontakte haben sich in der Regel aufgrund gemeinsamer positiver Erfahrungen zu einer Freundschaft entwickelt. Ähnlich wie bei ethnisch homogenen Freundschaften gab es Beziehungen, die gemeinsam initiiert wurden und solche, die auf eher einseitiges Betreiben hin entstanden sind. Diese in der Schule angebahnten Beziehungen wurden durch gemeinsame Freizeitaktivitäten intensiviert. Auch die Freundschaftsqualität unterscheidet sich nicht zwischen den beiden Freundschaftsvarianten. Es sind offenbar weniger interethnische Beziehungen, die sich von intraethnischen Freundschaften unterscheiden. Vielmehr bestehen unabhängig von Herkunft und Freundschaftstyp deutliche Differenzen zwischen Mädchen und Jungen. Hinsichtlich der Auswirkungen interethnischer Freundschaften blieb das Bild eher uneinheitlich. Zum Teil wurden Veränderungen von Vorurteilen berichtet. Die Interviewdaten geben Anlass zu der Vermutung, dass das Ausmaß an Vorurteilsreduktion in engem Zusammenhang zur Freundschaftsqualität steht. Einseitig initiierte Beziehungen verfügen offenbar über ein geringeres Potenzial zum Abbau von Vorurteilen als wechselseitig begonnene Freundschaften (vgl. Reinders, Mangold & Greb, 2005).

**Einordnung der Studie und mögliche Fragestellungen**

Die qualitative Herangehensweise an ein Thema, zu dem wenig Kenntnisse bestehen, hat sich in dieser Untersuchung als sehr erkenntnisbringend erwiesen. Insbesondere die von den Jugendlichen berichtete Normalität einer interethnischen Beziehung hat gezeigt, dass ethnische Unterschiede nicht in Zusammenhang zur Qualität der Beziehung zu stehen scheinen. Auch wurde durch die Interviews deutlich, dass interethnische Beziehungen nicht generell mit Vorurteilsfreiheit einhergehen. Vielmehr muss mehr Gewicht auf die konkreten Bedingungen der Beziehungen gelegt werden. Die sehr offene Herangehensweise hat – ähnlich dem Typenprojekt – Informationen aus Sicht der Jugendlichen hervorgebracht, die vorher nicht bedacht wurden oder die den eigenen – mehr oder weniger expliziten – Erwartungen widersprachen. Gleichzeitig haben die qualitativen Befunde zu einem besseren Verständnis der Ergebnisse der Fragebogenstudie beigetragen.

Probleme bei der Studie ergaben sich zum einen daraus, dass nur Hauptschülerinnen und -schüler befragt wurden, die bei den ersten beiden Fassungen der Leitfäden teilweise überfordert waren. Die Ausdrucksfähigkeit der Jugendlichen wurde zu Beginn überschätzt und führte zu einer Anpassung des Leitfadens. Insbesondere durch die Warm-up-Fragen als Einstieg in das Interview waren die Jugendlichen teilweise überfordert. Dies hat sich trotz variierender Einstiegsfragen auch in den späteren Interviews nicht geändert. Dies hat insgesamt zu eher kürzeren Interviews geführt, bei denen an einigen Stellen tiefergehende Informationen wünschenswert gewesen wären. Da sich interethnische Freundschaften aber primär bei Hauptschülern finden lassen (aufgrund der vergleichsweise hohen Anzahl an Schülern nicht deutscher Herkunftssprache in diesem Schulzweig), wird dieses Problem vermutlich nicht gänzlich auszuräumen sein.

Weiterführende Fragen ergeben sich vor allem im Bereich der Entstehung interethnischer Freundschaften. Zwar lieferten die Interviews Informationen zu Zeitpunkt und Initiative der Entstehung, allerdings wären die Prozesse der Entstehung (wie entsteht Sympathie, welche Rolle spielen andere Gleichaltrige und Eltern bei der Entstehung) noch näher zu erfassen. Auch die Frage, warum manche deutsche Jugendliche durch interethnische Freundschaften generell weniger Vorurteile gegenüber Migranten äußern, andere wiederum an ihren Stereotypen trotz interethnischer Freundschaft festhalten, wäre eine lohnenswerte Untersuchungsfrage für eine qualitative Studie.

### 3.2.5 Zusammenfassung

In diesem Kapitel wurden vier qualitativ orientierte Jugendstudien vorgestellt, die jeweils Teil eines umfassenderen Forschungsprogramm waren. Hierbei handelte es sich um eine Auswahl an Forschung, die die Grundlage für die weiteren Überlegungen zur Durchführung qualitativer Interviews mit Jugendlichen bilden. Alle vier Studien bedienen sich der Methode des Leitfadeninterviews und befassen sich mit sehr unterschiedlichen Bereichen jugendlicher Entwicklung. Ihre besonderen Stärken entfalten sie durch ihre *offene Herangehensweise*, die den Erhalt von bisher nicht oder wenig beachteten Informationen ermöglicht bzw. zu einem vertieften Verständnis eines Gegenstandsbereichs beiträgt. Durch den qualitativen Zugang wurden die erforschten Themen „mit den Augen der Jugendlichen" betrachtet und in deren Sprache erfasst. Durch den *kommunikativen Charakter* der Interviews war es möglich, tiefer in die Materie einzusteigen und wissenschaftlich-abstrakte Konzepte in Worten der Jugendlichen zu erfassen. Hierdurch konnten Nachfragen gestellt und das von den Jugendlichen Gesagte zum besseren Verständnis an die Jugendlichen zurückgespiegelt werden. Die Jugendlichen konnten teilweise den Verlauf der Interviews selbst bestimmen und neue Informationen einbringen. Fast alle Interviews wurden an von den Jugendlichen vorgeschlagenen Orten (zumeist Cafés oder Kneipen) durchgeführt und weisen dadurch eine hohe Alltagsnähe und Ähnlichkeit zu Interaktionen auf, die die Jugendlichen aus ihrem alltäglichen Leben kennen.

Die *Prozesshaftigkeit* der Forschung zeigte sich in der retrospektiven Befragung zu Lebensereignissen, dem Erleben von Familie und Schule sowie der Entstehung von Freundschaften. Ferner war für alle vier Studien charakteristisch, dass neu gewonnene Informationen in die eigenen Forschungsfragen integriert wurden und zur Modifikation der Leitfäden geführt haben.

Auch wenn Offenheit, Kommunikation und Prozesshaftigkeit in allen Untersuchungen eine wesentliche Rolle gespielt haben, sind die Studien nicht durchweg optimal verlaufen. Einzelne Probleme wurden bereits innerhalb innerhalb der Darstellung der einzelnen Studien besprochen. Anzufügen sind noch ganz pragmatische Hindernisse qualitativer Forschung:

- Probleme, die unerfahrene Interviewer mit der Interviewsituation hatten
- Verlust von ganzen Interviews weil Aufnahmegerät und Interviewer unterschiedlicher Auffassung über die Notwendigkeit der Aufnahme waren
- Mikrofone nicht eingeschaltet waren
- Jugendliche nicht zum Interview erschienen sind (was bei Warten in bitterer Kälte besonders ärgerlich ist)
- Eltern darauf bestanden, beim Interview anwesend zu sein und sich nicht zu einem Einkaufsbummel überreden ließen
- 14-Jährige mit dem Kettcar zum Interview kamen und auch sonst nur „Blödsinn" im Kopf hatten
- Sozialarbeiter im Jugendzentren einen Interviewraum vorbereitet haben, der eher einem Verhörraum glich (kahler Raum im Keller mit Tisch, zwei Stühlen, Neonröhren)
- Jugendliche gar nicht mehr aufhören wollten zu reden und ihr Interesse an Footballspielen genüsslich und vor allem lang und breit ausführten
- wesentliche Informationen erst nach Abschalten des Aufnahmegeräts lieferten und die Protokollanten in Schreibstress versetzten

- Jugendliche das Interview nach zehn Minuten beenden wollten und ihr Geld einforderten und
- Cappuccinomaschinen wirklich eine sehr ärgerliche, weil enorm laute Erfindung sind, die vermutlich von quantitativen Forschern erfunden wurden, um qualitative Jugendforschung unmöglich zu machen ...

**Weiterführende Literatur**

### Weiterführende Literatur zu qualitativer Jugendforschung

Flick, U., von Kardorff, E. & Steinke, I. (Hrsg.) (2000), *Qualitative Forschung. Ein Handbuch* (Kap. 3). Reinbek: Rowohlt.
Grunert, C. (2002). Methoden und Ergebnisse der qualitativen Kindheits- und Jugendforschung. In H.-H. Krüger & C. Grunert (Hg.), *Handbuch Kindheits- und Jugendforschung* (S. 225–248). Opladen: Leske + Budrich.
Reinders, H. (2015). Sozialisation in der Gruppe der Gleichaltrigen. In K. Hurrelmann, U. Bauer, M. Grundmann, & S. Walper (Eds.), *Handbuch Sozialisationsforschung* (S. 393–413). Weinheim: Beltz.

### Weiterführende Literatur zu den vorgestellten qualitativen Jugendstudien

Bergs-Winkels, D. & Classen, G. (2003). „Hauptsache, ich kriege überhaupt eine Arbeit ... ". Qualitative Interviews zu Arbeitseinstellungen bei Jugendlichen. In H. Merkens & A. Wessels (Hrsg.), *Zwischen Anpassung und Widerstand. Zur Herausbildung der sozialen Identität türkischer und deutscher Jugendlicher* (183–192). Baltmannsweiler: Schneider Verlag.
Reinders, H. (2006). *Jugendtypen zwischen Bildung und Freizeit. Theoretische Präzisierung und empirische Prüfung einer differenziellen Theorie der Adoleszenz*. Münster: Waxmann.
Reinders, H., Mangold, T. & Greb, K. (2005). Ko-Kulturation in der Adoleszenz. Freundschaftstypen, Interethnizität und kulturelle Offenheit im Jugendalter. In T. Badawia, F. Hamburger & M. Hummrich (Hrsg.), *Bildung durch Migration. Über Anerkennung und Integration in der Einwanderungsgesellschaft*. Opladen: Verlag für Sozialwissenschaften.
Schmid, S., Hofer, M., Dietz, F., Reinders, H. & Fries, S. (2005). Value Orientations and Action Conflicts in Students' Everyday Life: An Interview Study. *European Journal of Psychology of Education*, 20 (03), 259–274.

# 4 Die Planungsphase

Die Ausführungen über die einzelnen Teilschritte des qualitativen Forschungsprozesses orientieren sich an den Arbeitsschritten, wie sie in Abbildung 4 (siehe Kap. 2.4.2, S. 35) dargestellt wurden. Auf die darin beschriebene Basisphase wird nicht mehr näher eingegangen. Hinweise, die bei der Klärung der (zeitlichen) Ressourcen hilfreich sein können, wurden in Kapitel 2.4.3 gegeben. Aufgrund der Vielzahl möglicher thematischer Herangehensweisen an eine qualitative Jugendstudie ist es wenig sinnvoll, hier Hinweise zu geben, wie der theoretische Rahmen der Studie gefunden werden kann. Hierbei ist vielleicht der Betreuer der Studie die bessere Anlaufstelle. Wie der – zugegebenermaßen – sehr umfangreiche Forschungsstand zur Jugendphase am besten gesichtet wird, kann in diesem Band ebenfalls nicht behandelt werden. Hier helfen Ratgeber zum wissenschaftlichen Arbeiten weiter (etwa Eco, 2010).

Die ausführliche Beschreibung der Teilschritte des qualitativen Forschungsprozesses beginnt mit der Planungsphase einer Studie, in der die Fragestellung (vorerst) festgelegt wird (Kap. 4.1) sowie die Bestimmung der angemessenen Interviewmethode erfolgt (Kap. 4.2). Ferner werden in dieser Phase Überlegungen zur Stichprobe für die Studie angestellt (Kap. 4.3) und die erste Version des Interviewleitfadens erstellt (Kap. 4.4). Am Ende der Planungsphase sollten alle Arbeitsschritte soweit abgeschlossen sein, dass mit der Durchführung der Interviews begonnen werden kann.

Ziel dieses Kapitels ist es, die in der Planungsphase notwendigen Arbeitsschritte zu beschreiben und mögliche Fallstricke und Probleme, die in der Planungsphase auftreten können, aufzuzeigen. Auch wenn der Anspruch erhoben wird, möglichst viele Aspekte der Planungsphase zu berücksichtigen und die notwendigen Teilschritte ausführlich beschreiben zu können, so kann dies notwendigerweise nie erschöpfend sein. Denn für jede Forschung gilt: „Irgendwas ist immer … ".

## 4.1 Festlegung der Fragestellung

Es wurde bereits erwähnt, dass die Fragestellung einer qualitativen Studie an zwei Punkten des Forschungsprozesses auftaucht. Sie steht zu Beginn der Forschung, indem sie den gesamten Forschungsprozess überhaupt erst einleitet. Zu diesem Zeitpunkt ist die Fragestellung noch sehr allgemein gehalten und zumeist noch nicht sehr konturiert. Die Frage, warum Jugendliche für die Schule lernen bzw. nicht lernen oder welche Rolle (Pop-)Idole bei der Identitätsentwicklung spielen, sind noch zu allgemein, um ertragreich durch Interviews mit Jugendlichen beantwortet werden zu können. Gleichzeitig ist aber die Ausgangsfrage der Forschung sehr wichtig, weil sie das Themengebiet der Studie umreißt. Deshalb sollte man sie – wird sie nicht gänzlich wieder verworfen – immer im Auge behalten. Um dies zu bewerkstelligen, hilft es, die

Fragestellung großformatig auszudrucken und sie sich über den Schreibtisch zu hängen.

### 4.1.1 Präzisierung der Fragestellung

Ein zweites Mal taucht die Fragestellung der Studie am Ende der Basisphase auf, wenn bestehende Literatur gesichtet und ein theoretischer Rahmen gefunden wurde. Hat man sich bspw. für einen systemtheoretischen Ansatz entschieden, ließe sich die Frage nach der schulischen Lernmotivation spezifizieren: „Welche Rolle spielt die Clique eines Jugendlichen bei der Motivation zu schulischem Lernen?". Eine lerntheoretische Ausrichtung bei der Idolstudie würde vielleicht zu der Fragestellung führen: „Was wollen Jugendliche von ihren Idolen für die eigene Lebensführung lernen?". Durch die theoretische Rahmung sind beide Fragestellungen präzisiert worden, ohne dabei an Offenheit einzubüßen. Wichtig ist, dass sie durch die nähere Bestimmung besser bearbeitet werden können. Auch lassen sich dann besser Teilfragen für den Interviewleitfaden ableiten, wenn die Hauptfragestellung der Studie deutlicher umschrieben ist. Schließlich hilft eine präzisierte Fragestellung, die Menge des Datenmaterials zu begrenzen. Je weniger deutlich die Fragestellung einer Studie herausgearbeitet ist, desto eher läuft man Gefahr, Berge von Transkripten zu produzieren, die hinterher nicht mehr überschaubar sind und sich einer systematischen Auswertung (etwa aus Zeitmangel) entziehen. Der erste Hinweis bei der Festlegung der Fragestellung lautet demnach:

---

**!** Die Fragestellung einer qualitativen Studie sollte nach Durchsicht der bisherigen Forschung und der Orientierung an einem theoretischen Rahmen ausreichend präzise sein, um erkenntnisbringend bearbeitet werden zu können. Gleichzeitig sollte die Fragestellung offen gehalten werden für Aspekte, die vom Forschenden nicht bedacht werden (können).

---

### 4.1.2 Offenheit der Fragestellung

Über den Inhalt der Fragestellung hinaus ist bei qualitativer Forschung zu beachten, dass es ihr um das Verstehen subjektiver Bedeutungen geht (siehe Kap. 2.1). Fragestellungen sollten also nicht so formuliert sein, dass sie bereits eine zu bestätigende Aussage enthalten. Ein Beispiel hierfür wäre die Frage: „Trifft es zu, dass Jugendliche durch ihre Clique in ihrem Lernverhalten beeinflusst werden?". In dieser Frage ist bereits die Hypothese enthalten, dass Cliquenmitglieder einen Einfluss besitzen. Qualitative Forschung ist aber ein wenig geeigneter Zugang zur sozialen Realität, um Hypothesen zu bestätigen oder zu widerlegen. Hierdurch wird das Prinzip der Offenheit (siehe Kap. 2.3.1) nicht beachtet. Denn die Antwort auf diese Frage könnte nur „Ja" oder „Nein" lauten. Ist aus der Forschung aber bereits bekannt, dass Cliquen einen Einfluss ausüben, sollte die Fragestellung eher lauten: „Inwiefern üben Cliquen einen Einfluss aus?" oder „Unter welchen Bedingungen üben Cliquen einen Einfluss aus?". Insbesondere anhand der letztgenannten Frage kann untersucht werden, welche subjektiven Gründe Jugendliche anführen, sich bei schulisch relevanten Werten und Verhaltensweisen an Cliquenmitgliedern zu orientieren. Ein zweiter Hinweis für die Formulierung von Fragestellungen in qualitativer Forschung wäre also:

---

Die Fragestellung einer qualitativen Studie sollte weder implizit noch explizit bereits eine Hypothese (Behauptung) enthalten, die zu bestätigen oder widerlegen wäre. Qualitative Forschung ist eine das Subjekt verstehende und keine theoriebestätigende Forschung.

---

### 4.1.3 Art der Fragestellung

Ein weiterer wichtiger Aspekt bei der Bestimmung der Fragestellung stellt die Art dar, in der die Frage gestellt wird. Fragen wie jene nach der Häufigkeit des Auftretens von Phänomenen sind nicht die Stärke qualitativer Forschung: „Wie oft lernen Jugendliche für die Schule?" oder „Wie viele Jugendliche haben eine geringe Lernmotivation?" werden besser der quantitativen Forschung überlassen. Dies sind „Zählfragen", die einer gut gewählten, ausreichend großen Stichprobe bedürfen und Kriterien der Repräsentativität entsprechen müssen. Neben der Tatsache, dass Repräsentativität für qualitative Forschung kein wichtiges Kriterium ist, wären auf der Basis von zehn oder zwanzig Interviews keine vernünftigen Antworten auf solche „Zählfragen" möglich. Geeigneter sind „Sesamstraßenfragen": „Wieso, weshalb, warum?". Sie zielen darauf ab, das Verhalten von Jugendlichen zu verstehen und die subjektiven Gründe nachzuzeichnen. Fragen wie: „Warum lassen sich Jugendliche von ihrer Clique beeinflussen?" setzen aber auch voraus, dass eine Beeinflussung besteht. Warum-Fragen bedeuten immer auch, dass ein Phänomen existiert. Um sich hier die notwendige Offenheit zu erhalten, sollten immer auch die entgegen gesetzten Fragen gestellt werden können: „Wieso nicht, weshalb nicht, warum nicht?". So wird es Jugendliche geben, die sich von ihren Freunden im Lernverhalten beeinflussen lassen und solche, bei denen dies nicht der Fall ist. Daraus folgt, dass die Fragestellung einer qualitativen Studie zwei Ebenen besitzt. Auf der ersten Ebene wird erfragt, ob bei Jugendlichen die interessierenden Phänomene auftreten: „Werden Jugendliche durch die Clique beeinflusst?". Auf der zweiten Ebene wird gefragt, warum bzw. warum das Phänomen nicht auftritt: „Warum lassen sich Jugendliche durch die Clique beeinflussen? Warum nicht?".

---

Die Fragestellung einer qualitativen Studie sollte immer zwei Ebenen enthalten. Auf der ersten Ebene wird danach gefragt, ob bestimmte Phänomene auftreten. Auf der zweiten Ebene wird ermittelt, welche Gründe Jugendliche für das Auftreten oder Nichtauftreten eines Phänomens benennen. Häufigkeitsfragen eignen sich nicht für qualitative Forschung

---

### 4.1.4 Prozesshaftigkeit der Fragestellung

Ein weiterer wichtiger Aspekt bei der Fragestellung einer Studie leitet sich aus dem Prinzip der Prozesshaftigkeit ab (siehe Kap. 2.3.2). Bedeutungszuschreibungen und Gründe für Handlungen ändern sich über die Zeit und mit dem Kontext, in dem sie ausgehandelt werden (siehe Kap. 2.1). Deshalb ist es sinnvoll, Fragestellungen nicht nur auf den aktuellen Zeitpunkt zu beziehen, sondern retrospektive Informationen bei Jugendlichen zu erheben. „War das schon immer so oder hat sich das geändert?" ist eine Frage, die zu verstehen hilft, warum Phänomene gerade in der aktuellen Lebensphase auftreten. Bezogen auf das Lernmotivationsbeispiel wäre eine wichtige ergänzende Frage: „Wurdest du schon immer von deinen Freunden darin beeinflusst, ob du für die Schule lernst, oder war das mal anders?". Hierdurch lassen sich zeitliche Veränderungen, wie sie die Jugendlichen wahrnehmen, nachzeichnen. Gerade wenn sich Veränderungen ergeben haben, ist die Warum-Frage eine wichtige anschließende Frage. „Warum hast du dich damals beeinflussen lassen, warum heute nicht mehr?". Hierdurch lassen sich die veränderten subjektiven Bedeutungen von Freunden identifizieren und Gründe für Verhalten werden besser verstanden.

---

**!** Die Fragestellung einer qualitativen Studie sollte die veränderten subjektiven Bedeutungen berücksichtigen. Nicht nur Gründe für aktuelles Denken und Verhalten, sondern auch die Gründe zu früheren Zeitpunkten sollten erfragt werden. Hierdurch wird individuelles Denken und Handeln in seiner historischen Gewordenheit rekonstruiert.

---

### 4.1.5 Einfachheit der Fragestellung

Als letzter Hinweis zu Fragestellungen qualitativer Jugendstudien soll deren Komplexität erwähnt werden. Da der kommunikative Charakter bei qualitativer Forschung im Vordergrund steht (siehe Kap. 2.3.3), sollte die Fragestellung in einer Weise formuliert sein, die den Übergang in die tatsächliche Interviewsituation erleichtert. Es kann gefragt werden: „Welche personalen Faktoren artikulieren Adoleszente im Kontext der horizontalen Transmission von Lernmotivation?". Diese Fragestellung ist vielleicht begrifflich sehr präzise, aber bereits das anfängliche Denken in komplizierter Sprache oder im Fachjargon kann dazu verleiten, die kognitiven Fähigkeiten von Jugendlichen zu überschätzen. Zudem fällt es u. U. schwerer, diese übergeordnete Frage in Teilfragen zu zerlegen. Die gleiche Frage kann auch einfach formuliert werden: „Welche Gründe nennen Jugendliche, sich von Freunden in ihrer Lernmotivation beeinflussen zu lassen?".

Damit soll nicht unterstellt werden, dass begriffliche Präzision der Fragestellung nicht notwendig sei. Was unter Freunden (bester Freund, Freund, Clique oder Mitschüler?) und Lernmotivation (subjektiver Sinn von Lernen, tatsächliches Lernen?) verstanden wird und mit dem Begriff „Jugendlicher" (frühe, mittlere, späte Adoleszenz?) verbunden wird, ist bei der Fragestellung zu klären. Dazu muss sich aber niemand unnötig komplizierter Formulierungen bedienen.

---

Die Fragestellung einer qualitativen Studie sollte einfach und nachvollziehbar formuliert sein. Dies erleichtert die Übersetzung der Leit- in Teilfragen und kann verhindern helfen, von Beginn der Forschung an in zu komplizierter Sprache zu denken und zu arbeiten.

---

### 4.1.6 Zusammenfassung

Dieses Kapitel hat sich mit einigen Grundsätzen beschäftigt, die bei der Formulierung der Fragestellung bei einer qualitativen Jugendstudie beachtet werden sollten. Es handelt sich hierbei nicht um starre Regeln, sondern vielmehr um einen Rahmen, der die Identifikation einer erkenntnisbringenden Fragestellung erleichtern soll. Dabei wurden keine inhaltlichen Vorschläge unterbreitet, sondern vielmehr technische Hinweise gegeben. Danach sollte die Fragestellung einer qualitativen Studie

- ausreichend präzise sein, um erforschbar zu bleiben,
- ausreichend offen gehalten werden, um neue Informationen nicht vorab auszublenden,
- nicht als Häufigkeits-, sondern als Warum-Frage formuliert werden, bei der vorab festgestellt wird, ob ein Phänomen bei den befragten Jugendlichen vorkommt,
- Veränderungen berücksichtigen, die sich mit der Zeit bei Jugendlichen ergeben haben,
- möglichst einfach formuliert sein, um die weitere Umsetzung der Leitfrage nahe an der Lebenswelt und Sprache von Jugendlichen zu ermöglichen.

Sich bereits zu Beginn der Planungsphase Klarheit über die Fragestellung zu verschaffen und sich dabei an den in diesem Kapitel genannten Hinweisen zu orientieren, ist dabei nicht nur Selbstzweck, sondern hat auch Folgen für die weiteren Schritte des qualitativen Forschungsprozesses. Welche Leitfrage gestellt wird, hat Auswirkungen auf die genutzte Interviewmethode, die Auswahl der zu befragenden Jugendlichen und die Umsetzung der Leitfrage in einen Interviewleitfaden. Je mehr Klarheit über die Fragestellung besteht, desto einfacher wird es fallen, die Folgeschritte zu planen.

### Weiterführende Literatur

Helfferich, C. (2011). *Die Qualität qualitativer Daten. Manual für die Durchführung qualitativer Interviews* (Kap. 1). Wiesbaden: VS Verlag.

Kelle, H. (2003). Die Komplexität sozialer und kultureller Wirklichkeit als Problem qualitativer Forschung. In B. Friebertshäuser & A. Prengel (Hrsg.), *Handbuch Qualitative Forschungsmethoden in der Erziehungswissenschaft* (192–208). Weinheim: Juventa.

Oswald, H. (2003). Was heißt qualitativ forschen? Eine Einführung in Zugänge und Verfahren. In
B. Friebertshäuser & A. Prengel (Hrsg.), *Handbuch Qualitative Forschungsmethoden in der
Erziehungswissenschaft* (88–96). Weinheim: Juventa.

## 4.2 Festlegung der Interviewmethode

Friebertshäuser (2003b) hat darauf hingewiesen, dass es sinnvoll ist, sich vor der
Durchführung von Interviews darüber im Klaren zu sein, welche Interviewmethode verwendet werden soll. Dass vorab eine Entscheidung für die Interviewmethode
getroffen werden muss, ist trivial. Es kommt vermutlich niemand auf die Idee, sich
auf der Fahrt zum Interviewtermin die Methode zu überlegen, um dann kurzerhand
im Café den Interviewleitfaden auf einen Bierdeckel zu kritzeln. Schwieriger ist die
Frage, nach welchen Kriterien die Interviewmethode gewählt werden soll.

Dazu wäre es zunächst einmal praktisch, die verschiedenen Interviewmethoden
zu kennen, um deren Nutzen für die eigene Studie abwägen zu können. Es gibt eine
ganze Reihe von Interviewmethoden innerhalb der qualitativen Forschung, die erst
einmal kennengelernt werden wollen. Als Entscheidungshilfe werden in diesem Kapitel die Gebräuchlichsten vorgestellt. Hierbei muss betont werden, dass für eine fun-
dierte Entscheidung weitere Literatur zu den einzelnen Methoden herangezogen werden sollte. Für einen ersten Einstieg sollten die Ausführungen in diesem Band aber
genügen.

Für das Verständnis der einzelnen Interviewmethoden ist es zunächst hilfreich,
eine kurze Einführung in das Interview als qualitative Forschungsmethode zu geben
(Kap. 4.2.1). Dies soll entscheiden helfen, ob sich das Interview für die eigene Studie
als geeignete Herangehensweise erweist. Diesen Ausführungen folgen Anmerkungen
zu Kriterien, die bei der Auswahl der adäquaten Interviewmethode für die eigene Untersuchung hilfreich sind (Kap. 4.2.2). Sodann werden mit dem narrativen, dem fokussierten und problemzentrierten Interview konkrete Interviewvarianten vorgestellt,
die die Entscheidung für eine der Varianten vorbereiten (Kap. 4.2.3–4.2.5). Diese drei
Verfahren werden in den Mittelpunkt gestellt, weil sie sich besonders für Interviews
mit Jugendlichen eignen. Dennoch werden in kürzerer Form das Tiefen- und das themenzentrierte Interview sowie Strukturlegetechniken vorgestellt (Kap. 4.2.6). Die ab-
schließende Zusammenfassung zu diesem Kapitel soll die Entscheidung für eine der
Interviewvarianten erleichtern (Kap. 4.2.7).

### 4.2.1 Das Interview als qualitative Erhebungsmethode

Qualitative Forschung ist nicht allein qualitative *Interview*forschung. Das Interview
ist nur einer von vielen möglichen Zugängen zu Informationen, die dem qualitativen
Paradigma zugeordnet sind. Teilnehmende Beobachtung, Dokumenten- und Kultur-

güteranalysen (Tagebuchforschung, Filmanalyse etc.) und insgesamt alle Verfahren, die die Ganzheit der Informationen und die Rekonstruktion subjektiver Bedeutungszuschreibungen in den Mittelpunkt stellen, finden in der qualitativen Forschung Anwendung.

Das qualitative Interview in all seinen Facetten hat sich mittlerweile als ein wichtiger Forschungszugang etabliert (Lamnek, 1995b: 35 ff.). Dies liegt vermutlich an den vordergründigen Vorteilen dieser Methode bei der Informationsgewinnung: Informationen sind vergleichsweise schnell und umfassend erhältlich und diese Informationen sind dauerhaft als Video-, Audio- und/oder Transkriptdatei verfügbar, was Auswertung und Interpretation sowie intersubjektive Nachvollziehbarkeit der Ergebnisse erleichtert. Zudem sind Interviews verführerisch, weil sie der alltäglichen Gesprächssituation recht nahekommen und vermeintlich ohne geringe Expertise durchführbar sind (vgl. hierzu kritisch Hopf, 1978). Weder die Schnelligkeit der Informationsgewinnung noch der vermutete geringe Vorbereitungsaufwand sind gute Kriterien für die Wahl des Interviews als Methode. Die Dauerhaftigkeit der Informationsspeicherung mag als Kriterium noch gelten, trifft aber auch für andere qualitative Methoden zu (bspw. Tagebuchanalysen).

---

Das entscheidende Kriterium zur Wahl des qualitativen Interviews ist seine *Angemessenheit zur Beantwortung der Fragestellung* einer Studie. Das Interview wird als Methode gewählt, wenn es im Vergleich zu anderen Methoden einen höheren Erkenntnisgewinn erwarten lässt.

**!**

---

Qualitative Interviews eignen sich in besonderem Maße, Meinungen, Werte, Einstellungen, Erlebnisse, subjektive Bedeutungszuschreibungen und Wissen zu erfragen. Sie eignen sich nicht dazu, tatsächliches Verhalten zu erfassen (wie etwa Beobachtungsstudien). Sie versetzen dazu in die Lage, diese Informationen aus Sicht der Befragten zu erheben und deren Bedeutungszuschreibungen interpretativ zu rekonstruieren. Sie eignen sich nicht für objektivierende und generalisierende Aussagen (wie etwa Experimente). Sie ermöglichen die kommunikative Aushandlung über Bedeutungszuschreibungen und können den Prozess veränderter Bedeutungen erfassen. Wie Flick, von Kardorff und Steinke (2000) hervorheben, sind qualitative Interviews in der theoretischen Tradition des Symbolischen Interaktionismus verankert und entsprechen nach Lamnek (1995b: 55) in besonderer Weise den Kriterien qualitativer Forschung Offenheit, Kommunikation und Prozesshaftigkeit (siehe Kap. 2.2).

> Die Offenheit des Vorgehens wird durch den narrativen Charakter der Befragung, die dem Befragten viel Freiraum zur eigenen Betonung wichtiger Themenbereiche läßt, gewährleistet. Die Kommunikativität und Naturaliszität des Verfahrens ergibt sich aus dem weitestgehend natürlichen Charakter des Gesprächs, wie es zwischen aneinander interessierten Bekannten oder Familienangehörigen auch vorstellbar wäre. [...] So wie im Alltag die Konstitution und Definition von Wirklichkeit prozeßhaft erfolgt, geschieht dieser Prozeß des Interviews ganz analog. Die zu einem bestimmten Zeitpunkt gegebenen Antworten der Befragten sind nicht einfach Produkt einer unabänderlichen Auffassung, Meinung oder Verhaltensweise, sondern sie sind prozeßhaft generierte Ausschnitte der Konstruktion und Reproduktion von sozialer Realität. (Lamnek, 1995b: 55 ff.)

Beides, die Angemessenheit bezüglich der Fragestellung und das Erfüllen wichtiger Prinzipien qualitativer Forschung, sind Kriterien, die zur Wahl des Interviews als Methode führen sollten. Friebertshäuser (2003b: 374) definiert ein (qualitatives) Interview in Anlehnung an die ursprüngliche Bedeutung des Wortes (franz. „entrevue": verabredete Zusammenkunft, sich begegnen) als „verabredete Zusammenkunft [...], die sich in der Regel als direkte Interaktion zwischen zwei Personen gestaltet, die sich auf der Basis vorab getroffener Vereinbarungen und damit festgelegter Rollenvorgaben als Interviewer und Befragter begegnen."

Durch diese zunächst sehr allgemeine Definition wird festgelegt, dass es sich nicht um eine zufällige sondern um eine geplante Begegnung handelt. Demnach würde das ungeplante Gespräch beim Bäcker nicht als Interview gelten. Ferner wird der Aspekt der direkten Interaktion in den Vordergrund gestellt. Das Interview (in der qualitativen Forschung) ist durch synchrone Sprecherwechsel gekennzeichnet, erfolgt also in wechselseitig direkter Reaktion auf das jeweils vom anderen Gesagte.

Ein Informationsaustausch via E-Mail würde demnach nicht als Interview gelten, weil keine direkte Interaktion erfolgt. Schließlich betont die Rollenfestlegung auf Interviewer und Befragten die tendenzielle Asymmetrie der Interviewsituation (siehe Kap. 5.3.4). Durch die Festlegung, wer primär Fragen stellt und antwortet, unterscheidet sich das Interview vom Gespräch, bei dem beide Interaktionspartner die Möglichkeit zum Fragen und Antworten besitzen.

Das Interview als Methode zur Gewinnung von Informationen gibt es im quantitativen wie im qualitativen Ansatz. In der quantitativen Forschung kommen standardisierte Verfahren zur Anwendung. Entweder werden Fragebögen an Befragte ausgegeben (Paper-and-Pencil-Methode) oder dem Interviewten werden standardisierte Fragen vorgelesen und der Fragebogen wird vom Interviewer ausgefüllt (persönlich-mündliches, standardisiertes Interview). Zuweilen rufen auch Marktforschungsinstitute nachts um halb zwölf an und fragen nach der bevorzugten Freizeitbeschäftigung (Schlafen!). Auch hier wird, in telefonischer Form, ein Interview durchgeführt.

---

Interviewvarianten werden in der Regel nach dem Grad ihrer Strukturierung unterschieden. Als grobe Kategorisierung wird zwischen nicht bzw. wenig strukturierten, teilstrukturierten und strukturierten Varianten differenziert.

### Strukturierte Interviews

Als *strukturiert* gelten Interviews, wenn sowohl die Fragen als auch die Antworten vorgegeben sind und der Befragte keinen Einfluss auf deren Formulierung und den Verlauf des Interviews nehmen kann. Dem Interviewten wird also die Struktur der Befragung vollständig vorgegeben. Ein Beispiel hierfür ist ein Fragebogen, bei dem die Fragen, ihre Reihenfolge und die Antworten für alle Befragten gleichermaßen vorformuliert sind. Der Vorteil strukturierter Befragungen ist die Vergleichbarkeit der Antworten von verschiedenen befragten Personen. Ein Nachteil besteht in dem Problem, dass die Frage- und Antwortformulierungen nicht der Alltagssprache der Befragten entsprechen und diese nicht mit eigenen Worten antworten können, sondern in ein Antwortschema gepresst werden. Das Ziel strukturierter Befragungen ist in der Regel, die Antworten der Befragten (bspw. 200 Mannheimer) auf die dazugehörige Grundgesamtheit (alle Einwohner Mannheims) zu übertragen.

### Unstrukturierte Interviews

Als *unstrukturierte* Interviews gelten alle Formen, bei denen weder die Fragen, deren Reihenfolge noch die Antworten vorab festgelegt sind. Interviewte haben einen großen Einfluss auf den Verlauf des Interviews und wirken sehr viel steuernder im Verlauf des Interviews als bei der strukturierten Variante. Ein Beispiel für eine unstrukturierte Befragung ist das narrative Interview, bei dem der Interviewer nur eine Eingangsfrage vorgibt, den weiteren Verlauf aber nahezu komplett dem Befragten überlässt. An solchen Methoden wird als vorteilhaft erachtet, dass Befragte mit eigenen Worten, nach eigenem Ermessen und gemäß der individuellen Bedeutung von Themen Informationen liefern können. Ihnen werden keine „vorgefertigten" Antworten vorgelegt und keine Themen „vorgesetzt", die den Befragten u. U. nicht interessieren.

Ein Nachteil unstrukturierter Verfahren ist, dass die Aussagen der Interviewten nur schwer vergleichbar sind und deshalb keine Generalisierungen zulassen, die über die befragte Stichprobe hinausgehen. Ziel unstrukturierter Befragungen ist vielmehr, entweder Einzelfälle zu betrachten oder aber Typen zu bilden, die eine Differenzierung der jeweiligen Fragestellung ermöglichen, aber dennoch zu einer systematischen Beschreibung der untersuchten Fälle führen. Ein weiterer Nachteil ist, dass unstrukturierte Interviews tendenziell zu großen Datenmengen führen, deren Auswertung sehr aufwendig ist.

### Teil- oder semistrukturierte Interviews

Als eine Art „Mittelweg" haben sich *teil- oder semistrukturierte* Verfahren etabliert, die die Vorteile von strukturierten und unstrukturierten Techniken auf sich vereinen sollen. Bei teilstrukturierten Interviewtechniken ist das Thema mehr oder weniger klar umrissen und es sind eine Reihe von Fragen vorformuliert worden. Die Offenheit gegenüber neuen Themen, die der Befragte einbringt, ist weniger groß als bei unstrukturierten Befragungen. Die Antworten sind im Gegensatz zu strukturierten Interviews nicht vorgegeben und der Befragte kann in eigenen Worten Informationen liefern.

Auch die Reihenfolge der Fragen ist bei teilstrukturierten Verfahren zumeist nicht festgelegt, sondern wird dem Gesprächsverlauf angepasst. Der Befragte hat also im Vergleich zu strukturierten Interviews einen größeren und im Vergleich zu unstrukturierten Befragungen einen geringeren Einfluss auf die Interviewgestaltung. Vorteile dieser Vorgehensweise sind die Eingrenzbarkeit der Themen und damit der Daten, die Vergleichbarkeit der Antworten unterschiedlicher Personen auf ähnliche Stimuli sowie die Beibehaltung der alltagssprachlichen Nähe. Auch individuelle Bedeutungssysteme finden begrenzt Berücksichtigung. Trotz der möglichen Vergleichbarkeit ist das Ziel teilstrukturierter Interviews nicht der Rückschluss auf Grundgesamtheiten (Generalisierung), sondern entweder (in seltenen Fällen) die Einzelfallanalyse, die Typenbildung oder aber die an Kategorien orientierte Auswertung der Informationen, um subjektive Bedeutungszuschreibungen systematisch verschiedenen Themenbereichen zuordnen zu können.

---

Im qualitativen Ansatz werden Interviews durchweg als persönlich-mündliche Gespräche durchgeführt, bei denen die Befragten einen größeren Einfluss auf den Gesprächsverlauf nehmen (können). Gemeinsam ist dem Interview als Methode in beiden Ansätzen, dass es ein „planmäßiges Vorgehen mit wissenschaftlicher Zielsetzung [darstellt], bei dem die Versuchsperson[1] durch eine Reihe gezielter Fragen oder mit-

---

1 Kein qualitativer Forscher würde von „Versuchspersonen" sprechen, weil dieser Begriff zu nahe am experimentellen Paradigma liegt und die Subjektivität der Befragten ausblendet. Gerade wenn Forschende zum ersten Mal ein Interview durchführen, kommen mir persönlich die Befragten aber

geteilter Stimuli zu verbalen Informationen veranlasst werden soll" (Scheuch, 1973: 70 f.).

Der Unterschied von qualitativem und quantitativem Interview besteht allerdings in der Art und Weise, wie Fragen gestellt werden (Lamnek, 1995b: 36). Als wichtigstes Unterscheidungskriterium wird hier in der Regel angeführt, dass Befragte in quantitativen Interviews keinen Spielraum zur Variation der Fragen und der Fragenreihenfolge haben (hohe Strukturierung), während in qualitativen Interviews Wert darauf gelegt wird, dass Befragte selbst Themen in das Interview einbringen können, selbst darüber entscheiden, wie detailliert sie Themen bearbeiten möchten und in welcher Reihenfolge Fragen beantwortet werden (geringe bis keine Strukturierung).

Es ist von standardisierten oder strukturierten Interviews in quantitativen Studien einerseits und teil- bzw. nicht standardisierten/strukturierten Interviews in qualitativen Studien andererseits die Rede (Friebertshäuser, 2003b; Hopf, 2000; Lamnek, 1995b). Als ein weiterer Unterschied wird der Kommunikationsstil angeführt. Für quantitative Studien wird ein harter (Antworten forcierender) und neutraler (nicht beeinflussender) Interviewstil als häufige Variante angeführt (Atteslander, 2010; Diekmann, 2008), bei qualitativen Studien herrschen eher neutrale und weiche (ermutigende, empathische) Kommunikationstechniken vor (Lamnek, 1995b).

---

**!** Qualitative Forschung betont mit der höheren Symmetrie zwischen Interviewer und Interviewtem (der Befragte hat auch oder sogar maßgeblich die Möglichkeit, das Sprachgeschehen zu steuern) sowie dem eher neutral bis weichen Interviewstil die größere Nähe zu alltäglichen Befragungssituationen.

Das qualitative Interview will explizit an Gesprächskonstellationen in alltäglichen Situationen anknüpfen, den Sprachgebrauch des Interviewten bewahren und hierdurch insgesamt ein gewisses Maß an Natürlichkeit der Interaktion aufrechterhalten.

---

Inwieweit diese Kriterien tatsächlich in Interviews immer eingelöst werden, wird an späterer Stelle erörtert (siehe Kap. 5.4). So ist die Annahme, ein Interview und ein alltägliches Gespräch seien im Grunde identisch, nicht nur unzutreffend, sondern kann auch zu Fehlern bei der Durchführung des Interviews führen. Prinzipiell aber genügen alle im weiteren Verlauf dargestellten Interviewmethoden den genannten Kriterien. Sie unterscheiden sich jedoch in dem Ausmaß, in dem den Befragten die Möglichkeit eingeräumt wird, *strukturierend* am Verlauf und der Gestalt des Gesprächs mitzuwirken. Auch das *Erkenntnisinteresse*, aus dem die einzelnen Methoden entstanden sind, das *Durchführungsprinzip*, die *Anwendungsgebiete* und die infrage kommenden *Befragtengruppen* sind verschieden.

---

durchaus als Versuchspersonen für erste hakelige Interviewanläufe vor. Ich plädiere daher für eine nationale Datenbank geduldiger und frustrationsresistenter Interviewpartner, die zur Schulung neuer Interviewer genutzt werden …

### 4.2.2 Kriterien zur Auswahl der Interviewmethode

Für die Wahl der angemessenen Interviewmethode lassen sich eine Reihe von Kriterien anführen, die bei der Entscheidung für eine besondere Interviewmethode hilfreich sind. Hierbei handelt es sich um den Grad des Vorwissens seitens der Forschenden, die Forschungstradition der einzelnen Methoden, Charakteristika der in den Blick genommenen Stichprobe aber auch die kommunikativen Fähigkeiten des Forschenden selbst.

(1) Ein wichtiges Kriterium ist die Fragestellung der eigenen Studie und das *Vorwissen über das zu erforschende Themengebiet.* Je geringer das Wissen zu einem Forschungsgegenstand ist, desto eher empfehlen sich Verfahren, bei denen der Forschende möglichst wenig wissen muss und sich auf das verlässt, was die Befragten erzählen. Offene Verfahren, die den Gesprächsverlauf sehr stark dem Interviewten überlassen, wären dann angebracht. Umgekehrt empfehlen sich bei ausgeprägtem Vorwissen strukturierende Verfahren, in denen der Forschende die Themengebiete auf das eingrenzen kann, was noch nicht bekannt ist. Hierdurch wird das Datenaufkommen begrenzt.

(2) Es sollte bekannt sein, aus welcher *Forschungstradition* die einzelnen Interviewmethoden stammen. Zwar herrscht in der Literatur eine Art „flexibler Umgang" mit den einzelnen Methoden, dennoch haben die meisten Interviewvarianten wissenschaftshistorische Ursprünge, die eine mehr oder wenige enge Verflechtung mit theoretischen Sichtweisen mit sich bringen. Während das narrative Interview eher aus der Biografieforschung stammt, haben Tiefeninterviews ihre Wurzeln in einer psychoanalytischen Tradition (Hopf, 2000). Dementsprechend ist die ursprüngliche Interviewtechnik auch auf Erkenntnisziele dieser Forschungsrichtungen ausgerichtet.

(3) Ein weiteres wichtiges Kriterium zur Auswahl der angemessenen Methode sind *Charakteristika der zu befragenden Personen*, weshalb die Auswahl der Interviewmethode nicht nur an die Fragestellung der Studie, sondern auch an die Stichprobenwahl geknüpft ist. Nicht jede Interviewmethode eignet sich für jede Befragtengruppe. Einen Vierjährigen nach seinen Lebenserfahrungen mittels narrativer Interviews zu befragen, ist sicherlich keine optimale Wahl, wenngleich natürlich möglich. Insbesondere die *Nähe des Themas zum Erleben des Befragten*, die *Ausdrucksfähigkeit* der Interviewpartner und die *Motivation zur Teilnahme* spielen eine entscheidende Rolle. Je leichter es Personen fällt, aus dem Stegreif zu erzählen, je höher ihre Motivation zur Teilnahme an einem Interview ist und je näher Befragte an dem interessierenden Thema „dransind", desto eher ist ein hohes Redeaufkommen zu erwarten. Diese Kriterien sind vorab schwer abzuschätzen. Nennen wir es das „*Nachtwächterproblem*". Bei Nachtwächtern ist einerseits erwartbar, dass sie durch ihre einsame Tätigkeit im Pförtnerhäuschen zwar besonders gute Kreuzworträtsler sind, aber durch die zunehmende Vereinsamung geringe Fähigkeiten des eigenständigen Erzählens aufweisen werden. Andererseits

kann gerade bei Nachtwächtern auch das Phänomen auftreten, dass sie aufgrund der reduzierten Kommunikation mit Kreuzworträtseln und Fernsehern eine hohe Motivation aufweisen, viel und lang zu reden, weil ihnen endlich einmal jemand zuhört. – Klischees über Nachtwächter hin oder her, es lassen sich dennoch Hinweise finden, welche Befragtengruppen sich für welches Interview am ehesten eignen. Da es in diesem Band um qualitative Interviews mit Jugendlichen geht, werden die einzelnen Interviewmethoden bezüglich ihrer Eignung für diese Zielgruppe kommentiert.

(4) Ein zumeist wenig beachtetes Kriterium zur Wahl der Interviewmethode ist die *kommunikative Kompetenz der Forschenden* selbst. Nicht jede Person ist gleichermaßen dazu in der Lage, freie und unstrukturierte Interviews durchzuführen. Interviews, in denen eine hohe Flexibilität gefordert ist, bei der wenig Strukturen (etwa durch einen Leitfaden) vorgegeben sind und die ein großes Einfühlungsvermögen in die Situation und in das Gegenüber erfordern, stellen höhere Anforderungen an den Interviewer als teilstrukturierte Leitfadeninterviews. Die Annahme, man werde doch noch ein Gespräch in einer Kneipe durchführen können und dabei ein paar Fragen zu stellen, ist eine ungünstige Voraussetzung für Interviews. „Naturtalente", die zu einer bewussten, reflexiven und konzentrierten Gesprächsführung in der Lage sind, gibt es eher selten. Zumeist ist eine gute Schulung und die Durchführung von Probeinterviews unerlässlich, um Sicherheit in der Gesprächsführung zu erlangen und Fehler zu vermeiden.

Es sollte daher vorher überlegt werden, ob die Möglichkeit einer Schulung möglich ist (was bei Abschlussarbeiten eher selten gegeben ist). Probeinterviews mit Bekannten helfen einzuschätzen, wo die eigenen Schwächen und Stärken liegen. Hierdurch lässt sich zumindest eingrenzen, ob strukturierende Methoden der eigenen Kompetenz näher sind als Interviewvarianten, die einem Improvisation und Flexibilität abverlangen. Gleichwohl sollte sich niemand von den ersten Interviews zu sehr abschrecken lassen. In der Regel läuft bei den ersten Anläufen einiges schief. Das Durcharbeiten des Transkripts hilft dabei, Schwächen der Interviewführung aufzudecken und nach Möglichkeit beim nächsten Mal zu vermeiden. Hierbei empfiehlt es sich, einen erfahrenen Interviewer als Experten heranzuziehen.

(5) Schließlich wird als ein Kriterium für die Wahl einer Interviewmethode die zur Verfügung stehende Zeit angeführt (Hopf, 2000). Ich halte dies für *kein* Kriterium. Es ist zwar zutreffend, dass narrative Interviews durch ihre Länge und die tendenziell größere Fülle an Informationen mehr Zeit bei Erhebung, Transkription und Auswertung in Anspruch nehmen werden als Leitfadeninterviews. Aber wenn kein oder wenig Vorwissen über die Fragestellung besteht, hilft ein Leitfadeninterview kaum weiter. Denn dann ist die Gefahr groß, wesentliche Informationen nicht zu erhalten, weil diesbezügliche Fragen nicht gestellt wurden. Wohl aber ist die *Zeit ein Kriterium für die Kombination von Methoden* und die *Anzahl durchgeführter Interviews*. Wenn wenig Zeit zur Verfügung steht und wenig Vorwissen vor-

handen ist, ist es ein gangbarer Weg, zunächst zwei narrative Interviews durchzuführen, um aus diesen einen Leitfaden für themenzentrierte Interviews abzuleiten. Oder es besteht die Möglichkeit, einzelne Interviews im ersten Teil narra-
tiv, im zweiten Teil themenzentriert zu organisieren. Die Untersuchungsfrage, die
Theorietradition einer Methode und die ins Visier genommene Stichprobe sollten
aber als wesentliche Kriterien zur Wahl der Interviewmethode herangezogen werden. Dem Faktor Zeit und Ressourcen, der durchaus wichtig für das Gelingen einer
Untersuchung ist (siehe Kap. 2.4.3), sollte dann eher dadurch Rechnung getragen
werden, dass die Anzahl an Interviews dem Zeitrahmen angepasst wird. Lieber
wenige gute Interviews als viele schlechte!

In den nachfolgenden Kapiteln werden als Varianten qualitativer Befragungsformen
das narrative, fokussierte und problemzentrierte Interview ausführlicher vorgestellt.
Ergänzt werden diese drei Varianten durch Steckbriefe weiterer Methoden, wie etwa
das tiefen- und themenzentrierte Interview. Gemeinsam ist den Interviewmethoden
ihre häufige Anwendung in der qualitativen Forschung, durch die sich die vorgestellten Methoden zu einer Art „Quasistandard" entwickelt haben. Aufgrund der eigenen
Forschungstätigkeit und der Themenstellung dieses Bandes wird dabei ein besonderer Schwerpunkt auf Leitfadeninterviews gelegt, wobei noch einmal die Formen des
fokussierten und problemzentrierten Interviews als spezifische Formen von Leitfadeninterviews eingehender besprochen werden. Ist nach der Lektüre der einzelnen Interviewmethoden eine erste Vorentscheidung für die eigene Studie gefallen, empfiehlt
sich die Hinzunahme weiterer Literatur zu der jeweiligen Methode. Hierzu werden am
Ende eines jeden Kapitels Literaturvorschläge gemacht.

### 4.2.3 Das narrative Interview

#### 4.2.3.1 Historische Entstehung und Erkenntnisinteresse

Erste methodologische und methodische Grundlagen für das narrative Interview wurden von Labov und Waletzky (1967, „Narrative analysis: Oral versions of personal experience") geliefert und entstanden im Wesentlichen aus der Kritik an einer objektivis-
tischen (quantitativen) Sozialforschung. Eine Weiterentwicklung erfuhr das narrative
Interview durch die Arbeiten von Fritz Schütze (1977, „Die Technik des narrativen Interviews in Interaktionsfeldstudien") und diente dort der Erforschung von Handlungs-
mustern und Handlungsbegründungen von Kommunalpolitikern im Rahmen einer
Gemeindereform. Die methodische Zielsetzung, das Handeln aus Sicht der Agieren-
den zu verstehen und deren subjektive Interpretationen für Handlungen nachzuvollziehen, verweist auf die theoretische Verwurzelung im Symbolischen Interaktionismus. Dem narrativen Interview liegt die Idee zugrunde „die tatsächlichen Handlungs-
ausführungen und die jeweiligen zugrunde liegenden Situationsinterpretationen der
Individuen im alltäglichen Lebenszusammenhang" zu rekonstruieren (Biresch, Ferch-

hoff & Stüwe, 1978: 117). Daraus ergibt sich, dass das narrative Interview ein maximal offenes Verfahren ist, bei dem der Befragte selbst den Gesprächsverlauf entfaltet und gestaltet, um dessen Handlungserleben und -begründungen rekonstruieren zu können. „Das narrative Interview zeichnet sich dadurch aus, daß es dem jeweiligen Interviewpartner eine autobiographische Darstellung ausgehend von den eigenen Relevanzsetzungen ermöglicht." (Jakob, 2003: 448).

### 4.2.3.2 Methodische Zuordnung

Narrative Interviews gehören, wie das Adjektiv bereits vorgibt, zu den „erzählgenerierenden Verfahren" (Friebertshäuser, 2003b). Ziel ist es, den Befragten zu ausführlichen und eigenständigen Erzählungen zu bewegen, die der Befragte aus dem Stegreif und frei assoziativ entwickelt. Dementsprechend dominant fällt die Rolle des Befragten und entsprechend zurückhaltend jene des Interviewers aus. Der Gesprächsverlauf, die behandelten Themen und der Detaillierungsgrad der Erzählung werden nahezu vollständig dem Befragten überlassen. Deshalb müssen narrative Interviews als kaum strukturierte Verfahren angesehen werden, bei denen der Interviewer wenig Struktur (durch festgelegte Fragen und/oder Fragenreihenfolge) vorgibt.

### 4.2.3.3 Grundprinzip

Die methodologische Idee des Befragten als Erzählenden überträgt sich auf das Grundprinzip der Interviewführung. Das narrative Interview baut auf der Fähigkeit des Menschen zur Erzählung auf (Lamnek, 1995b: 73). Schütze (1977: 51) spricht hier von der „narrativen Kompetenz" des Menschen. Jede Person ist grundsätzlich in der Lage, Erzählungen zu beginnen, fortzuführen und zu beenden. Daraus folgt, dass das narrative Interview mit nur sehr wenigen Fragen seitens des Interviewers auskommt und ansonsten den Gesprächsverlauf dem Befragten überlässt. Der Gesprächsfluss wird weniger durch Fragen als vielmehr durch narrative Stimuli (Kopfnicken, bejahendes „Mhm", ermutigende Gestik durch den Interviewer) aufrechterhalten. Hieraus wiederum ergibt sich, dass der Interviewerstil eher weich als neutral, aber auf keinen Fall hart ist. Empathische Zuwendung, positive Stimuli und Verständnisbekundung kennzeichnen den Umgang des Interviewers mit dem Interviewten. Narrative Interviews werden grundsätzlich als Einzelinterviews durchgeführt und nicht etwa mit einer Gruppe von Befragten.

### 4.2.3.4 Methodische Vorgehensweise

Das narrative Interview wird von Fischer-Rosenthal und Rosenthal (1997: 414 ff.) in fünf Phasen unterteilt (siehe Abbildung 6), die jeweils eine spezifische Funktion erfüllen.

(1) Die erste Phase (Erklärungsphase) ist dadurch gekennzeichnet, dass dem Befragten die Besonderheiten und die Funktion des Interviews verdeutlicht werden. Be-

| | |
|---|---|
| Erklärungsphase | Dem Befragten werden das Ziel der Studie, technische Aspekte, Anonymisierung etc. erklärt. |
| thematische Einstiegsphase | Die Einstiegsfrage wird formuliert. |
| Haupterzählung | Der/die Befragte generiert auf Basis der Einstiegsfrage seine Erzählungen. |
| Nachfragephase | Nachfragen zu ange- sprochenen Themen werden gestellt. |
| Bilanzierungsphase | Das Gespräch wird von dem/der Befragten bilanziert. |

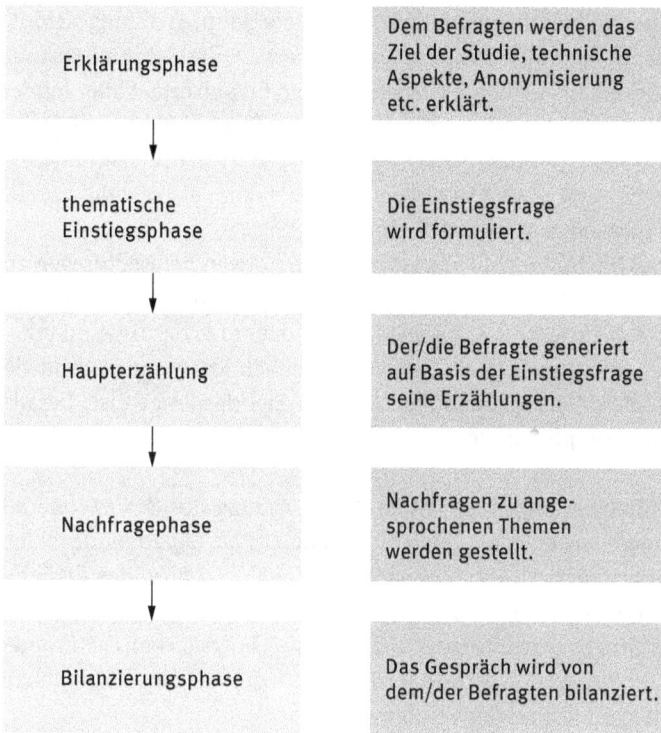

**Abb. 6:** Phasen des narrativen Interviews (eigene Darstellung).

fragte werden darüber informiert, was das Ziel und die grobe Themenstellung des Interviews ist und technische Aspekte (Anonymität, Aufzeichnung auf Band etc.) werden erläutert. Diese Phase kommt einem Warm-up gleich, bei dem eine offene, vertrauenswürdige Atmosphäre geschaffen wird, die es dem Interviewten erleich- tern soll, sich in die für ihn ungewohnte Situation hineinzufinden.

(2) In der zweiten Phase beginnt der eigentliche Einstieg in das Thema des Inter- views. Lamnek (1995b) spricht vom „Antippen" des Gesprächs, in dem eine sehr offene Frage an den Interviewten gerichtet wird. Diese Einstiegsfrage signalisiert dem Befragten den Themenhorizont des Interviews, ohne allerdings einengend zu wirken. Diese Einstiegsfrage soll dem Interviewten helfen, sich an Lebenser- eignisse zu erinnern und darauf bezogene Erinnerungen, Erlebnisse, Interpreta- tionen etc. zu mobilisieren. Ein Beispiel für eine solche Frage wäre: „Vielleicht können Sie mal erzählen, was Sie während des Zweiten Weltkriegs erlebt haben". Girtler (1992: 156) betont die Relevanz der Einstiegsfrage, „denn mit ihr kommt der Interviewte in den ‚Zugzwang' der Erzählung". Hopf (2000: 356) verweist je- doch darauf, dass die Einstiegsfrage den Befragten nicht zu sehr „gängeln" darf, um den Erzählfluss nicht gleich zu Beginn versiegen zu lassen.

(3) Die dritte Phase stellt die eigentliche „autonom gestaltete Haupterzählung" (Hopf, 2000: 356) dar, in der der Befragte Erinnerungen wiedergibt, die sich zunächst auf die Eingangsfrage beziehen, sich mit fortschreitendem Erzählverlauf aber immer weiter hiervon entfernen. Im Vordergrund steht in dieser Phase demnach die Rolle des Befragten als Erzähler, der Interviewer beschränkt sich auf die zustimmende Stimulierung der Erzählung. „Die Erzählphase darf erst dann als beendet gelten, wenn dies der Befragte selbst so meint" (Lamnek, 1995b: 71).

(4) In der vierten Phase (Nachfragephase) werden, wenn notwendig, Nachfragen zu dem gestellt, was der Interviewpartner erzählt hat. Es werden wiederum erzählgenerierende Nachfragen gestellt, die zum besseren Verständnis des Gesagten dienen sollen („Sie haben vorhin erzählt, dass Sie sich nach Kriegsende irgendwie ‚verloren' gefühlt haben. Was meinten Sie damit?"). Ziel der Fragen ist, Details (Erlebnisse, Gefühle, Interpretationen etc.) zu bestimmten Erzählpassagen zu erhalten.

(5) Die fünfte Phase (Bilanzierungsphase) dient dem Ausklang des Gesprächs und adressiert den Befragten weniger als Erlebenden sondern als Experten, der seine Meinung zum Interview äußert. Es soll dem Befragten erleichtern, das Erzählte auf einer übergeordneten Ebene zu sortieren und dem Interview einen „Sinn" zu verleihen. Dadurch wird es dem Befragten möglich, sich langsam von der Erinnerungsebene zu entfernen. Gleichzeitig gibt es dem Interviewer einen Einblick in den motivationalen Hintergrund der Erzählung.

Insbesondere die Phasen zwei und drei können in narrativen Interviews im Wechsel erfolgen. So können sich längere Erzählphase und kürzere Nachfragephase des Öfteren abwechseln. Hierdurch werden dann mehrere Themen bearbeitbar bzw. die Nachfragen erfolgen zeitlich näher am Erzählten, wodurch Details u. U. besser erarbeitet werden können.

### 4.2.3.5 Anwendungsgebiete

Auch wenn das narrative Interview seinen Ursprung in der Kommunalpolitikforschung hat, ist es zur wichtigsten Interviewmethode in der Biografieforschung avanciert (Jakob, 2003). Insbesondere in der Geschichtsforschung haben sich narrative Interviews im Rahmen der „oral history" (etwa vertreten durch Lutz Niethammer) durchgesetzt und dienen dort der Rekonstruktion der Geschichte „von unten". Offizielle Dokumente, politisch-historische Ereignisse oder Politikerbiografien dienen nicht zur Beschreibung von Geschichte, sondern das subjektive Erleben durch „normale" Zeitzeugen wird in den Vordergrund gestellt. Maßgeblich war hier die Studie von Niethammer und Kollegen über das Erleben des Nationalsozialismus durch Arbeiter im Ruhrgebiet (1983, „Hinterher merkt man, daß es richtig war, daß es schiefgegangen ist." Nachkriegserfahrungen im Ruhrgebiet).

Ferner haben sich narrative Interviews insbesondere in der erziehungswissen-schaftlichen Biografieforschung etabliert (zusf. Marotzki, 2000). So wird etwa das Wir-ken von Erziehung und Sozialisation und der biografische Bezug von pädagogischem Handeln in biografischen Interviews rekonstruiert (Schulze, 1993). Fragestellungen sind etwa, wie Personen im Rückblick den Einfluss von Elternhaus oder Schule für die eigene weitere Entwicklung einschätzen (Hopf, 1991) oder welche Erfahrungen be-sonders prägend für den eigenen weiteren Lebensweg waren (Jakob, 2003). In der Ju-gendforschung wurden narrative Interviews u. a. eingesetzt, um Vorstellungen über die mit der Jugendphase verbundenen „Fahrpläne" in den Erwachsenenstatus zu er-fassen (Jugendwerk, 1985).

Gemeinsam ist den meisten Anwendungen narrativer Interviews ihr enger Bezug zur Erforschung von Biografien und dem Versuch, die subjektiven Deutungen, die der Biografiegestaltung zugrunde lagen, aus der Perspektive der Befragten zu rekonstru-ieren.

### 4.2.3.6 Anforderung an die Stichprobe

Schütze (1977: 51) nimmt an, dass jede Person die Fähigkeit zur Erzählung besitzt und dass diese Kompetenz unabhängig von der Schichtzugehörigkeit besteht. Ferner gebe es drei Prinzipien der Erzählsituation, die zu einer prinzipiellen Erzählfähigkeit füh-ren:

(1) **Gestalterschließungszwang**

Der *Gestaltschließungszwang* führt für den Befragten dazu, die eigene Erzählung logisch geschlossen anzulegen und das Erzählte zu begründen. Der Erzählende, so die Annahme, wird immer bemüht sein, dass das Gesagte Sinn ergibt.

(2) **Kondensierungszwang**

Der *Kondensierungszwang* begünstigt, dass Befragte ihre Erzählung so verdichten müssen, dass sie zeitlich und inhaltlich nicht ausufern. Auch steht der Befragte vor der Aufgabe, das Erzählte für den Interviewer nachvollziehbar zu halten.

(3) **Detaillierungszwang**

Der *Detaillierungszwang* entfaltet sich in der vom Befragten erlebten Notwendig-keit, Hintergrundinformationen zu liefern, ohne die das Gesagte für den Inter-viewer nicht verständlich wird.

Diese drei Charakteristika des narrativen Interviews, die nach Schütze (1977) für jeden Befragten prinzipiell gelten, tragen dazu bei, dass grundsätzlich von einer Erzählfä-higkeit und eine an jede Person gleich gerichtete Erzählaufforderung ausgegangen werden muss.

Lamnek (1995b) verweist allerdings kritisch darauf, dass Personenmerkmale ei-nen Einfluss auf die Erzählkompetenz der Befragten besitzen werden. Je weniger wohl sich eine Person darin fühlt, frei und eigenständig zu erzählen, je verschlossener eine Person ist und als je intimer die erfragten Erlebnisse eingestuft werden, desto weniger ist ein fließender Erzählverlauf erwartbar. Durch die starke Betonung der eigenständigen Erzählung müssen Personen in der Lage sein, sich an Erlebnisse und damit verbundene Empfindungen etc. zu erinnern. Dies stellt eine zuweilen recht hohe kognitive Anforderung dar und auch die Länge von narrativen Interviews führt dazu, dass Personen über ausreichend kognitive Kapazitäten verfügen müssen. Oder anders ausgedrückt: Narrative Interviews können für Befragte erschöpfende Wirkung besitzen. Die eigenständige Erzählung erfordert die Fähigkeit zur strukturierenden, begründenden und explizierenden Erzählung. Nicht zuletzt benötigen Befragte in narrativen Interviews eine hohe Motivation, die Erzählung über einen langen Zeitraum hinweg aufrechtzuerhalten.

Bezogen auf Jugendliche ist zum einen die Ausdrucksfähigkeit zu beachten. Nicht alle Jugendlichen sind dazu in der Lage, eigenständig Erzählungen zu generieren und im Fluss zu halten. Auch ist aufgrund der lebensphasenspezifischen Sensibilität im Umgang mit Erfahrungen (Veränderungen des Körpers und neue soziale Anforderungen erzeugen tendenziell Verunsicherung) eine gewisse Zurückhaltung bei der Erzählung zu erwarten. Schließlich sind narrative Interviews durch ihre Erfahrungsbezogenheit retrospektiv ausgelegt. Aktuelle Erlebnisse sind bei Jugendlichen nicht immer so sortiert, dass diese sich zu einer geschlossenen Erzählung in der Lage sehen. Daraus folgt, dass narrative Interviews bei Jugendlichen durchaus zur Rekonstruktion von Erlebnissen aus der Kindheit geeignet sind, näher am aktuellen Lebensabschnitt liegende Erlebnisse aber schwieriger zu erfragen sind.

Wenn narrative Interviews mit Jugendlichen durchgeführt werden, sollte bei der Befragtenauswahl darauf geachtet werden, dass diese über gute Ausdrucksfähigkeiten verfügen, sich beim selbststrukturierten Erzählen nicht überfordert fühlen, soziale Sicherheit im Umgang mit anderen aufweisen und die Motivation haben, auch an langen Interviews teilzunehmen.

### 4.2.3.7 Benötigtes Vorwissen

Durch ihren sehr offenen und am Erzählstrang der Befragten orientierten Zugang zum Forschungsfeld muss das Vorwissen zur eigenen Fragestellung der Studie nicht sehr umfangreich ausfallen. Da die Einleitungsfrage sehr allgemein gehalten ist, werden Themenbereiche nicht vorab ausgegrenzt, was zu breit gestreuten Informationen führen kann. Auf deren Basis kann dann die eigene Forschungsfrage je nach Bedarf eingegrenzt werden.

### 4.2.3.8 Durchführungs- und Auswertungsaufwand

Die Zeit und die Ressourcen, die in die Durchführung und Auswertung narrativer Interviews investiert werden müssen, sind tendenziell sehr hoch. Dies liegt daran, dass der Themenbereich wenig eingegrenzt ist und durch die Erzählorientierung sehr viele Daten produziert werden. Allein die Durchführung von narrativen Interviews nimmt in der Regel mehr Zeit in Anspruch als bspw. Leitfadeninterviews. Damit hängt auch die Zeit zusammen, die für die Anfertigung des Transkripts eingerechnet werden muss. Je größer die Freiheitsgrade bei der Erzählung, desto mehr gesprochene Worte werden vom Befragten tendenziell produziert und desto länger wird das Transkript. Und mit der Fülle an Informationen steigt auch der Auswertungsaufwand. Es empfiehlt sich daher, sich bei begrenzten Ressourcen auf wenige narrative Interviews zu konzentrieren. Bei Abschlussarbeiten sollte – je nach Länge der einzelnen Interviews – die Zahl von drei bis fünf Interviews nicht überschritten werden, um noch ausreichend Zeit für die erkenntnisbringende Auswertung der Daten zu haben.

**Weiterführende Literatur**

Hermanns, H. (1991). Narratives Interview. In U. Flick, E. von Kardorff, H. Keupp, L. Rosenstiel & S. Wolff (Hrsg.), *Handbuch Qualitative Sozialforschung* (182–185). München: PVU.
Jakob, G. (2003). Das narrative Interview in der Biographieforschung. In B. Friebertshäuser & A. Prengel (Hrsg.), *Handbuch qualitative Forschungsmethoden in der Erziehungswissenschaft* (445–458). Weinheim: Juventa.
Marotzki, W. (2000). Qualitative Biographieforschung. In U. Flick, E. von Kardorff & I. Steinke (Hrsg.), *Qualitative Forschung. Ein Handbuch* (175–186). Reinbek: Rowohlt.
Rosenthal, G. & Fischer-Rosenthal, W. (2000). Analyse narrativ-biographischer Interviews. In U. Flick, E. von Kardorff & I. Steinke (Hrsg.), *Qualitative Forschung. Ein Handbuch* (456–467). Reinbek: Rowohlt.
Schütze, F. (1977). *Die Technik des narrativen Interviews in Interaktionsfeldstudien. Dargestellt an einem Projekt zur Erforschung von kommunalen Machtstrukturen.* Bielefeld: Universität Bielefeld.

### 4.2.4 Das fokussierte Interview

#### 4.2.4.1 Historische Entstehung und Erkenntnisinteresse

Seinen Ursprung hat das fokussierte Interview in der Erforschung von Medien- und Propagandawirkungen. Es ist in seiner Entstehung eng an politisch motivierte Forschung im Zuge des Zweiten Weltkriegs gebunden, bei der vorrangiges Interesse die Wirkung von Propaganda auf Einstellungen und Verhaltensweisen von Personen war. Maßgeblich zur wissenschaftlichen Fundierung dieser Methode waren die Arbeiten von Merton, Fiske und Kendall (1956, „The focused interview. A manual of problems and procedures"), die das fokussierte Interview zur Wirkungsanalyse von Medien nutzten.

Theoretisch lehnt sich diese Methode eher an Erkenntnismodelle der quantitativen Forschung an, hier insbesondere an sozialpsychologische Forschung. Das heißt, es werden vorab Hypothesen formuliert und anschließend „an der Realität" auf der Basis qualitativer Daten getestet. Da aber die Basis qualitative Daten bilden und diese nicht quantifiziert werden, wird dieses Verfahren in der Regel qualitativer Forschung zugeordnet. Auch die Grundidee, die Wirkung von Erlebnissen aus der Perspektive der Befragten zu betrachten, führt diese Methode näher an das qualitative Paradigma heran. Die spätere Forschungspraxis hat dazu geführt, dass diese Interviewmethode zunehmend weniger zur Hypothesentestung, sondern zur Rekonstruktion subjektiver Bedeutungszuschreibungen beim Erleben spezifischer Situationen herangezogen wird. Aus diesem Grund ist eine gewisse Nähe zur Methodologie des Symbolischen Interaktionismus erkennbar.

### 4.2.4.2 Methodische Zuordnung

Das fokussierte Interview ist den teilstandardisierten Verfahren zuzurechnen. Es basiert auf einem vorab entwickelten Leitfaden, der die Interviewsituation strukturiert und dem Befragten die Stimuli zumeist vorgibt. Die Reihenfolge der Fragen wird eher flexibel gehandhabt. Durch die Verwendung eines teilstrukturierenden Leitfadens wird diese Interviewmethode der Gruppe der Leitfadeninterviews zugeordnet (Friebertshäuser, 2003b). Ursprünglich als Gruppendiskussion konzipiert, hat sich das fokussierte Interview als Form der Einzelbefragung durchgesetzt (Hopf, 2000). Der Interviewer verhält sich beim fokussierten Interview strikt neutral, um Befragte nicht in eine bestimmte Antwortrichtung zu lenken und bestimmte Assoziationen zu einer erlebten Situation auszublenden.

### 4.2.4.3 Grundprinzip

Ausgangspunkt für ein fokussiertes Interview ist immer der Umstand, dass eine Person eine bestimmte Erfahrung, eine Begegnung oder eine Situation erlebt hat, von der der Forschende Kenntnis und die er beobachtet hat. So wird Personen bspw. ein Film über die Folgen des Rauchens gezeigt. Der Forschende hat das Anschauen dieses Films durch die Befragten beobachtet und Reaktionen der Zuschauer „on the fly" dokumentiert. Diese Beobachtungen werden vor der Durchführung des Interviews analysiert. Anschließend werden mit den Personen Interviews anhand einiger Leitfragen durchgeführt, die das subjektive Erleben des Films rekonstruieren sollen („Wie fanden Sie den Film?", „Welche Emotionen hat der Film bei Ihnen ausgelöst?").

Dieses Prinzip ist sehr wichtig für das fokussierte Interview und wird als „retrospektive Introspektion" bezeichnet (Hron, 1994: 134). Das bedeutet, dass der Befragte gebeten wird, eine Stimulussituation zu erinnern (bspw. eine bestimmte Filmszene) und eigene Reaktionen zu dem Stimulus zu berichten. Die beiden Datenquellen (Beobachtung, Interview) werden dann abgeglichen, um die subjektiven Gründe für die beobachteten Reaktionen verstehen zu können. Bei der Durchführung des Interviews gelten drei wichtige Prinzipien:

(1) **Prinzip der Reichweite**

Der Leitfaden und das Interview selbst müssen so konzipiert sein, dass eine maximale Öffnung für mögliche Reaktionen auf eine Situation erreicht wird. Das heißt, es müssen auch solche Reaktionen im Interview erfassbar bleiben, die der Forschende nicht vorhersehen kann. Die vorherige Beobachtung der Situation kann leicht dazu verleiten, nur nach solchen Reaktionen zu fragen, die beobachtet werden konnten (etwa verbale Empörung) und solche Reaktionen auszublenden, die unbeobachtet geblieben sind (inneres Entsetzen ohne gestische Reaktion).

(2) **Prinzip der Spezifität**

Fragen in der Interviewsituation sollen nicht auf der Ebene allgemeiner Fragen verbleiben („Wie fanden Sie den Film?"), sondern auf besondere Momente der Erlebenssituation eingehen („Was empfanden Sie, als der Sohn seinen Vater angebrüllt hat?"). Hierdurch sollen konkrete Wertungen und Gefühle erfasst werden, die vom Befragten mit einer Teilsituation (bspw. einem spezifischen Filmausschnitt) verbunden wurden.

(3) **Prinzip der Tiefe**

Die Interviewfragen sollten so ausgerichtet sein, dass nicht nur die Reaktionen und Empfindungen zu einer Situation erfasst werden, sondern auch die dahinterliegenden Gründe für Reaktionen („Warum hat es Sie empört, dass der Sohn seinen Vater angebrüllt hat?"). Dadurch wird ermöglicht, nicht nur die Reaktionen näher zu erfassen, sondern auch deren Ursachen.

Merton und Kendall (1993: 171 f.) definieren als Ziel des fokussierten Interviews

> die subjektiven Erfahrungen der Personen, die sich in der vorweg analysierten Situation befinden. Die Vielfalt der von ihnen beschriebenen Reaktionen geben dem Forscher die Möglichkeit, (a) die Validität der aus der Inhaltsanalyse [der Beobachtung] und der sozialpsychologischen Theorie abgeleiteten Hypothesen zu testen und (b) nicht antizipierte Reaktionen auf Situationen festzustellen und sie zum Anlaß für die Bildung neuer Hypothesen zu nehmen.

Für den qualitativ orientierten Forscher steht als Erkenntnisziel eher der unter (b) genannte Anwendungsbereich im Vordergrund, wobei die theoretische Ausrichtung einer „fokussierten" Studie spezifizierter sein dürfte als in einer Studie mit narrativen Interviews.

### 4.2.4.4 Methodische Vorgehensweise

Eng verwoben mit dem Grundprinzip der kontrollierten Erfahrungsorientierung des fokussierten Interviews ist die bereits angedeutete methodische Vorgehensweise.

Im ersten Schritt werden Personen mit einer spezifischen Situation oder Erfahrung konfrontiert. Dies kann entweder in einem kontrollierten Setting erfolgen (Film ansehen lassen) oder in einer natürlichen, aber beobachteten Situation (jemanden bei der Lektüre einer Zeitung beobachten) geschehen.

Diese Beobachtungsdaten werden bezogen auf die Fragestellung der Studie inhaltsanalytisch ausgewertet („Zeigten die Zuschauer bei einer bestimmten Filmszene emotionale Reaktionen wie Empörung, Trauer etc.?") und als Grundraster für die Gestaltung des Leitfadens genutzt. Hieran schließt sich die Durchführung der Leitfadeninterviews an, bei der Reaktionen auf die erlebte Situation und Gründe für bestimmte Reaktionen erfragt werden.

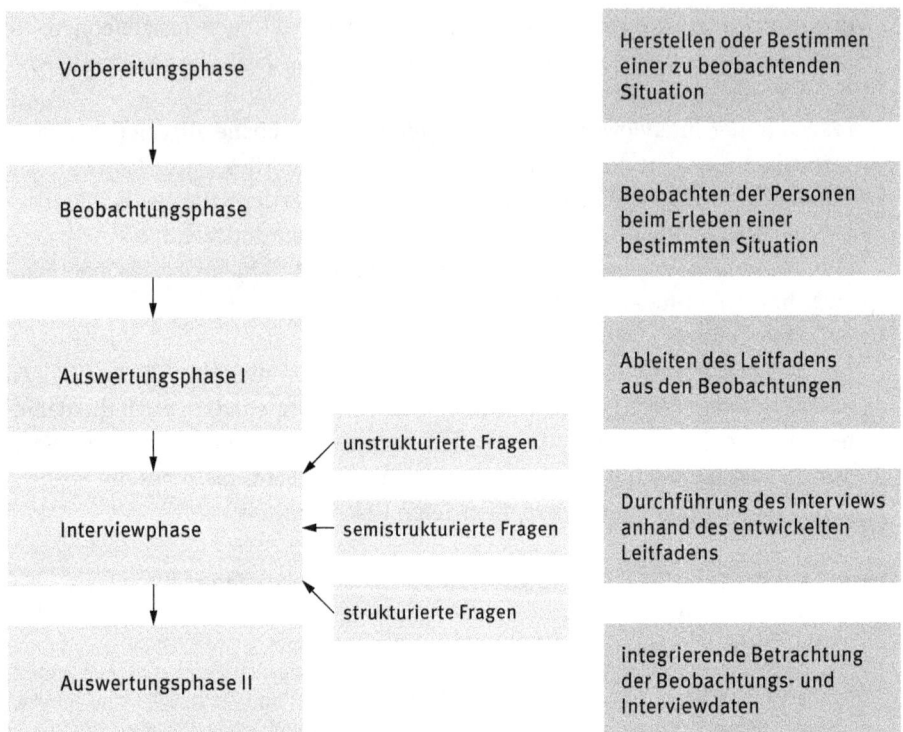

**Abb. 7:** Phasen des fokussierten Interviews (eigene Darstellung).

Das fokussierte Interview ist also in einen umfassenderen Forschungsvorgang eingebettet und stellt den vierten von insgesamt fünf Arbeitsschritten dar:

(1) **Vorbereitungsphase**

Herstellen einer Situation, die eine Reihe von Personen gleichermaßen erleben
(bspw. einen Raum für das Filmschauen vorbereiten). Alternativ besteht auch die
Möglichkeit, eine natürliche Situation zu bestimmen, die von verschiedenen Menschen gleichermaßen erlebt wird (bspw. Besuch eines Theaters). Bei der präpa-
rierten Situation besteht die Möglichkeit, störende Einflüsse (Lärm etc.) zu kon-
trollieren bzw. zu eliminieren. Ein solches Setting hat dann eher Laborcharak-
ter. Die Kontrolle von Störvariablen in der natürlichen Situation ist nicht möglich (bspw. unterschiedliche Sitzposition bei einem Theaterstück und die damit
zusammenhängende variierende Akustik und Sicht). Sie bietet im Gegensatz zur
kontrollierten Situation aber den für qualitative Forschung wichtigen Vorteil der
Alltagsnähe. Reaktionen auf eine Situation finden in einem ökologisch validen
Setting statt und die Übertragbarkeit auf andere alltägliche Situationen ist eher
gegeben.

(2) **Beobachtungsphase**

Die im Mittelpunkt der Forschung stehende Situation wird beobachtet. So können etwa die Reaktionen von Personen auf einen Film videografiert werden oder das Verhalten von Theaterbesuchern durch geschulte Beobachter protokolliert werden. Wichtig ist – vor allem in der natürlichen Situation –, dass auch jene Personen beobachtet werden, die hinterher per Leitfadeninterview befragt werden sollen. Ferner ist es wichtig, dass die Beobachtungen in irgendeiner Form festgehalten werden, um anschließend ausgewertet werden zu können.

(3) **Auswertungsphase I**

Im Anschluss werden die Beobachtungsdaten ausgewertet. Dies kann mittels quantitativer und/oder qualitativer Inhaltsanalyse geschehen. So kann ausgezählt werden, wie häufig Personen empört auf den Film reagierten (quantitative Auswertung) oder bestimmt werden, welches Spektrum an Reaktionen die Situation hervorgerufen hat (qualitative Auswertung). Die Kombination beider Auswertungen würde ermöglichen, das Spektrum und die Häufigkeit von Reaktionen festzustellen. Wenn nur eine Person ein einziges Mal über einen Film gelacht hat (was im Kino des Öfteren vorkommt), aber fast alle Personen sehr häufig entsetzt waren, sind damit bereits Aussagen über die Wirkweise eines Films möglich. Aus der qualitativen Inhaltsanalyse werden dann Fragen für den Interviewleitfaden abgeleitet, die zur Strukturierung der Befragung dienen.

(4) **Interviewphase**

Erst bei diesem Arbeitsschritt kommt das eigentliche fokussierte Interview zur Anwendung. Mittels der vorab formulierten Leitfragen wird auf bestimmte Aspekte der Erlebenssituation fokussiert und nach dem subjektiven Erleben und den Gründen für das Erleben gefragt. Der Leitfaden enthält dabei drei verschiedene Fragetypen, die Merton und Kendall (1993: 180 f.) als unstrukturierte, halb-(bzw. semi-)strukturierte und strukturierte Fragen bezeichnen:

> *Unstrukturierte Frage* (weder Stimulus noch Reaktion sind festgelegt): Was beeindruckte Sie an diesem Film am meisten? [...] *Halbstrukturierte Frage.* Typ A (Reaktion strukturiert, Stimulus nicht festgelegt): Was haben Sie Neues aus diesem Flugblatt erfahren, das Sie ja vorher nicht kannten? Typ B (Stimulus strukturiert, Reaktion nicht festgelegt): Was empfanden Sie bei dem Teil, in dem Joes Entlassung aus der Armee als Psychoneurotiker geschildert wird? [...] *Strukturierte Frage* (Stimulus und Reaktion werden strukturiert): Fanden Sie Chamberlains Rede beim Zuhören propagandistisch oder informativ? [Hervorhebungen des Verfassers]

Diese Fragetypen werden in aufeinander aufbauender Abfolge im Interview angewendet. Das heißt, es wird in der Regel mit unstrukturierten Fragen begonnen, übergegangen zu semistrukturierten Fragen und dann mit strukturierten Fragen abgeschlossen. Damit soll erreicht werden, im Verlauf des Interviews sukzessive den Detaillierungsgrad der Fragen und Antworten zu erhöhen. Allerdings betonen Merton und Kendall (1993) auch, dass insbesondere der wiederkehrende Einsatz unstrukturierter Fragen sinnvoll sein kann, um neue Assoziationen zu erfassen. Dies ist nützlich, wenn nicht nur ein Reaktionsbereich (Empörung), sondern mehrere Reaktionsvarianten (Empörung, Trauer, Freude) erfragt werden sollen. Ein mehrfaches Durchlaufen der Frageschleife ist in fokussierten Interviews deshalb nicht nur möglich, sondern der Regelfall.

(5) **Auswertungsphase II**

Die aus dem Interview gewonnenen Informationen werden ebenfalls inhaltsanalytisch, teilweise auch hermeneutisch ausgewertet und mit den Daten aus der Beobachtung kombiniert und abgeglichen. Auf diese Weise ist es möglich, Reaktionen und Gründe für Reaktionen zu Aussagen über die Wirkung von bspw. Filmen zu verdichten und Bedingungen zu identifizieren, unter denen eine Situation die eine oder andere Wirkung erzielt.

### 4.2.4.5 Anwendungsgebiete

Der Ursprung des fokussierten Interviews in der Medien- und Propagandawirkungsforschung und die hierauf zugeschnittene Methodik zeigen sich auch in dessen Anwendungsgebieten. Insbesondere die Medienrezeptionsforschung greift auf diese Methode zurück, um die Wirkweise verschiedenster Medien aufzeigen zu können. So untersuchte bereits Rosenthal (1934) die Wirkung radikaler Filmpropaganda auf Einstellungen von Collegestudenten in den USA mittels Vorformen des fokussierten Interviews. Peterson und Thurstone (1933) fahndeten nach der Wirkung pazifistischer Filme auf die Wertorientierungen von Highschool-Schülern und Gosnell (1927) beschäftigte sich mit dem Einfluss, den Wahlaufrufe auf die Wahlbereitschaft deutscher, polnischer, italienischer und tschechischer Einwanderer in den USA besitzen.

In der Jugendforschung wurden fokussierte Interviews ebenfalls vornehmlich im Bereich der Medienforschung eingesetzt. So untersuchte Hopf die Wirkung eines gewaltverherrlichenden Films auf die Gewaltakzeptanz bei jugendlichen Berufsschülern – eine in der Öffentlichkeit wiederkehrende Diskussion über den Einfluss von Gewaltdarstellungen auf das Gewalthandeln Jugendlicher. Zeiher und Zeiher (1998) nutzten fokussierte Interviews, indem Aufzeichnungen zum Tagesablauf und persönliche Dokumente von Kindern als thematischer Fokus für das Interview gewählt wurden. Auf diese Weise konnte die subjektive Bedeutung von Erlebnissen besser beleuchtet werden. Auch in der Unterrichtsforschung finden fokussierte Interviews Anwendung. So nahmen Hargreaves, Hester & Mellor (1981) eine gemeinsam von Schülern erlebte Unterrichtssituation als Ausgangspunkt zur Erforschung abweichenden Verhaltens in der Schule.

In der bereits erwähnten Studie zu interethnischen Freundschaften in der Adoleszenz (siehe Kap. 3.2.4) werden fokussierte Gruppeninterviews genutzt, um die Entstehung und den Verlauf von Freundschaften zwischen deutschen und türkischen Jugendlichen nachzuzeichnen. Filmausschnitte werden weniger auf ihre Wirkung hin untersucht, sondern als Ausgangspunkt dafür genommen, dass sich die Jugendlichen an die Entstehung und besondere Erlebnisse in der Freundschaft erinnern und die Bedeutung der Freundschaft explizieren.

### 4.2.4.6 Anforderung an die Stichprobe

Einer der besonderen Vorteile des fokussierten Interviews ist darin zu sehen, dass sie an einem zeitlich nah an den Interviews liegenden Erlebnis anknüpfen. Erinnerungen und Erlebnisse müssen nicht mühsam aus dem Gedächtnis abgerufen werden, weil das Erlebte noch stark präsent ist. Hierdurch sind die Erinnerungsanforderungen beim fokussierten Interview gering. Die Fokussierung ermöglicht ferner, das Themengebiet zunächst eingegrenzt zu halten. Dies erleichtert Befragten die Orientierung während des Interviews. Weitergehende Ausdifferenzierungen des Themas werden von den Befragten eingeleitet und bleiben gleichzeitig eher eng mit der erlebten Situation verknüpft.

Weiterhin ermöglicht der Wechsel unterschiedlich stark strukturierter Fragen eine Entlastung für die Befragten. Sie sind nur bei unstrukturierten Fragen als erzählgenerierende Personen gefragt und sind bei semistrukturierten oder strukturierten Fragen von der eigenstrukturierten Erzählung entlastet. Der Wechsel von Frageformen ist einerseits eine Anforderung an sich, führt aber auch zur kognitiven Entlastung, weil in Teilen des Interviews lediglich „reagiert" werden muss.

Für Jugendliche eignet sich diese Interviewform deshalb in besonderer Weise, weil erstens eine nur kurz zurückliegende Situation Gegenstand der Befragung ist. Die Anforderung der selbststrukturierten Erzählung ist auf Teile des Interviews begrenzt und der häufigere Sprecherwechsel lässt die Befragung als ein etwas lebendigeres Gespräch erscheinen. Auch fällt es Jugendlichen leichter, Erlebnisse aus der Situation (bspw. Film sehen) heraus zu rekonstruieren und mit dem Fokus des Interviews zu verknüpfen. Die Aktivierung von Erinnerungen fällt hierdurch leichter als beim narrativen Interview.

### 4.2.4.7 Benötigtes Vorwissen

Das Vorwissen des Forschenden muss vergleichsweise gut sein. Durch die starke Anlehnung an theoretische Konzepte muss vorab Klarheit darüber herrschen, welche Auswirkungen der Fokussituation betrachtet werden sollen. Die Formulierung von Hypothesen ist zwar nicht notwendig, aber detaillierte Kenntnisse über bspw. Medienrezeption sind notwendig, um die Beobachtung, deren Analyse und die Interviews durchführen zu können. Offenheit bezüglich des Vorwissens besteht aber auch, weil aus einer gut durchgeführten Beobachtung der Situation eine Reihe neuer Fragen generiert werden können, die theoretisch nicht vorherbestimmt waren. Der Grad des notwendigen Vorwissens bei fokussierten Interviews kann ungefähr in der Mitte von quantitativer Forschung (sehr gutes Vorwissen benötigt) und qualitativer Forschung (geringeres Vorwissen notwendig) angesetzt werden.

### 4.2.4.8 Durchführungs- und Auswertungsaufwand

Die Interviews, deren Transkription und Auswertung selbst erfordern in der Regel weniger Zeit als bspw. die Durchführung von narrativen Interviews. Durch die gleichzeitige Nutzung von unstrukturierten und semistrukturierten bzw. strukturierten Fragen und die vorangegangene Erlebenssituation als Fokus für die Interviews kann der Themenbereich deutlich eingegrenzt werden. Die erhobene Datenmenge bleibt – je nach Anzahl der Interviews – eher überschaubar. Da aber fokussierte Interviews in eine umfassendere Forschungssequenz eingebunden sind, ist damit ein erheblicher Mehraufwand verbunden. Die Fokussituation muss vorbereitet und beobachtet werden. Die Beobachtungen wollen ausgewertet sein, bevor die Interviews beginnen können. Der Vorlauf ist damit länger als bei anderen Interviewformen. Wenn eine kontrollierte Beobachtungssituation als Ausgangspunkt gewählt wird, handelt es sich dabei aber je nach Anzahl der Befragten um einen Einmalaufwand, dem sich dann die Befragung der beteiligten Personen anschließt, die quasi „in einem Rutsch" durchgeführt werden kann. Grundlegende Modifikationen des Leitfadens sind während der Interviewphase nicht vorgesehen, wenngleich in kleineren Bereichen zuweilen notwendig.

Zeit und Ressourcen nehmen also vor allem der Vorlauf und die Durchführung der Interviews in Anspruch sowie in der letzten Auswertungsphase das Zusammenspiel der Analysen von Beobachtung und Interviews. Für eine Abschlussarbeit sollten deshalb in Abhängigkeit vom Vorbereitungsaufwand zwischen fünf und acht Interviews realistisch sein. Wird die Beobachtung einer natürlichen Situation als Ausgangspunkt für die fokussierten Interviews gewählt, steigt der Aufwand u. U. stark an. Insbesondere Einzelforschende (im Rahmen von Abschlussarbeiten) sind dann vor das Problem gestellt, nicht alle Personen in einer Situation gleichzeitig beobachten zu können (bspw. bei einer Theatervorstellung). Entweder holt man sich hier Hilfe von Kommilitonen oder reduziert den Aufwand auf ein bis zwei möglichst kontrastreiche Fallbeispiele.

### Weiterführende Literatur

Hron, A. (1994). Qualitative Verfahren: fokussiertes und narratives Interview. In G. L. Huber & H. Mandl (Hrsg.), *Verbale Daten: eine Einführung in die Grundlagen und Methoden der Erhebung und Auswertung* (128–137). Weinheim: Beltz.

Lamnek, S. (1995c). Das fokussierte Interview. In Ders., *Qualitative Sozialforschung. Band 2: Methoden und Techniken* (79–81). Weinheim: PVU.

Merton, R. K. & Kendall, P. L. (1993). Das fokussierte Interview. In C. Hopf & E. Weingarten (Hrsg.), *Qualitative Sozialforschung* (171–204). Stuttgart: Klett-Cotta.

Merton, R. K., Fiske, M. & Kendall, P. L. (1956). *The focused interview. A manual of problems and procedures.* Glencoe (Ill.): The Free Press.

### 4.2.5 Das problemzentrierte Interview

#### 4.2.5.1 Historische Entstehung und Erkenntnisinteresse

Der Begriff des „problemzentrierten" Interviews geht auf Witzel (1982) zurück. Diese Interviewvariante wurde im Rahmen eines Projekts, bei dem vorberufliche Sozialisationsprozesse von Jugendlichen aus Haupt- und Realschulen untersucht wurden, entwickelt. Von der methodologischen Ausrichtung her ist es dem Symbolischen Interaktionismus und dem theoriegenerierenden Verfahren der Grounded Theory von Glaser und Strauss (1967) zuzuordnen. Inhaltlich wird es als geeigneter Zugang zur Erforschung von Prozessen und Auswirkungen der Individualisierung, wie sie von Beck (1986) postuliert wurden, angesehen (Witzel, 2000). Beides, die Orientierung am Symbolischen Interaktionismus und an einer soziologischen Krisentheorie, führen zu der Festlegung des Erkenntnisinteresses des problemzentrierten Interviews: „Die Konstruktionsprinzipien des problemzentrierten Interviews [...] zielen auf eine möglichst unvoreingenommene Erfassung individueller Handlungen sowie subjektiver Wahrnehmungen und Verarbeitungsweisen gesellschaftlicher Realität." (Witzel, 2000, o. S.)

Hinzu kommen die Einflüsse der Grounded Theory, wonach das Erkenntnisziel qualitativer Forschung die Generierung einer Theorie darstellt (Glaser & Strauss, 1967). Dies wird im problemzentrierten Interview durch die sukzessive Zuspitzung und Präzisierung der Fragestellungen realisiert, die im Verlauf der Interviewdurchführung auf der Basis bereits erhobenen Materials vorgenommen wird. Pointiert ausgedrückt ist das Erkenntnisziel des problemzentrierten Interviews, das *subjektive Erleben* gesellschaftlicher *Probleme* in *theoretische Aussagen* über den Umgang mit der Lebenssituation zu überführen.

#### 4.2.5.2 Methodische Zuordnung

Das problemzentrierte Interview ist den Leitfadeninterviews zuzurechnen. Neben weiteren Bestandteilen ist der den Interviews zugrunde liegende Leitfaden das strukturierende Element der Befragung. Da die Leitfragen aus einer Kombination von offenen, erzählgenerierenden Fragen und eher strukturierten Nachfragen besteht, kann diese Methode als teilstandardisierte Methode klassifiziert werden. Durch die Einbettung des problemzentrierten Interviews in weitere Erhebungsformen (standardisierter Kurzfragebogen, kurzer Beobachtungsbogen, der nach dem Interview angefertigt wird), nimmt es Anleihen an standardisierte und ethnografische Methoden der Informationsgewinnung. Das Verhalten des Interviewers in der Befragungssituation ist keinesfalls hart, sondern eher weich bis teilweise neutral. Witzel (2000) spricht von einem sensiblen und akzeptierenden Gesprächsstil seitens des Interviewers, der die Entstehung einer Vertrauenssituation fördern soll.

### 4.2.5.3 Grundprinzip

Das wesentliche Grundprinzip des problemzentrierten Interviews ist seine Kombination von deduktivem und induktivem Vorgehen. Einerseits wird das Vorwissen des Forschenden explizit gemacht und dient der Vorstrukturierung des Leitfadens (Deduktion). So erkennt bspw. ein Forschender ein (gesellschaftlich relevantes) Problem und generiert aus dem bereits vorhandenen Vorwissen Annahmen zum Thema. Aus diesen Annahmen werden Teilfragen für das Interview abgeleitet. Andererseits werden die in den Interviews gewonnenen Informationen dazu genutzt, die Fragestellungen zu modifizieren, zu erweitern und zu präzisieren (Induktion). So können in einem Interview neue Informationen auftauchen, die vorab nicht bedacht wurden und zu einer veränderten Fragestellung für spätere Interviews dienen. Vor allem das Ausblenden der von den Befragten als irrelevant erachteten Fragen und die Hinzunahme von Themenbereichen, die die Befragten als wichtig einstufen, werden genutzt, um das Erkenntnisziel der Studie zunehmend zuzuspitzen. Aus dem Zusammenspiel von Erkenntnisinteresse und dem Grundprinzip leitet Witzel (1982) drei Aspekte ab, die bei der Durchführung von problemzentrierten Interviews zentral sind:

(1) **Problemzentrierung**

Ausgangspunkt für die Durchführung von problemzentrierten Interviews ist die „Orientierung an einer gesellschaftlich relevanten Problemstellung". Es wird ein solches Problem im Ganzen oder teilweise zum Gegenstand der Forschung gemacht und der Forschende analysiert vorab dessen Grundstruktur. Welche Gründe können gesellschaftliche Probleme haben (Jugendarbeitslosigkeit), welche Aspekte sind damit verbunden (gesellschaftliche Ebene, individuelle Ebene) und welche Auswirkungen hat das Problem auf diesen beiden Ebenen (Problem der Nachwuchsausbildung, persönlicher Zukunftspessimismus)? Der Forschende eignet sich bezüglich des Problems Vorwissen durch Literaturrecherche oder explorative Vorstudien an (etwa durch Gruppendiskussionen), expliziert dieses Vorwissen und nutzt es zur Generierung von Fragestellungen. Im Mittelpunkt problemzentrierter Interviews stehen nicht weit gefasste, wenig spezifizierte Themen, sondern eingegrenzte Fragestellungen.

(2) **Gegenstandsorientierung**

Mit der Gegenstandsorientierung wird die Ausrichtung an der Beschaffenheit des Forschungsgegenstands betont. Damit ist zum einen gemeint, dass das problemzentrierte Interview nicht den allein günstigen Zugang zum Thema darstellt. Gruppendiskussionen, narrative Interviews oder standardisierter Fragebogen können ebenso Anwendung finden, sofern sie dem Untersuchungsgegenstand angemessener sind. Zum anderen wird durch die Methode des problemzentrierten Interviews der Versuch unternommen, Fragen in ihrer Reihenfolge und ihren Inhalten den Aussagen und Kompetenzen der Befragten anzupassen. Weniger eloquente Personen können mit stärker strukturierten Leitfäden, redegewandte Interviewpartner mit eher offenen Fragetechniken befragt werden.

(3) **Prozessorientierung**

Dieses Prinzip wird beim problemzentrierten Interview gemäß des Symbolischen Interaktionismus auf zwei Ebenen realisiert (siehe Kap. 2.2.2). Zum einen wird der gesamte Forschungsprozess flexibel und offen gehalten, um neue Fragen in den Interviewleitfaden aufzunehmen und alte zu entfernen. Dies geschieht in Abhängigkeit von den Informationen, die die Befragten liefern. So kann vorab die Frage Eingang finden, ob Jugendliche einen Bezug von Jugendarbeitslosigkeit zu Globalisierungsprozessen sehen. Können Jugendliche hierzu keine Informationen liefern, weil sie entweder keinen Zusammenhang wahrnehmen oder mit dem Globalisierungsbegriff nur diffuse Vorstellungen verbinden, dann wird dies zur Eliminierung oder Abänderung der Frage führen. Wirft ein Jugendlicher das Problem des Wegzugs vom Elternhaus als Bedingung der Arbeitsplatzsuche auf, ohne dass dies im Leitfaden berücksichtigt wurde, so kann für weitere Interviews eine solche Frage aufgenommen werden. Zum anderen spiegelt sich die Prozesshaftigkeit bei problemzentrierten Interviews in der Interviewführung selbst wider. Fragen werden nicht starr entlang des Leitfadens gestellt, sondern den Erzählungen der Befragten angepasst. Erzählt ein Jugendlicher etwa von seinen Problemen bei der Arbeitsplatzsuche, so bietet es sich an, diesbezügliche Fragen des Leitfadens zu stellen, obwohl diese im Leitfaden selbst vielleicht erst für das Ende des Interviews vorgesehen sind. „Das bedeutet, daß der Forscher/Interviewer auf der einen Seite den vom Befragten selbst entwickelten Erzählstrang und dessen immanente Nachfragemöglichkeiten verfolgen muß und andererseits gleichzeitig Entscheidungen darüber zu treffen hat, an welchen Stellen des Interviewverlaufs er zur Ausdifferenzierung der Thematik sein problemorientiertes Interesse in Form von exmanenten Fragen einbringen sollte." (Witzel, 1982: 90)

Mit dieser Flexibilität in der Befragungssituation hängt ferner zusammen, dass nicht nur die Fragen des Leitfadens verwendet werden, sondern auch spontane Nachfragen zu einem Thema möglich sind, die zum besseren Verständnis der subjektiven Sichtweise einer Person dienen können.

Witzel (2000) fasst die Gleichzeitigkeit von Deduktion und Induktion und die daraus abgeleiteten drei Grundprinzipien des problemzentrierten Interviews folgendermaßen zusammen: „Bezogen auf das PZI ist der Erkenntnisgewinn sowohl im Erhebungs- als auch im Auswertungsprozess vielmehr als induktiv-deduktives Wechselverhältnis zu organisieren. Das unvermeidbare, und damit offenzulegende Vorwissen dient in der Erhebungsphase als heuristisch-analytischer Rahmen für Frageideen im Dialog zwischen Interviewern und Befragten. Gleichzeitig wird das Offenheitsprinzip realisiert, indem die spezifischen Relevanzsetzungen der untersuchten Subjekte insbesondere durch Narrationen angeregt werden." (Witzel, 2000: o. S.)

Dadurch wird die enge Verflechtung von Informationssammlung, Auswertung der Informationen und Veränderung der Fragestellung zum zentralen Grundprinzip des problemzentrierten Interviews und entspricht damit – zumindest methodologisch – in idealer Form den Grundprinzipien qualitativer Forschung (siehe Kap. 2.3).

### 4.2.5.4 Methodische Vorgehensweise

Da das problemzentrierte Interview ursprünglich als Teil eines umfassenderen Methodeninventars konzipiert ist, ist die methodische Vorgehensweise auf zwei Ebenen sequenzialisiert. Zum einen auf der Ebene des Forschungsprogramms, bei dem das problemzentrierte Interview einen Baustein unter vielen anderen darstellt. Zum anderen ist das problemzentrierte Interview selbst in sich sequenzialisiert. Da auf diesen zweiten Aspekt bei der Durchführung von Interviews noch genauer eingegangen wird (siehe Kap. 5.4), soll an dieser Stelle eine knappe Skizze als erste Orientierung reichen.

In Anlehnung an das Schema von Mayring (2000: 71) kann das problemzentrierte Interview in insgesamt fünf Phasen unterteilt werden (siehe Abbildung 8). Diese Phasen beziehen sich auf das problemzentrierte Interview als Teil eines Forschungsprogramms.

(1) **Problemanalyse**
   Dem Forschungsvorhaben geht die bereits erwähnte Identifikation eines Problems voran. Dies gilt auch für die Analyse dieses Problems hinsichtlich seiner Dimensionen und möglichen Auswirkungen auf Personen.

(2) **Leitfadenkonstruktion**
   Auf der Basis dieser Problemanalyse wird eine erste Version des Leitfadens erstellt. Diese Fragen ergeben sich aus der Problemanalyse und dem Vorwissen des Forschenden und sind zunächst primär deduktiver Natur. „In ihm ist der gesamte Problembereich in Form von einzelnen, thematischen Feldern formuliert, unter die in Stichpunkten oder in Frageform gefasste Inhalte des jeweiligen Feldes subsumiert sind." (Witzel, 1982: 90)

(3) **Pilotphase**
   Die Pilotphase kann in zweierlei Hinsicht erfolgen. Zum einen kann sie der Leitfadenkonstruktion vorausgehen, indem etwa Gruppendiskussionen durchgeführt werden, die ebenfalls der Problemanalyse dienen sollen (Witzel, 2000). Zum anderen kann sie der Leitfadenkonstruktion nachfolgen. Der erstellte Leitfaden wird an einer kleinen Zahl von Befragten erprobt. Gleichzeitig können die ersten Interviews der Interviewerschulung dienen. Nicht nur zusätzliche Interviewer können in der Interviewtechnik ausgebildet werden, auch der Forschende selbst kann auf der Basis der ersten Interviews die eigene Technik verbessern.

(4) **Interviewdurchführung**
   In dieser Phase werden die Interviews durchgeführt, die auf dem modifizierten Leitfaden basieren sollen. Der Leitfaden sollte soweit angepasst sein, dass in dieser Phase keine substanziellen Änderungen mehr notwendig sind. Gleichwohl dienen die Interviews dieser Phase der weiteren Verfeinerung des Leitfadens auf der Basis der erhaltenen Informationen.

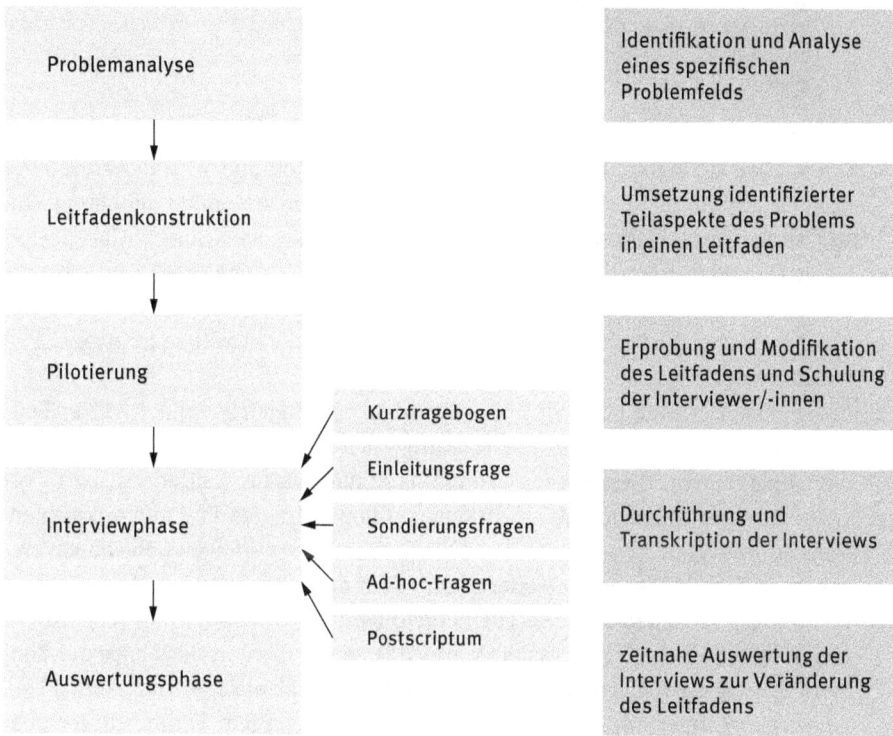

**Abb. 8:** Phasen des problemzentrierten Interviews (eigene Darstellung).

(5) **Auswertung**

Aufgrund der ständigen Wechselbeziehung von erhaltenen Informationen und Anpassung des Leitfadens sind Auswertungs- und Interviewphase eng miteinander verwoben. Zwei Varianten der Auswertungen finden statt. Erstens die zeitnah zu den Interviews stattfindende Auswertung, die der Modifikation des Leitfadens dient. Zweitens die nach Abschluss der Interviews stattfindende ausführliche und detaillierte Auswertung des gesamten Interviewmaterials.

Neben dieser Sequenzialisierung des gesamten Forschungsprozesses sind problemzentrierte Interviews an sich noch einmal in einzelne Phasen aufgegliedert, bei denen ebenfalls eine Kombination mit anderen Methoden erfolgt.

(1) **Kurzfragebogen**

Zu Beginn des problemzentrierten Interviews wird den Befragten ein Kurzfragebogen ausgehändigt, der vom Format her standardisierten Fragebögen in der quantitativen Forschung ähnelt.

> Der Kurzfragebogen dient zum einen der Ermittlung von Sozialdaten (Alter, Beruf der Eltern usw.). Das nachfolgende Interview, das eine Aushandlung der subjektiven Sichtweise der Interviewten zum Ziel hat, wird von denjenigen Fragen entlastet, die als Frage-Antwort-

Schema aufgebaut sind. Zum anderen können die in ihm enthaltenen Informationen – und insbesondere in Kombination mit einer offenen Frage – einen Gesprächseinstieg ermöglichen. (Witzel, 2000: o. S.)

(2) **Einstiegsfrage**

Um bei den Befragten die Erzählung in Gang zu setzen und Vertrautheit mit der Interviewsituation zu erzeugen, wird zu Beginn eine sehr offen gehaltene Einstiegsfrage gestellt, die jener bei narrativen Interviews sehr ähnelt. Gleichzeitig soll die Einstiegsfrage die Zentrierung auf das im Mittelpunkt des Gesprächs stehende Problem möglich machen. Schließlich ermöglichen die Antworten auf die Einstiegsfrage eine Reihe von Anknüpfungsfragen für das weitere Interview.

(3) **Sondierungsfragen**

In der anschließenden Interviewphase werden jene Fragen behandelt, die im Leitfaden skizziert sind und der „Sondierung" des im Mittelpunkt stehenden Problemfelds dienen. Diese Fragen werden nicht nach starrer Leitfadenstruktur gestellt, sondern sollen möglichst an das von den Befragten Erzählte anknüpfen. Diese Anknüpfung kann entweder an die Einstiegsfrage erfolgen („Sie haben eingangs erwähnt, dass Sie ... ") oder unmittelbar Erzähltes kann zur thematischen Überleitung zu einem anderen Themenfeld genutzt werden („In diesem Zusammenhang würde mich interessieren, ob ... "). Wesentlich an der Phase der Sondierungsfragen ist, dass der Gesprächsfluss nicht durch abrupte und häufige Themenwechsel unterbrochen wird, sondern der Befragte den Verlauf dieser Phase strukturiert. Als Sondierungsfragen gelten auch solche Fragen, die im Leitfaden nicht vorgesehen sind, aber zur Vertiefung eines behandelten Themas dienen („Was bedeutet das für Sie im Einzelnen?").

(4) **Ad-hoc-Fragen**

Mit Abschluss der Sondierungsfragen stellt sich häufig das Problem, dass Themenbereiche noch nicht angesprochen wurden, die im Leitfaden skizziert sind. Durch die Ad-hoc-Fragen sollen diese Themengebiete im Interview Berücksichtigung finden. Hierdurch wird mehr oder minder die Vergleichbarkeit der einzelnen Interviews gewährleistet. Einerseits können Ad-hoc-Fragen dazu führen, dass der Befragte zu einem Thema nichts beisteuern kann. Besonders wichtige Aspekte werden häufig in Eigeninitiative von Befragten adressiert. Andererseits können Ad-hoc-Fragen aber auch zur Aktivierung von Erlebnissen oder Vorstellungen zu einem Thema beitragen, an die der Befragte ohne explizite Frage nicht gedacht hat, hierzu aber dennoch relevante Informationen beisteuern kann. Eine weitere Funktion der Ad-hoc-Phase sind Nachfragen zu bereits Erzähltem. Antworten können vom Interviewer an den Befragten zurückgespiegelt werden, um die Wahrnehmung des Interviewers gegebenenfalls zu korrigieren (kommunikative Validierung). Verständnisfragen dienen der Klärung unverständlicher Antworten und Konfrontationsfragen haben den Zweck, den Befragten mit möglichen Widersprüchlichkeiten zu konfrontieren, deren Aufklärung zum besseren Verständnis notwendig sein kann. Witzel (2000) weist darauf hin, dass aber insbesondere für Konfrontationen eine gute Vertrauensbasis gegeben sein sollte, um den Befragten nicht unter Rechtfertigungszwang zu setzen. Diese Interviewtechniken werden aber zwangsläufig auch in der Phase der Sondierungsfragen angewandt (siehe Kap. 5.4.5).

(5) **Postskriptum**

Im unmittelbaren Anschluss an das Interview sollte ein Postskriptum angefertigt werden, in dem wichtige Informationen über die Rahmenbedingungen des Interviews festgehalten werden. Hierzu gehören neben einer Beschreibung des Interviewworts, besondere Bedingungen des Interviews,[2] Interviewdauer, Nennung des Interviewenden (und ggf. des anwesenden Protokollanten) auch eine kurze Beschreibung der Verfasstheit des Interviewpartners („D. wirkte zu Beginn sehr nervös, wurde aber im Verlauf des Gesprächs gelassener."). Hilfreich zum Verständnis des Interviews ist auch die Art der Kontaktaufnahme, eine Zusammenfassung des vor Beginn der Tonbandaufnahme Gesagten und – meist sehr instruktiv – dessen, was nach Abschalten des Aufnahmegeräts noch gesagt wird. Nicht selten werden dann von Befragten – unter dem Eindruck des „Unbeobachtetseins" – noch relevante Statements abgegeben. Schließlich dient das Postskriptum auch der Dokumentation „spontaner thematischer Auffälligkeiten und Interpretationsideen [...], die Anregungen für die Auswertungen geben können" (Witzel, 2000: o. S.).

### 4.2.5.5 Anwendungsgebiete

Die Anwendungsgebiete für problemzentrierte Interviews sind sehr vielfältig und durch die primär methodologische und weniger theoretische Ausrichtung auf keine besondere Fragestellung festgelegt. Laut Mayring (2000: 71) bieten sich problemzentrierte Interviews vor allem bei „stärker theoriegeleiteter Forschung mit spezifischen Fragestellungen und bei Forschung mit größeren Stichproben" an. Die stärkere Theorieorientierung lässt sich zwar aus den Ausführungen von Witzel (1982) durchaus ableiten, führt aber zu einer Verengung der Einsatzmöglichkeiten problemzentrierter

---

2 Bei einem Interview im Rahmen der Typenstudie (siehe Kap. 3.2.1) kam ein Jugendlicher in Begleitung seiner Mutter zum Interview in das verabredete Café. Die Mutter bestand zunächst darauf, beim Interview anwesend zu sein, ließ sich dann aber zumindest dazu bewegen, sich an einen anderen Tisch des Cafés zu setzen. Unglücklicherweise saß sie an einem Tisch hinter dem Jugendlichen, sodass sie ihrem Sohn während des gesamten Interviews buchstäblich im Nacken saß. Die Durchsicht des Transkripts zeigte ein sehr gehemmtes Redeverhalten des Jugendlichen, was unter den gegebenen Bedingungen verständlich war. Bei einem anderen Interview saßen die Freunde direkt am Nachbartisch und riefen dem Interviewten regelmäßig mehr oder minder witzige Bemerkungen zu, was bei dem betreffenden Jugendlichen nicht nur zu Konzentrationsproblemen führte, sondern auch zuweilen zu einer reichlich anstrengenden Selbstdarstellung. Auch hier hilft das Postskriptum zum besseren Verständnis des im Interview Gesagten.

Interviews. Besser wäre es, von problemzentrierten Interviews als – wie der Name bereits formuliert – problemorientierter Forschung zu sprechen. Deduktionen für den Leitfaden müssen nicht zwingend aus einem theoretischen Konzept erfolgen, sondern können auch auf Informationen aus Explorationsstudien (etwa narrativen Interviews), der Durchsicht des Forschungsstandes oder auch Alltagsbeobachtungen beruhen.

Problemzentrierte Interviews werden häufig in der Arbeitslosigkeitsforschung (etwa Ulich et al., 1985), Forschung zu Folgen der Individualisierung (Witzel, 1982) und auch zur Erforschung von Prozessen der Selbstsozialisation von Jugendlichen eingesetzt (zusf. Scheibelhofer, 2004). In eigenen Studien wurden problemzentrierte Interviews zu Zukunftsperspektiven Jugendlicher oder zum Zusammenhang von persönlichen Werten und schulischer Lernmotivation bei Jugendlichen verwendet (siehe Kap. 3.2.3).

### 4.2.5.6 Anforderung an die Stichprobe

Ein besonderer Vorteil von problemzentrierten Interviews ist, dass sie – den fokussierten Interviews nicht unähnlich – einen eher klar umgrenzten Themenbereich zum Gegenstand haben. Hierdurch wird es den Befragten erleichtert, die Gedanken auf einen oder einige wenige Aspekte zu lenken und diesbezügliche Erfahrungen, Einstellungen etc. zu aktivieren. Ferner ist für die Befragten der Leitfaden eine Erleichterung, weil nicht durchgängig selbststrukturiert erzählt werden muss, sondern die Leitfragen eine Orientierung für weitere Erzählungen bieten. Insbesondere Vertiefungsfragen in der Sondierungsphase erleichtern es Jugendlichen, über eigene Sichtweisen zu reflektieren und diese wiederzugeben. Gleichzeitig ermöglicht die Einstiegsfrage ein freies Assoziieren und Erzählen, sodass Befragte sich nicht in einen engen oder sie nicht interessierenden Rahmen gezwängt sehen.

Gleichwohl zeigen die in eigenen Studien durchgeführten problemzentrierten Interviews, dass es Jugendlichen in unterschiedlichem Maße leichtfällt, auf die gegebenen Stimuli zu reagieren. Insbesondere die Tendenz einiger Jugendlicher, auf Fragen nur mit „Ja", „Nein" oder „Weiß nicht" zu reagieren, erfordert vom Interviewer die Fähigkeit, Erzählungen zu stimulieren. In den meisten Fällen generieren problemzentrierte Interviews jedoch ein eher flüssiges Gespräch und reichhaltige Informationen. Nach eigener Erfahrung scheinen problemzentrierte Interviews bei Jugendlichen gut geeignet zu sein, um Antworten auf die Fragen der eigenen Studie zu erhalten.

### 4.2.5.7 Benötigtes Vorwissen

Da im Mittelpunkt der Durchführung dieser Interviewvariante eine Problemstellung steht, ist ein möglichst fundiertes Wissen über das zu betrachtende Problem unerlässlich. Das genauere Studium von Dimensionen, Aspekten, Teilfragen und Unterpunkten eines Problemfeldes ist unerlässlich, um zu einem zufriedenstellenden Leitfadenentwurf zu gelangen. Je weniger geeignet der erste Leitfaden ist, desto mehr

Zeit nimmt dessen Optimierung während der Durchführungsphase in Anspruch. Denn nicht immer hat man das Glück, gleich mit den ersten drei Interviews an Befragte zu geraten, die einen maximalen Kontrast bezüglich des subjektiven Erlebens des Themenfelds zeichnen. Deshalb empfiehlt sich die Aneignung eines guten Vorwissens zum interessierenden Thema. Wesentlich ist dabei, das eigene Vorwissen – wie bereits erwähnt – zu explizieren, also sich selbst und denen, die die eigene Forschung nachvollziehen sollen, die eingeflossenen Vorannahmen zu verdeutlichen. Ansonsten besteht die Möglichkeit einer verfrühten Einengung der Forschung auf jene Aspekte, die einen selbst interessieren und nicht eine Bezugnahme zu solchen Bereichen, die die Befragten interessieren.

### 4.2.5.8 Durchführungs- und Auswertungsaufwand

Wie Mayring (2000) hervorhebt, eignen sich problemzentrierte Interviews – je nach vorhandenen Ressourcen – für größere Stichproben. Dies verweist darauf, dass problemzentrierte Interviews mit weniger Aufwand als andere Interviewformen verbunden sind, sowohl was die Durchführung als auch was die Auswertung anbetrifft. Durch den Leitfaden bleibt das im Interview produzierte Material begrenzt.

Die Transkription der Daten ist deutlich weniger zeitaufwendig als etwa bei narrativen Interviews. Der Leitfaden erleichtert ferner die (zwischen den Befragten) vergleichende Auswertung der Daten. Nicht selten lehnt sich das Kategoriensystem zur Auswertung in Teilen an den Leitfaden an, sodass die Erstellung des Kategoriensystems durch die deduktiv-induktive Vorgehensweise (Schmidt, 2000) wesentlich erleichtert wird. Neben der Durchführung der Interviews selbst ist ein Faktor auf der Kostenseite das zu Beginn der Forschung stattfindende Wechselspiel von Interviewdurchführung, -auswertung und Anpassung des Leitfadens.

Während bei fokussierten Interviews im Wesentlichen am Ende der Erhebung eine Auswertung notwendig ist, müssen problemzentrierte Interviews zum Teil zweimal ausgewertet werden. Einmal zur Modifikation des Leitfadens, ein anderes Mal zur abschließenden Ergebnisgenerierung. Diese doppelte Auswertung ist, je nach Qualität des Leitfadens, zeit- und arbeitsintensiv. Bei Abschlussarbeiten sollten nicht mehr als zehn Interviews durchgeführt werden, wobei dies als eine maximale Obergrenze anzusehen ist. Mit sechs bis acht Interviews hält sich der Durchführungs- und Auswertungsaufwand in überschaubaren Grenzen. Sollten dann noch weitere Interviews zeitlich möglich sein, lassen sich diese durchaus „nachschieben", da nach vier bis acht Interviews der Leitfaden und auch das Kategoriensystem ohnehin seine (nahezu) endgültige Form erreicht haben sollte.

### Weiterführende Literatur

Mayring, P. (2002). Problemzentriertes Interview. In Ders., *Einführung in die qualitative Sozialforschung* (67–72). Weinheim: Beltz.

Scheibelhofer, E. (2004). Das Problemzentrierte Interview. Einsatzmöglichkeiten und Grenzen einer qualitativen Forschungsmethode. *Sozialwissenschaften und Berufspraxis*, 72. Jg., Heft 1, 75–90.

Witzel, A. (1982). *Verfahren der qualitativen Sozialforschung. Überblick und Alternativen.* Frankfurt am Main: Campus.

Witzel, A. (1985). Das problemzentrierte Interview. In G. Jüttemann (Hrsg.), Qualitative Forschung in der Psychologie (227–255). Weinheim: Beltz.

Witzel, A. (2000). Das problemzentrierte Interview. Forum Qualitative Sozialforschung. [Online verfügbar unter: http://www.qualitative-research.net/index.php/fqs/article/view/%201132/2519; Stand: 15.03.2016]

## 4.2.6 Weitere Interviewmethoden

Neben den drei in den vorigen Kapiteln beschriebenen Interviewmethoden bestehen eine Reihe weiterer Befragungstechniken, die in der qualitativen Forschung Anwendung finden. Da das narrative Interview als Prototyp des unstrukturierten und das fokussierte bzw. das problemzentrierte Interview als Prototypen des teilstrukturierten Interviews gelten, können sie als wichtigste Orientierung im Dschungel der qualitativen Befragungsformen gelten. Weitere Interviewmethoden sind entweder Varianten dieser Techniken (so etwa das themenzentrierte in Anlehnung an das problemzentrierte Interview) oder enthalten Methodenmerkmale, die bereits die ausführlich besprochenen Varianten auch aufweisen. Um dem Anspruch einer ersten Orientierung bezüglich der Wahl der geeigneten Interviewmethode gerecht zu werden, sollen im Folgenden weitere Interviewtechniken – allerdings in kürzerer Form – dargestellt werden. Bei diesen Steckbriefen wird, soweit in der Kürze sinnvoll, die gleiche Gliederung wie in den vorigen Kapiteln verwendet. Fällt die (Vor-)Entscheidung für eine der im Folgenden angeführten Techniken, ist auch hier eine vertiefende Lektüre unabdingbar.

### 4.2.6.1 Das Tiefeninterview

Seinen *theoretischen Ursprung* hat das Tiefen-(oder auch Intensiv-)Interview in der psychoanalytischen Tradition. Sein *Erkenntnisziel* ist, nicht nur die subjektiven Bedeutungszuschreibungen der Befragten zu erfassen, sondern auch die dahinterliegenden Motivstrukturen einer Person. Die Annahme hierbei ist, dass Befragte über Tiefenstrukturen verfügen, die ihr Handeln und Denken leiten, ohne dass es den Befragten ohne Weiteres möglich ist, diese Tiefenstrukturen zu artikulieren. Durch dieses Erkenntnisziel ist das Tiefeninterview den hermeneutischen Verfahren zuzurechen. Zum einen, weil der Interviewer in der Interviewsituation selbst Deutungen des Gesagten vornimmt. Zum anderen, weil in der Auswertung eine weitergehende deutende Explikation der Daten vorgenommen wird. „Die Deutung der vom Interviewten gegebenen Bedeutungszuweisungen geschieht also eher im Sinne der Psychoanalyse als im Verständnis des Befragten" (Lamnek, 1995b: 81).

Scheuch (1970: 206) beschreibt das *Grundprinzip* des Tiefeninterviews als eine Befragungsform, die sich in der Form eines freien Gesprächs vollziehe, „bei welchem dem Interviewer im Prinzip die Erhebungsgesichtspunkte vorgegeben sind, Aufbau des Gesprächs und Auswahl der Fragen jedoch ins freie Ermessen gestellt sind". Durch dieses Grundprinzip reiht sich das Tiefeninterview methodisch in jene der teilstrukturierten Verfahren ein, bei denen die Stimuli festgelegt sind, in ihrer Reihenfolge und Tiefe aber den Erzählungen des Befragten angepasst werden. Diese Orientierung am Befragten ist zwingend notwendig, um Alltagsnähe und damit Vertrautheit in der Interviewsituation zu erzeugen. Dies erleichtert dem Befragten das Einlassen auf das Interview.

*Methodisch* wird beim Tiefeninterview dergestalt vorgegangen, dass zunächst Einstiegsfragen im Sinne eines Gesprächs geführt werden, die dem Befragten den Zugang zum sehr intensiven Interview erleichtern sollen. Dem folgen Fragen zu interessierenden Themenbereichen, die durch vertiefende und Deutungsfragen ergänzt werden. Je nach Thematik spiegelt der Interviewer dem Befragten die eigenen Deutungen des vom Interviewten Gesagtem, um hierdurch weitere Assoziationen des Befragten zu initiieren. Besonderer Schwerpunkt beim Tiefeninterview ist nicht die Erfassung der Breite von Aussagen, sondern die Erreichung einer möglichst detaillierten, „tiefen", Erfassung von Motivstrukturen. Dementsprechend hoch sind die *Anforderungen an die Stichprobe*, da das Interview emotional bewegend und kognitiv erschöpfend ist. Ferner empfiehlt sich eine solche Interviewtechnik nur für sehr gut geschulte, mit tiefenpsychologischer Gesprächsführung vertraute Interviewer.

*Anwendungsgebiete* dieser Interviewtechnik sind gemäß ihres theoretischen Ursprungs all jene Themenbereiche, in denen latente Persönlichkeitsstrukturen, Motivationen und auch pathologische, neurotische Verhaltensweisen oder Persönlichkeiten im Mittelpunkt stehen. Begründet wurde diese Technik durch die Interviewverfahren Sigmund Freuds. Sie wurden in der Jugendforschung gewinnbringend von Erik H. Erikson eingesetzt. Aufgrund der starken Ausrichtung an psychoanalytischen Theorien und dem eher hypothesentestenden Charakter von Tiefeninterviews ist ein sehr fundiertes *Vorwissen* notwendig. *Durchführungs- und Auswertungsaufwand* sind überdurchschnittlich hoch. Zum einen können sich Tiefeninterviews über mehrere Sitzungen erstrecken, was Zeit für die Durchführung und die Transkription erfordert. Zum anderen ist die hermeneutische Deutung als Auswertungsverfahren sehr zeitintensiv.

#### 4.2.6.2 Das themenzentrierte Interview

Seinen *historischen Ursprung* hat das themenzentrierte Interview in der Methode der themenzentrierten Gruppendiskussion, wie sie von Leithäuser und Volmerg (1979) entwickelt wurde. In der Form, wie das themenzentrierte Interview bei Schorn (2000) beschrieben wird, nimmt es starke Anleihen am problemzentrierten Interview, indem ein vorab gewähltes Thema und dessen Einzelaspekte dazu genutzt werden, einen Leitfaden zu entwickeln, der dem Interview als Grundlage dient. Allerdings liegt das

*Erkenntnisinteresse* beim themenzentrierten Interview nicht auf eher gesellschaftlichen Problemen, sondern auf personenbezogenen Thematiken. Indem das themenzentrierte Interview „neben manifesten auch abgewehrte und latente Sinngehalte des Kommunizierten zu entschlüsseln" versucht (Schorn, 2000: o. S.), lehnt es sich von der inhaltlichen Ausrichtung stark an das Tiefeninterview an und ist eher im Bereich der psychoanalytischen Forschung angesiedelt. Ähnlich dem Tiefeninterview ist diese Variante den hermeneutischen Verfahren zuzurechnen.

*Methodisch* ist das themenzentrierte Interview als Leitfadeninterview konzipiert, das aufgrund seiner Mischung von unstrukturierten und strukturierten Fragen und der Nutzung eines Leitfadens als teilstrukturiertes Verfahren angesehen werden muss. Der Interviewer verhält sich während der Befragung neutral bis weich. Das *Grundprinzip* des Interviews ist es, durch eine offene, vertrauensvolle Atmosphäre auch jene Inhalte zu erschließen, die Personen nicht oder nicht gerne preisgeben möchten. Solche Informationen werden aber keinesfalls erzwungen.

Der *Ablauf* des themenzentrierten Interviews gestaltet sich ähnlich wie jener des problemzentrierten Verfahrens. Sehr offen gehaltene Eingangsfragen werden im Verlauf des Interviews durch Sondierungs- und Vertiefungsfragen ergänzt. Im Unterschied zum problemzentrierten Interview werden die Antworten auf die Eingangsfrage in unmittelbarem Anschluss durch vertiefende Fragen näher erörtert, um die bereits erwähnten latenten Sinnstrukturen besser identifizieren zu können. Ist das Eröffnungsthema erschöpft, werden vom Interviewer neue Themenbereiche angesprochen und ebenfalls vertiefend bearbeitet. Diese Vorgehensweise ähnelt jener von Tiefeninterviews.

Aufgrund der damit einhergehenden Intensität folgen dem eigentlichen Interview – das mit der Frage endet, ob der Befragte Ergänzungen zum Interview vornehmen möchte, die noch nicht besprochen wurden – eine Supervision unter Forschungskollegen. Diese Supervision dient der Reflektion durch den Interviewer sowie der Zusammenfassung von Eindrücken aus dem Interview mit dem Ziel „latente Aspekte des Forschungsthemas aufzuspüren" (Schorn, 2000: o. S.). Ähnlich dem problemzentrierten Interview wird auch bei dieser Technik anschließend ein Postskriptum zu jedem Interview angefertigt.

*Anwendungsbereiche* des themenzentrierten Interviews sind vor allem Fragen tiefenpsychologischer und psychoanalytischer Art, ohne allerdings Interventionscharakter zu besitzen. Überall dort, wo über die Rekonstruktion subjektiver Bedeutungen auf der manifesten Ebene hinausgegangen werden soll und hinter dem Gesagten „versteckte" Inhalte zu identifizieren sind, findet das themenzentrierte Interview Anwendung. Ähnlich dem Tiefeninterview ist auch für die Durchführung von themenzentrierten Interviews ein dezidiertes *Vorwissen* notwendig. Das Verfahren empfiehlt sich ebenfalls nur für gut geschulte Interviewer. Durch die stärkere Fokussierung auf ein bestimmtes Thema ist der *Durchführungsaufwand* für diese Interviewvariante etwas geringer als bei den Tiefeninterviews, übersteigt aber durch die deutende Auswertung den Aufwand, der bei problemzentrierten Interviews notwendig ist. Allerdings lassen sich themenzentrierte Interviews auch durch eine strukturierende Inhaltsanalyse (bspw. mittels Kategoriensystem) auswerten, wodurch aber tendenziell die Identifikation latenter Sinnstrukturen verloren geht.

**Weiterführende Literatur**

Cohn, R. (2009). Von der Psychoanalyse zur Themenzentrierten Interaktion. Stuttgart: Klett.
Schorn, A. (2000). Das ‚themenzentrierte Interview'. Ein Verfahren zur Entschlüsselung manifester und latenter Aspekte subjektiver Wirklichkeit. *Forum Qualitative Sozialforschung.* [Online verfügbar unter: http://www.qualitative-research.net/index.php/fqs/article/view/1092/2393; Stand: 15.03.2016]

### 4.2.6.3 Strukturlegetechniken

Eine weitere Form von Leitfadeninterviews sind Befragungsvarianten, bei denen Strukturlegetechniken Verwendung finden. Ihren *historischen Ursprung* haben solche Verfahren in der psychologischen und therapeutischen Forschung und sind mittlerweile in der Erziehungswissenschaft zum festen Bestandteil qualitativer Interviewtechniken avanciert (zusf. König, 1995). Primäres *Erkenntnisziel* ist in der Regel, subjektive Theorien von Personen zu rekonstruieren. Unter subjektiven Theorien werden mentale Konzepte verstanden, bei denen Personen für sich selbst bspw. Annahmen über Ursache und Wirkung bilden. Die interessante Innovation dieser Technik liegt in ihrer *methodischen Vorgehensweise.* Die von den Befragten gegebenen Antworten zu den gestellten Fragen werden in Stichpunkten auf Kärtchen geschrieben, auf diese Weise visualisiert. Im Anschluss werden die Kärtchen dazu genutzt, Strukturen zwischen den Antworten zu bilden. Diese Vorgehensweise erfordert einen strikt neutralen Interviewerstil, um den Befragten weder in seinen Antworten und vor allem bei der Strukturierung der Kärtchen nicht zu beeinflussen. Jede Verknüpfung einzelner Konzepte muss für die Befragten potenziell möglich sein.

Der methodischen Vorgehensweise entsprechend gestaltet sich der *Ablauf* von Interviews, die sich der Strukturlegetechnik bedienen. In der ersten Phase des Interviews werden Themen angesprochen, zu denen die Befragten Informationen liefern. Diese Informationen werden verdichtet, auf einer Reihe von Karteikärtchen o. Ä. festgehalten und dem Befragten zur Strukturierung vorgelegt. So können Jugendliche bspw. zu ihrer Wahrnehmung des Arbeitsmarkts, ihrer schulischen Ausbildung und ihren eigenen Biografievorstellungen befragt werden, um die Jugendlichen anschließend zu bitten, ihre auf Kärtchen dokumentierten Antworten zu systematisieren. Dieser Ablauf lässt sich durch Hinzunahme weiterer Themenbereiche (etwa elterliche Unterstützung bei der Berufswahl und -suche) erweitern und auf diese Weise die Komplexität des Strukturnetzwerks erhöhen. Auch ist es möglich, innerhalb eines Interviews mehrere, unabhängig voneinander aufgebaute Strukturnetzwerke zu ermitteln. Im genannten Beispiel wäre das Ziel, subjektive Theorien über Bedingungen des Erfolgs bzw. Misserfolgs beim Übertritt in den Arbeitsmarkt zu identifizieren.

Strukturlegetechniken haben, unter den verschiedensten Bezeichnungen, eine große Bandbreite von *Anwendungsgebieten*, wobei deren gemeinsamer Kern zumeist die Identifikation subjektiver Theorien darstellt. Fromm (1995) hat mit seinen Netzinterviews („Role Construct Repertory Test") zu subjektiven Theorien von Schülern über deren Lehrer einen wichtigen Vertreter von Strukturlegetechniken entwickelt. Dann und Barth (1995) untersuchten mittels solcher Verfahren das Handeln von Personen in alltäglichen Situationen vor dem Hintergrund individueller Zielsetzungen und subjektiv wahrgenommener Entscheidungsbedingungen.

Zur Durchführung dieser Variante ist ein gutes *Vorwissen* über subjektive Theorien im Allgemeinen und die zu erfragenden Themengebiete im Besonderen notwendig. Vor allem die zeitnahe Verdichtung von Antworten zu visualisierenden Kärtchen erfordert ein gewisses Maß an Kenntnis über den zu erforschenden Bereich. Gleichzeitig erlaubt die Offenheit des Verfahrens in der Phase der Fragestellung, bisher nicht beachtete Elemente in die Erhebungssituation aufzunehmen. Der *Aufwand* für Erhebung und Auswertung gestaltet sich unterschiedlich. Die Erhebung selbst hält sich durch ihre thematische Begrenzung und die Verwendung von Strukturlegetechniken in ihrem Aufwand in Grenzen. Solche Interviews erleichtern durch die Visualisierung den Fortgang des Gesprächs und bleiben thematisch begrenzt. Allerdings: Je komplexer die ermittelten Strukturen (subjektiven Theorien), desto aufwendiger wird auch die Erhebung. Auf der Kostenseite steht ferner, dass die Antworten der Befragten auf Kärtchen geschrieben werden müssen, weshalb sich die Anwesenheit eines zweiten Interviewers, der die Visualisierungen vornimmt, empfiehlt. Deutlich mehr Zeit und Ressourcen müssen in die Auswertung investiert werden. Einerseits führen solche Interviews zu visualisierten Netzwerken (die unbedingt dokumentiert werden müssen, etwa durch Abfotografieren unmittelbar nach dem Interview). Andererseits muss zu dem Interview ein Transkript angefertigt werden, um die tiefergehenden Informationen zu dem Netzwerk auswerten zu können. Beide Datenquellen – Netzwerk und Transkript – gilt es schließlich, für jeden einzelnen Befragten in Verbindung zu bringen und über verschiedene Fälle zu vergleichen. Zur Erleichterung des Netzwerkvergleiches eignen sich Programme, wie etwa MaNet (Stracke, 2004). Die Verknüpfung beider Datenquellen bleibt jedoch zeitintensiv.

Die *Anforderungen an die Stichprobe* sind ambivalent. Einerseits erleichtern die Visualisierungen dem Befragten, die Struktur des Interviews zu identifizieren und selbststeuernd darauf Einfluss zu nehmen. Andererseits erfordert diese Technik von den Befragten, ihre subjektiven Theorien in abstraktere Modelle zu überführen und eine Art „Metakognitionen" zu ihren eigenen Gedankengängen zu entwickeln. Bei gegebener Erfahrungs- und Alltagsnähe der Fragestellung eignen sich Strukturlegetechniken bei Jugendlichen aber in besonderer Weise, um subjektive Theorien und Handlungsbegründungen oder auch soziale Netzwerke zu identifizieren.

**Weiterführende Literatur**

Fromm, M. (1995). *Repertory Grid Methodik. Ein Lehrbuch*. Weinheim: Juventa.
König, E. (1995). Qualitative Forschung subjektiver Theorien. In E. König & P. Zedler (Hrsg.), *Bilanz qualitativer Forschung, Band 2* (11–29). Weinheim: Juventa.

### 4.2.7 Zusammenfassung

In diesem Kapitel wurde das Interview als ein möglicher Zugang innerhalb der qualitativen Forschung vorgestellt. Qualitative Interviews wurden beschrieben als verabredete Zusammenkunft zwischen Interviewer und Befragtem, mit dem Ziel, planmäßig und systematisch Informationen aus der subjektiven Perspektive von Personen zu erhalten, die der Beantwortung einer wissenschaftlichen Fragestellung dienen.

Dabei eignen sich qualitative Interviews in besonderem Maße zur Erfassung subjektiver Bedeutungszuschreibungen, Einstellungen, Werte, Handlungsbegründungen und Erfahrungen. Je nach Fragestellung kann die verwendete Technik im Grad ihrer Strukturierung variieren. Es werden regelmäßig strukturierte, teilstrukturierte und unstrukturierte Interviewmethoden unterschieden. Von diesen finden die teil- und unstrukturierten Verfahren innerhalb qualitativer Forschung Anwendung, da sie eine größere Offenheit gegenüber zu erörternden Themen aufweisen, die Erfassung subjektiver Perspektiven ermöglichen und ihr Kommunikationsstil dem alltäglichen Sprachgebrauch nahekommt. Schließlich ermöglichen teil- und unstrukturierte qualitative Interviews die prozesshafte Rekonstruktion der (inter-)subjektiven Realitätserzeugung.

Da eine Vielzahl verschiedener qualitativer Interviewtechniken besteht, wurden Kriterien zur Auswahl der adäquaten Variante vorgestellt. Hierbei handelt es sich im Einzelnen um
- die Angemessenheit der Methode für die verfolgte Fragestellung,
- die Forschungstradition, aus der heraus die spezifischen Interviewtechniken entwickelt wurden,
- Charakteristika der zu befragenden Personen sowie
- die kommunikative Kompetenz des Forschenden.

Als ein weiteres, forschungspragmatisches Kriterium wurde der Erhebungs- und Auswertungsaufwand angeführt, der aber weniger für die Auswahl der Methode als für die Anzahl durchzuführender Interviews gilt.

Zur Erleichterung eines Einstiegs in die Vielfalt qualitativer Interviewtechniken wurden das narrative, das fokussierte und das problemzentrierte Interview näher vorgestellt und um Steckbriefe zum tiefen- und themenzentrierten Interview sowie von Strukturlegetechniken ergänzt. Während es sich beim narrativen Interview um eine Form unstrukturierter Interviews handelt, sind die übrigen Varianten den teilstrukturierten Befragungstechniken zuzuordnen.

Die Interviewtechniken unterscheiden sich nicht nur im Grad ihrer Strukturierung, sondern auch hinsichtlich ihres historischen Ursprungs, des Erkenntnisziels, ihres Grundprinzips, der methodischen Vorgehensweise und der Anwendungsgebiete. Diese Kriterien sollten herangezogen werden, um die für die eigene Fragestellung angemessene Interviewvariante auszuwählen. Wer eine soziologische Fragestellung verfolgt, ist mit dem problemzentrierten Interview sicherlich besser beraten als bspw. mit dem Tiefeninterview. Wenn es um die Wirkung von Videospielen auf jugendliche Aggressionsbereitschaft geht, eignen sich fokussierte Interviews eher als Strukturlegetechniken und wenn die Folgen kindlicher Erfahrungen auf das Geschlechtsrollenverhalten von Mädchen und jungen Frauen untersucht werden sollen, sind narrative oder problemzentrierte Verfahren vermutlich erste Wahl.

Das Kriterium des benötigten Vorwissens wird bei der Wahl der Interviews dann relevant, wenn auch aus bisheriger Literatur keine oder nur sehr spärliche Hinweise oder Informationen für die eigene Studie gefunden werden können. Dann sollten entweder unstrukturierte Verfahren gewählt werden oder der Grad der Strukturierung bei bspw. problemzentrierten Interviews sollte sehr gering gehalten werden, um eine große Bandbreite neuer, nicht antizipierter Informationen zu ermöglichen.

Durchführungs- und Auswertungsaufwand stellen keine geeigneten Kriterien für die Wahl der Interviewmethode, wohl aber für deren Anzahl dar. Je höher der mit einer Methode verbundene Aufwand ist, desto weniger Interviews sollten Gegenstand der eigenen empirischen Studie sein. Auch die Kombination von Interviewtechniken kann vor dem Hintergrund der benötigten Zeit erfolgen. Wie bereits erwähnt, kann es u. U. sinnvoll sein, bei wenig Vorwissen und wenig Zeit zunächst ein narratives Interview durchzuführen, um auf dessen Basis einen Leitfaden für problemzentrierte Interviews zu entwickeln. Allerdings sollte dabei beachtet werden, dass nicht alle Methoden willkürlich miteinander kombiniert werden können.

Schließlich sind auch die zeitlichen, kognitiven und emotionalen Anforderungen an die Stichprobe nur ein sekundäres Kriterium für die Wahl der geeigneten Methode. Wird bereits zu Beginn der Studie deutlich, dass nur bestimmte Jugendliche Informationen zur Fragestellung liefern können (bspw. lernschwache Jugendliche als Informanten für soziale Benachteiligung), dann sollte dies in jedem Fall bei der Wahl der Interviewmethode berücksichtigt werden. Ist die Zielstichprobe weniger stark spezifiziert (bspw. bei Fragen zum Sinn und Zweck von Jugendkulturen für die jugendliche Entwicklung), so steht die Angemessenheit der Methode für die Fragestellung im Vordergrund und Interviewpartner werden dann erst vor dem Hintergrund der Anforderungen in der Interviewsituation gewählt.

Zusammenfassend kann festgehalten werden, dass die Entscheidung für eine Interviewmethode vor dem Hintergrund folgender Fragen gefällt werden sollte:
- In welchem disziplinären Rahmen bewegt sich meine Studie?
- Welchen allgemeinen theoretischen Rahmen wähle ich als Ausgangspunkt?
- Welches Erkenntnisziel verfolge ich mit meiner Studie?
- Wie gut ist das Vorwissen zu meiner Fragestellung?

Die Anzahl der Interviews oder die Kombination verschiedener Methoden sollte von der Frage geleitet sein:
– Wie viel Zeit und wie viel Personal steht für die Durchführung und Auswertung der Interviews zur Verfügung?

Zum Teil leitend für die Wahl der Interviewtechnik sollte schließlich die Frage sein:
– Welche Personen können mir Informationen zu meiner Fragestellung liefern?
– Über welche kommunikativen Voraussetzungen verfügen mögliche Befragte?

Auf Fragen der Stichprobenwahl und die dabei notwendigen Arbeitsschritte wird im folgenden Kapitel ausführlich eingegangen.

### Weiterführende Literatur

Friebertshäuser, B. (2003). Interviewtechniken – Ein Überblick. In B. Friebertshäuser & A. Prengel (Hrsg.), *Handbuch Qualitative Forschungsmethoden in der Erziehungswissenschaft* (371–395). Weinheim: Juventa.
Helfferich, C. (2011). *Die Qualität qualitativer Daten. Manual für die Durchführung qualitativer Interviews* (Kap. 1). Wiesbaden: VS Verlag.
Hopf, Ch. (2000). Qualitative Interviews. Ein Überblick. In U. Flick, E. von Kardorff & I. Steinke (Hrsg.), *Qualitative Forschung. Ein Handbuch* (349–360). Reinbek: Rowohlt.

## 4.3 Wahl der Stichprobe

Da qualitative Forschung nicht darauf abzielt, generalisierende Aussagen zu treffen, die über die befragten Personen hinaus Gültigkeit besitzen sollen, entsteht schnell der Eindruck, dass es dann egal ist, wer mittels qualitativer Interviews befragt wird. Das Argument hierzu lautet, dass es in qualitativen Studien um das Besondere des Einzelfalls (oder der Einzelfälle) geht, der unwichtig werden lässt, welche Einzelfälle in die Betrachtung einbezogen werden. Dies ist aber eine Sichtweise, die nicht der Idee von Forschung als Erkenntnisfortschritt entspricht. Auch qualitative Forschung erhält – wie jede andere Forschungsvariante auch – ihre Legitimation aus dem Umstand, neues Wissen zu generieren oder bestehendes Wissen zu vertiefen oder als unzutreffend zu identifizieren. Würde die Auswahl der Stichproben in qualitativer Forschung vernachlässigt, hätte dies zur Folge, dass Erkenntnisgewinne dem Zufall überlassen werden; ein Zufall, der aus der Wahl der Interviewpartner resultiert. Denn es ist denkbar – und sehr wahrscheinlich – dass gerade solche Personen nicht befragt werden, die zu einem Erkenntnisgewinn beitragen könnten.

Auch wenn es qualitativer Forschung nicht um die Bestätigung von Hypothesen geht,[3] sind deren Befunde ebenso wie bei quantitativer Forschung von der Auswahl der befragten Personen abhängig. Bei quantitativen Studien würde man vom Problem der *Repräsentativität* sprechen. Je weniger repräsentativ die Stichprobe für die Population ist, desto weniger zulässig sind generalisierende Aussagen, die über die Stichprobe hinaus Gültigkeit beanspruchen können.

> **!** Bei qualitativer Forschung handelt es sich um das Problem der *Varianzmaximierung* (Erreichung maximaler Heterogenität der Aussagen, vgl. Patton, 1990). Je homogener die befragten Personen in relevanten Merkmalen oder ihren Aussagen ausfallen, desto wahrscheinlicher ist, dass weitere, wichtige Informationen nicht erhoben werden können.

Die Frage der Varianzmaximierung ist deshalb so bedeutsam bei qualitativen Studien, weil erstens ihre Stärke gerade in der Entdeckung vorab nicht bedachter Aspekte liegt und zweitens, weil es um die Identifikation von typischen Fällen geht. Typische Fälle zu finden heißt, eine oder mehrere Personen zu ermitteln, die typisch für eine bestimmte Form von Bedeutungszuschreibungen oder Handlungsbegründungen etc. sind. Je größer die Varianz der befragten Personen, desto wahrscheinlicher ist, dass die Typisierung (möglichst) umfassend gelingt.

Diese Überlegungen führen zu dem Schluss, dass nicht relevant ist, wie viele Personen in qualitativen Interviewstudien befragt werden, sondern *wer* befragt wird. Obwohl in diversen Lehrbüchern zu qualitativer Forschung keine oder wenig Informationen zur Stichprobenauswahl geliefert werden (allerdings: Merkens, 2000, 2003), ist sie bei qualitativen Studien besonders wichtig für die Einordnung der Befunde hinsichtlich des Kriteriums des Erkenntnisgewinns.

In diesem Kapitel wird zunächst ein Überblick über verschiedene Stichprobenziehungstechniken für qualitative Interviewstudien gegeben (Kap. 4.3.1). Es wird zwischen einer deduktiven (theoriegeleiteten) und induktiven (am Interviewmaterial orientierten) Vorgehensweise unterschieden und verschiedene Varianten des Feldzugangs (Schneeballprinzip, Gatekeeper, Selbstaktivierung, Profilsampling) werden hinsichtlich ihrer Vor- und Nachteile dargestellt. Hieran schließen sich Ausführungen zu den Anforderungen an, denen sich Befragte in einer qualitativen Interviewstudie gegenübersehen und die Einfluss auf ihre Motivation zur Teilnahme haben werden

---

**3** Verschiedene Autoren merken an, dass in qualitativer Forschung die sog. „Es gibt-Hypothesen" bestätigt oder widerlegt werden können. Dies ist zwar mit qualitativen Methoden möglich, stellt aber erstens eine Einengung der Möglichkeiten qualitativer Ansätze dar und ist zweitens nicht genuin ein qualitativer Vorzug. Im Gegenteil können durch quantitative Studien viel eher auch Randphänomene entdeckt werden, weil die Zahl der befragten Personen ungleich größer ist als in qualitativen Studien. Ob es Personen gibt, die dieses Buch auch als Tischbeinausgleich nehmen würden, ist eher durch eine breit angelegte Befragung möglich als durch die Auswahl weniger Personen. Ich gehe aber davon aus, dass es niemanden geben wird, der zu dieser Untat fähig ist ...

(Kap. 4.3.2). Ferner werden Überlegungen darüber angestellt, wer in einer Interviewstudie nicht befragt werden sollte (Kap. 4.3.3).

### 4.3.1 Stichprobenziehungstechniken bei qualitativen Studien

Damit die Ergebnisse einer qualitativen Studie intersubjektiv (also auch von anderen als dem Forschenden selbst) nachvollziehbar sind, ist es wichtig, die Akquisition der befragten Personen offenzulegen. Dies ist keine genuine Anforderung an qualitative Forschung, wird aber häufig bei qualitativen Studien vernachlässigt (zusf. Merkens, 2000). Deshalb ist es notwendig, den Weg zur Stichprobe zu dokumentieren. Gleichzeitig ist es aus forschungspraktischen Gründen sinnvoll zu wissen, wie eine Stichprobe für eine Interviewstudie zusammengestellt werden kann und welche Vor- und Nachteile die jeweiligen Zugänge zum Feld mit sich bringen. Im Folgenden werden einige Techniken vorgestellt, die sich teilweise überlappen. Denn zunächst kann zwischen einer deduktiven und induktiven, oder wie Blumer (1969) es nennt, einer inspektiven und explorativen Stichprobenziehung unterschieden werden. Beide Varianten lassen sich dann durch „Gatekeeper", durch das „Schneeballsystem" oder durch anfallende Stichproben realisieren.

#### 4.3.1.1 Deduktive Stichprobenziehung (Inspektion)
Bei dieser Form der Stichprobenziehung liegen bereits Kenntnisse darüber vor, welche Personen Informationen zur Fragestellung liefern können. Die Wahl der Befragten wird aus dem Vorwissen deduziert (vom Allgemeinen auf das Besondere schließen – von der Theorie auf den Einzelfall). So könnte etwa die Fragestellung lauten, inwiefern jugendliche Sozialisation eher von horizontaler Ungleichheit (Geschlecht, Wohnregion, Alter) oder von vertikaler Ungleichheit (Schulform, sozioökonomischer Status der Familie) bestimmt ist. Die zu befragenden Jugendlichen werden hinsichtlich bekannter Merkmale (Geschlecht, Region, Bildung etc.) ausgewählt und es wird eine Art „Stichprobenplan" aufgestellt. In diesem wird dann festgelegt, dass bspw. jeweils die Hälfte Mädchen und Jungen sein sollen, städtische und ländliche Regionen und alle Schulformen zu berücksichtigen sind und die Altersgruppen 11 bis 14 und 15 bis 18 Jahre gleichermaßen einbezogen werden sollen.

Die Zusammensetzung der zu befragenden Stichprobe erfolgt anhand vorab festgelegter Kriterien in der Erwartung, dass die geplante Stichprobe das maximale Spektrum möglicher Informationen einschließen wird. Diese Kriterien werden aus dem Vorwissen und/oder der zugrunde liegenden theoretischen Position (etwa Theorien sozialer Ungleichheit) abgeleitet und bei der Stichprobenwahl umgesetzt. Diese Auswahlkriterien sind dann offenzulegen.

**Vorteile**

Der Vorteil einer deduktiven Vorgehensweise liegt in der gezielten Auswahl von Personen für die eigene Studie. Das Vorwissen kann dazu genutzt werden, jene Fälle zu identifizieren, die dem Stichprobenplan optimal entsprechen und am ehesten eine maximale Bandbreite an Informationen erwarten lassen. Die Wahrscheinlichkeit von „unnötigen" Interviews wird hierdurch gemindert.

**Nachteile**

Ein bedeutender Nachteil dieser Stichprobenziehung liegt in ihrer starken Abhängigkeit vom Vorwissen. Je besser dieses ist, desto besser wird die Stichprobe auszuwählen sein. Führt das Vorwissen allerdings zur Ausblendung relevanter weiterer Kriterien (etwa ethnische Zugehörigkeit), so wird die Stichprobe nicht den maximalen Rahmen möglicher Informationen erreichen. Die Stärke qualitativer Forschung, Informationen jenseits bestehenden Wissens zu erhalten, wird damit aufs Spiel gesetzt. Ein weiterer Nachteil entsteht, wenn der Kriterienkatalog zu stark ausdifferenziert wird. Je mehr Kriterien bei der Stichprobenwahl angesetzt werden, desto mehr Zellen entstehen, die gefüllt werden müssen. Sind nur das Geschlecht und die Schulform relevant, sind bspw. sechs Zellen (Hauptschülerin, Hauptschüler, Realschülerin, Realschüler, Gymnasiastin, Gymnasiast) zu besetzen, also mindestens sechs Jugendliche zu befragen. Kommt als weiteres Kriterium noch der Wohnort Stadt/Land hinzu, erhöht sich die Zahl bereits auf ein Minimum von 12 Interviews. Da aber nicht jedes Interview das Maximum möglicher Informationen liefern wird, sollten aus Sicherheitsgründen pro Zelle mindestens zwei Interviews angesetzt werden, was dann bereits zu 24 Interviews führen würde. Mehr als drei Kriterien sind demnach nur noch schwer umzusetzen. Bei Abschlussarbeiten sind solche Stichprobenziehungstechniken mit mehr als zwei Kriterien aus Ressourcengründen problematisch.

Die Nachteile einer deduktiven Stichprobenziehung können durch deren flexible Handhabe gemindert werden. Stellt sich bspw. im Verlauf der Interviews heraus, dass andere als die vorab festgelegten Kriterien relevant für die Fragestellung sind, kann der Stichprobenplan abgeändert und der neuen Informationslage angepasst werden. Die deduktive wurde um eine induktive Vorgehensweise ergänzt.

### 4.3.1.2 Induktive Stichprobenziehung (Exploration)

Unter einer induktiven Stichprobenziehung wird ein Vorgehen verstanden, bei dem zu Beginn der Studie noch nicht bekannt ist, wer Informationen zur Fragestellung liefern kann. Es wird mehr oder weniger willkürlich mit der Befragung von Personen begonnen und aus den Interviews ermittelt, welche anderen Personen weitere Informationen liefern können. Kriterien für weitere potenzielle Befragte werden also aus bestehenden Interviews induziert (vom Besonderen auf das Allgemeine geschlossen, aus dem besonderen Fall Annahmen über allgemein relevante Fälle abgeleitet). Ein Beispiel hierfür wäre eine Studie über jugendliche Subkulturen. Da diese sich ständig ändern, kann das Vorwissen über diese nur gering sein. Die Stichprobenziehung würde dann mit einem Jugendlichen beginnen, der seine Freizeit mit Skateboarden verbringt, sich dieser Subkultur zugehörig fühlt und Informationen über andere, u. U. konkurrierende Jugendkulturen geben kann („Was gibt's denn sonst noch so außer den Skateboardern?").

Glaser und Strauss (1967) haben diese Vorgehensweise bei der Stichprobenziehung „theoretical sampling" (theoretische Stichprobenziehung) genannt. Der Begriff ist verwirrend, weil er gerade nicht die Auswahl von Personen anhand von Vorwissen meint, sondern im Gegenteil auf die induktive Auswahl von Personen abzielt. Das Theoretical Sampling schließt als Vorgehensweise ein, aus bisherigen Interviews gewonnene Informationen zu theoretischen Annahmen zu verdichten (Hypothesengenerierung als Forschungsziel von qualitativer Forschung) und auf der Basis dieser Annahmen weitere, als relevant erachtete Personen in die Stichprobe einzubeziehen. Zwei Ziele werden mit dieser Vorgehensweise verbunden. Erstens sollen auf der Basis bisheriger Erkenntnisse Fälle gefunden werden, die die vorläufige Annahme bestätigen. Damit soll aufgezeigt werden, dass bspw. die Handlungsbegründungen von Personen typisch für andere Fälle sind. Zweitens sollen aber auch Fälle einbezogen werden, die das Spektrum bisheriger Ergebnisse erweitern (Varianzmaximierung), um weitere Typen von Handlungsbegründungen identifizieren zu können. Ziel des „theoretical sampling" ist also, durch gezielte Auswahl weiterer Fälle die gefundenen Typen zu validieren und neue Typen erkennen zu können. Diese Form des Samplings ist abgeschlossen, wenn weitere Interviews keine Maximierung der Befunde mehr erwarten lassen.

### Vorteile

Ein Grund, warum die meisten qualitativen Studien das Verfahren der induktiven Stichprobenziehung verwenden, liegt in der großen Offenheit des Forschungsvorgehens und der geringen Notwendigkeit von Vorwissen. Es werden nicht bereits vor Beginn der Erhebung bestimmte Fälle ausgeschlossen, sondern es werden erhaltene Informationen zu einer immer neuen Variation der Stichprobe und damit des Erkenntnishorizonts genutzt. Jede neue, nicht antizipierte Information kann damit potenziell Eingang in die Studie finden und auf explorative Weise das bestehende Wissen zu einem Forschungsthema erweitern. Die Nichtangewiesenheit auf Kriterien erlaubt es ferner, nicht auf die Besetzung einzelner Zellen der Stichprobe achten zu müssen. Dies erleichtert die rasche Akquisition von Interviewpartnern.

### Nachteile

Der bedeutende Nachteil dieses Samplings liegt in seinem pyramidenförmigen Aufbau. Die Informationen einzelner Befragter werden für die Auswahl weiterer Interviewpartner genutzt. Dies bedeutet, wenn der Skateboarder und auch andere Jugendliche bspw. die Sprayersubkultur nicht erwähnen, dass auch keine Jugendlichen dieser Szene in das Design aufgenommen werden. Diese illegal operierende Szene könnte aber gerade einen wichtigen, weil typischen Fall für illegale jugendliche Subkulturen darstellen. Auch der Zeitpunkt, wann Informationen einen erschöpfend breiten Rahmen erreicht haben, ist schwer feststellbar. Nur weil weitere Jugendliche keine neuen Informationen liefern, heißt dies nicht, dass der Rahmen nicht doch weiter gefasst werden müsste, um dem Forschungsgegenstand gerecht zu werden. Der Begriff des „selective samplings" (Schatzmann & Strauss 1973: 38 f.) trifft dieses Problem pointiert. Vorherige Fälle führen zur selektiven Auswahl weiterer Fälle.

Auch bei der induktiven Vorgehensweise lassen sich die Nachteile durch Einbezug deduktiver Techniken tendenziell ausgleichen. Das intensive Studium bestehender Forschung kann helfen, potenzielle Fälle abzuleiten, die über das bisher Gesagte hinaus solche Interviewpartner in den Blick nehmen, die den Informationshorizont erweitern können. Eine weitere Möglichkeit besteht darin, „Gatekeeper" zu finden, die aus eigener Erfahrung mit dem Forschungsfeld vertraut sind, und deren Informationen die Breite der Stichprobe erhöhen können.

### 4.3.1.3 Stichprobenauswahl durch Gatekeeper

„Gatekeeper" heißt übersetzt etwa „Türsteher" oder „Toröffner". Damit sind Personen gemeint, die in dem sozialen Feld tätig sind, die den Forschenden interessieren und durch ihre Tätigkeit über jenes Expertenwissen verfügen, das der Forschende nicht besitzt. Gatekeeper können Sozialarbeiter sein, die mit straffälligen Jugendlichen arbeiten, Pädagogen in Jugendzentren, die täglich Umgang mit Jugendlichen haben, Lehrer in Schulen oder Nachhilfelehrer in Schülerarbeitszirkeln etc. Gatekeeper können in zweierlei Weise für die Stichprobenwahl genutzt werden.

Zum einen können mehrere Gatekeeper in Interviews gefragt werden, welche jugendlichen Subkulturen sie bspw. bei ihrem Umgang mit Jugendlichen wahrnehmen. Durch ihre alltäglichen Beobachtungen und ihrer Fähigkeit, diese zu systematisieren, sind Gatekeeper Experten in ihrem Feld und stellen Wissen zur Verfügung, das Forschende nicht oder nur in geringerem Umfang besitzen können. Die Aussagen der Gatekeeper können dann helfen, im Rahmen des deduktiven Samplings einen Stichprobenplan aufzustellen und vermutlich typische Fälle zu identifizieren.

Zum anderen können Gatekeeper die Funktion besitzen, dem Forschenden konkrete Interviewpartner zu nennen, von denen der Gatekeeper aufgrund seiner Erfahrung annimmt, dass dieser Jugendliche die Informationen besitzt, die der Forschende benötigt. Hierbei öffnen die Gatekeeper buchstäblich die Tür zum sozialen Feld und fungieren als eine Art „Reiseleiter". In dieser Rolle werden Gatekeeper zumeist bei induktiven Stichprobenziehungstechniken genutzt. Sie stellen Kontakte zu betreffenden Jugendlichen her und wählen weitere Interviewpartner auf der Basis dessen aus, was der Forschende aus vorherigen Interviews „gelernt" hat. Aber auch bei induktiver Vorgehensweise empfiehlt es sich, sich nicht nur auf einen Gatekeeper zu konzentrieren, sondern bspw. zwei oder mehrere Sozialarbeiter aus verschiedenen Jugendzentren als Türöffner zu nutzen.

## Vorteile

In der Praxis Tätige verfügen durch ihre Alltagserfahrung über Wissen, das Forschende in der Regel nicht besitzen. Hierdurch stellen sie eine bedeutsame Basis für den Zugang zum Feld dar, dessen Eigenheiten und Probleme sich nur aus der Innensicht erschließen lassen. Gerade Sozialarbeiter und -pädagogen kennen „ihre" Jugendlichen, deren Cliquenstrukturen, Kommunikationsmuster und szenischen Elemente sehr gut. Dieses Wissen hilft dem Forschenden in besonderer Weise, sein Untersuchungsfeld besser zu verstehen. Ferner kann der Gatekeeper durch sein Wissen über die Jugendlichen, mit denen er arbeitet, besser jene Jugendlichen auswählen, die für die Studie Varianzmaximierung erwarten lassen bzw. eine Typik bestätigen können. Schließlich liegt ein Vorteil des Zugangs über Gatekeeper darin, dass diese zumeist das Vertrauen der Jugendlichen genießen und deshalb als eine Art „Garant" dafür fungieren können, dass das Interview nicht zum Nachteil der Jugendlichen genutzt wird. Dieser durch den Gatekeeper ermöglichte Vertrauensvorschuss gegenüber dem Interview kann in der Interviewsituation selbst helfen, eine offene Atmosphäre herzustellen.

## Nachteile

Ein Problem beim Zugang zum Feld über Gatekeeper ist, dass sie nicht nur das Feld öffnen, sondern dieses auch selektieren. Es sind die Auswahlkriterien des Gatekeepers, die den Zugang ermöglichen, ohne dass der Forschende diese Kriterien hinterfragen kann (weil er sie nicht zwingend kennt). So kann ein Sozialarbeiter in einem Jugendzentrum einen Jugendlichen als für ein Interview ungeeignet einstufen, weil dieser in der Gruppe zu schüchtern ist. Im Einzelgespräch könnte dieser Jugendliche dennoch sehr auskunftsfreudig sein. Der Forschende ist auf die Selektion des Gatekeepers angewiesen. Ein zweiter Nachteil von Gatekeepern kann darin liegen, dass sie ein Interesse an einem möglichst positiven Bild „ihrer" Jugendlichen haben und deshalb nur bestimmte Personen für ein Interview vorschlagen. In einem Fall nutzte ein Gatekeeper in unserer Studie das Interview als eine Art „erzieherische Maßnahme", um einen ewigen „Störenfried" wenigstens für eine Stunde aus der Gruppe herauszunehmen und ihn gleichzeitig zu einem „vernünftigen Gespräch, indem er mal über sich nachdenkt", zu bewegen. Solche Interviews sind nicht prinzipiell weniger informativ, weisen aber noch am ehesten störende Randbedingungen auf (hier insbesondere der Zwang). Die Nachteile dieser Variante lassen sich damit zusammenfassen, dass Gatekeeper den Zugang zum Feld ermöglichen, aber nicht nur nach den Kriterien des Forschenden, sondern auch nach eigenen Vorstellungen.

### 4.3.1.4 Stichprobenziehung durch Selbstaktivierung

Eine der vermutlich am häufigsten verwendeten Methoden zur Stichprobengewinnung ist jene der Selbstaktivierung. Sie wird von Morse (2011) als sekundäre Selektion bezeichnet, weil die Fälle nicht vorab durch den Forschenden ausgewählt werden (primäre Selektion wie bei der deduktiven oder Gatekeeper-Methode), sondern sich durch die Bereitschaft zur Teilnahme der Befragten selbst ergeben. Bei dieser Variante werden Flugblätter oder Aushänge an Stellen verteilt, die von Jugendlichen ausreichend frequentiert werden. Auf diesen Aushängen wird dann um die Teilnahme an der Studie gebeten, kurz über die Studie informiert und ein Ansprechpartner angegeben (siehe ausführlich Kap. 5.1). Da Selbstaktivierung zumeist einen finanziellen Anreiz benötigt, wird eine Aufwandsentschädigung angekündigt (und natürlich auch gezahlt). Ein solcher Aushang kann entweder willkürlich – etwa jedes Jugendzentrum der Stadt – oder gezielt erfolgen. Bestehen bspw. Annahmen darüber, dass sozial benachteiligte Jugendliche in bestimmten Jugendzentren anzutreffen sind, so werden Aushänge primär an solchen Orten angebracht. Oder Flyer werden an solchen Schulen verteilt, mit denen bestimmte Erwartungen bezüglich der Zusammensetzung der Schülerschaft verbunden sind. Durch das gezielte Verteilen von Flyern oder Aushängen wird zwar der Kreis möglicher Befragter vorab eingeengt, aber dennoch ist die Studie auf die Selbstaktivierung der Jugendlichen angewiesen.

### Vorteile

Der besondere Vorteil dieser Variante liegt darin, dass niemand zur Teilnahme an der Studie gezwungen wird; es sei denn, die Handyrechnung ist so hoch, dass man das Geld dringend benötigt. Die Jugendlichen entscheiden von sich aus, ob sie an dem Interview teilnehmen möchten. Fällt diese Entscheidung positiv aus, ist die Motivation der Befragten in Schnitt höher als bei solchen, die explizit zur Teilnahme aufgefordert werden und aus unterschiedlichen Gründen trotz geringer Motivation einwilligen. Diese höhere Motivation lässt einen flüssigeren und informativeren Gesprächsverlauf erwarten.

### Nachteile

Durch die Selbstaktivierung treten gleichzeitig Prozesse der Selektion auf. Ähnlich wie bei Rückläufen von postalischen Befragungen werden nur bestimmte Jugendliche ihre Bereitschaft erklären. Denn die Hürden sind hoch: Erstens muss hierfür Zeit investiert werden, zweitens muss der Jugendliche von sich aus Kontakt mit einer ihm fremden Person aufnehmen und drittens werden primär Jugendliche mit dem Selbstvertrauen, die ungewohnte Situation meistern zu können, ihre Bereitschaft zur Teilnahme bekunden (siehe hierzu ausführlicher Kap. 4.3.2). Aber selbst nach der Kontaktaufnahme kommt es zu weiteren Selektionseffekten. So erscheinen nicht alle Jugendlichen, mit denen ein Termin vereinbart wurde, ohne dass der Grund des Ausfalls identifizierbar wäre. Wird eine Aufwandsentschädigung angeboten (in der Regel zwischen

€ 10 und € 20), zieht dies zuweilen auch solche Jugendliche an, die zwar kein Interesse am Interview, wohl aber am Geld haben. Diese wollen das Gespräch möglichst rasch abhaken und das Geld einstreichen. Das ist zwar verständlich, aber wenig ertragreich für die Studie.[4] Ein Verzicht auf eine Aufwandsentschädigung kann diesen Bias verhindern helfen, führt aber nach eigener Erfahrung zu nur sehr spärlichen Kontaktaufnahmen seitens der Jugendlichen.

Insgesamt bringt die Selbstaktivierung den Nachteil der Selektivität mit sich. Werden jedoch die ersten Interviewpartner auf diese Weise gewonnen, können die erhaltenen Informationen dazu genutzt werden, über Gatekeeper weitere Jugendliche gezielt auszuwählen.

### 4.3.1.5 Das Schneeballprinzip

Ähnlich dem induktiven Vorgehen werden bei dieser Variante zukünftige Interviewpartner aus den bisherigen Interviews gewonnen. Allerdings wird hierbei nicht inhaltlich vorgegangen, sondern die Befragten werden explizit danach gefragt, wer noch für ein Interview infrage käme. So könnte das erste Interview mit einem Jugendlichen begonnen werden, der sich selbst auf einen Aushang hin gemeldet hat. Dieser Jugendliche könnte dann am Ende des Interviews gebeten werden, Gleichaltrige zu nennen, die seiner Meinung nach ebenfalls etwas zum Thema sagen können. Die Befragten würden dann Freunde oder Bekannte nennen, von denen sie glauben, dass sie etwas zur Fragestellung der Studie beisteuern könnten oder würden. Diese Vorgehensweise orientiert sich dann nicht an der Maximierung von Varianz oder der Bestätigung bestehender Typen, sondern an den Netzwerken der Jugendlichen. Aufgrund der noch zu skizzierenden Vor- und Nachteile ergibt sich, dass diese Methode vor allem dann Anwendung finden sollte, wenn es um die Betrachtung eines Netzwerks geht (bspw. Freundschaftswahrnehmungen, Cliquenstrukturen, Gruppenrivalitäten etc.). In einigen Fällen wurde diese Technik in der Typenstudie angewandt (siehe Kap. 3.2.1), um den gleichen Sachverhalt von unterschiedlichen Mitgliedern einer Clique beleuchten zu lassen.

### Vorteile

Durch diese Technik lassen sich ohne großen Aufwand Stichproben zusammenstellen, da die vorher befragten Jugendlichen als eine Art „Gatekeeper" fungieren und ihre (hoffentlich) positiven Erfahrungen an ihre Freunde weitertragen. Dies erhöht zumeist die Motivation der Freunde zur Teilnahme. Ist das Ziel die Betrachtung eines Netzwerks, ist dieses Netzwerk durch die Schneeballtechnik sehr leicht zu erschließen.

---

4 Ein Jugendlicher hat in der Typenstudie das Gespräch mit der Frage eröffnet, wie lange er hier sitzen müsse, um das Geld zu bekommen. Zwar kann man hier pädagogisch tätig werden und den Jugendlichen zur Geduld erziehen, das Interview selbst wird aber unter solchen Bedingungen nicht sehr ertragreich sein.

**Nachteile**

Da Jugendliche sich in der Regel in Gleichaltrigengruppen befinden, die eine hohe Aktivitäts- und Einstellungshomogenität aufweisen, ist die Schneeballtechnik nicht zur Maximierung von Varianz geeignet. Allein durch dieses Verfahren zusammengestellte Stichproben sind mit höherer Wahrscheinlichkeit homogen als auf andere Art gewonnene Samples. Hinzu kommt das Problem, dass die Jugendlichen sich untereinander über das Gespräch informieren werden und auf diese Weise zur zusätzlichen Homogenisierung des Erzählten beitragen werden.

Geht es, wie erwähnt, um die Untersuchung von Netzwerken, ist die Schneeballmethode das Verfahren erster Wahl. Ansonsten empfiehlt es sich, diese Variante mit anderen Techniken zu kombinieren, um keine selektiven Befunde durch hohe Homogenität der Aussagen zu erhalten.

### 4.3.1.6 Profilsampling

Schließlich ist eine Möglichkeit, eine Stichprobe für eine qualitative Interviewstudie zu gewinnen, das Profilsampling. Bei dieser Technik liegen bereits Informationen über eine Reihe von Jugendlichen vor, aus denen dann jene ausgewählt werden, von denen vielfältige Informationen erwartbar sind. In der Regel findet das Profilsampling im Anschluss an eine quantitative Studie statt. So wurde in der Studie zu interethnischen Freundschaften (siehe Kap. 3.2.4) zunächst eine quantitative Fragebogenstudie durchgeführt, bei der die Nationalität des Freundes und die Qualität der Freundschaft erhoben wurde. Diese quantitativen Profile wurden dazu genutzt, Jugendliche mit interethnischer Freundschaft zu identifizieren, die einerseits eine hohe und andererseits eine geringe Freundschaftsqualität berichteten. Hierdurch war es möglich, die Auswirkungen interethnischer Freundschaften auf ethnische Vorurteile in Abhängigkeit der Freundschaftsqualität detaillierter zu erfassen. Die qualitativen Daten wurden zu einem vertieften Verständnis der quantitativ aufgefundenen Zusammenhänge genutzt.

Das Profilsampling ist notwendigerweise in ein umfassenderes Forschungsprogramm eingebunden, bei dem bereits Profile der infrage kommenden Stichprobe vorliegen. Hierzu müssen aber nicht umfassende Fragebogenstudien durchgeführt werden. Es ist durchaus ausreichend, an einer Reihe von Schulklassen Kurzfragebögen auszuteilen, in denen nach den theoretisch interessierenden Aspekten gefragt wird. Auf der Basis dieser Daten können dann im Rahmen einer deduktiven Vorgehensweise Jugendliche für die qualitative Stichprobe ausgewählt werden.

**Vorteile**

Die Vorkenntnis über mögliche Befragte ersetzt das beim deduktiven Vorgehen notwendige theoretische Vorwissen. Es bestehen durch Kurzfragebögen, Gruppendiskussionen oder Aufsatzanalysen Vorkenntnisse über Jugendliche und die Auswahl für die Stichprobe kann gezielt anhand dieser Profile stattfinden. Das Varianzspektrum ist bereits anhand der Profile erkennbar und kann gezielt in den qualitativen Interviews abgesteckt werden. Ferner besteht eine besondere Möglichkeit des Profilsamplings in der Verknüpfung der Daten aus den jeweiligen Studien; etwa einer quantitativen Fragebogenstudie und der Interviewstudie. Quantitative Daten können der Überprüfung von Hypothesen, qualitative Interviews dem tieferen Verständnis der gefundenen Zusammenhänge oder Unterschiede dienen.

**Nachteile**

Das Profilsampling ist abhängig von den vorab erhobenen Profilen. Dies bezieht sich zum einen auf den Umfang der befragten Personen. Je weniger Profile vorliegen, desto wahrscheinlicher ist es, dass Extreme nicht berücksichtigt werden und die Varianzmaximierung nicht möglich ist. Zum anderen ist auch die Qualität der Profile entscheidend. Je weniger aussagekräftige Indikatoren (etwa im Kurzfragebogen) den Profilen zugrunde liegen, desto weniger präzise kann die Auswahl der Interviewpartner erfolgen. Auch können Indikatoren nicht erhoben worden sein, die das Profil facettenreicher darstellen könnten. Sodann können die Kurzfragebogen dazu führen, dass die potenziellen Befragten zu stark auf die im Fragebogen erhobenen Thematiken fokussieren und im anschließenden Interview weitere Themen ausblenden, weil sie annehmen, dass diese den Interviewer nicht interessieren. Diesem Problem kann durch ausreichende zeitliche Distanz zwischen Kurzfragebogen und Interview begegnet werden. Schließlich ist das Profilsampling durch die Verwiesenheit auf andere Datenquellen mit mehr Aufwand als die übrigen Verfahren verbunden und Aspekte des Datenschutzes sind in besonderer Weise zu beachten und evtl. diesbezügliche Genehmigungen bei den Eltern und den zuständigen Datenschutzbeauftragten einzuholen.

### 4.3.2 Anforderungen an Interviewpartner

Einer „guten" Stichprobenziehung stehen eine Reihe von forschungspraktischen Problemen entgegen. Das größte Problem dürfte jenes der Erreichbarkeit von Personen und deren Motivation zur Teilnahme darstellen (Merkens, 2003). Nicht jede Person (insbesondere Mitglieder sozialer Randgruppen) ist für die Befragung erreichbar, weil entweder kein Zugang zu diesen Personen gefunden werden kann oder weil die betreffenden Personen die Bereitschaft zur Teilnahme verweigern. Wolff (2000: 335) zählt eine Reihe von „Zumutungen" auf, die potenzielle Befragte auf sich nehmen müssen, wenn sie an einer Studie teilnehmen sollen und die zur Verweigerung führen können:

– Personen müssen *Zeit* für die Befragung erübrigen (wollen und können). Gerade qualitative Interviews sind häufig zeitintensiv. Neben dem eigentlichen Gespräch kommen zu dieser Investition die An- und Abfahrt zum Interviewort, Vorgespräche und eventuelle Nochmalbefragungen.

- Befragte geben teilweise ihre *Raumsouveränität* auf. Auch wenn nach Möglichkeit Befragungsorte gewählt werden sollten, die dem natürlichen Umfeld der Befragten entsprechen, kann es sein, dass der Interviewort nicht der gewohnten Umgebung entspricht. Gerade bei jüngeren Jugendlichen, die nie oder selten in Cafés gehen, stellt auch ein von ihnen vorgeschlagenes Café eine eher ungewohnte Umgebung dar.
- Interviewte müssen eventuelle *Unsicherheiten* ertragen. Die erste Kontaktaufnahme zwischen Interviewer und Interviewtem kann durch Unsicherheiten gekennzeichnet sein, weil der Jugendliche nicht weiß, wie er der fremden (u. U. als Autorität angesehenen) Person begegnen soll. Unsicherheiten entstehen ferner aus der zwar alltagsnahen, aber dennoch ungewohnten Frage-Antwort-Gesprächssituation. Zuweilen stehen Jugendliche zu Beginn des Interviews vor dem Problem, dass sie keine „falschen" Antworten geben wollen oder ihnen unangenehm ist, keine Antwort geben zu können (siehe ausführlich Kap. 5.3.4).
- Befragte müssen dem Interviewer *Vertrauen* ohne vorherigen Beziehungsaufbau schenken. Je nach Fragestellung der Studie wird von Jugendlichen verlangt, zu intimen, persönlichen oder heiklen Themen Auskunft zu geben, ohne dass die Jugendlichen sicher sein können, dass ihre Antworten tatsächlich vertraulich behandelt werden.

Neben diesen, die Motivation hemmenden Faktoren gibt es eine Reihe weiterer Anforderungen, denen Interviewpartner sich ausgesetzt sehen, um sich in der Interviewsituation als souveräner Gesprächspartner zu erleben. Morse (2011) benennt drei solcher Faktoren:

(1) Die befragten Personen müssen über das notwendige *Wissen* und/oder die *Erfahrung* verfügen, das/die der Interviewer erfragt. Gerade bei Interviews zum Eltern-Kind-Verhältnis erleben es vor allem solche Jugendliche häufig als unangenehm, hierzu nichts beitragen zu können, die keine Eltern oder keinen Kontakt zu diesen haben.

(2) Interviewpartner müssen über die Fähigkeit zur *Reflektion* über eigene Erfahrungen, Handlungs- und Denkweisen verfügen. Warum-Fragen, die zentral bei der Erfassung subjektiver Bedeutungszuschreibungen sind, erfordern von Jugendlichen die Fähigkeit, von ihren Erlebnissen etc. zu abstrahieren und hierüber Metakognitionen zu entwickeln.

(3) Befragte müssen in der Lage sein, sich zu *artikulieren*. Jugendlichen, denen es schwer fällt, sich in freier Rede auszudrücken, erleben Interviews als frustrierend, weil sie erstens mit einem Interviewer konfrontiert sind, der über eine elaboriertere Ausdrucksweise verfügt. Zweitens kann das Problem auftauchen, dass sich solche Jugendliche nicht verstanden fühlen und Blockaden aufbauen.

Insbesondere bei Stichprobenziehungstechniken, die auf die Selbstaktivierung von Jugendlichen setzen, entsteht das Problem einer selektiven Stichprobe. Jugendliche mit wenig Zeit, geringem Vertrauen, hohen Unsicherheitserwartungen sowie Artikulations- und Reflektionsunsicherheiten weisen eine geringe Wahrscheinlichkeit auf, sich freiwillig für eine Interviewteilnahme zu melden. Zuweilen und je nach Fragestellung der Studie können es aber gerade diese Jugendlichen sein, die die bereits erwähnte Varianz von Aussagen maximieren können, also relevante Extreme darstellen.

### 4.3.3 Wer nicht befragt werden sollte

Die vorigen Abschnitte haben sich mit der Frage beschäftigt, wie Stichproben für eine qualitative Interviewstudie gewonnen werden können. Es ergibt wenig Sinn, weiterhin auszuführen, welche konkreten Personen in die Stichprobe aufgenommen werden sollten. Dies hängt stark von der Fragestellung der Studie ab. Es können aber Hinweise gegeben werden, wer in einer Interviewstudie nicht befragt werden sollte. Hierdurch bleiben zwar noch eine Unzahl von Personen übrig, aber die Eingrenzung ist notwendig, um die Verzerrung von Aussagen möglichst zu vermeiden.

– Niemand sollte – trivialerweise – in die Stichprobe aufgenommen werden, der keine Informationen zur Fragestellung der Studie liefern kann. So ergibt es bei einer Jugendstudie selbstverständlich keinen Sinn, Kinder oder Senioren zu befragen; es sei denn, Zukunftsvorstellungen von Kindern und Vergangenheitserleben von Senioren stehen im Mittelpunkt der Untersuchung. Bei jeder Studie ist vorab einzugrenzen, welche Personengruppe auf keinen Fall in Betracht kommt. Auch wenn es selbstverständlich klingt, ist es zur Spezifikation der Zielstichprobe – entweder vorab oder im Verlauf der Erhebung – sinnvoll, unpassende Fälle auszuschließen und auf diese Weise mehr Klarheit über die in den Blick zu nehmenden Personengruppen zu erhalten. Ich nenne dies das „Sherlock-Holmes-Prinzip": Bei Ausschluss aller unlogischen Möglichkeiten muss notwendigerweise die logische Variante, auch wenn sie noch so unsinnig erscheint, übrig bleiben. Will heißen: Wenn ich mich für rechtsextreme Jugendkulturen interessiere, führt der Ausschluss aller anderen Szenen unweigerlich zu der spezifisch interessierenden, selbst wenn es unmöglich erscheint, solche Jugendliche zu erreichen.

– Für jedwede Form der Befragung gilt, dass niemand interviewt werden sollte, der nicht freiwillig an der Studie teilnehmen möchte. Zwar kann der „Freiwilligkeit" durch finanzielle Anreize nachgeholfen werden. Besteht aber grundsätzlich keine Bereitschaft zur Teilnahme, ist ein Zwang nicht nur aus ethischen Gründen abzulehnen, sondern auch aus ganz pragmatischen. Solche Interviews werden nicht zu einem befriedigenden Ergebnis führen und die Interviewsituation selbst wird reichlich unbehaglich ausfallen. Lässt sich ein solcher Zwang nicht vermeiden – da vom Forscher ungewollt –, weil bspw. ein Gatekeeper einem Jugendlichen bei Nichtteilnahme Sanktionen androht oder Lehrer auf der Teilnahme bestehen, dann sollten diese Interviews so kurz wie irgendmöglich gehalten werden. Sollte der Jugendliche wider Erwarten dennoch Gefallen an dem Interview finden, ist die Bedingung der Freiwilligkeit wieder gegeben.

– Es ist nicht empfehlenswert, Freunde, Bekannte oder Verwandte mittels Interview zu befragen. Auch wenn es bei Abschlussarbeiten aus Gründen der Forschungsökonomie reizvoll ist, die eigene Schwester oder den Cousin zu interviewen, tut man sich damit keinen Gefallen. Diese Beziehungen sind voraussichtlich durch eine gemeinsame Vergangenheit „belastet" und werden auch in der Zukunft fortdauern. Dadurch entsteht eine wenig offene kommunikative Atmosphäre, weil Gesagtes in späteren Interaktionen eine Rolle spielen wird und früher gemeinsam Erlebtes die Kommunikation begrenzen werden. Die Offenheit der Gesprächssituation ist dadurch eingeschränkt. Auch Freunde von Geschwistern oder Bekannte von Arbeitskollegen, also Personen entfernterer Bekanntschaft, kommen nicht infrage, da die Situation durch den Gedanken des Interviewten belastet sein wird, dass das im Interview Gesagte an gemeinsame Bekannte weitergegeben wird. Und bei Lebenspartnern ist es wie mit dem Gesellschaftsspiel„Therapy": Es gibt Dinge, die will man besser nicht wissen. Freunde oder Bekannte können aber durchaus für das Üben des Interviews und für eine Art „Pretest" des Interviewleitfadens genutzt werden. Hier ist dann allerdings explizit deutlich zu machen, dass Bekannte eine Art „technische Unterstützung" geben und das Gesagte selbst völlig irrelevant ist.

Insgesamt sollten also in Interviews nicht Personen befragt werden, bei denen wenig relevante Informationen zu erwarten sind, die zum Interview gezwungen werden oder sich gezwungen fühlen und zu denen eine über das Interview hinaus andauernde soziale Beziehung besteht.

### 4.3.4 Umfang der Stichprobe

Eine bei Abschlussarbeiten sehr häufig gestellte Frage ist jene nach der Anzahl der Personen, die für Studie befragt werden müssen. Diese Frage ist erstens pauschal nicht zu beantworten und zweitens nicht primär relevant für die Qualität einer Studie. Zwar ist zutreffend, dass mit der Anzahl der Interviews die Wahrscheinlichkeit einer großen Informationsbreite und auch -dichte steigt. Allerdings ist eine große Stichprobe noch keine Garantie für Varianz. Überschreitet das erhobene Material die zur Verfügung stehenden Ressourcen, können Auswertungen nicht mehr in der notwendigen Form erfolgen, sodass vielleicht kontrastreiche Fälle vorliegen, deren Informationen aber nicht mehr analysiert werden können. Empfehlungen nach der Anzahl der Interviews wurden jeweils am Ende der einzelnen Interviewtechniken gegeben und dienen eher als Richtlinie bezüglich der Ressourcen, die in eine Abschlussarbeit investiert werden können. Entscheidender als die Zahl der Befragten ist die Sorgfalt, mit der diese ausgewählt wurden. Deren Brauchbarkeit zur Beantwortung der Fragestellung sollte dann das Kriterium sein, weitere Fälle einzubeziehen.

### 4.3.5 Zusammenfassung

In diesem Kapitel wurden Überlegungen zur Stichprobenwahl bei qualitativen Interviews angestellt. Stichproben bei qualitativen Studien dienen nicht dazu, generalisierende Aussagen zu treffen oder Hypothesen zu prüfen, sondern eine möglichst große Bandbreite an verschiedenen Personen in das Design aufzunehmen und gleichzeitig Informationstiefe herzustellen. Vergleichende qualitative Studien haben in der Regel die Identifikation von Typen oder typischen Mustern zum Ziel und benötigen deshalb eine maximale Varianz, um diese Typen möglichst umfassend erfassen und beschreiben zu können. Für die Akquisition von Interviewpartnern stehen verschiedene Techniken zur Verfügung (siehe Abbildung 9):

–  Bei der *deduktiven* Vorgehensweise werden vorab Kriterien festgelegt, die sich aus dem (theoretischen) Vorwissen der Forschenden ergeben. Anhand dieser Kriterien wird ein Stichprobenplan erstellt und anschließend werden zu Befragende gewählt. Diese werden bei einer rein deduktiven Vorgehensweise interviewt, ohne dass die Interviews selbst Rückwirkungen auf den Stichprobenplan besitzen.

–  Die *induktive* Variante geht demgegenüber von geringem Vorwissen aus. Die ersten Interviews werden dazu genutzt, Kriterien für weitere, relevante Fälle zu generieren, die dann in die Stichprobe einbezogen werden. Die ausgewählten Befragten werden interviewt und die neu hinzugewonnenen Informationen zur Präzisierung oder Veränderung der Kriterien der Befragtenauswahl verwendet. Das Wissen über die geeignete Stichprobe entsteht also im Forschungsprozess selbst.

–  Bei der *Gatekeepervariante* werden Personen als Ausgangspunkt genutzt, die durch ihre Tätigkeit und Erfahrung im interessierenden sozialen Feld in der Lage sind, Interviewpartner für den Forschenden zu identifizieren. Auch können Gatekeeper als Experten angefragt werden, wenn es um die Erarbeitung von Kriterien für die Stichprobenwahl geht. Die von den Gatekeepern erhaltenen Kriterien und/oder Personenvorschläge werden für die Befragtenauswahl genutzt und die Interviews durchgeführt. Das in den Interviews erhaltene Wissen dient dazu, sich weitere Vorschläge für Interviewpartner von den Gatekeepern unterbreiten zu lassen oder den Kriterienkatalog zu verändern.

–  Bei der Stichprobenziehung durch *Selbstaktivierung* wird auf die Eigeninitiative möglicher Befragter gesetzt. Durch Aushänge etc. wird auf die Studie aufmerksam gemacht und um Teilnahme gebeten. Befragte kontaktieren von sich aus die Forschenden und finden durch diese Eigeninitiative Eingang in die Stichprobe.

–  Das *Schneeballprinzip* eignet sich besonders zur Erfassung sozialer Netzwerke. Die ersten Interviews werden genutzt, um sich weitere Personen aus dem Bekanntenkreis des Interviewten nennen zu lassen, die ebenfalls Informationen zur Fragestellung der Studie liefern können. Auf der Basis dieser Hinweise wird dann die Stichprobe sukzessive erweitert.

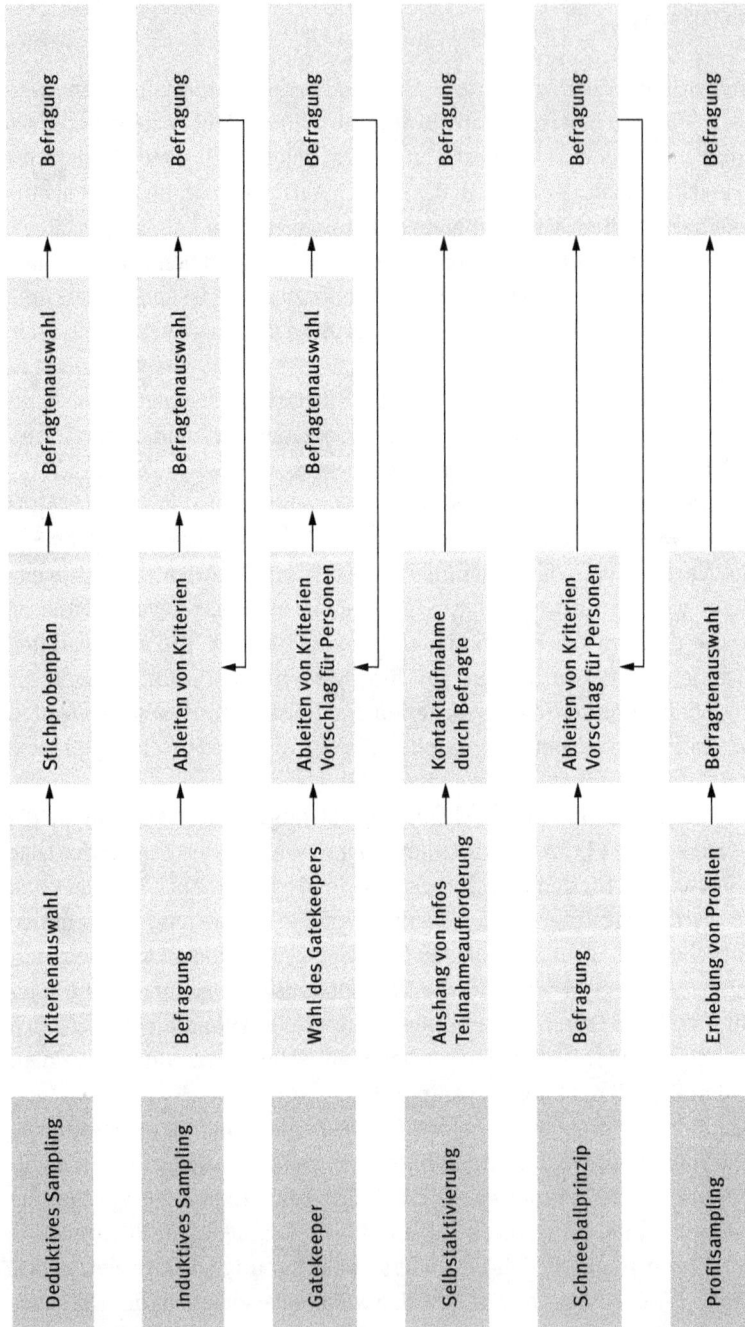

**Abb. 9:** Schematische Übersicht der Vorgehensweisen bei den unterschiedlichen Stichprobenziehungstechniken (eigene Darstellung).

- Ein bereits gutes Vorwissen über die zu Befragenden erfordert das *Profilsampling*. Interviewpartner werden auf der Basis bereits vorhandener, personenbezogener Profile identifiziert und in die Stichprobe aufgenommen. Auch bei dieser Variante werden vorab Befragte ausgewählt, ohne dass die Interviews zu einer Veränderung des Stichprobenplans beitragen.

Jede dieser Stichprobenziehungstechniken weist eine Reihe von Vor- und Nachteilen auf, die eine Kombination der Verfahren sinnvoll machen. So können Selbstaktivierungs- und Gatekeepertechniken miteinander verknüpft werden oder induktives und deduktives Vorgehen im Wechsel eingesetzt werden. Bei Interviews nach dem Schneeballprinzip können Profile des Bekanntenkreises des Befragten erstellt und für die selektive Auswahl weiterer Personen genutzt werden. Welche Variante sich für die jeweilige Studie anbietet, hängt von verschiedenen Faktoren ab, die abschließend als kleine Hilfestellung zusammengetragen werden:

- Je geringer das Vorwissen ist, desto eher empfiehlt sich eine induktive Vorgehensweise. Informationen aus den Interviews werden genutzt, das eigene Vorwissen zu präzisieren und weitere, relevante Fälle zu identifizieren.
- Je geringer das Vorwissen ist, desto eher empfehlen sich Gatekeeper als Zugang zum Feld. Die Befragung von Gatekeepern zum Thema oder die Rekrutierung von Interviewpartnern durch die Gatekeeper ermöglicht es, eigenes, fehlendes Wissen durch jenes der Gatekeeper zu ergänzen.
- Je offener die Fragestellung ist, desto eher empfehlen sich induktive Vorgehensweisen. Da hier die Festlegung auf eine Stichprobe wegfällt, ist hier die Offenheit für nicht bedachte Aspekte der Fragestellung auch durch die Offenheit der Wahl von Interviewpartner gegeben.
- Je schlechter der Zugang zum sozialen Feld (bspw. Randgruppen) ist, desto eher empfehlen sich Gatekeeper, die diesen Zugang ermöglichen. Ihr Wissen um die spezielle Zielgruppe und ihr häufiger Kontakt zu dieser erleichtern es, die Motivation zur Teilnahme zu erhöhen.
- Je mehr Ressourcen zur Verfügung stehen und je besser das Vorwissen ist, desto eher empfiehlt sich die vorherige Erstellung von Profilen möglicher Befragter. Diese Profile helfen, einzelne Fälle gezielter auszuwählen und bei deren Wegfall alternative, ähnlich profilierte Fälle einzubeziehen.
- Je weniger Ressourcen zur Verfügung stehen, desto weniger empfehlen sich deduktive Herangehensweisen mit vielen Kriterien zur Fallauswahl. Mit jedem Kriterium steigt die Anzahl zu erhebender Interviews und belastet somit die Ressourcen des Projekts.
- Je weniger Zeit für die aktive und gezielte Suche nach Interviewpartnern zur Verfügung steht, desto eher empfiehlt sich die Stichprobenakquise durch Selbstaktivierung. Personen müssen auf diese Weise nicht gefunden werden, der Forschende selbst wird gefunden.

Diese groben Entscheidungshilfen sollen jedoch nicht darüber hinwegtäuschen, dass auch eine für die eigene Studie optimale Stichprobenziehungstechnik Nachteile mit sich bringt. Diese Nachteile sollten bei der Wahl einer Technik bewusst wahrgenommen, die Entstehung der Stichprobe nachvollziehbar dokumentiert und die Nachteile bei der Auswertung der Daten berücksichtigt und offengelegt werden.

Von den Strategien, die in eigenen qualitativen Studien angewendet wurden, hat sich jene des Profilsamplings als sehr effizient bei der Identifikation interessierender Fälle erwiesen. Die Stichprobe konnte relativ zügig und zielorientiert zusammengestellt werden. Gleichwohl bleiben auch hier Nachteile zu bedenken und diese Vorgehensweise ist ressourcenaufwendig. Für Abschlussarbeiten kommt sie eher nicht in Betracht.

### Weiterführende Literatur

Denzin, N. K. & Lincoln, Y. S. (2011). Strategies of inquiry. In N. K. Denzin & Y. S. Lincoln (ed.), *Handbook of Qualitative Research* (200–208). Thousand Oaks: Sage Publications.
Merkens, H. (2003). Stichproben bei qualitativen Studien. In B. Friebertshäuser & A. Prengel (Hrsg.), *Handbuch Qualitative Forschungsmethoden in der Erziehungswissenschaft* (97–106). Weinheim: Juventa.

## 4.4 Erstellen des Interviewleitfadens

In der quantitativen Forschung stellt der Fragebogen das zentrale Scharnier zwischen Theorie und Empirie dar. Je besser der Fragebogen die zentralen Konstrukte der Theorie erfasst, desto besser gelingt die Überprüfung der Hypothesen. Eine ähnlich bedeutsame Funktion nimmt der Leitfaden bei qualitativen Interviewstudien ein, sofern es sich um ein teilstrukturiertes Erhebungsverfahren handelt. Je besser es gelingt, die relevanten Aspekte einer Fragestellung im Leitfaden festzuhalten, desto umfassender und detaillierter kann die Fragestellung der Studie beantwortet werden. Zwar trifft die Aussage von Schmidtchen (1962), wonach nicht der Interviewer, sondern der Fragebogen „klug" sein müsse, für Interviewleitfäden nur bedingt zu. Der Forschende selbst muss in der Interviewsituation ein hohes kommunikatives Geschick an den Tag legen. Allerdings dient der Leitfaden der inhaltlichen Strukturierung der Interviews und beeinflusst dadurch entscheidend, wie sich der thematische Fokus der Studie gestaltet. Der Leitfaden erhält hierdurch seine zentrale Bedeutung bei der Durchführung von Leitfadeninterviews.

Ein bedeutender Unterschied zum Fragebogen besteht allerdings in seiner Handhabung. Leitfäden liegen nicht, wenn sie einmal fertig gestellt sind, in ihrer endgültigen Form vor, um in identischer Weise bei allen Interviews angewendet zu werden. Leitfäden sind vielmehr ein flexibles Instrument, welches sich im Verlauf der Studie und innerhalb der einzelnen Interviews verändert, bzw. in abgeänderter Form gehandhabt wird. Einzelne Themen können hinzugenommen, andere weggelassen werden. Frageformulierungen können sich als unbrauchbar erweisen oder müssen reformuliert werden. Während beim Fragebogen u. a. das zentrale Kriterium die Vergleichbarkeit der Antworten verschiedener Probanden darstellt, ist es beim Leitfaden die Angemessenheit zur Gesprächssituation und der Passung zum Interviewpartner. Der Leitfaden muss seine zentrale Funktion der Erfassung subjektiver Perspektiven erfüllen und ordnet sich in seiner Gestalt ganz diesem Ziel unter. In Abwandlung eines Zitats von Umberto Eco (2010: 145) könnte man deshalb sagen, dass die Veränderung des Leitfadens im Verlauf der Studie eine Notwendigkeit ist: Die endgültige Fassung des Leitfadens ist ganz anders als jene vom Anfang. Das ist normal. Wäre es nicht so, die ganze Untersuchung hätte euch keine neue Idee vermittelt. Ihr wärt vielleicht Prachtkerle, aber es wäre überflüssig gewesen, eine Abschlussarbeit zu schreiben.

Diese Flexibilität und Unterordnung unter das Ziel der Angemessenheit leiten sich aus den drei bereits beschrieben Prinzipien qualitativer Forschung ab, wie sie in Kapitel 2.3 beschrieben wurden. Im ersten Abschnitt dieses Kapitels wird deshalb näher darauf eingegangen, wie sich diese Prinzipien auf die Konstruktion und Handhabung eines Leitfadens auswirken (Kap. 4.4.1). Hieran schließen sich Ausführungen über den technischen Aufbau des Leitfadens an (Kap. 4.4.2). Sodann wird zu erörtern sein, welche Arten von Fragen sich für einen Interviewleitfaden anbieten (Kap. 4.4.3).

### 4.4.1 Leitfadenkonstruktion und zentrale Prinzipien qualitativer Forschung

Zu Beginn dieses Bandes wurden Offenheit, Prozesshaftigkeit und Kommunikation als drei wichtige Grundlagen qualitativer Forschung vorgestellt, die für Forschung im Sinne der Methodologie des Symbolischen Interaktionismus gelten. Leitfadeninterviews sind zumeist diesem Paradigma verhaftet (Flick, von Kardorff & Steinke, 2000). Der Leitfaden als zentrales Instrument sollte demzufolge auch diesen drei Kriterien genügen. Zur Erinnerung werden die drei Prinzipien nochmals kurz benannt und in ihren Folgen für die Leitfadenkonstruktion beschrieben.

### Offenheit
Qualitative Forschung geht nicht von vorab formulierten Hypothesen oder Theorien aus, die es zu überprüfen gilt. Vielmehr ist das Ziel, subjektive Bedeutungen, Handlungsbegründungen und individuelles Erleben etc. zu erfassen, um hieraus ein besseres Verständnis dafür zu gewinnen, wie Subjekte die Welt sehen, wahrnehmen und in ihr handeln. Dementsprechend muss qualitative Forschung offen sein für neue Fragen und auch neue Antworten, die dem Verständnis des Forschenden vielleicht widersprechen oder aus der Außenperspektive keinen „Sinn" ergeben. Aussagen von Befragten werden nicht im Sinne von „wahr" oder „falsch", „hypothesenkonform" oder „-nonkonform" bewertet, sondern als persönliche Deutungen akzeptiert.

Diesem Prinzip muss bei der Gestaltung und Handhabung des Leitfadens Rechnung getragen werden. Es lassen sich zwei Arten von Offenheit bei Leitfäden unterscheiden.

(1) **Offenheit bezüglich der Gestalt des Leitfadens**

Der Leitfaden wird nicht vor Beginn aller Interviews formuliert und in identischer Form bei allen Interviews angewandt. Seine Gestaltung muss offen sein für neue Informationen, die die Interviewten liefern, und die persönliche Relevanz von Themen berücksichtigen. Nicht das, was der Forscher für relevant erachtet, sondern das, was die Beforschten wesentlich finden, ist im Leitfaden aufzunehmen. Hieraus ergibt sich die bereits benannte Flexibilität bei der Gestaltung des Leitfadens. Er muss im Verlauf der Studie veränderbar sein.

(2) **Offenheit bezüglich der Handhabung des Leitfadens**

Der Forschende geht in der Regel mit einem mehr oder weniger konkret ausformuliertem Leitfaden in die Interviewsituation. Die darin enthaltenen Stichpunkte oder Fragen dienen der inhaltlichen Strukturierung des Interviews. Der Leitfaden ist aber kein Korsett, in welches das Interview gezwängt wird, sondern ist vielmehr eine Art „Gedächtnisstütze". Die Fragen und deren Reihenfolge sind vom Gesprächsverlauf abhängig. Ob Fragen gestellt werden und wie intensiv sie bearbeitet werden, hängt davon ab, was der Befragte sagt und in welcher Tiefe dieser bereit ist, Themen zu besprechen. Auch die Reihenfolge der Fragen wird nicht durch den Leitfaden, sondern durch die vom Befragten vorgegebene Gesprächsstruktur und -inhalte bestimmt. Hintergrund ist, dass der Befragte durch das Anschneiden von Themen persönliche Relevanzsetzungen signalisiert, die am ehesten seinen subjektiven Bedeutungshorizonten entsprechen. In Leitfadeninterviews gibt es durchaus die Möglichkeit, nicht angeschnittene Themenbereiche am Ende des Interviews aufzugreifen und diese abzufragen (siehe Kap. 4.2.5). Wann immer aber die Antworten des Befragten Desinteresse, Irrelevanz oder geringes Wissen signalisieren, wird nicht zwanghaft an den betreffenden Fragen festgehalten, sondern deren Vertiefung aufgegeben. Der Leitfaden wird also im Interview nicht im Sinne einer vollständigen Standardisierung des Gesprächs genutzt, sondern lediglich als Orientierung für den Interviewer, welche Themen *potenzieller und nicht faktischer Gegenstand* des Interviews sind. Neue Themen, die der Befragte einbringt, sollen im Gespräch berücksichtigt und bearbeitet werden. Es kann selbstverständlich auch zu extremen thematischen Abschweifungen kommen. Diese werden aber behutsam vom Interviewer „eingefangen" und auf interessierende Fragestellungen umgelenkt. Eine „Leitfaden-Bürokratie" (Hopf, 1978) entspricht nicht dem Prinzip der Offenheit qualitativer Forschung.

### Prozesshaftigkeit

Dieses Grundprinzip besagt, dass Bedeutungszuschreibungen von Personen nicht statisch sind, sondern aufgrund sozialer Interaktionen Veränderungen unterliegen. Aus diesem Grund muss die Prozesshaftigkeit der Bedeutungszuschreibungen rekonstruiert werden, weshalb einmalige „Schnappschüsse" nicht ausreichen. Da hierzu Längsschnittstudien eine gute Wahl, diese aber nicht immer realisierbar sind, können retrospektive Fragestellungen als Hilfskonstruktion dienen. Hierdurch kann die Veränderung von Bedeutungszuschreibungen aus der Sicht des Befragten rekonstruiert werden.

Dieses Grundprinzip sollte sich in Leitfäden darin niederschlagen, dass nicht nur gefragt wird, wie die Dinge aktuell vom Interviewten gesehen werden, sondern auch, welche Sichtweisen früher vorgeherrscht und wie bzw. warum sich diese geändert haben. Hierdurch lässt sich der Prozess der Entstehung von Bedeutungen rekonstruieren und Gründe für aktuelle Deutungen etc. identifizieren. Das Individuum wird ferner nicht als isoliert betrachtet, das Bedeutungen im luftleeren Raum, sondern in sozialen Interaktionen entwickelt. Prozesshaftigkeit als wesentliches Merkmal qualitativer Forschung sollte demnach auf zwei Ebenen bei der Leitfadenkonstruktion beachtet werden:

(1) **Vergangenheit-Gegenwarts-Prozess**

Menschen stehen in der Regel nicht morgens auf und überlegen sich bei einer Tasse Kaffee, wie sie die Welt sehen. Hierbei handelt es sich vielmehr um einen auf Erfahrungen basierenden Entwicklungsprozess, der zur Gestalt gegenwärtiger subjektiver Perspektiven beiträgt. Diese Vergangenheits-Gegenwarts-Achse ist bei der Konstruktion von Leitfäden zu berücksichtigen. Der Leitfaden sollte nicht nur Fragen nach dem Hier und Jetzt stellen, sondern auch solche nach früheren Zeitpunkten und Veränderungen über die Zeit. „Wie sehen Sie das heute?" und „War das schon immer so oder war das früher einmal anders?" sind wichtige Fragepaare, die die ontogenetische und soziale Gewordenheit von Bedeutungszuschreiben aufzudecken vermögen. Fragen nach dem „Warum?" der Veränderung oder Stabilität leiten in der Regel zur Erfassung des Ich-Andere-Prozesses über.

(2) **Ich-Andere-Prozess**

Da der Symbolische Interaktionismus von der Prämisse ausgeht, dass Bedeutungen intersubjektiv, also in Auseinandersetzung mit anderen Objekten (Menschen, Kulturgüter etc.), ausgehandelt werden, ist dieser Aushandlungsprozess bei den Fragen zu berücksichtigen. Die Frage nach subjektiven Sichtweisen wird durch Fragen nach der Rolle der Umwelt bei der Entstehung der Sichtweisen ergänzt. „Wie sehen Sie das heute?" und „Welchen Einfluss haben andere für Ihre Sichtweise gespielt?" stellen – idealtypisch – eine Fragekombination dar, die diesen Ich-Andere-Prozess zu erfassen vermögen.

**Kommunikation**

Das Prinzip der Kommunikation besagt, dass das Gewinnen von Informationen innerhalb des Interviews in möglichst großer Nähe zum alltäglichen Sprachgebrauch der Interviewten zu erfolgen hat. Nicht die Nutzung von wissenschaftlich möglichst präzisen Begriffen oder Konstrukten ist wesentlich, sondern die Verständlichkeit der Kommunikation, ihre Nähe zu alltäglichen Gesprächsregeln und den Regeln, wie Inhalte in Gesprächen ausgehandelt werden. Auf diesen drei Ebenen sollte auch die Leitfadenkonstruktion dem Prinzip der Kommunikation entsprechen.

(1) **Verständlichkeit**

Bei der Formulierung von Fragen für den Leitfaden und ihrer Anwendung in der Interviewsituation ist darauf zu achten, dass die Fragen nicht zu kompliziert formuliert sind. Das Aufschreiben von Fragen und deren Ablesen während des Interviews führt rasch dazu, dass die Fragen vom Interviewten nicht oder nur teilweise verstanden werden. Schriftsprache ist prinzipiell komplexer als gesprochene Sprache. Deshalb ist bereits bei der Formulierung von Fragen darauf zu achten, dass diese keine eventuell unverständlichen Begriffe enthalten und der Satzbau nicht zu kompliziert wird. Einfache Frageformulierungen erleichtern auch deren Anwendung im Interview selbst.

(2) **Nähe zu alltäglichen Sprachregeln**

Im Alltagsgespräch werden behandelte Themen nicht angesprochen, bearbeitet und abgehakt, um das nächste Thema angehen zu können. Vielmehr sind alltägliche Kommunikationen von fließenden Übergängen, Einwürfen, Überschneidungen und Zurückgehen zu vorherigen Themen gekennzeichnet. Leitfäden sind hingegen sequenziell aufgebaut, indem verschiedene Themenblöcke klar abgegrenzt voneinander skizziert und durch Fragen ausgefüllt werden. Dies ist für die Übersichtlichkeit des Leitfadens unumgänglich. Für den Interviewverlauf ist dies jedoch zu weit von den Regeln alltäglicher Kommunikation entfernt. Bei der Nutzung des Leitfadens im Interview ist also dessen flexible Handhabung notwendig und sollte sich an dem vom Befragten Gesagten orientieren. Dem Interviewer, der das Konzept des Leitfadens ständig im Hinterkopf hat, kommen der häufige Themenwechsel, die Überschneidung von Themen oder inhaltliche Einwürfe als „chaotisch" vor. Dies wird vom Interviewten aber in der Regel nicht in gleicher Form wahrgenommen sondern als alltäglichen Interaktionen ähnlich empfunden. Bei der Erstellung des Leitfadens ist also zu beachten, dass die darin enthaltene thematische Ordnung nicht die Struktur des Interviews vorgibt.

(3) **Aushandlung über Inhalte**

Im alltäglichen Gespräch werden die zu behandelnden Inhalte in der Regel nicht vorab durch einen Katalog festgelegt („Hi, Max, heute sprechen wir über Fußball, dann über den Film gestern Abend und schließlich, was wir morgen Nachmittag machen werden."). Diese Inhalte emergieren vielmehr im Verlauf des Gesprächs und werden gemeinsam ausgehandelt. Jeder Interaktionspartner hat potenziell die Möglichkeit, ein Thema durch entsprechende Reaktionen als uninteressant zu klassifizieren und eigene Inhalte einzubringen („Mal was ganz anderes, was machst du eigentlich morgen Nachmittag?"). Der Leitfaden stellt einen solchen vorab definierten Katalog dar und ist dem Interviewten nicht bekannt. Deshalb ist er als Gesprächsstrukturierung wenig geeignet, da der Interviewte selbst nicht die Möglichkeit besitzt, Inhalte einzubringen, die ihm selbst relevant erscheinen. Hier spielt das Prinzip der Offenheit hinein, denn bei der Formulierung des Leitfadens ist zu beachten, dass er nicht allein, und zuweilen nicht einmal primär, die Inhalte des Gesprächs vorgibt. Dieser Umstand kann in der Gesprächssituation selbst Berücksichtigung finden (s. o.), aber auch durch die Formulierung entsprechender Fragen, die es dem Interviewten erlauben, eigene Inhalte einzubringen („Was ist denn aus Ihrer Sicht bei diesem Thema noch wichtig?"; „Gibt es Aspekte, die wir bisher nicht angesprochen haben?"). Fragen dieser Art können entweder eher gegen Ende des Interviews gestellt werden. Dies birgt aber die Gefahr, dass Interviewpartner wegen Erschöpfung nichts Neues mehr einbringen möchten, obwohl aus ihrer Sicht wichtige Dinge fehlen. Oder diese Fragen können im Verlauf des Interviews gestellt werden, wenn sich ein vorläufiges Ende eines Themenblocks abzeichnet. In jedem Fall ist bei der Leitfadenkonstruktion zu berücksichtigen, dass auch die Befragten die Möglichkeit zur Inhaltsgenerierung besitzen müssen. Entweder durch eine offene Interviewführung oder durch explizit hierauf ausgerichtete Fragen.

Einige Aspekte der drei Grundprinzipien werden schwerpunktmäßig in der Interviewsituation selbst zu realisieren sein (etwa die Offenheit für neue Themen) und nicht primär in der Phase der Leitfadenkonstruktion ihren Niederschlag finden. Dennoch ist es wichtig, bereits bei der Zusammenstellung der Fragen auf diese Aspekte zu achten. So erleichtern einfach formulierte Fragen im Leitfaden deren spätere verständliche Anwendung im Interview. Auch hilft es während der Konstruktion des Leitfadens, sich über dessen Funktion als Gedächtnisstütze und nicht als Gesprächsprotokoll im Klaren zu werden. Bei den technischen Aspekten der Leitfadenerstellung werden die drei Grundprinzipien immer wieder durchschimmern. Sie sollen an dieser Stelle ein generelles Bewusstsein für deren Gültigkeit beim Prozess der Frageformulierung wecken.

### 4.4.2 Aufbau des Leitfadens

Der Aufbau eines Leitfadens, wie er im Folgenden skizziert wird, orientiert sich an der Vorgehensweise beim problemzentrierten Interview. Allerdings werden die technischen Aspekte des Leitfadens so allgemein gehalten, dass sie auch für andere Varianten Anwendung finden können. So ist bspw. jedes Leitfadeninterview darauf angewiesen, durch eine Aufwärm- oder Initialisierungsphase das Gespräch in Gang zu setzen. Zudem benötigt es einen Ausklang, der den Befragten aus der Interviewsituation wieder „entlässt". Der Aufbau des Leitfadens wird anhand eines Beispiels aus der Studie zu interethnischen Freundschaften bei Jugendlichen (siehe Kap. 3.2.4) dargestellt. Bei diesem Beispiel handelt es sich um die endgültige Form des Leitfadens, die nicht den ersten Varianten entspricht. Der Leitfaden wurde zu Beginn auf der Basis des Vorwissens und im Anschluss aufgrund der in den ersten Interviews gemachten

Erfahrungen modifiziert. Da in dieser Studie der interindividuell vergleichende Blick im Mittelpunkt des Erkenntnisinteresses stand, wurde die endgültige Form des Leitfadens bereits nach dem vierten Interview erstellt und danach nicht mehr verändert.

---

**Beispiel eines Interviewleitfadens aus der Studie „Entstehung, Gestalt und Auswirkungen interethnischer Freundschaften im Jugendalter" (Version für Jugendliche deutscher Herkunft; gekürzt)**

**Warm-up**
- Erzähl doch mal, wie so ein typischer Schultag bei Dir abläuft? Was machst du den Tag über?
- Sag mal, bei der Befragung in der Schule hast du angegeben, dass XY dein bester Freund/deine beste Freundin ist. Ist das immer noch dein bester Freund/deine beste Freundin?
  - Falls nein: Wer ist denn jetzt dein bester Freund/deine beste Freundin?

**Definition von Freundschaft**
- Was unterscheidet für dich einen Freund von einem guten Bekannten?
  - Warum?
- Welche Eigenschaften hat ein Freund, die ein Bekannter nicht haben muss?
  - Warum?
- Was würde Dir fehlen, wenn dein Freund nicht mehr dein Freund wäre?
  - Warum?

**Entstehung von Freundschaften**
- Wie hast du XY kennengelernt?
- Wie ist es dazu gekommen, dass ihr Freunde wurdet?
- Gab es einen Zeitpunkt, an dem du sagen würdest: „Ab da waren wir Freunde"?
  - Warum gerade dann?

**Freundschaftsqualität**
- Würdest du die Freundschaft zu XY eher als schön oder als nicht so schön beschreiben?
  - Warum?
- Was ist dir besonders wichtig an der Freundschaft zu XY?
  - Evtl. Dimensionen vorgeben: Vertrauen, Spaß/Aktivitäten, Konflikte, Unterstützung, usw.

**Veränderung der Freundschaft**
- Hat sich eure Freundschaft mit der Zeit verändert?
  - Wenn ja: Wie hat sich eure Freundschaft verändert, seitdem ihr euch kennt?
  - Wenn ja: Was war der Grund für die Veränderung?
  - Wenn nein: Warum hat sich die Freundschaft nicht verändert?
  - Wenn nein: Denkst du, sie könnte sich verändern?
  - Wenn nein: Wodurch könnte sich die Freundschaft verändern?

**Kritische Momente**
- Hattest du schon mal das Gefühl, dass ihr vielleicht nicht mehr befreundet seid oder die Freundschaft zerbrechen könnte?
  - Wenn ja: Welche Situationen waren das?
  - Wenn ja: Warum waren diese Situationen kritisch?
  - Wenn ja: Warum wurde die Freundschaft trotzdem nicht beendet?
  - Wenn nein: Woran liegt das, dass es solche Momente nicht gab?

**Auswirkungen der Freundschaften**
- Erzählt XY manchmal etwas über sein/ihr Herkunftsland?
  - Was erzählt XY?
  - Bei welchen Gelegenheiten erzählt XY?
- Findest du das interessant?
  - Warum?
- Hat deine Freundschaft zu XY deine Meinung zu Ausländern im Allgemeinen geändert?
  - Wenn ja: Warum?
  - Wenn ja: Wie war deine Meinung vorher?
  - Wenn ja: Wie ist deine Meinung jetzt?
  - Wenn nein: Warum nicht?
  - Wenn nein: Wie ist deine Meinung zu Ausländern?

**Ausklang**
- Über Freundschaften kann man sich ja viel unterhalten. Was ist dir denn bei diesem Thema noch wichtig?
- Wenn wir noch andere Jugendliche interviewen, was sollen wir sie deiner Meinung nach noch fragen?
  - Evtl. fragen, warum.
  - Evtl. Jugendlichen auf die vorgeschlagenen Fragen selbst antworten lassen.

---

Anhand dieses Beispiels sollen im Folgenden die drei wesentlichen Bestandteile des Leitfadens (Warm-up, Hauptteil, Ausklang) näher beleuchtet werden. Dabei ist zu berücksichtigen, dass der Aufbau des Leitfadens nicht identisch mit dem tatsächlichen Ablauf des Interviews ist. Er dient vielmehr als Orientierung für die interessierenden Themen, ohne dass die in ihm enthaltenen Fragen in der angegebenen Reihenfolge zu bearbeiten wären. Deshalb empfiehlt es sich auch, die einzelnen Fragen oder Themenkomplexe nicht fortlaufend durchzunummerieren, da diese Nummerierung den Eindruck einer Reihenfolge erweckt.

### 4.4.2.1 Warm-up
Da die Interviewten sich erst in die Gesprächssituation einfinden müssen, empfehlen sich dringend Einstiegsfragen, die dem Interviewten beim „Warmwerden" mit der ungewohnten Situation helfen sollen (siehe Kap. 5.4.4). Deshalb empfehlen sich Einstiegsfragen, die sehr allgemein gehalten sind und den Befragten zu Narrationen anregen. Gleichzeitig können solche Warm-ups bereits dazu genutzt werden, um spätere Fragen im Interview vorzubereiten.

Das Warm-up leistet also zweierlei. Erstens werden die Interviewten mit dem Prinzip des Gesprächs vertraut gemacht. Der Interviewer fragt (offen gehaltene Fragen) und der Jugendliche antwortet (nach seinen Vorstellungen und Sichtweisen). Zweitens kann auf sehr offene Weise das Thema des Interviews vorbereitet werden, ohne inhaltlich bereits Begrenzungen vorzunehmen. Welche Art von Warm-up-Fragen gestellt werden und sich als geeignet erweisen, hängt von der Fragestellung der Studie ab. Ein Klassiker, der sich in den eigenen Studien als guter Einstieg erwiesen hat, ist die Frage nach dem Tagesablauf der Jugendlichen an einem gewöhnlichen Schultag.

| Interviewer: | Ok, ehm, *(.)* dann erzähl doch einfach mal was, wie bei dir son ganz normaler Schulalltag aussieht. So von morgens bis abends. |
|---|---|
| Jugendlicher: | Ok, ich geh halt morgens in die Schule, bis um ungefähr, *(.)* kommt drauf an was fürn Tag es ist. Ich hab manchmal auch bis um vier Uhr Schule. Dann komm ich halt nach Hause, ess ich halt erst mal was, dann wenn Zeit, also *(.)* Hausaufgaben dann. Oder wenn mir manchmal langweilig ist, dann ruf ich manchmal ne Freundin an, ob ich, *(-)* ob die zu mir kommt, oder ich zu ihr oder ob wir irgendwie rausgehen können. Oder wenn wir halt so, also *(-)* wenn wir halt, *(- -)* wenn sie dann bei uns ist, dann erzählen wir uns ein bisserl was gegenseitig, was wir so, was wir so später machen wollen und so, überhaupt so. Was wir so in den, *(.)* was wir so denken was wir in den Arbeiten geschrieben haben, *(.)* ehm, essen wir manchmal was, ehm, *(.)* hören Musik. Hmm, *(- -)* das war's auch eigentlich schon. |

Der Vorteil einer solchen Einstiegsfrage ist, dass deren Inhalt nah am alltäglichen Erleben der Jugendlichen ist und keine aufwendige Erinnerungsarbeit erfordert. Die Jugendlichen können ihren Alltag in seinem Ablauf skizzieren. Gleichzeitig führt diese Frage zu einer Differenzierung, weil nicht jeder Tag ähnlich abläuft, sodass die Jugendlichen eine Reihe von täglichen Aktivitäten benennen. Da insbesondere in der Freizeit die Freunde eine wichtige Rolle spielen, konnte in der Freundschaftsstudie an das Gesagte zu den Aktivitäten mit den Freunden angeknüpft und zum Thema „Freundschaft" übergeleitet werden.

Da es sich bei der Stichprobenauswahl um ein Profilsampling handelte, bei dem bereits Informationen über den besten Freund bzw. die beste Freundin vorhanden waren, bot sich als weiterführende Einstiegsfrage jene nach dem im Fragebogen genannten besten Freund an.

| Interviewer: | Bei der Befragung in der Schule, ja, *(.)* da hast du ja gesagt, dass der Tobias, der wär dein bester Freund. *(-)* Ist das jetzt immer noch dein bester Freund? |
|---|---|
| Jugendlicher: | Ja der is immer noch mein bester Freund. Wir haben, *(.)* ich hab ihn seit Kindergarten kennengelernt *(- -)* und jetzt sind wir noch immer zusammen. Manchmal ham wir uns gestritten und dann sind wir wieder beste Freunde geworden. |
| Interviewer: | Wegen was streitet ihr euch dann so? |
| Jugendlicher: | Manchmal, aber auch wegen Karten und so. Als wir klein warn wegen Karten. Da haben wir uns immer geschlagen und so. Und manchmal, wegen so 'n paar Murmeln oder so haben wir auch uns gestritten. Aber in einem Tag sind wir wieder beste Freunde. |
| Interviewer: | Also im Kindergarten, da hast du ihn kennengelernt, ja? |
| Jugendlicher: | Mhm. |
| Interviewer: | Und wann würdest denn du jetzt sagen, also *(.)* ab wann sagst du, war das dein bester Freund? |
| Jugendlicher: | Als ich zum ersten Mal in Kindergarten gegangen bin, heulte ich und heulte ich, weil mein Mutter weggegangen ist. Dann kam Tobias und hat gefragt: „Warum weinst du?" und danach haben wir immer miteinander gespielt, waren wir befreundet. |

In diesem Beispiel hat der Jugendliche bereits Stichpunkte angesprochen, an die angeknüpft werden kann (Konflikte in der Freundschaft, Entstehung der Freundschaft). Solche Anknüpfungspunkte werden durch sehr offene Fragen ermöglicht und sollten nach Möglichkeit genutzt werden, um einem alltäglichen Gesprächsverlauf möglichst nahezukommen. Gleichzeitig generieren sehr offene Fragen einen Erzählfluss bei den Befragten, durch den sie in die Interviewsituation leichter hineinfinden. Im Gegensatz zu narrativen Interviews markieren Eingangsfragen nicht den Beginn einer längeren Erzählung. Vielmehr sind die Antworten begrenzter und werden vor allem für die weitere Interviewführung genutzt. Je nachdem, wie gut sich die Befragten bereits mit der Situation vertraut gemacht haben, können thematisch anschließende Fragen oder weitere Einstiegsfragen gestellt werden, die dem Aufwärmen des Jugendlichen dienen. Diese alternativen Warm-ups sollten allerdings nahe an der ursprünglichen Einstiegsfrage liegen, um nicht gleich zu Beginn in ein starres Frage-Antwort-Schema zu verfallen.

Auch zu späteren Zeitpunkten des Interviews, wenn bspw. der Gesprächsfluss problematisch wird, kann auf die Eingangsfrage rekurriert werden („Du hast am Anfang erzählt … ").

### 4.4.2.2 Der Hauptteil

Im Hauptteil des Leitfadens werden jene Themenbereiche skizziert, die für die Beantwortung der Fragestellung der Studie relevant sind oder sein könnten (siehe Kap. 5.4.5 und 5.4.6). Die Themenbereiche können sich entweder aus dem Vorwissen der Forschenden ergeben und im Verlauf der Studie modifiziert werden oder sie ergeben sich aus den ersten Interviews, die mit einem wenig präzisierten Leitfaden durchgeführt wurden (oder auch auf der Basis einzelner narrativer Interviews oder Gruppendiskussionen). Im Verlauf der Studie sollten, bei geeigneter Stichprobenwahl, die Modifikationen des Hauptteils des Leitfadens weniger grundlegend sein und zunehmend mehr auf Detailanpassungen abzielen. Im Verlauf dieses Prozesses wird der Leitfaden zunehmend an Kontur gewinnen und einen festen Korpus an Fragen aufweisen, die als Orientierung während der Interviews dienen. Gleichwohl sind auch gegen Ende einer Studie Veränderungen an den Themengebieten oder Fragen möglich und zuweilen notwendig, um eine möglichst (im Sinne der Befragten) adäquate Erfassung der Informationen zu ermöglichen.

Bei der Formulierung der Fragen des Hauptteils sind eine deduktive (aus Vorwissen abgeleitete), eine induktive (aus Interviews gewonnene) und eine kombinierte Vorgehensweise möglich.

– **Deduktion von Fragen**

Bestehende Literatur, theoretische Konzepte oder Vorstudien werden dazu genutzt, die Hauptfragestellung der Studie in Teilaspekte zu zerlegen. So wurde die Hauptfrage „Welche Auswirkungen besitzen interethnische Freundschaften auf Vorurteile Jugendlicher?" in die Teilbereiche Entstehung, Gestalt und Auswirkungen zerlegt. Diese wurden wiederum in einem nächsten Schritt durch Subdimensionen spezifiziert (etwa Qualität der Freundschaft) und jede der Subdimensionen durch geeignete Fragen im Interview erfragbar gemacht („Würdest du die Freundschaft zu XY eher als schön oder nicht so schön beschreiben? Warum?"). Der Vorteil an dieser Variante ist die recht gute Fokussierung auf Teilaspekte der Fragestellung. „Unnötige" Fragen, deren Antworten hinsichtlich der Fragestellung der Studie wenige Informationen liefern, werden auf diese Weise eher vermieden. Nachteilig ist, dass andere, vorab nicht bedachte Aspekte schwieriger ins Blickfeld des Forschenden geraten und u. U. nicht erhoben werden.

- **Brainstorming**
Eine weitere Möglichkeit ist, zunächst in einer Art Brainstorming alle Fragen aufzuschreiben, die als relevant für die Hauptfrage der Studie erachtet werden. Diese Fragen können aus dem „Ärmel geschüttelt" oder auf der Basis bestehender Forschung formuliert werden. Im nächsten Schritt werden diese Fragen dann nach inhaltlichen Aspekten sortiert, redundante Fragen herausgenommen und die übrigen Fragen gemäß der gefundenen übergeordneten Kategorie reformuliert. Allerdings besteht bei dieser Vorgehensweise das Problem der zu großen Neugierde. Es gibt immer tausend Dinge, die man gerne wissen möchte. Der eigenen Neugierde nachzugeben, kann aber zu einem zu langen Leitfaden führen. Dessen Bearbeitung würde im Interview zu viel Zeit beanspruchen und die auszuwertenden Informationen unüberschaubar werden lassen.

- **Induktion von Fragen**
Noch am ehesten der Idee qualitativer Forschung entspricht die induktive Vorgehensweise. Erste Interviews oder Gruppendiskussion werden mit wenig spezifizierten, sehr offenen und vor allem auf Erzählung zielenden Fragen durchgeführt. Die dadurch erhaltenen Informationen werden zur Formulierung eines spezifizierteren Leitfadens genutzt. Der Vorteil hierbei ist, dass der Leitfaden von Beginn an offen für Relevanzsetzungen der Interviewten ist. Der Nachteil besteht darin, dass sich der Leitfaden u. U. nur schwer systematisieren lässt und sich im Extremfall zu weit von der ursprünglichen Fragestellung der Studie entfernt. Denn es gibt sehr viele interessante Themen, die bei Interviews zur Sprache kommen, aber wenig mit dem Ausgangspunkt der Studie gemein haben. Gerade bei Abschlussarbeiten kann sich dies als nachteilig erweisen.

In der Freundschaftsstudie wurden die Themengebiete primär aus bestehender Forschungsliteratur abgeleitet und in Teilen während der ersten Interviews angepasst. Der Leitfaden der Freundschaftsstudie wurde anhand der Sequenz „Entstehung", „Gestalt" und „Auswirkungen" interethnischer Freundschaften aufgebaut und innerhalb dieser drei Teilgebiete nochmals logisch unterteilt (siehe Abbildung 10).

Übergeordnete Aspekte innerhalb der drei Bereiche sind mit Stichworten wie „Definition von Freundschaft", „Entstehung der Freundschaft" (Entstehung), „Qualität der Freundschaft" (Gestalt) oder „Auswirkungen der Freundschaft" (Auswirkungen)

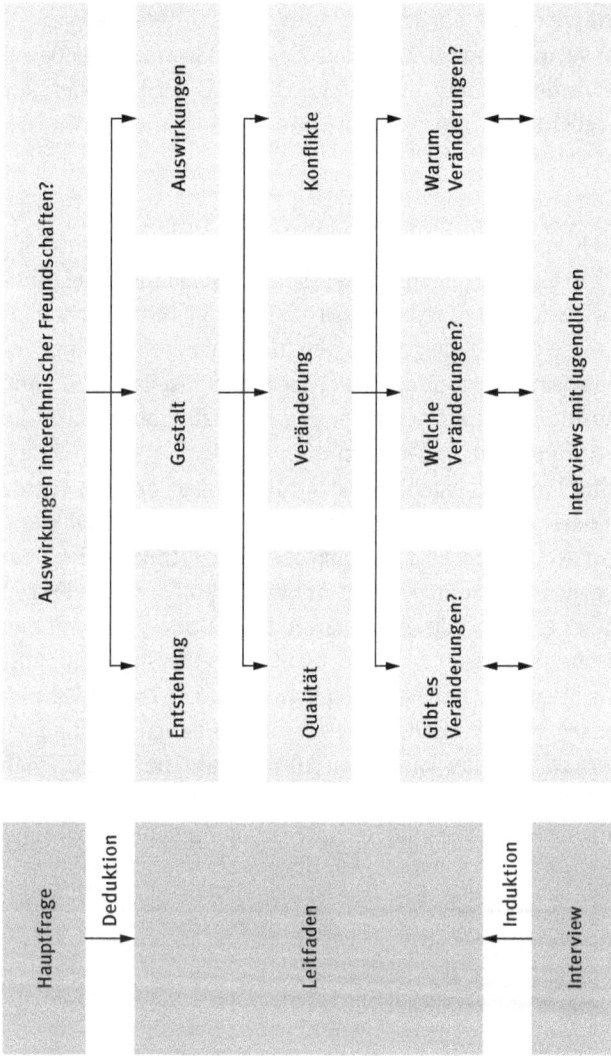

**Abb. 10:** Schematische Darstellung deduktiver und induktiver Ableitung von Fragen für den Leitfaden am Beispiel der Freundschaftsstudie (eigene Darstellung).

gefasst. Die Abfolge der Themen weist eine logische Abfolge auf, die von einer allgemeinen Definition zur Entstehung, Qualität und der Veränderung von Freundschaften überleitet. Solche internen Logiken empfehlen sich bei der Erstellung eines Leitfadens, um Klarheit über die interessierenden Themengebiete zu erhalten und für sich selbst in eine leicht zu behaltende Struktur zu bringen. Wenn sich jedes folgende Thema logisch aus dem vorherigen ergibt, fällt es später leichter, den Leitfaden in der Interviewsituation „in- und auswendig" zu kennen.

Diese innere Logik dient aber nicht als Strukturierung für den Interviewverlauf selbst. Wann welche Fragen gestellt werden, wird dem Gesprächsverlauf angepasst. Allerdings hilft die innere Logik der Themen, flexibler mit dem Leitfaden im Interview selbst umzugehen und ermöglicht eher Improvisationen.

### 4.4.2.3 Ausklang

Der Leitfaden sollte Ideen für Fragen bereithalten, wie das Gespräch ausklingen könnte (siehe Kap. 5.4.7). Ein solcher Ausklang hat im Wesentlichen zwei Funktionen. Ähnlich dem narrativen Interview werden die Jugendlichen als Experten ihres eigenen Interviews adressiert und auf diese Weise langsam aus den Inhalten der Befragung herausgeführt. Sie werden sozusagen dazu gebracht, sich neben sich selbst zu stellen. Darüber hinaus kann der Ausklang dazu genutzt werden, den Befragten explizit die Möglichkeit für Ergänzungen oder Vertiefungen einzuräumen. Wenn es um die Erfassung neuer Aspekte geht, sind Fragen danach, was den Interviewten zu dem Thema des Interviews noch einfällt oder wichtig ist, gut geeignet. Ist das Interview sehr lang und zeigen die Befragten Anzeichen der Erschöpfung, wird der Ertrag solcher Fragen im Ausklang allerdings eher gering sein. Deshalb empfiehlt es sich, solche Fragen bereits während des Interviews gelegentlich einzuwerfen. Da die Interviews mit den Jugendlichen in der Freundschaftsstudie in der Regel nicht über eine Stunde hinausgingen, wurden als Ausklang Fragen gestellt, was den Befragten zum Thema Freundschaft noch einfällt oder wichtig ist, und welche Fragen die Jugendlichen selbst stellen würden, wenn sie Interviewer wären. Dies kann dazu führen, dass die Jugendlichen geradezu darauf „brennen" Dinge zu erzählen, die sie bewegen oder ihnen wichtig sind, die aber zuweilen wenig Anknüpfungspunkte zur Fragestellung der Studie aufweisen.

---

| | |
|---|---|
| Interviewer: | Gibt es noch irgendwas, was du noch erwähnen möchtest. Etwas was wir noch nicht gefragt haben? |
| Jugendlicher: | Na, ja weiß ich nicht, wenn euch das mit dem Schach interessiert, hätte ich da noch eine kleine Anekdote. |
| Interviewer: | Ja, bitte gerne! |
| Jugendlicher: | Na, ich habe in meinem Leben schon mal gegen den Schachweltmeister Anatoli Karpow gespielt. |
| Interviewer: | Aha. |
| Jugendlicher: | Ja, also das war gewesen eine Simultanveranstaltung. Also simultan bedeutet, er spielt an mehreren Brettern gleichzeitig. Darüber wurde auch in Zeitungsberichten und so geschrieben. Und da durfte ich auch dran teilnehmen von der Schule aus (.) und habe dann erst nach, (-) wie viel waren das, 42 Zügen verloren. Also habe ich aufgegeben gehabt. Ich hätte bestimmt noch zehn Züge durchhalten können, aber das war so für mich in letzter Zeit erst mal wahrscheinlich das, (.) eins der größten Ereignisse. |

---

Häufig werden diese Nachfragen von den Jugendlichen dazu genutzt, ihnen besonders wichtige Bereiche nochmals hervorzuheben und näher auf diese einzugehen. Dies ist in der Regel ein Zeichen dafür, dass die Befragten dieses Thema gerne intensiver bearbeiten würden. Wie im folgenden Beispiel wird dabei ein Themenbereich aufgeworfen, der bislang in den Interviews nicht erfragt wurde.

---

| | |
|---|---|
| Interviewer: | Was wäre dir sonst noch so, also neben dem, was wir schon hatten, so wichtig? Was würdest du zum Beispiel Jugendliche in so nem Interview fragen? |
| Jugendlicher: | Ich denk mal, is eigentlich ziemlich ausgewogen das Interview. Aber zum Beispiel Familie, also, (.) weil (.) ich jetzt für meinen Teil könnte ohne Familie nich leben. Aber eigentlich auch nicht ohne Freunde. Is ziemlich wichtig schon beides. Ich finde, (.) ehm, (.) also das is schon beides sehr wichtig irgendwo, und, (.) na ja, eh, (-) vielleicht könnt man da noch mehr so nach fragen. Ich mein, is ja auch manchmal blöd, so wenn man als Jugendlicher sich entscheiden muss: Is mir jetzt so zum Beispiel wichtiger, was mit meiner Familie so zu machen oder geh ich lieber mit meiner Freundin weg. Das is dann schon manchmal schon schwierig, das so hinzukriegen, dass keiner, (.) weiß nich, (-) halt sauer is oder so. |

---

Wenn die Jugendlichen keine Ergänzungen mehr vornehmen, kann dies u. U. als Bestätigung dafür gewertet werden, dass alle dem Jugendlichen wichtigen Bereiche erfragt wurden:

---

| | |
|---|---|
| Interviewer: | Gibt's jetzt noch irgendetwas, was wir dich noch nicht gefragt haben, was dir aber noch wichtig wäre zum Thema Freundschaft. |
| Jugendlicher: | Nein, nix. |
| Interviewer: | Irgendwas, was du noch erzählen könntest? Über die Freundschaft, vielleicht? |
| Jugendlicher: | Hab schon alles erzählt. |

---

Gleichzeitig sollte aber auch beachtet werden, dass die explizite Bitte um Generierung neuer Themen durch den Jugendlichen eine Wendung im Interviewstil darstellt und eine hohe Anforderung für die Befragten darstellt. Gepaart mit dem Eindruck, bereits sehr viel erzählt zu haben, kann dies dazu führen, dass die Jugendlichen bei längerem Nachdenken durchaus Ideen entwickeln, hierzu aber im Augenblick nicht in der Lage sind.

### 4.4.3 Arten von Fragen

Da der Leitfaden auch während des Interviews genutzt wird, werden Fehler bei der Frageformulierung im Leitfaden tendenziell auch auf die Interviewsituation selbst übertragen. Deshalb ist es sinnvoll, nicht erst bei der Befragung selbst, sondern auch bei der Vorbereitung auf die Vermeidung von Fehlern zu achten, die durch unglückliche Frageformulierungen entstehen. Bei den Fragearten wird im Folgenden näher nach ihrer Strukturierung, dem zeitlichen Bezug, ihrem suggestiven Gehalt und ihrer Einfachheit unterschieden.

### 4.4.3.1 Strukturierung der Fragen

Generell wird bei Befragungen nach geschlossenen, halb offenen und offenen Fragen unterschieden (Diekmann, 1995). Fragen bei qualitativer Forschung sind grundsätzlich offene Fragen. Das heißt, die Antwortkategorien werden nicht vorgegeben. Vielmehr soll den Interviewten die Möglichkeit gegeben werden, mit eigenen Worten auf Fragen zu reagieren. Merton und Kendall (1993) unterscheiden bei fokussierten Interviews nach unstrukturierten, semistrukturierten und strukturierten Fragen. Gemeinsam ist den drei Fragevarianten, dass die Befragten mit eigenen Worten antworten können. Allerdings wird der Antwortraum mit dem Grad der Strukturierung sukzessive enger gefasst (siehe Kap. 4.2.4). Während beim fokussierten Interview der Grad der Strukturierung der Fragen innerhalb eines Frageblocks zunimmt, ist bei den meisten Leitfadeninterviews, die sich eher dem problemzentrierten Verfahren annähern, eine umgekehrte Fragereihenfolge zu einem Thema die Regel (von strukturierten zu unstrukturierten Fragen).

In einem ersten Schritt wird erfragt, ob die Befragten bestimmte Erfahrungen gemacht haben, Erlebnisse schildern können oder Wissen über etwas besitzen. Diese strukturierten Fragen zielen darauf ab, zu erfahren, ob überhaupt eine Basis für weitere Nachfragen besteht. Ein Beispiel aus der Freundschaftsstudie ist die Frage: „Hat sich eure Freundschaft mit der Zeit verändert?" Diese Frage legt für die Jugendlichen eine Ja- oder Nein-Antwort nahe. Zwar besteht für die Befragten prinzipiell die Möglichkeit, direkt im Anschluss weitere Erläuterungen zu liefern. Dies ist jedoch aufgrund der Frage an sich weniger zu erwarten. Im nächsten Schritt wird je nach Antwort eine semistrukturierte Frage angefügt, die eine weitergehende Antwort induzieren soll, aber auf einen bestimmten Aspekt fokussiert bleibt. Die Frage „Wie hat sich eure Freundschaft seitdem ihr euch kennt verändert?" bietet weitergehende Antwortmöglichkeiten als nur Ja oder Nein. Diese Frage setzt den Fokus jedoch auf das „Wie?" der Veränderung und gibt damit eine Antwortdimension vor. Im dritten Schritt kann dann durch eine unstrukturierte Frage ergründet werden, welche Gründe der Befragte für die Veränderung sieht: „Was war der Grund für die Veränderung?". Bei diesem Fragetypus wird nur noch allgemein nach Gründen gefragt, ohne dass eine Dimension (etwa Konflikte) vorgegeben wird.

Nicht immer ist es sinnvoll, alle drei Fragevarianten zu einem Themenbereich anzuwenden. So kann die strukturierte Frage wegfallen, wenn bereits im Verlauf des Gesprächs erwähnt wurde, dass sich die Freundschaft verändert hat. Auch sind semistrukturierte Fragen nicht immer notwendig. Generell gilt aber, dass semi- und unstrukturierte Fragen einen besseren Erkenntnisgewinn erwarten lassen. Warum-Fragen sind hierzu besser geeignet als Fragen, die eine Ja- oder Nein-Antwort induzieren (siehe Kap. 4.1.2). Solche Fragen führen nicht nur zu einem sehr kurzen, und damit wenig informativen Interview, sondern können auch ebenso gut effizienter in einem Fragebogen gestellt werden. Die besonderen Möglichkeiten qualitativer Forschung werden dann verschenkt. Die folgenden Interviewbeispiele können verdeutlichen, wie sich der Redeanteil der Jugendlichen in Abhängigkeit der Frage verändern:

| | |
|---|---|
| Interviewer: | Streitet ihr euch auch manchmal? [Strukturierte Frage] |
| Jugendlicher: | Ja manchmal, aber dann geh ich gleich weg. Also ich will net so Streit haben. Deswegen geh ich gleich weg. [20 Wörter] |
| Interviewer: | Und über was streitet ihr euch dann zum Beispiel? [Unstrukturierte Frage] |
| Jugendlicher: | Zum Beispiel heute hatten wir Sport. Also haben wir, (.) waren wir gleiche Mannschaft also dann, (.) eh, (.) hat der so Fehler gemacht. Dann hab ich dem gesagt, spiel doch so richtig, spiel fast, (.) spielt fast jeden Tag Fußball Hofpause oder so. Dann hat der gesagt, ist doch net echtes Spiel oder Turnier. Da hab ich auch nix gesagt. Dann bin ich woanders hin gehockt und dann hab ich halt Andrés Spiel nicht gespielt. [72 Wörter] |
| Interviewer: | Habt ihr auch manchmal Streit? [Strukturierte Frage] |
| Jugendlicher: | Ja, aber nach der Schule, (- -) halt in der Schule, in den Pausen oder nach der Schule reden wir dann halt wieder drüber und dann verstehn wir uns wieder. [28 Wörter] |
| Interviewer: | Mhm. Und wie sieht dann so ein Streit aus, wenn ihr Streit habt? [Semistrukturierte Frage] |
| Jugendlicher: | Ja so, wenn wir Streit haben, dann geht der weg oder ich geh dann weg. Dann reden wir nimmer und dann am nächsten Tag in der Schule komm ich halt zum Adem. Dann reden wir noch mal da drüber und dann verstehn wir uns wieder. [44 Wörter] |
| Interviewer: | Mhm. Und über was streitet ihr euch dann so? [Unstrukturierte Frage] |
| Jugendlicher: | Verschieden. Zum Beispiel, wenn wir jetzt halt Fußball spielen und ich foul den jetzt und irgend jemand anderes kommt dann dazu und sagt: „Gehen wir irgendwo hin" und manchmal sagt er dann: „Ja". Aber ich kann nicht, weil ich grad mit, (.) ehm, mir da bin und dann geht er manchmal und dann sag ich: „Warum gehst du jetzt?" und dann streiten wir halt 'n bisschen. [65 Wörter] |

In dieser Deutlichkeit tritt der Zusammenhang zwischen Art der Frage und Antwortlänge nicht immer auf, jedoch findet sich diese Tendenz in der Regel bei den meisten Interviews (siehe Abbildung 11).

Eine Auszählung[5] der durchschnittliche Worthäufigkeit bei den Antworten Jugendlicher auf unstrukturierte und strukturierte Fragen zeigt, dass die Befragten im Mittel mehr antworten, wenn ihnen eine unstrukturierte Frage gestellt wird. Je weniger strukturiert Fragen sind, desto länger fallen zumeist auch die Antworten aus. Deshalb sollte der Leitfaden zu jedem Themenbereich strukturierte und weniger

---

[5] Basis der Auswertungen sind die Wortauszählungen der Interviews der drei angegebenen Interviewstudien, getrennt nach Antworten auf unstrukturierte und strukturierte Fragen. Semistrukturierte Fragen wurden aus den Analysen ausgeschlossen, da diese in Abgrenzung zu unstrukturierten Fragen nicht immer eindeutig identifizierbar waren. Pro Interview wurden zufällig zehn unstrukturierte und strukturierte Fragen ausgewählt. Die Differenzen erweisen sich auf dem 1%-Niveau als signifikant.

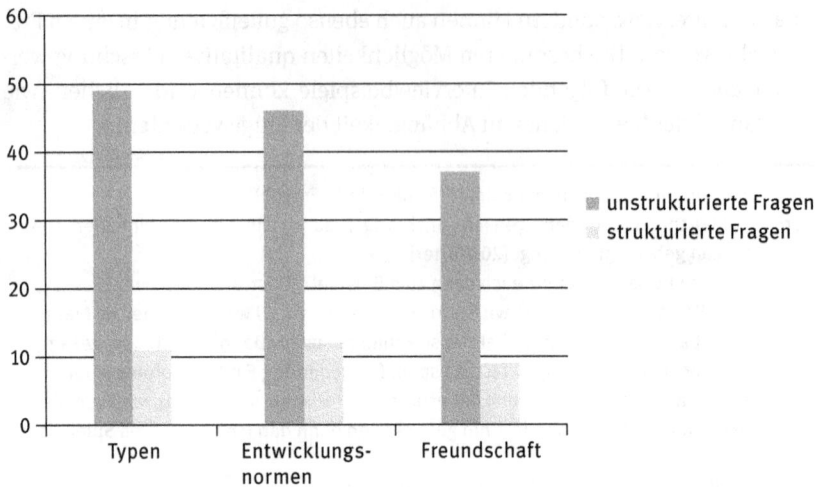

**Abb. 11:** Durchschnittliche Worthäufigkeit der Antworten Jugendlicher auf unstrukturierte und strukturierte Fragen in den Interviews (eigene Darstellung).

strukturierte Fragen beinhalten, um im ersten Schritt zu ergründen, ob Phänomene oder Erlebnisse auftreten und im zweiten Schritt die Hintergründe hierfür zu erfassen.

### 4.4.3.2 Zeitperspektive der Fragen

Aufgrund des Prinzips der Prozesshaftigkeit sollten im Leitfaden nicht nur Fragen nach der aktuellen Situation, sondern auch in Richtung vergangener Erfahrungen etc. enthalten sein. Die Gegenüberstellung von Informationen, die sich auf die Gegenwart und auf die Vergangenheit beziehen, tragen zur Entdeckung der Entstehung von Bedeutungen und subjektiven Sichtweisen bei. Gründe für Veränderungen sind identifizierbar. Fragen wie „Hat sich eure Freundschaft mit der Zeit verändert?", „Wie hat sie sich verändert?" und „Warum hat sie sich verändert?" ermöglichen die Entdeckung solcher Prozesse.

| | |
|---|---|
| Interviewer: | Also das sind ja jetzt drei Jahre *[die ihr befreundet seid]*. Und das ist drei Jahre über immer genau das Gleiche geblieben *[mit der Freundschaftsqualität]* oder hat sich das geändert? |
| Jugendlicher: | Nee, s hat sich schon geändert. Manchmal hatten wir halt Streit und dann haben wir uns wieder besser verstanden, als in der sechsten Klasse. |
| Interviewer: | Heißt das, dass diese Streits dazu beigetragen haben, dass du und der Bayram euch immer besser verstanden habt oder eher nicht? |
| Jugendlicher: | Ehm, eigentlich schon, weil wenn wir uns streiten, danach verstehen wir uns halt immer besser wie vorher, weil wir dann wissen, was für Fehler wir gemacht haben. |

In diesem Beispiel hat sich die Freundschaftsqualität durch die erfolgreiche Lösung von Konflikten mit der Zeit verbessert. Durch den Vergangenheitsbezug konnten die Gründe hierfür identifiziert werden.

### 4.4.3.3 Suggestion

Fragen sollten bereits im Leitfaden nicht suggestiv formuliert werden, um die Gefahr beeinflussender Fragen während des Interviews zu mindern (siehe Kap. 5.5.4). Werden strukturierte Fragen gestellt, sollten diese entweder keine oder jede mögliche Antwortalternative bereits enthalten („Hattet ihr schon einmal Streit?"; „Findest du die Freundschaft zu XY eher gut oder eher nicht so gut?"). Hierdurch wird vermieden, dass Jugendliche in Richtung der vorgegebenen Antwort reagieren, bzw. die Hürde, entgegen der unterstellten Antwort zu reagieren, ist höher als im Sinne der Suggestion zu antworten. Bei semi- und unstrukturierten Fragen stellt sich das Problem der Suggestion nicht bezüglich möglicher Antwortalternativen, sondern eher im Bereich der allgemeinen Formulierung der Frage. Ein Beispiel hierfür wäre: „Warum findest du denn Konflikte mit XY so besonders schlimm?". Durch die Formulierung „besonders schlimm" wird suggeriert, dass die Konflikte übermäßig stark ausfallen. Formulierungen wie diese sind dann möglich, wenn der Jugendliche selbst die Worte „besonders schlimm" eingebracht hat. Ist dies nicht der Fall, sind solche Wertungen aus Fragen zu eliminieren. Auch Formulierungen wie „Findest du nicht auch, dass ..." oder normative Aussagen wie „Aber sollte denn nicht ..." tragen nur zu einer Verzerrung der Informationen bei. Wann immer also Fragen eine bestimmte Antworttendenz nahelegen, begrenzen sie die Offenheit der Fragestellung.

### 4.4.3.4 Einfachheit der Fragen

Gemäß dem Prinzip der Kommunikation sollten Fragen bereits im Leitfaden einfach und verständlich formuliert werden. Zum einen sind Fremdwörter oder unverständliche Begriffe zu vermeiden. Zum anderen stellen Fragen mit mehreren Stimuli ein Problem dar. Ein Beispiel für mehrere Stimuli wäre die Frage: „Findest du es schwierig, euch bei Streitigkeiten zu einigen oder wer von euch beiden kommt dann, um sich zu entschuldigen?". Hier wird zum einen nach dem Umgang, zum anderen nach der Lösungsinitiation von Konflikten gefragt. Die Interviewten wissen dann entweder nicht, auf welchen Stimulus sie reagieren sollen, oder reagieren nur auf einen der beiden Stimuli. Dann hätte man einen Stimulus aber auch gleich weglassen können. Schließlich sollten Fragen nicht zu lang ausfallen, sondern eine einfache Struktur aufweisen.

---

Interviewer: Wir haben nämlich irgendwann in nem Interview was ganz Lustiges gehört von jemandem. Da ging's um ein Einkaufszentrum irgendwie, (.) und da war das dann so: Es gab, (.) die eine Ecke gehörte der Clique und die Bank auch dazu. Und es war klar, wenn die kommen, hatte man diese Bank zu räumen. Also es gab da ganz klare

| | |
|---|---|
| | Reviere sozusagen. Deshalb bin ich jetzt in die Richtung mal ganz neugierig wie das eigentlich aussieht. |
| Jugendlicher: | Wie jetzt? |

Dieses Beispiel verdeutlicht den Zusammenhang von Fragenkomplexität und Antwortverhalten. Die Frage war zu lang, der Bezug für den Jugendlichen nicht klar und dementsprechend fällt auch die Antwort aus („Wie jetzt?"). Bereits bei der Formulierung von Fragen für den Leitfaden sollte darauf geachtet werden, dass verständliche Begriffe verwendet werden, jede Frage nur einen Stimulus enthält und in ihrer Struktur einfach gehalten ist.

### 4.4.4 Länge des Leitfadens und Leitfadenvarianten

Bei der Erstellung des Leitfadens ist nicht nur dessen Aufbau und die Art der Fragen zu beachten, sondern auch dessen Ausführlichkeit. Ferner sollten bei der Leitfadenkonstruktion zwei Arten erstellt werden. Von diesen ist die ausführliche Variante für den Forschenden oder Interviewenden, um sich über den potenziellen Fragekatalog klar zu werden. Darüber hinaus sollte der Leitfaden in stichpunktartiger Form vorliegen, die während des Interviews selbst Verwendung findet.

### 4.4.4.1 Länge des Leitfadens

Eine entscheidende Frage bei der Erstellung eines Leitfadens ist die nach dessen Länge, bzw. nach der Anzahl der Fragen. Je mehr und je detailliertere Fragen der Leitfaden enthält, desto länger wird tendenziell das Interview dauern. Tabelle 1 zeigt den Zusammenhang zwischen der Anzahl der Wörter der jeweiligen Leitfäden und die durchschnittliche Länge der Interviews der in Kapitel 3.2 dargestellten Studien.

Wie die Werte andeuten, fallen die Interviews im Durchschnitt umso länger aus, je mehr Wörter der Leitfaden umfasst. Allerdings ist nicht nur die Länge des Leitfadens, sondern auch die Art der gestellten Fragen entscheidend. Teil- und unstruktu-

**Tab. 1:** Länge der Interviewleitfäden und durchschnittliche Länge der Interviews in den vier qualitativen Jugendstudien (eigene Darstellung).

| | Freundschafts-studie | Entwicklungs-normenstudie | Wertewandel-studie | Typenstudie |
|---|---|---|---|---|
| Anzahl Wörter im Leitfaden | 441 | 622 | 745 | 822 |
| Durchschnittliche Länge der Interviews in Minuten | 25,0 | 50,6 | 63,2 | 69,7 |
| Standardabweichung der Interviewlänge | 9,7 | 15,3 | 11,8 | 17,1 |

rierte Fragen führen tendenziell zu längeren Interviews als strukturierte Fragen, weil die Antwortmöglichkeiten offener gehalten sind. Ferner haben Eigenschaften der befragten Stichprobe einen Einfluss auf die Interviewlänge. Je besser sich Personen ausdrücken können, je höher ihre Redemotivation ist und je mehr sie zu einem Thema beitragen können, desto länger werden die Interviews ausfallen (siehe Kap. 5.4.2). In der Freundschaftsstudie wurden bspw. nur Hauptschülerinnen und -schüler befragt, was mit ein Grund für die vergleichsweise geringe Durchschnittslänge der Interviews ist.

Alles in allem kann keine eindeutige Richtlinie für die Länge eines Leitfadens gegeben werden. Die Anzahl der Wörter des Leitfadens kann aber als erste Orientierung dienen.

Grundsätzlich besteht bei der Leitfadenerstellung die Gefahr, dass dieser zu lang und ausführlich wird. Hierdurch werden nicht nur die Interviews, und in der Folge deren Auswertung, sehr zeitintensiv ausfallen. Darüber hinaus wird es wahrscheinlicher, dass der Interviewer einzelne Fragen vergisst bzw. nicht alle Fragen im Laufe eines Interviews gestellt werden können. Die Fokussierung auf zentrale Themengebiete ist deshalb empfehlenswert. Zudem sollte der Leitfaden vorab in einem Trainingsinterview getestet werden.

### 4.4.4.2 Leitfadenvarianten

Alle vorherigen Ausführungen dieses Kapitels bezogen sich auf die Erstellung eines ausführlichen Leitfadens, bei dem die Themengebiete und die einzelnen Fragen Wort für Wort ausformuliert werden. Dieser ausführliche Leitfaden ist notwendig, damit die Interviewer eine genaue Vorstellung von ihren potenziellen Fragen und der Strukturiertheit der Themen entwickeln. Die Ausformulierung hilft, sich besser mit den Erkenntnisinteressen während des Interviews vertraut zu machen. Dieser ausführliche Leitfaden eignet sich aber nicht für die Interviewsituation selbst. Er enthält zu viele Informationen, die während der Interviewführung nicht oder nur unvollständig aufgenommen werden können.

Dadurch kann es zum Weglassen einzelner Fragen (vor allem in der Ad-hoc-Phase des Interviews) kommen, die aber zur Beantwortung der Hauptfragestellung der Studie notwendig sind. Auch nimmt das Durchblättern eines mehrseitigen Leitfadens während des Interviews Zeit und Aufmerksamkeit in Anspruch, die der Interviewer für die Führung des Gesprächs benötigt. Schließlich kann dieses Blättern auch zu Irritationen beim Befragten führen oder bei diesem den Eindruck erwecken, dass mit Erreichen der letzten Seite das Interview beendet sei.

Aus diesen Gründen empfiehlt sich die Erstellung eines *kurzen* Leitfadens für das Interview selbst, in dem die Themengebiete und Fragen in knappen Stichpunkten skizziert sind. Dieser „technische" Leitfaden dient als Gedächtnisstütze während des Interviews. Ist der ausführliche Leitfaden einmal ausformuliert, reichen Stichpunkte in der Regel, um sich an die ausführlichen Fragen zu erinnern. Das Ganze funktioniert dann in etwa wie ein Spickzettel bei einer Klassenarbeit. Der Vorteil ist, dass dem Interviewer nur ein bis zwei Seiten gegenüberliegen und sich das längere Lesen von Fragen sowie das Hin- und Herblättern zwischen verschiedenen Seiten des Leitfadens erübrigt.

Im folgenden Kasten ist ein solcher Stichpunkteleitfaden für den in Kapitel 4.4.2 dargestellten ausformulierten Leitfaden beispielhaft dargestellt. Die einzelnen Fragen sind ohne Kenntnis der ausführlichen Variante kaum verständlich, bezogen auf den ursprünglichen Leitfaden aber völlig ausreichend, um das Interview führen zu können.

---

**Beispiel eines stichpunktartigen Interviewleitfadens aus der Studie „Entstehung, Gestalt und Auswirkungen interethnischer Freundschaften im Jugendalter" (Version für Jugendliche deutscher Herkunft; gekürzt)**

**Warm-up**
– Typischer Schultag?
– XY als Freund?
  – Falls nein: Wer dann?

**Definition von Freundschaft**
– Freund/Bekannter?
  – Warum?
– Eigenschaften Freund/Bekannter?
  – Warum?
– Was fehlt, Freund weg?
  – Warum?

**Entstehung von Freundschaften**
– Wie XY kennengelernt?
– Wie Freunde geworden?
– Zeitpunkt?
  – Warum dann?

**Freundschaftsqualität**
– Freundschaft XY schön?
  – Warum?
– Wichtig XY?
  – Dimensionen?

**Veränderung der Freundschaft**
– Freundschaft verändert?
  – Wenn ja: Wie?
  – Wenn ja: Grund?
  – Wenn nein: Warum nicht?
  – Wenn nein: Könnte verändern?
  – Wenn nein: Wodurch?

**Kritische Momente**
- Freundschaft zerbrechen?
  - Wenn ja: Welche Situationen?
  - Wenn ja: Warum?
  - Wenn ja: Warum nicht beendet?
  - Wenn nein: Warum keine Momente?

**Auswirkungen der Freundschaften**
- XY Herkunftsland?
  - Was?
  - Welche Gelegenheiten?
- Interessant?
  - Warum?
- Meinung Ausländer?
  - Wenn ja: Warum?
  - Wenn ja: Vorher?
  - Wenn ja: Jetzt?
  - Wenn nein: Warum nicht?
  - Wenn nein: Meinung zu Ausländern?

**Ausklang**
- Was noch wichtig?
- Was nach noch fragen?
  - Evtl. warum?
  - Evtl. selbst antworten lassen

Der Umgang mit den Stichpunkten bedarf der vorherigen Übung, weshalb sich auch hier ein Testinterview empfiehlt. In der Regel erleichtern solche Stichpunkte aber insgesamt die Durchführung des Interviews, weil mehr Konzentration auf das Gespräch gelenkt werden kann. Nach einigen Interviews entsteht bei den Interviewern häufig der Eindruck, nicht einmal mehr die Stichpunktliste zu benötigen. Als Erinnerung sollten sie aber auch nach diversen Interviews immer noch während des Interviews bereitliegen.

## 4.4.5 Zusammenfassung

In diesem Kapitel wurden wesentliche Aspekte der Leitfadenerstellung behandelt. Leitfäden stellen bei Leitfadeninterviews ein wichtiges Brückenstück zwischen der Fragestellung einer Studie und den durchzuführenden Interviews dar. In ihnen wird vorab skizziert, welche Themenbereiche im Interview erfragt werden sollen. Gleichzeitig muss der Leitfaden offen für Modifikationen bleiben, die sich durch Relevanzsetzungen der Befragten ergeben. Dies gilt sowohl innerhalb eines Interviews als auch im Verlauf der Studie. Leitfäden werden im Zuge neuer Informationen aus den

Interviews angepasst und in dieser veränderten Form bei zukünftigen Interviews verwendet. Leitfäden stellen kein starres Gerüst für die Interviewführung dar, sondern haben die Funktion einer Gedächtnisstütze.

Die Konstruktion des Leitfadens erfolgt in Anlehnung an die drei Grundprinzipien qualitativer Forschung:

(1) Der Leitfaden wird für neue Themen, alternative Fragen und veränderte Schwerpunktsetzungen *offen* gehalten. Auch in der Interviewsituation selbst wird der Leitfaden nicht abgehakt, sondern die in ihm enthaltenen Fragen dem Gesprächsverlauf angepasst.

(2) Der Leitfaden erfasst durch spezifische Fragen die *Entstehung* von Bedeutungen und subjektiven Zuschreibungen, in dem zum einen nach der Vergangenheit und zum anderen nach der Rolle der Umwelt gefragt wird.

(3) Die im Leitfaden formulierten Fragen werden *verständlich* und nah an der *Alltagssprache* der Befragten formuliert und ermöglichen den Befragten, eigene Themen und Vorstellungen in das Interview einzubringen.

Der Aufbau des Leitfadens orientiert sich an den drei Bereichen „Warm-up-", „Haupt-" und „Ausklangsfragen".

(1) **Warm-up-Phase**

Für die *Warm-up-Phase* werden Fragen formuliert, die den Befragten den Einstieg in die Interviewsituation und in noch sehr offener Form in die Thematik ermöglichen.

(2) **Hauptteil**

Der *Hauptteil* des Leitfadens enthält, sortiert nach Themengebieten, das Spektrum potenzieller Fragen, die im Interview gestellt werden und der Beantwortung der Hauptfrage der Studie dienen. Die darin enthaltenen Fragen können durch Ableitung aus Vorwissen, durch zunächst unsystematische Sammlung von Fragen oder durch die in Interviews enthaltenen Informationen generiert werden. In der Regel emergieren die Fragen für den Leitfaden durch eine induktive und deduktive Vorgehensweise.

(3) **Ausklang**

Als *Ausklang* werden eine oder mehrere Fragen formuliert, die dem Befragten den gedanklichen Ausstieg aus dem Interview erleichtern und gleichzeitig als Möglichkeit dienen, bisher nicht beachtete Aspekte zu erfassen. Ausklangsfragen adressieren deshalb den Befragten als Experten: Wurde etwas Wesentliches ausgelassen oder sollten noch Ergänzungen zu einzelnen Themen eingearbeitet werden?

Bei den für den Leitfaden formulierten Fragen lassen sich in verschiedenen Dimensionen spezifische Arten von Fragen unterscheiden. Zunächst unterscheiden sich Fragen in der Art, wie sie mögliche Antworten vorstrukturieren.

- **Strukturierte Fragen**

  Strukturierte Fragen enthalten bereits implizit oder explizit bestimmte Antwortalternativen, bspw. Ja- oder Nein-Antworten. Diese Frageform sollte genutzt werden, um das Vorhandensein eines Phänomens (etwa Veränderungen der Freundschaft) zu erfragen.

- **Teilstrukturierte Fragen**

  Teilstrukturierte Fragen erweitern den Antwortraum im Vergleich zu strukturierten Fragen, geben aber eine inhaltliche Dimension vor, innerhalb derer die Antwort liegen sollte (bspw. Art der Freundschaftsveränderung).

- **Unstrukturierte Fragen**

  Unstrukturierte Fragen lassen dem Befragten den größten Freiraum bei der Beantwortung einer Frage. Weder werden Antwortvorgaben nahegelegt noch inhaltliche Dimensionen vorgegeben.

Häufig werden diese drei Fragetypen innerhalb eines Themenblocks aufeinander aufbauend genutzt. Mit der strukturierten Frage wird nach der Existenz oder Relevanz eines Themas gefragt, mit teilstrukturierten Varianten wird das „Wie" der Existenz oder der Relevanz ergründet und mit unstrukturierten Fragen die dahinterliegenden Bedeutungen erfasst.

Über den Grad der Strukturierung hinaus lassen sich Arten von Fragen danach unterscheiden, ob sie bestimmte Antworten provozieren, ob sie einfach gehalten sind und welchen Zeitbezug sie besitzen.

- Im Leitfaden formulierte Fragen sollten *keine suggestiven* Anteile enthalten, um die Offenheit der Antworten (etwa aufgrund sozialer Erwünschtheit) nicht unnötig einzuschränken.
- Ferner sollten die Fragen *einfach* und verständlich sowie nicht zu komplex formuliert sein, damit die Befragten einen eindeutigen Stimulus erkennen.
- Schließlich sollten Fragen sowohl auf den gegenwärtigen Status als auch auf die Vergangenheit abzielen, um *Veränderungen* und Gründe für aktuelle Deutungen etc. identifizieren zu können.

Im letzten Abschnitt dieses Kapitels wurde schließlich auf die Frage der Länge eines Interviewleitfadens eingegangen. Obwohl ein Zusammenhang zwischen Leitfadenlänge, Art der Fragen und Eigenschaften der Befragten einerseits sowie Länge der Interviews andererseits besteht, ist eine prinzipielle Empfehlung für die Anzahl der Fragen nicht möglich. Daher empfiehlt es sich, den Leitfaden vorab in einem Testinterview auf seine Tauglichkeit hin zu überprüfen.

Die Interviewführung wird prinzipiell dadurch erleichtert, dass nicht der ausführliche Leitfaden, sondern ein Stichpunktkatalog im Interview selbst verwendet wird. Diese Stichpunkte leiten sich aus dem ausführlichen Leitfaden ab und ermöglichen eine bessere Konzentration auf das Gespräch an sich.

**Weiterführende Literatur**

Kaufmann, J.-C. (1999). *Das verstehende Interview* (Kapitel II.2.3). Konstanz. UVK.

Lamnek, S. (1995b). *Qualitative Sozialforschung. Band 2: Methoden und Techniken* (Kap. 3.1). Weinheim: Beltz PVU.

Reichertz, J. (2000). Abduktion, Deduktion und Induktion in der qualitativen Forschung. In U. Flick, E. von Kardorff & I. Steinke (Hrsg.), *Qualitative Forschung. Ein Handbuch* (276–286). Reinbek: Rowohlt.

# 5 Die Durchführungsphase

Bei der Durchsicht der einschlägigen Lehrbücher zu qualitativer Forschung fällt auf, dass sich diese nur allgemein mit methodischen Aspekten der Durchführung von Interviews befassen. Praktische Hinweise werden selten gegeben bzw. finden Platz auf ein bis zwei Seiten. Dabei ist es gerade die Durchführung von Interviews selbst, die maßgeblich über die Qualität der Forschungsarbeit mitentscheidet. Zu wissen, dass Offenheit ein wichtiges Interviewprinzip ist, ist die eine Sache. Diese auch tatsächlich umsetzen zu können, eine andere. Was nutzt die Erstellung eines fulminanten Leitfadens, wenn dieser in der Interviewsituation wie ein Fragebogen abgehakt wird? In diesem Kapitel wird die eigentliche Durchführung von Interviews mit Jugendlichen besprochen. Der Schwerpunkt wird auf Praxistipps gelegt, die die Durchführung der Interviews erleichtern sollen. Diese Hinweise entstammen der Literatur sowie der eigenen Interviewerfahrung und sind deshalb nicht durchweg übertragbar auf jedes x-beliebige Forschungsvorhaben. Sie können aber helfen, die häufigsten Probleme bei der Durchführung von Interviews rechtzeitig zu bedenken. Die meisten der angesprochenen Themen lassen sich weitestgehend auf alle Interviewformen anwenden. Schwerpunktmäßig orientieren sich die Ausführungen aber an der Durchführung von Leitfadeninterviews, sodass zuweilen Besonderheiten dieser Interviewvariante in den Vordergrund treten.

Zunächst werden einige praktische Tipps für die Kontaktaufnahme mit möglichen Interviewpartnern und Hinweise zur Wahl geeigneter Interviewtermine und Interviewworte gegeben (Kap. 5.1). Da qualitative Interviews reichhaltig an Informationen sind, ist es wichtig, diese möglichst detailgetreu zu dokumentieren. Hierzu empfiehlt sich eine geeignete technische Ausstattung, auf die in Kapitel 5.2 näher eingegangen wird. Worauf es kurz vor dem eigentlichen Interview ankommt, beschreibt Kapitel 5.3. Ein besonderer Schwerpunkt dieses Buchabschnitts liegt auf der Durchführung der Interviews selbst (Kap. 5.4). Es werden grundlegende Phasen des Leitfadeninterviews anhand bereits durchgeführter Interviews aufgezeigt und Bedingungen diskutiert, die zu einem ertragreichen oder weniger ertragreichen Interview beitragen können. Solche Bedingungen sind sowohl aufseiten der Interviewpartner, der Interviewer als auch der spezifischen Konstellation von beiden identifizierbar. Auch Fehler bei der Durchführung von Interviews sind mögliche Gründe für den Verlauf eines Interviews. Auf diese wird in Kapitel 5.5 eingegangen. Ist das Interview schließlich durchgeführt, muss dessen Inhalt verschriftet werden, um als Grundlage für die Auswertungen dienen zu können. Im letzten Kapitel wird näher darauf eingegangen, welche Varianten der Interviewtranskription bestehen (Kap. 5.6).

## 5.1 Kontaktaufnahme zu Interviewpartnern

Auf Fragen der Stichprobenziehung wurde bereits ausführlich in Kapitel 4.3 eingegangen. In diesem Abschnitt geht es ergänzend dazu um die Frage, wie sich die Kontaktaufnahme zu Interviewpartnern am besten gestalten lässt und was hierbei beachtet werden sollte. Eine Reihe von Autoren haben diese Wege ins Feld in Phasen eingeteilt. Die Kenntnis solcher Phasen ist hilfreich, um sich eine Vorstellung davon zu verschaffen, welche Implikationen dieser Weg ins Feld, also den Eintritt in die Lebenswelt der zu Befragenden, mit sich bringen kann. Weinberg und Williams (1973) benennen vier unterschiedliche Schritte. Erstens erfolgt eine Annäherung an das Forschungsfeld (bspw. an eine jugendkulturelle Szene wie jene der Skater), indem erste Kontakte geknüpft werden. Das können Kontakte zu Gatekeepern oder direkt zu Jugendlichen sein. Zweitens findet eine Orientierung im Feld statt. Der Forschende wird von Jugendlichen tendenziell als „Fremdkörper" in der eigenen Lebenswelt erlebt. Dementsprechend können Irritationen, Ablehnung, Verwunderung aber auch Neugier auftreten. Darauf folgt drittens die Phase der Initiation, bei der Jugendliche sich ein Bild vom Forschenden machen. Fragen nach der Akzeptanz und der Vertrauenswürdigkeit des Forschenden treten auf und wollen beantwortet sein. Hier ist es günstig, wenn der Forschende bereits bei der ersten Kontaktaufnahme und auch in den folgenden Phasen für eine positive, wenigstens aber neutrale Stimmung bei den Jugendlichen sorgt. Die vierte Phase ist jene der Assimilation an das Feld. Der Forschende ist, soweit aus der Außenperspektive möglich, mit der Umgebung der Jugendlichen vertraut und wird von den zu Befragenden akzeptiert.[1] Diese Phasen, wie auch jene, die Fischer (2012) für den Forschungsprozess formuliert hat, gelten insbesondere für solche Interviewstudien, bei denen eine jugendliche (Sub-)Kultur (bspw. Sprayer, Skater etc.) bzw. ein tendenziell geschlossenes System (bspw. Jugendclique) untersucht werden sollen. Hier entstammen die Interviewpartner zumeist aus einer Gruppe von Jugendlichen, die einander kennen. Der Eindruck, der bei dieser Gruppe hinterlassen wird, kann sich dann auf die Chancen der weiteren Informationssammlung auswirken, etwa wenn der Forschende als nicht vertrauenswürdig erlebt wird. Dann wird keiner der Jugendlichen von der Gruppenmeinung abweichen und als einziger an einem Interview teilnehmen. Wenn also ein solches, eher geschlossenes System statt eine Reihe voneinander unabhängiger Jugendlicher untersucht werden soll, ist für den ersten Zugang zum Feld der erste Eindruck, der bei den zu Befragenden hinterlassen wird, enorm wichtig.

Für den Fall, dass kein geschlossenes System, sondern einander unbekannte Jugendliche befragt werden sollen, stellt sich die Problematik nicht ganz so gravierend.

---

1 Girtler (1988) benennt als Gefahr für diese vierte Phase jene des „going native", also der Überidentifikation mit den zu Befragenden, bei der die notwendige Distanz verloren geht, um Informationen ohne Betroffenheit auswerten zu können.

Aber auch dann gilt es, die Kontaktaufnahme mit Jugendlichen so zu gestalten, dass sie für eine Teilnahme am Interview gewonnen werden können. Hierfür lassen sich grob zwei Schritte unterscheiden.

(1) Jugendliche auf die Interviewstudie *aufmerksam machen* und dafür interessieren

(2) In *direkten Kontakt* mit Jugendlichen zur Vereinbarung eines Interviewtermins treten

Für beide Phasen gilt gleichermaßen, dass bei Jugendlichen nicht das Gefühl von Zwang zur Teilnahme entsteht. Zuweilen stellt sich dieses Problem, wenn Gatekeeper den Kontakt zu Interviewpartnern herstellen. Auch gilt für beide Phasen, dass potenzielle Befragte möglichst frühzeitig und in verständlicher Form erfahren, worum es inhaltlich in der Interviewstudie geht. Das Thema des Interviews ist nicht streng geheim, sodass Aushänge mit der einfachen Auskunft „Jugendliche für Interviews gesucht" erstens wenig ansprechend sind und zweitens den Befragten beim eigentlichen Interview ins „kalte Wasser werfen". Im Folgenden werden beide Phasen näher beleuchtet (Kap. 5.1.1). Ergänzende Informationen zur Wahl eines Interviewtermins und -orts werden in Kapitel 5.1.2 gegeben.

### 5.1.1 Aufmerksamkeit und Interesse erzeugen

Der einfachere der beiden Punkte ist vermutlich jener der Erzeugung von Aufmerksamkeit. Dies kann durch Aushänge in Jugendzentren und/oder Schulen, an beliebten Freizeittreffs von Jugendlichen, durch das Verteilen von Flyern oder auch durch direktes Ansprechen auf der Straße geschehen. Auch Gatekeeper erzeugen durch das Ansprechen von Jugendlichen Aufmerksamkeit für die Interviewstudie. Aber bereits mit der Art, wie die Aufmerksamkeit geweckt wird, kann das Interesse der Teilnahme von Jugendlichen zusammenhängen. So sollte ein männlicher Interviewer Mädchen auf der Straße nicht gedankenlos mit den Worten ansprechen: „Willste Dir 15 Euro verdienen?". Die Aufmerksamkeit wäre dann bestimmt vorhanden, nur das Interesse ist auf fragwürdige Weise geweckt.

Hinweise zu Aufmerksamkeit und Interesse lassen sich besonders gut anhand der Verwendung von Aushängen und/oder Flyern geben. Aushänge werden bei qualitativen Studien erstens häufig genutzt, um Interviewpartner zu erreichen und sie bieten zweitens die Möglichkeit, gezielt Aufmerksamkeit und Interesse zu wecken. Durch einen Aushang können Zielgruppe, Thema und Anreize für die Teilnahme kontrolliert festgelegt werden. Der Nachteil von Aushängen ist gleichzeitig, dass sie nur selektiv Jugendliche ansprechen. Mit Aushängen wird die Stichprobenziehungstechnik der Selbstaktivierung verwendet (siehe Kap. 4.3.1). Auf die damit verbundenen Probleme wird gesondert eingegangen.

### Zielgerichtet Aufmerksamkeit erzeugen

Aushänge für eine Interviewstudie mit Jugendlichen werden am besten nicht in Altersheimen oder gutbürgerlichen Weinstuben angebracht. Dafür sollten Orte ausgesucht werden, von denen man weiß oder zumindest vermutet, dass sich dort häufig möglichst viele Jugendliche aufhalten. Jugendzentren und Freizeitklubs sind dabei sicherlich eine gute Wahl. Auch Schulen oder öffentliche Plätze, an denen sich Jugendliche häufig aufhalten, empfehlen sich. Das können Bushaltestellen, Plätze, Einkaufszentren, Schwimmbäder oder Parks etc. sein. Je spezifischer die Vorstellungen über die Zielstichprobe sind, desto gezielter sollten auch die Aushänge platziert oder Flyer verteilt werden. Wer etwa Jugendliche in der Ausbildungsphase befragen möchte, richtet sich bspw. an Berufsschulen. Bei Themen rund um Lernschwächen wären Schularbeitszirkel eine gute Wahl. Religiöse Themen legen kirchliche Jugendtreffs oder Konfirmandengruppen nahe. Damit die Aushänge nicht nach drei Monaten unbeachtet abgerissen werden, können zusätzlich Flyer an die anwesenden Jugendlichen verteilt oder Jugendliche gezielt auf den Aushang aufmerksam gemacht werden. Dies kann direkt oder durch Gatekeeper geschehen. Sowohl für die Aufmerksamkeit als auch die Interessenserzeugung ist dabei ein ansprechendes Aussehen von Aushängen und/ oder Flyern wichtig.

### Interesse erzeugen

Damit das Interesse bei Jugendlichen geweckt und die Motivation zur Teilnahme erzeugt oder gefördert wird, ist es wichtig, die Ausgangsbedingungen bei möglichen Interviewpartnern zu kennen. Im Gegensatz zum Forscher erleben Jugendliche nicht tagtäglich, was es heißt, an einem Interview teilzunehmen. Eine solche Situation ist vielmehr neu und es herrschen nur unklare Vorstellungen darüber, was auf einen zukommt (siehe Kap. 5.3.3). „Was wollen die von mir?", „Was machen die mit meinen Aussagen?", Wolff (2000: 345) spricht hier von „struktureller Intransparenz", der es bereits bei der ersten Kontaktaufnahme zu begegnen gilt. Dies kann durch die von Wolff (2000) vorgeschlagenen Maßnahmen geschehen:

– Zeigen, dass das Forschungsvorhaben *seriös* ist
– Verdeutlichen, dass durch die Teilnahme am Interview *keine Nachteile* entstehen
– *Verlässlichkeit* und *Vertrauenswürdigkeit* der Forschenden vermitteln
– Zeitliche *Begrenztheit* des Interviews aufzeigen

Auf der *Oberflächenebene* können diese Maßnahmen durch ein ansprechendes Aussehen des Aushangs oder Flyers unterstützt werden. Aushänge sollten sich farblich gut abheben, ohne zu grell zu wirken. Maximal zwei verschiedene Farben und zwei Schriftarten reichen hierfür völlig aus.[2] Ferner darf der Aushang nicht kleiner als

---

2 Bei den Farben kräftige, nicht grelle Töne verwenden. Bei geringem Budget ist bereits ein farbiger Zettel mit schwarzer Aufschrift (die sich von der Farbe gut abheben sollte) durchaus ausreichend. Als

DIN-A4 ausfallen und sollte wenige, aber präzise Informationen enthalten, die auch aus einer gewissen Entfernung gut wahrnehmbar sind.

Auf der *Inhaltsebene* sind präzise Informationen wichtig. Auf Werbeschnick-schnack („Tolle Interviewstudie", „Dein Typ ist gefragt!") sollte verzichtet verzich-ten. Das erzeugt u. U. falsche Erwartungen, denn Interviews sind keine reißerischen Events. Vielmehr soll das Thema selbst ansprechen. Seriosität (nicht Langeweile) zu vermitteln, ist dabei hilfreich. Für viele Themen interessieren sich Jugendliche ohnehin, weil sie in der aktuellen Lebensphase dominant sind (Freundschaften, Partnerschaften, Berufswahl, Umgang mit Eltern, Zukunft etc.). Deshalb muss nicht annonciert werden, die Interviews behandeln die Frage „Wie ist der Sex bei Dir?". Es reicht völlig, als Thema „Liebe und Partnerschaft" oder, um auch Jungen anzu-sprechen, „Freundschaften bei Jugendlichen" anzugeben. Neben dem Thema des Interviews sollte der Aushang oder Flyer folgende weitere Informationen enthalten:

- Kurze, aussagekräftige *Erläuterung* zum schlagwortartig, groß gedruckten Thema des Interviews (bspw. „In diesem Interview geht es darum, was dir an Freund-schaften wichtig ist.")
- *Altersgruppe*, wenn eine spezifische Altersspanne erreicht werden soll
- *Geschlecht*, falls nur Mädchen oder nur Jungen zu interviewen sind
- *Schulform*, falls diese spezifisch adressiert werden soll
- *Name* (und evtl. die Institution) des Interviewers bzw. der Kontaktperson
- *Kontaktmöglichkeiten* (gut erreichbare Telefonnummer, auf jeden Fall Anschrift, u. U. auch eine Internetseite und E-Mail-Adresse); die Kontaktmöglichkeiten soll-ten entweder als klassische Mini-Abreißer zusätzlich unten am Aushang ange-bracht sein oder als Extraflyer, die neben dem Aushang angebracht werden.
- Voraussichtliche *Länge* des Interviews
- Informationen zum *Interviewort* (entweder als festgelegter Ort, oder besser: Den Hinweis anbringen, dass das Interview an einem dem Jugendlichen passenden Ort stattfindet)
- *Datumsfrist*, bis wann sich Jugendliche melden können
- Falls Gelder zur Verfügung stehen, die *Höhe der Aufwandsentschädigung* für die Teilnahme am Interview

Damit sind bereits eine Reihe von Informationen benannt, die im Extremfall alle auf den Aushang oder Flyer passen müssen. Deshalb lohnt die Überlegung, welche dieser Hinweise (bspw. Geschlecht oder Schulform) eventuell weggelassen werden können. Die Verwendung von Geld als Anreiz zur Teilnahme an Interviews ist nicht unumstrit-ten. Die Kritik, dass Jugendliche dann nur an der Studie teilnehmen, weil sie das Geld

---

Schriftarten empfehlen sich solche, die leicht leserlich sind, bspw. Times New Roman, Arial, Helve-tica, Verdana. Geschwungene Schriften mit vielen Schnörkeln sehen am eigenen Computer vielleicht hübsch aus, sind aber ungewohnt für das Auge und schwieriger zu entziffern.

haben wollen, ist für die Anfangsmotivation von Jugendlichen u. U. berechtigt. Für die Interviews selbst konnten wir aber nur in einem Fall feststellen, dass sich dies auf die Gesprächsbereitschaft ausgewirkt hat. In unseren Studien hat sich ein Betrag zwischen zehn und zwanzig Euro als ausreichender Anfangsanreiz erwiesen. Aber auch ohne finanzielle Anreize lassen sich Jugendliche für Interviews gewinnen, wenn das Thema eine ausreichende Nähe zu ihren Interessen oder alltäglichen Erlebnissen und Problemen aufweist.

Wenn keine Aushänge verwendet werden, sondern direkt Kontakt mit Jugendlichen aufgenommen wird, oder aber Gatekeeper die Funktion übernehmen, Aufmerksamkeit und Interesse zu erzeugen, sind zusätzlich Flyer hilfreich. Diese können DIN-A5 oder DIN-A6 groß sein und sollten ebenfalls die o g. Informationen enthalten. Werden die Jugendlichen direkt angesprochen, erhalten sie bei Interesse zusätzlich einen Flyer, der die Kontaktaufnahme seitens der Jugendlichen wahrscheinlicher machen wird.

### Selektionsprozesse bei der ersten Kontaktaufnahme

Bereits die erste Kontaktaufnahme zu Jugendlichen führt zu Selektionen möglicher Interviewpartner. Das heißt, nicht bei allen Jugendlichen wird in gleichem Maße Aufmerksamkeit und Interesse erzeugt. Einige Jugendliche werden den Aushang nicht lesen, andere reagieren ablehnend darauf, auf der Straße angesprochen zu werden, und wieder andere haben vielleicht Interesse an der Teilnahme, trauen sich aber nicht, mitzumachen. Ferner kommt es häufiger vor, dass Jugendliche bei der ersten Kontaktaufnahme großes Interesse zeigen, sich aber danach nicht weiter melden. Besonders ärgerlich für die eigene Studie wird dies, wenn bereits ein Termin ausgemacht wurde, der betreffende Jugendliche dann aber zum Interviewtermin nicht erscheint. Auch der Fall, dass Eltern den Jugendlichen die Teilnahme untersagt haben, ist aufgetreten. Solche Selektionsprozesse sind unvermeidlich und führen dazu, dass bestimmte Informationen nicht zugänglich sind. Qualitative Forscher berufen sich häufig darauf, dass Repräsentativität ohnehin kein Gütekriterium ihrer Forschung sei. Das ist zutreffend, aber wenn bestimmte Gruppen von Jugendlichen (etwa jene, die sehr schüchtern sind und zugleich einer hohen sozialen Kontrolle durch die Eltern unterliegen) nicht erreicht werden können, fehlen Informationen und Perspektiven, die diese Jugendlichen liefern könnten (siehe Kap. 4.3). Zum Teil kann dem durch die Verwendung von Gatekeepern begegnet werden. Wenn, wie im „theoretical sampling" üblich, spezifische Fälle gesucht werden, ist es hilfreich, Gatekeepern diese zu beschreiben. Durch deren Unterstützung können auch solche Jugendliche für die Interviewstudie gewonnen werden, die aus eigenem Antrieb nicht teilgenommen hätten. Die Motivation von auf diese Weise gewonnenen Jugendlichen ist nicht notwendigerweise geringer. Diese muss nur auf anderem Wege aktiviert werden.

Eine weitere Möglichkeit, Selektionen zu mindern ist, die Hürden für die Kontaktaufnahme durch die Jugendlichen zu verringern. In der Regel liegt es an den Jugendlichen, sich für die Terminabsprache beim Interviewer zu melden. Jugendliche müssen bspw. beim Interviewer anrufen. Dies stellt eine (soziale) Barriere dar, die Jugendliche möglichst leicht überwinden sollten. Da kann es hilfreich sein, statt offiziell klingender Kontaktinformationen (Prof. Dr. Heinz Reinders, Jugendforscher an der Universität Würzburg) einfach nur als Kontakt den Vornamen anzugeben (Melde dich einfach bei Heinz unter …) und klein gedruckt (aber nicht unleserlich) den kompletten Namen und die Anschrift hinzuzufügen. Ferner sollte die angegebene Telefonnummer immer zu erreichen sein. Anrufbeantworter oder Nummern, bei denen niemand abhebt, verlangen vom Jugendlichen im Zweifelsfall, noch mal anzurufen oder auf einer Maschine Informationen zu hinterlassen, bei der die Jugendlichen nicht wissen, was damit passiert. Deshalb empfiehlt sich als Alternative, sowohl eine Festnetz- als auch eine Handynummer anzugeben (evtl. mit den Zeiten, wann unter der Nummer jemand erreichbar ist).[3] Im folgenden Abschnitt wird auf die Termin- und Ortsproblematik bei Interviews ausführlicher eingegangen, die ebenfalls zu Selektionen führen können. Letzten Endes bleiben aber nach wie vor nicht kontrollierbare Aspekte, die zu einer Selektion der Stichprobe führen werden. Dies sollte dann bei der Auswertung und Interpretation der Daten berücksichtigt und auf die Grenzen der Aussagen hingewiesen werden.

### 5.1.2 Wahl des Termins und des Interviewworts

Eine weitere Hürde stellt die Wahl des Termins, aber insbesondere jene eines geeigneten Interviewworts, der den Kriterien qualitativer Forschung entspricht, dar.

### Termine

Termine sind insofern ein mögliches Problem, als dass Jugendliche in ihrer Freizeitgestaltung nicht dem Terminschema eines Managers folgen. Teenager können zuweilen nicht genau sagen, wann sie Zeit haben, weil sie ihre Verabredungen mit Freunden zumeist kurzfristig treffen und tendenziell weniger dazu neigen, feste Absprachen zu treffen (Hofer, Reinders, Fries & Clausen, 2005). Vor allem nicht mit ihnen völlig unbekannten Personen, denen gegenüber keine Verpflichtung erlebt wird. Das heißt auch, dass ein verabredeter Termin potenziell noch gefährdet ist, weil den Jugendlichen irgend etwas dazwischen kommt. Um solche Probleme zu umgehen, empfiehlt es sich bei der Terminabsprache dringend, den Jugendlichen um seine Handynummer zu bit-

---

3 Obwohl damit noch keine Erfahrungen gemacht wurden, liegt es nahe, die Jugendlichen zu animieren, einfach eine SMS oder Whatsapp-Nachricht an eine Handynummer zu schicken, um die Bereitschaft zur Teilnahme zu signalisieren. Wenn der allgemeine Trend weiter anhält, dass Jugendliche besonders gerne über Medien wie Whatsapp udgl. schreiben, sollte dies die soziale Barriere mindern. Weiterer Vorteil ist, dass dann auch gleich die Handynummer vorliegt, unter der der Jugendliche für etwaige Terminänderungen bzw. Erinnerungsanrufe erreichbar ist.

ten. Einen Tag oder einige Stunden vor dem Interview sollte der Interviewpartner dann noch einmal angerufen werden, um sich den Termin noch einmal bestätigen zu lassen. Insgesamt bestehen keine Erfahrungen, ob Termine eher auf den Vormittag, Nachmittag oder Abend gelegt werden sollten. Da die meisten Jugendlichen (mit Ausnahme der Wochenenden und der Urlaubszeit, in denen Jugendliche schwerer erreichbar sind) ohnehin zur Schule gehen, werden die Interviewtermine mit großer Wahrscheinlichkeit am Nachmittag oder frühen Abend liegen.

### Länge des Interviews

Ein weiterer, zu bedenkender Aspekt ist die *Länge des Interviews* und damit der zu verabredende Zeitrahmen. Bereits bei der Terminabsprache sollte darauf geachtet werden, dass sowohl der Interviewer selbst als auch der zu befragende Jugendliche ausreichend Zeit mitbringen. Im Zweifelsfall empfiehlt es sich, mehr Zeit zu veranschlagen, als tatsächlich für die Befragung benötigt wird. Bei der Terminabsprache sollte man sich also vergewissern, dass der Jugendliche nicht in Zeitnot gerät und sich dadurch das Interview nicht in der notwendigen Weise entfalten kann. Dass Termindruck deutlich nachteilige Wirkungen auf den Interviewverlauf besitzt, zeigt Tietel (2000) anhand eines Interviews mit einem Betriebsrat auf: „Also ich könnte Ihnen jetzt die ganze Kassette vollsprechen. Da könnt' ich Ihnen jetzt 'n halbstündigen Vortrag d'rüber halten, über dieses eine Thema. Ich glaub', wir kommen so nicht weiter. Sie müssen präzisere Fragen stellen, weil ich hab nur eine Stunde Zeit. Ich hab' um 14 Uhr den nächsten Termin." (zitiert aus: Tietel, 2000: o. S.)

Wenn auch ein extremes Beispiel, so macht es dennoch deutlich, wie sich Zeitdruck auf die Redebereitschaft von Befragten auswirken kann.

Schließlich sollten Interviewer die Termine so legen, dass nur ein Interview pro Tag zu absolvieren ist. Die Durchführung von Interviews bedarf hoher Konzentrationsleistungen, die ermattend sein können. Zudem führen zwei oder mehr Interviews an einem Tag dazu, dass bei einem eventuell anzufertigenden Postskript Details der Interviews durcheinandergeraten. Auch die Möglichkeit, aus bereits durchgeführten Interviews zu „lernen", wird hierdurch eingeschränkt.

### Interviewort

Was den Interviewort anbetrifft, legt das qualitative Paradigma nahe, Interviews in der „natürlichen Umgebung" von Jugendlichen zu führen. „Um wirklich gute Interviews zu bekommen, muß man [...] in die Lebenswelt dieser betreffenden Menschen gehen und darf sie nicht in Situationen interviewen, die ihnen unangenehm oder fremd sind" (Girtler, 1992: 151).

„Natürlich" bedeutet, einen Ort zu wählen, an dem sich Jugendliche häufig aufhalten oder der ihnen zumindest nicht fremd ist. Für ein solches Setting wird erwartet, dass die Offenheit des Gesprächs und die Authentizität der Aussagen der Jugendlichen erhöht wird (siehe Kap. 2.2). In einer gewohnten Umgebung müssen Jugendliche sich nicht erst an die neuen Bedingungen gewöhnen. Sie fühlen sich eher an normale Interaktionen mit anderen Personen ihres alltäglichen Lebens erinnert. Aus diesem Grundsatz qualitativer Forschung folgt, dass die geeignetste Variante zur Festlegung des Intervieworts ist, die Jugendlichen selbst Vorschläge unterbreiten zu lassen. Dies gilt insbesondere, wenn der Forschende wenig über die natürliche Umwelt der zu Befragenden weiß. Diese Wahlfreiheit des Ortes sollte bereits im etwaigen Aushang oder Flyer bzw. insgesamt bei der ersten Kontaktaufnahme angekündigt und bei der Terminabsprache nochmals bekräftigt werden. Zusätzlich zur Einlösung einer Grundprämisse qualitativer Forschung bietet diese Variante der freien Ortswahl den Vorteil, dass Jugendliche nicht das Gefühl haben, bspw. zur Universität als einem ihnen fremden Ort, der zusätzlich nach Labor „riecht", für das Interview kommen zu müssen.

Bei der Absprache des Intervieworts sollte zusätzlich auf einige Dinge geachtet werden, die die Durchführung des Interviews erleichtern:

–  **Elterliche Wohnungen eher vermeiden**
Hier sind entweder die Eltern anwesend und erzeugen womöglich das Gefühl von Kontrolle bei den Jugendlichen. Oder aber die Eltern der Jugendlichen erleben den Besuch des Interviewers als „Eindringen" in die Privatsphäre und stehen dem Interview deshalb ablehnend gegenüber.

–  **Der Ort sollte die Möglichkeit zum Dialog ermöglichen**
So sollten Interviews bspw. in einem Jugendzentrum in einem separaten Raum durchgeführt werden (nicht gerade die Besenkammer oder das Büro der Sozialarbeiter), bei dem andere Jugendliche das Interview nicht stören können oder potenziell hören, was der Interviewpartner erzählt. Dies würde die Bedingung der Vertrautheit verletzen. Zum Dialog gehört auch, dass im Falle von Einzelinterviews nicht noch andere Freunde mit am Tisch sitzen und hierdurch ablenkend wirken, sozial erwünschte Antworten begünstigen bzw. ebenfalls der Vertrautheit des Gesprächs abträglich sind. In Stammcafés von Jugendlichen lässt es sich aber zuweilen nicht vermeiden, dass Freunde des Interviewpartners in der Nähe sind und diesen ansprechen. Die Interviewsituation ist ein für Jugendliche herausgehobenes Ereignis, welches dementsprechend mit Kommentaren versehen wird („Was machste denn da?", „Biste im Verhör?" etc.).

–  **Hintergrundgeräusche sollten moderat ausfallen**
Niemand wird auf die Idee kommen, Interviews auf Baustellen oder im Testzentrum für Flugzeugturbinen durchzuführen. Dennoch werden Hintergrundgeräusche eher unter- als überschätzt. So wird bspw. ein Café als weniger laut empfunden, weil dort normale Gespräche möglich sind und auch häufig geführt werden. Bei der Transkription des Mitschnitts zeigt sich aber, dass diese Hintergrundgeräusche das Verständnis der Audiodatei oder der Kassette erheblich erschweren. Auf die Last mit den Capuccinomaschinen und Eiscrushern wurde bereits hingewiesen. Aber nicht nur wegen der späteren Transkription, auch für die Schaffung einer entspannten Atmosphäre empfehlen sich Intervieworte mit moderatem Ge-

räuschpegel. Bei der Absprache über den Interviewort sollte geklärt werden, ob an dem vorgeschlagenen Ort in Ruhe ein Interview durchgeführt werden kann.

Die in unseren Studien am häufigsten vorgeschlagenen Intervieworte waren Cafés und – weit abgeschlagen – Jugendzentren. Diese Orte waren zum Teil auch durch die Orte vorbestimmt, an denen Aushänge oder Flyer verteilt wurden. Trotz der Capuccinomaschinen erwiesen sich Cafés zumeist als geeignete Intervieworte mit eher geringem Störpotenzial. Bei der Durchführung von Interviews in Cafés ist es eine nette Geste gegenüber den Befragten, ihnen ein Getränk zu spendieren; auch dann, wenn eine Aufwandsentschädigung gezahlt wird. Dies lockert die Atmosphäre ein wenig auf, wird als positiver Anreiz erlebt und der Jugendliche kann sich bei großer Nervosität notfalls an der Tasse Kaffee festkrallen. Einige Interviews mussten – entgegen der o. g. Maßgabe – bei den Jugendlichen zu Hause durchgeführt werden. In einem Fall schien dies kein Hindernis zu sein, da der Jugendliche die elterliche Wohnung ohnehin eher als „Hotel Mama" ansah. In einem anderen Fall hingegen störte der gelegentliche Besuch der Mutter im Zimmer des Jugendlichen den Interviewverlauf erheblich. In letzter Konsequenz sollte aber dem Ortsvorschlag der Jugendlichen gefolgt werden. Nur wenn die zu Befragenden keinen geeigneten Ort wissen oder nennen wollen, sollte bspw. ein Café vorgeschlagen werden, das für den Jugendlichen gut erreichbar ist.

### 5.1.3 Zusammenfassung

Die Kontaktaufnahme zu möglichen Interviewteilnehmern war Gegenstand dieses Kapitels. Für diese Phase der Durchführung von Interviews wurden zwei wesentliche Schritte unterschieden.

(1) Jugendliche sollten auf die Interviewstudie aufmerksam gemacht und ihre Motivation zur Teilnahme geweckt werden. Als eine Variante hierzu wurden Aushänge und Flyer näher beschrieben. Die dabei zu beachtenden Aspekte gelten aber auch für direkte, mündliche Kontaktaufnahmen:
   - Aufmerksamkeit und Interesse durch Seriosität und Fokussierung auf das Thema des Interviews erzeugen
   - dem Bedürfnis der potenziellen Interviewpartner nach Informationen gerecht werden
   - möglichen Selektionseffekten bei der Rekrutierung von Interviewpartnern durch geringe Barrieren begegnen

(2) Die konkrete Kontaktaufnahme erfolgt mit einzelnen Jugendlichen, mit denen dann Termin und Ort des Interviews besprochen werden. Bei diesem zweiten Schritt ist wichtig, dass
   - Jugendliche zu einer flexiblen Zeitnutzung tendieren und Interviewtermine als nicht verbindlich wahrnehmen. Deshalb ist es ratsam, Jugendliche vor

dem Interview nochmals an den Termin zu erinnern. Ferner sollte darauf geachtet werden, dass genügend Zeit für das Interview zur Verfügung steht.
- der Interviewort der natürlichen Lebenswelt der Jugendlichen möglichst nahekommt. Dies kann dadurch realisiert werden, dass die Jugendlichen selbst einen Ort vorschlagen. Eine kurze Rückversicherung, dass an diesem Ort ein halbwegs ruhiges Interview möglich ist, empfiehlt sich dabei.

Diese Empfehlungen gelten nicht zwingend für jede Interviewstudie, dienen aber als Orientierung dafür, wie sich die Phase vom Kontakt bis zum tatsächlichen Interview ohne gravierende Probleme gestalten lässt.

### Weiterführende Literatur

Lamnek, S. (1995b). *Qualitative Sozialforschung. Band 2: Methoden und Techniken* (Kap. 3.6). Weinheim: Beltz PVU.
Friebertshäuser (2003). Feldforschung und teilnehmende Beobachtung. In B. Friebertshäuser & A. Prengel (Hrsg.), *Handbuch Qualitative Forschungsmethoden in der Erziehungswissenschaft* (503–534). Weinheim: Juventa.

## 5.2 Technische Ausstattung

Ein gesondertes Kapitel wird der Technik gewidmet, die für die Aufzeichnung der Interviews genutzt werden sollte. Die Aufzeichnung eines Interviews, sei es per Audioaufnahme oder Videokamera, kann als unverzichtbar gelten, um die im Interview erhaltenen Informationen möglichst detailgetreu für die späteren Auswertungen zu konservieren (Lamnek, 1995b: 96 f.). Die Audio- oder Videodatei dienen später als Grundlage für die Erstellung des Transkripts (siehe Kap. 5.6). Aus dem Gedächtnis abgerufene Postskripte, aber auch während des Interviews angefertigte Mitschriften enthalten nur einen Bruchteil dessen, was an Informationen zwischen Interviewer und Interviewtem fließt. Für die meisten Auswertungsvarianten ist ohnehin ein ordentliches Transkript notwendig (Mayring, 2002). Kurzum: Je schlechter der Mitschnitt des Interviews, desto weniger ertragreich ist das Transkript für die weiteren Auswertungen. Ferner ist die Aufnahme des Gesprächs eine wichtige Datengrundlage, die zusätzlich zu den Transkripten bei der Auswertung immer wieder herangezogen wird, weshalb kurz einige gründlich zu bedenkenden Aspekte bei der Wahl der richtigen Technik dargestellt werden. Es werden Fragen danach gestellt, ob Audiomitschnitte ausreichend sind oder ein Video angefertigt werden sollte (Kap. 5.2.1), warum sich digitale Stereoaufnahmen lohnen (Kap. 5.2.2 und 5.2.3), ein externes Mikrofon verwendet werden sollte (Kap. 5.2.4) und es besser ist, das Mikrofon näher am Interviewten als am Interviewer zu platzieren (Kap. 5.2.5).

## 5.2.1 Audio oder Video?

Die erste Entscheidung ist bezüglich der Wahl des Mitschnitts notwendig. Für die meisten Interviews ist eine Audioaufnahme völlig ausreichend. Dies gilt insbesondere, wenn das Expertenwissen von Jugendlichen im Vordergrund steht (bspw. über Musikstile, Jugendszenen etc.). Aber auch bei Interviews, die das Verhalten der Interviewten während der Befragung mitberücksichtigen (Redepausen, Lachen etc.), reicht eine Audioaufnahme aus. Videoaufnahmen werden dann notwendig, wenn auch nonverbale Äußerungen (Mimik, Gestik) miterhoben werden sollen. Dies kann bspw. bei fokussierten Interviews von Interesse sein, wenn Reaktionen auf bestimmte Fragen zu einem Film erfasst werden sollen. Dies hilft bei der späteren Interpretation von erhaltenen Informationen. Während beim Audiomitschnitt begleitendes Lachen noch als ironisch oder unsicher identifiziert werden kann, sind eventuell bedeutsame Gesten wie nervöses Spielen mit den Händen oder häufiges auf den Boden blicken nur durch eine Videografie dokumentierbar. Diesem Vorteil von Videos steht der Nachteil gegenüber, dass der Gewöhnungsprozess bei den Interviewten länger dauert. Eine auf die Person gerichtete Videokamera erzeugt durch ihre Dominanz und das Gefühl des Beobachtetseins mehr Nervosität und ist der natürlichen Interaktionssituation ferner als ein kleines Aufnahmegerät samt Mikrofon, das auf dem Tisch steht. Auch bei Letzterem müssen sich Jugendliche erst daran gewöhnen, allerdings entzieht sich ein kleines Gerät, das auch nur die Stimme, und nicht das ganze Verhalten aufzeichnet, schneller der Aufmerksamkeit der Jugendlichen als eine aufgestellte Videokamera. Allein der Aufbau von Stativ und Kamera dürfte bereits Befremden bei Jugendlichen auslösen. Wenn also nicht unbedingt notwendig, sollte der Einsatz eines Audiomitschnitts vorgezogen werden. Besonders markante Verhaltensweisen der Interviewten bei bspw. heiklen Themen können auch durch einen zusätzlichen Protokollanten festgehalten und später dem Transkript als Kommentare hinzugefügt werden.

## 5.2.2 Mono oder Stereo?

Diese Frage erscheint zunächst merkwürdig, weil Interviewmitschnitte keine Frage der Konzertakkustik sind, sondern dazu dienen, Transkripte anfertigen zu können. Außerdem gibt es kaum noch Geräte mit Monoaufnahmen. Allerdings ist erstens die Klangqualität entscheidend für ein möglichst reibungsloses Transkribieren. Zweitens sind vor allem kostengünstige Diktiergeräte, die mit Minikassetten operieren, noch auf Monoaufnahmen ausgelegt. Solche Monoaufnahmen haben den Nachteil, dass sie keinen Raumklang aufzeichnen. Dadurch wird es schwieriger, Vorder- und Hintergrundgeräusche voneinander zu trennen. Das kann bei relativ lauter Umgebung dazu führen, dass die Anfertigung des Transkripts entweder sehr zäh und langwierig ist, oder im Extremfall dazu führen, dass Passagen des Interviews nicht mehr verständlich sind. Dadurch gehen erhobene Informationen verloren. Je nach eigenem oder

Projektbudget empfiehlt es sich, Aufnahmegeräte zu verwenden, die in Stereoqualität aufnehmen. Das Geld, das bei der Anschaffung des Aufnahmegeräts eingespart wird, geht hinterher zulasten der für das Transkript aufzuwendenden Zeit.

### 5.2.3 Analog oder Digital?

Mittlerweile existieren bereits eine ganze Reihe an (semi-) professionellen Aufnahmegeräten, die den Mitschnitt digital als Datei auf einer Speicherkarte ablegen. Solche digitalen Geräte haben den entscheidenden Vorteil, dass der Interview-Mmitschnitt auf den Computer überspielt werden und auch direkt am Computer transkribiert werden kann. Analoge Geräte arbeiten in der Regel mit normalen oder, bei Diktiergeräten, mit Mini-Kkassetten. Da bei der Anfertigung des Transkripts ständig vor- und zurückgespult werden muss, um das Gesagte wortgetreu transkribieren zu können, ist es bei solchen Kassetten nicht nur lästig, sondern auch sehr zeitraubend, diese mit dem Diktiergerät selbst oder einem Kassettenrekorder vor- und zurück zu spulen. Bspw.Beispielsweise wird die Rückspultaste zu lang gedrückt, so dasssodass Passagen zu oft gehört werden müssen, oder es wird zu kurz zurückgespult, sodass ein Teil des Gesagten nicht abgehört werden kann, was weiteres Spulen zur Folge hat. Es gibt zwar professionelle Abspielgeräte, bei denen dieses Problem nicht besteht. Diese kosten aber zusätzlich (viel) Geld.

Für digitale Aufnahmen besteht dieses Problem nicht. Diese können, einmal auf den Computer überspielt, mittels geeigneter Software direkt am PC abgehört und abgeschrieben werden. Hierzu ist der windowseigene Mediaplayer ausreichend, bzw. alternativ dazu gängige Freeware-Programme, wie etwa *easy-transcript*. Für ein geringes Entgelt können auch professionelle Transkribierprogramme erworben werden. In unseren Studien hat sich das Programm F4/F5[4] als ein ausgezeichnetes Tool erwiesen. Per Tastendruck kann ein definierter Zeitabstand vor- oder zurückgespult werden. Ferner können Tastenkombinationen definiert werden, mit denen automatisch der Name des Sprechers im Interview und die präzise Zeit in gängige Textverarbeitungsprogramme eingefügt werden können. Ein besonders praktisches Feature dieses Programms ist, dass die Wiedergabe des Interviews ohne Sprachverzerrungen verlangsamt werden kann, was das Transkribieren erheblich erleichtert. Im Vergleich zu unserer ersten qualitativen Studie, bei der noch mit Kassetten gearbeitet wurde, hat sich der Zeitaufwand für die Transkription um etwa ein Drittel verkürzt.

---

4 Das Programm F4 steht als Download für Windows oder OSX (heißt hier F5) zur Verfügung unter: http://www.audiotranskription.de. Es ist eine professionelle Software zur Transkription mit umfangreichen Funktionen, die vor allem vom Profi genutzt werden. Kostenlose Alternativen wie Express Scribe lassen sich im Internet recherchieren und reichen einfachen Ansprüchen aus, etwa für Bachelor- oder Masterarbeiten.

Sodann empfehlen sich digitale Aufnahmen, weil es immer wieder vorkommt, dass bei der Auswertung der Transkripte in die Originaldatei hineingehört werden muss. Betreffende Textstellen lassen sich dann anhand der Zeitangabe im Transkript und der Zeitleiste im Mediaplayer etc. schneller wieder finden.

Viertens haben digitale Aufnahmegeräte den Vorteil, dass die Speicherkapazität mittlerweile je nach Gerät für mehrstündige Interviews ausreicht. Das störende Umdrehen von Kassetten während des Interviews entfällt hierdurch. Zuweilen wird das Umdrehen von Kassetten im Eifer des Interviews auch vergessen, sodass Teile des Interviews verloren gehen.

Ein fünfter Vorteil digitaler Aufnahmen ist, dass diese vom Computer aus auf CDs archiviert und Sicherheitskopien angefertigt werden können. Hierdurch wird zum einen das Risiko gemindert, dass die Audiodatei auf Dauer verloren geht, zum anderen können diese Kopien an derzeit neu entstehende Forschungsarchive für qualitative Forschung zum Zweck der Sekundäranalyse durch andere Forschende übermittelt werden.[5]

Insgesamt lohnt die Anschaffung eines digitalen Diktier- bzw. Aufnahmegeräts. Wem dies zu teuer ist, aber bereits über einen Laptop verfügt, kann auch diesen als Aufnahmegerät nutzen. Hierzu ist eine Aufnahmesoftware notwendig, die es ebenfalls günstig als Free- oder Shareware gibt sowie ein externes Mikrofon. Da ein Laptop aber stärker ins Auge sticht als ein kleines Aufnahmegerät, empfiehlt es sich, den Laptop neben den Tisch auf einen Stuhl zu stellen und nur das Mikrofon zwischen den Interviewpartnern zu platzieren. Damit das Starten der Aufnahme vom Interviewten als nicht allzu störend empfunden wird, sollte die Aufnahmesoftware sicher beherrscht und bereits vor dem Interview so konfiguriert sein, dass ein Tastendruck zu Beginn der Aufnahme genügt. Ferner sollte entweder der Akku des Geräts über ausreichend Kapazität verfügen oder aber vorher für eine externe Stromversorgung gesorgt werden.

### 5.2.4 Smartphone oder professionelles Aufnahmegerät

Viele Smartphones verfügen entweder bereits ab Werk oder über nachträglich installierbare Apps über die Möglichkeit, auch längere Interviewsequenzen aufzunehmen. Dadurch hat auf den ersten Blick jede/r eine Möglichkeit zur Hand, Interviews mitzuschneiden. Hier ist an zwei Stellen Vorsicht geboten: Zum einen weisen nicht alle Smartphone-Mikrofone eine hohe Aufnahmequalität auf, selbst teure High-End-Produkte in diesem Segment sind keine Garantie für eine gute Aufnahme. Bei der Software sind einige Apps durch die Aufnahmedauer limitiert (sog. Light- oder Lite-Versionen), die Varianten mit vollem Umfang sind dann in der Regel kostspieliger. Außerdem ist bei der Verwendung der Apps darauf zu achten, ob und in welchen Formaten die aufgenomemnen Dateien exportiert werden können.

---

5 Weitere Informationen hierzu unter http://www.qualitative-forschung.de/index.php.

Insgesamt ist es zwar durchaus möglich, mit dem Smartphone zu arbeiten, aber wirklich empfehlenswert ist dies nach aktuellem Stand eher nicht.

### 5.2.5 Internes oder externes Mikrofon?

Diese Frage kann eindeutig mit „extern" beantwortet werden. Interne Mikrofone, also solche, die direkt in das Aufnahmegerät integriert sind, haben nur eine begrenzte Reichweite und führen zu einer geringeren Aufnahmequalität. Dies erschwert letztlich wiederum die Transkription des Interviews. Externe Mikrofone schaffen hier Abhilfe. Sie haben eine größere Aufnahmereichweite und zeichnen das Gespräch in besserer Qualität auf. Bei externen Mikrofonen sollte darauf geachtet werden, dass sie einen eigenen Verstärker besitzen. Dies erkennt man daran, dass sie eine eigene Stromversorgung benötigen (in der Regel durch Akku oder Batterie). Bei einigen Mikrofonmodellen lassen sich auch die Aufnahmetrichter einstellen. Damit ist der Radius um das Mikrofon gemeint, auf den dieses während der Aufnahme fokussiert. Dies ist sinnvoll, wenn Hintergrundgeräusche eher laut ausfallen. Durch die Fokussierung werden diese abgemildert. Externe Mikrofone, die diese Bedingungen erfüllen, sind mittlerweile für unter 30 Euro erhältlich und haben nicht mehr die Größe von Mikrofonen, wie sie bei Fernsehinterviews zu sehen sind. Dadurch fallen sie beim Interview selbst den Befragten nicht so sehr ins Auge.

### 5.2.6 Interviewten oder Interviewer aufnehmen?

Gerade in lauteren Umgebungen empfiehlt es sich, das Mikrofon näher beim interviewten Jugendlichen als beim Interviewer zu platzieren. Die eigene Stimme wird bei der Transkription in der Regel sehr viel leichter erkannt und Gesagtes damit besser identifiziert als die Aussagen einer fremden Stimme. Auch reicht im Extremfall das Verständnis eigener Sprachbrocken, um die eigene Frage zu rekonstruieren. Bei Jugendlichen, die leise sprechen oder vielleicht sogar einen starken Dialekt haben, ist eine gute Aufnahmequalität umso wichtiger.

### 5.2.7 Zusammenfassung

Der schlimmste Fall für ein Interview tritt dann ein, wenn dieses äußerst informativ war, aber entweder die Aufnahme nicht geklappt hat oder der Audiomitschnitt unverständlich ist. In diesem Abschnitt wurden einige Hinweise gegeben, worauf bei der technischen Ausstattung geachtet werden sollte, um zumindest Aufnahmen von schlechter Qualität zu vermeiden. Gegen das Versäumnis, das Aufnahmegerät einzuschalten, helfen aber auch diese Hinweise nicht.

- Audiomitschnitte sind in der Regel bei qualitativen Interviews völlig ausreichend. Relevante Körpersprache der Befragten kann u. U. auch protokolliert und später dem Transkript hinzugefügt werden. Audioaufnahmegeräte haben gegenüber Videokameras den Vorteil, weniger dominant zu sein und führen tendenziell zu weniger Verzerrungen im Verhalten des Jugendlichen.
- Bei der Auswahl des Aufnahmegeräts sollte auf Stereoqualität geachtet werden. Durch die Berücksichtung des Raumklangs entsteht eine bessere Aufnahme, die die Transkription erleichtert.
- Digitale Aufnahmen sind analogen Geräten vorzuziehen. Diese lassen sich direkt am Computer effizient transkribieren, weisen eine bessere Qualität auf, bestimmte Interviewpassagen sind durch die Zeitanzeige schneller wieder aufzufinden, das lästige Umdrehen von Kassetten entfällt und die Mitschnitte der Interviews lassen sich gut archivieren. Gegebenenfalls können auch Laptops als Ersatz für digitale Aufnahmegeräte genutzt werden.
- Externe Mikrofone erhöhen die Aufnahmequalität und erleichtern damit ebenfalls die Transkription.
- Das Mikrofon sollte im Zweifelsfalle näher am Interviewten platziert sein, weil die eigenen Aussagen leichter identifizierbar und verständlicher sind.

Diese Hinweise skizzieren den Optimalfall einer technischen Ausstattung. Optimal heißt, dass die Aufnahmequalität möglichst maximiert werden sollte, damit spätere Abschriften erheblich erleichtert werden. Das Transkribieren nimmt ohnehin viel Zeit in Anspruch, die nicht zusätzlich durch schwer verständliche Aufnahmen strapaziert werden sollte. Eine solche Ausstattung kostet allerdings auch Geld. Bei Forschungsprojekten sollte deshalb darauf geachtet werden, Beihilfen für das Equipment mitzubeantragen. Bei Abschlussarbeiten müssen sicherlich Abstriche gemacht werden. Da aber in der Regel nur vier bis sechs Monate zur Verfügung stehen, sollte über die notwendige Investition nachgedacht werden. Nach Beendigung der Arbeit findet sich vermutlich ein Interessent, der das Aufnahmegerät gebraucht erwerben möchte. Eine andere Möglichkeit ist, bei Mediotheken an Universitäten nach einem geeigneten Gerät zu fragen oder Institutionen anzusprechen, die qualitative Interviewstudien durchführen. Schließlich bleibt noch die Möglichkeit, selbst gebrauchte Geräte kostengünstig zu erwerben. In jedem Fall wird man dankbar sein, sich das Leben mit den Transkripten nicht unnötig erschwert zu haben.

## 5.3 Vor dem Interview

Bevor das eigentliche Interview beginnt, gilt es, einige Vorbereitungen zu treffen, die dem Gelingen der Befragung zuträglich sind. Insbesondere wenn bisher noch keine Erfahrungen bezüglich der Durchführung qualitativer Interviews gemacht wurden, ist es ratsam, sich darauf in Ruhe vorzubereiten und einige Aspekte zu beachten. Unsicherheiten und Fehler, die gerade bei den ersten eigenen Interviews auftreten, lassen sich dadurch zwar nicht verhindern, zumindest aber minimieren. Mit der Zeit entwickelt sich bei der Durchführung von Interviews eine gewisse Sicherheit und Routine. Die im Folgenden beschriebenen Vorbereitungen werden dann nicht jedes Mal in der dargestellten Form notwendig sein. Dies gilt jedoch nicht für die vorherige Überprüfung des Aufnahmegeräts (Kap. 5.3.1) und die Beherrschung des Interviewleitfadens (Kap. 5.3.2). Da Batterien sich leeren und Leitfäden im Verlauf der Studie angepasst werden, sollten beide Schritte vor jedem Interview erneut vollzogen werden. Tendenziell gilt eine erneute Beschäftigung auch für die Bewusstmachung eigener Erwartungen und Unsicherheiten (Kap. 5.3.3). Da, wie benannt, die Sicherheit im Umgang mit der Interviewsituation zunimmt, wird dies, und das Nachdenken über spezifische Bedingungen der Interviewsituation (Kap. 5.3.4), gegen Ende der Studie weniger Zeit in Anspruch nehmen. Was allerdings nicht ausbleibt, ist, sich vor jedem Interview mit dem betreffenden Ort der Befragung vertraut zu machen (Kap. 5.3.5).

## 5.3.1 Technisches Equipment prüfen

Nicht nur vor dem ersten, sondern vor jedem Interview empfiehlt es sich, das Aufnahmegerät zu prüfen. Nichts ist ärgerlicher als ein verloren gegangenes Interview, weil die Aufnahme nicht geklappt hat. Neben einem sicheren Umgang mit dem Gerät sollten deshalb vorab jedes Mal folgende Dinge überprüft werden:

### Ladestand der Batterie
Sind die Batterien noch ausreichend für das Interview? In jedem Fall sollten Ersatzbatterien mitgenommen werden. Eine externe Stromversorgung (bspw. durch einen Netzadapter) ist an den meisten Interviewworten nur schwer möglich, weil Steckdosen nicht in unmittelbarer Nähe sind. Das Verlegen von Verlängerungskabeln quer durch ein Café macht jedenfalls keinen guten Eindruck.

### Speicherkapazität des Aufnahmemedium
Egal ob per digitalem oder analogem Aufnahmegerät: Bei beiden sollte vor dem Interview geprüft werden, ob noch genügend Speicherplatz zur Verfügung steht. Pro Interview sollte konservativ mit einer Länge von zwei bis drei Stunden gerechnet werden. Es sind also entweder genügend Kassetten mitzunehmen (analoges Gerät) oder auf der Speicherkarte ist genügend Platz schaffen (digitales Gerät). Kassetten sollten neu und qualitativ hochwertig sein.[6] Die Aufnahmekapazität sollte 90 oder 120 Minuten betra-

---

6 Keine sog. Ferro-, sondern Chrom-Kassetten verwenden. Diese haben eine bessere Aufnahme- und Wiedergabequalität und eine längere Haltbarkeit.

gen, damit während des Interviews Kassetten- oder Seitenwechsel nicht zu häufig den Gesprächsfluss stören.

### Funktionsfähigkeit des Mikrofons

Vor jedem Interview sollte eine Probeaufnahme gemacht werden, um sicherzustellen, dass das Mikrofon im Besonderen bzw. das Gerät im Allgemeinen funktionieren.

Allerdings muss man selbst ein gut funktionierendes Aufnahmegerät zu Beginn des Interviews einschalten. Auch das wurde schon vergessen.

### 5.3.2 Beherrschung des Interviewleitfadens

Zur Minderung eigener Unsicherheiten während des Interviews ist es wichtig, den eigenen Interviewleitfaden (sofern ein Leitfadeninterview durchgeführt wird) gut zu beherrschen. Damit ist nicht gemeint, diesen auswendig zu lernen, sondern die abzufragenden Themen und verschiedenen Frageformen präsent zu haben – dies nicht mit dem Ziel, den Leitfaden im Sinne einer „Leitfaden-Bürokratie" (Hopf, 1978; siehe Kap. 5.5.1) zu handhaben und Fragen quasi abzuhaken. Im Gegenteil: Die Beherrschung des Interviewleitfadens dient gerade dazu, ihn flexibel auf die jeweilige Interviewsituation anwenden zu können. Dabei sollten beide Varianten des Leitfadens beachtet werden; die ausführliche Version sowie die Variante, die nur Stichpunkte enthält und im eigentlichen Interview Verwendung findet (siehe Kap. 4.4.4.2). Die Vertrautheit mit dem Leitfaden lässt sich durch Probeinterviews mit Bekannten erhöhen. Das hat gleichzeitig den Vorteil, dass eventuelle Schwachpunkte des Leitfadens identifiziert werden können (vgl. Friebertshäuser, 2003b: 376).

### 5.3.3 Bewusstmachung eigener Erwartungen und Unsicherheiten

Vor jedem Interview empfiehlt es sich, sich die eigenen Unsicherheiten und Erwartungen an das Interview, die bestehen, bewusst zu machen.

### Unsicherheiten

Gerade für unerfahrene Interviewer bestehen eine Reihe von Unsicherheiten darüber, wie das Interview gestaltet werden soll und welche Rolle man selbst im Interview übernehmen möchte. Solche Unsicherheiten resultieren zum einen aus der Vagheit bei der Durchführung. Es gibt keine festen Regeln, wie man sich zu verhalten hat, und der Verlauf des Interviews hängt von vielen Faktoren ab. Gleichwohl soll in diesem vagen Rahmen ein möglichst maximaler Erkenntnisgewinn erzielt werden. Eine weitere Unsicherheit entsteht aus dem „Fairness-Dilemma" (Hermanns, 2000: 361): Einerseits ist es das Ziel, den Interviewpartnern möglichst viele Informationen zu „entlocken". Andererseits soll der respektvolle Umgang mit dem zu Befragenden gewahrt bleiben. Eine dritte Quelle der Unsicherheit ist die Aufnahme des Gesprächs. Vielen Menschen ist es unbehaglich bei dem Gedanken, das eigene Gesagte aufzunehmen. Die eigene Stimme klingt auf Audio-Mitschnitten immer merkwürdig fremd und nach dem ersten Interview findet man es erschreckend, wie viele „Eh's" und „Ehm's" gesagt und welche merkwürdigen Satzkonstruktionen verwendet werden. Diese Unsicherheit wird zuweilen auch auf den Interviewpartner projiziert und dadurch der Gesprächsverlauf unnötig verkompliziert (Hermanns, 2000). Gleichzeitig wird man überrascht sein, wie schnell das Aufnahmegerät während des Interviews vergessen wird. Nach einigen Interviews tritt ein Gewöhnungseffekt bezüglich der Unvollkommenheit der eigenen Sprache ein. Schließlich bestehen viertens Unsicherheiten darüber, wie mit peinlichen Gesprächssituationen umgegangen werden soll. Was, wenn der Interviewte starke Emotionen im Verlauf des Interviews zeigt oder sehr intime Bereiche zur Sprache kommen, auf die der Interviewer nicht vorbereitet war? Ebenfalls als peinlich werden Gesprächspausen empfunden (Hermanns, 2000). Für diese Unsicherheiten bestehen keine Patentrezepte, aber es hilft, sich auf diese Eventualitäten vorzubereiten. Bei stark emotionalen Elementen ist eine Möglichkeit, das Thema sanft aber inhaltlich deutlich zu wechseln. Und bei Gesprächspausen ist es ratsam, diese dem Interviewten zunächst als Denkpause einzuräumen und erst bei deutlichem Stocken des Gesprächs neue Themen anzusprechen. Für einen Themenwechsel empfehlen sich dabei immer solche Themen, für die der Befragte im Verlauf des Interviews großes Interesse gezeigt hat (bspw. eigene Hobbys etc.).

Bezüglich der eigenen Erwartungen ist deren Vorabreflektion ebenfalls sinnvoll, um deren handlungsleitende Funktion identifizieren zu können (Ulich, 1994). Diese Erwartungen können auf drei Ebenen reflektiert werden: Erwartungen über das Verhalten des Interviewpartners, Erwartungen über das von Interviewten Gesagte und Erwartungen über die eigene Rolle im Interview.

**Erwartungen über das Verhalten des Interviewten**
Grundsätzlich bestehen Vorstellungen über Jugendliche und deren Verhaltensweisen. Diese Erwartungen speisen sich vermutlich vor allem aus der Alltagswahrnehmung von Jugendlichen. So könnte etwa die Erwartung bestehen, dass Jugendliche frech sind und keine vernünftigen Antworten geben. Die eigene Verwunderung über den erwartungswidrig guten Verlauf des Interviews wird dann verständlicher. Allzu viel Freude darüber, dass der interviewte Jugendliche doch keinen Nonsens erzählt, kann davon ablenken, welche Themen noch nicht behandelt wurden. Das als gelungen empfundene Interview kann sich dann bei der Auswertung als wenig aussagekräftig entpuppen. Auch Erwartungen über das, was Jugendliche eventuell sagen werden, sollte man sich vor Augen führen. Ein weiterer wichtiger Punkt ist, welches Redeverhalten vom Jugendlichen implizit angenommen wird. Wird der Interviewte als jemand gesehen, der nur auf Fragen antworten soll, oder als jemand, von dem man sich die

Steuerung des Gesprächs erhofft, weil eigene Unsicherheiten über die Gesprächsführung vorhanden sind? Je nach Erwartungshaltung kann dies zu einer Über- bzw. Unterforderung des Interviewpartners führen.

### Erwartungen über mögliche Aussagen

Unter Umständen entstehen bei der Erstellung des Leitfadens Vorstellungen darüber, was Jugendliche auf die Fragen Antworten könnten. Diese Erwartungen sind vielleicht durch eigene Erfahrungen in der Adoleszenz oder durch Geschwister, durch die Sichtung bisheriger Literatur etc. beeinflusst. Um die Offenheit bezüglich möglicher Interviewthemen zu erhalten (siehe Kap. 2.3.1), ist es notwendig, diese Erwartungen explizit zu machen und ihren gesprächsbeeinflussenden Charakter zu erkennen. So ist es denkbar, dass Fragen nach dem politischen Interesse unbeachtet bleiben, weil man selbst als Jugendlicher kein Faible für Politik hatte. Umgekehrt können Fragen hierzu in besonderem Maße strapaziert werden, weil man selbst ein sehr großes Interesse daran hat. Letzteres würde dazu führen, im Interview bei dieser Thematik immer wieder nachzuhaken, obwohl der Befragte hierzu keine Meinung hat, was letztlich den Gesprächsfluss hemmt (siehe Kap. 5.5.8).

### Erwartungen über die eigene Rolle im Interview

Schließlich ist es hilfreich, sich darüber klar zu werden, welche Funktion man sich selbst während des Interviews zuschreibt. Die Situation, jemanden über eine längere Zeit „auszufragen", ist gerade bei den ersten Interviews ungewohnt. Es entsteht u. U. das Bild, man „horche" den anderen aus und verletze damit dessen Intimsphäre. Dann ist es sinnvoll, sich zu vergegenwärtigen, dass das eigene Ziel der Erhalt von Informationen ist und das Stellen von Fragen deshalb unerlässlich. Sodann ist zu bedenken, ob die eigene Rolle als gesprächssteuernd gesehen wird oder nicht. Hofft man insgeheim, wie bereits angedeutet, dass der Jugendliche möglichst viel erzählen wird, um selbst nicht allzu sehr in Erscheinung treten zu müssen? Oder ist das Selbstverständnis jenes des kontinuierlichen Fragestellers? Damit zusammenhängend ist die sehr wichtige Frage, wie man sich bei Gesprächspausen oder schwerfälligen Phasen des Interviews verhalten will. Tendenziell erleben Interviewer Gesprächspausen als unangenehm und verkürzen die Pausen unnötig durch das Stellen neuer Fragen bzw. durch das Wiederholen der vorherigen Frage (vgl. Hermanns, 2000: 365). Hier ist Klarheit darüber hilfreich, dass es auch Denkpausen geben wird, die man ermöglichen sollte, und dass man auch in der Lage ist, bei einem ins Stocken geratenden Interview gelassen zu bleiben. Kurzum: Schreibt man mögliche Probleme bei der Interviewführung sich selbst, der Situation oder dem Interviewpartner zu?

Ein üblicher Weg, sich eigene Erwartungen und Unsicherheiten bewusst zu machen, ist, über diese nachzudenken und sie niederzuschreiben. Dadurch werden diese vor dem Interview erkannt. Wird diese Prozedur vor jedem Interview wiederholt, lassen sich auch Veränderungen der eigenen Erwartungen und Unsicherheiten rekonstruieren. Dies hilft, die eigene Interviewtechnik sukzessive zu verbessern. Nach diesen eher allgemeinen Überlegungen werden im folgenden Abschnitt Ebenen aufgezeigt, über die als spezifische Bedingungen der Interviewsituation bereits vor dem Interview nachgedacht werden sollte.

### 5.3.4 Bewusstmachung der Interviewsituation

Ein weiterer wichtiger Punkt ist, sich Klarheit über die Interviewsituation und die in ihr geltende Interaktionskonstellation zu verschaffen. Zwei Aspekte sollen dabei besonders hervorgehoben werden: die bestehende Asymmetrie zwischen Interviewer und Interviewtem sowie die Bedingungen der Interaktion der beiden Interviewpartner (Tietel, 2000).

**Asymmetrie**

Qualitative Forschung legt zuweilen Wert darauf, dass das Verhältnis zwischen Interviewer und Interviewtem möglichst symmetrisch ausfällt. Symmetrisch heißt, dass beide Interaktionspartner die gleiche Möglichkeit besitzen, das Gespräch zu steuern. Wiesenfeld (2000: o. S.) spricht von Symmetrie als „climate of equality in which mutual respect and reflexive dialog prevail [...]. The aim is not to idealize the other's knowledge or underestimate one's own knowledge as a researcher by viewing oneself as ignorant of the common-sense knowledge one seeks to understand, but rather to try to share knowledge, reflect jointly on it [...]."

Auch wenn eine solche Symmetrie bei qualitativer Forschung eher erreichbar ist als bei z. B. Fragebogenstudien oder Experimenten, bleibt dennoch eine gewisse Asymmetrie bestehen:

- Der Interviewer hat sich intensiver mit den Themen des Interviews auseinandergesetzt als der Interviewte. Dies führt zu einem gewissen Vorsprung des Interviewers bei der Souveränität im Umgang mit den Themen.
- Gerade bei Interviews mit Jugendlichen besteht ein Bildungs- und Kompetenzvorsprung des (in der Regel universitär ausgebildeten) Interviewers. Interviewer (ob nun Studierende oder Wissenschaftler) sind den elaborierten Umgang mit Worten gewohnt und haben diesen über einen längeren Zeitraum trainiert. Interviewer verfügen damit im Schnitt über eine bessere Ausdrucksfähigkeit als Jugendliche.
- Damit zusammenhängend besteht die Asymmetrie Erwachsener – Jugendlicher. Interviewer werden von Jugendlichen in der Regel als der Erwachsenengeneration zugehörig wahrgenommen. Dies begünstigt bei Jugendlichen Verhaltensweisen, die diese eher gegenüber Erwachsenen als Autoritätspersonen zeigen (Respekt, Höflichkeit, Reagieren statt Agieren). Unter Umständen kommt hier noch der Nimbus des „Wissenschaftlers" hinzu, der zusätzlich zur Asymmetrie der Situation beitragen kann.

– Das Interview kommt durch Initiative des Forschenden zustande und der Jugendliche reagiert auf diese „Einladung". Das führt ggf. dazu, dass der Jugendliche die weitere Initiative vom Interviewer erwartet, auf die er dann reagieren kann. Tendenziell zeigen Jugendliche zu Beginn von Interviews Verhaltensweisen, bei denen sie auf Fragen reagieren, und erst im Laufe des Interviews erkennen sie, dass sie selbst Tiefe und Weite des Interviews mitbestimmen können.

– Trotz des Versuchs, eine alltagsnahe Interaktion aufzubauen, gibt der Interviewer die Fragestimuli und der Interviewte die Antworten. Das Verhältnis von Fragen und Antworten des Interviewten entspricht nicht demjenigen einer alltäglichen Konversation.

– Dies zeigt sich auch darin, dass der Interviewer Techniken des Nachfragens und der Spiegelung sehr viel häufiger verwendet als der Interviewte. Zwar fragen Jugendliche durchaus nach, wenn sie etwas nicht verstanden haben. Sie setzen diese Techniken im Gegensatz zum Interviewer aber nicht als bewusstes Mittel der Gesprächssteuerung und Sinnrekonstruktion ein (Ulichny, 1997).

Wiesenfeld (2000) führt eine Reihe weiterer Gründe an, warum auch bei qualitativen Interviews ein Ungleichgewicht zwischen beiden Interviewpartnern besteht, etwa der ungleich größere Nutzen des Interviews für den Interviewer (Informationserhalt, Publikationen etc.) sowie die asymmetrische Preisgabe von Informationen.

Die genannten Aspekte der Asymmetrie behalten im Interview prinzipiell Gültigkeit. Es ist daher nicht das Ziel des Interviews, eine Form der Gleichheit zu suggerieren, die bspw. im Gespräch unter Freunden besteht. Vielmehr ist es das Ziel des Interviews, den Frage-Antwort-Stil zu durchbrechen, indem dem Interviewten bereits früh signalisiert wird, dass er selbst viel Raum für eigene Darstellungen und die Möglichkeit zur Gesprächssteuerung besitzt (Kaufmann, 1999: 70 ff.).

### Interaktionsbedingungen der Interviewpartner

Hierunter wird verstanden, mit welchen Voraussetzungen Interviewer und Befragter in die Interviewsituation eintreten. Da davon ausgegangen werden kann, dass sich die mit dem Interview verbundenen Erwartungen im Verlauf des Gesprächs angleichen werden (Atteslander, 2010: 102; Kauffmann, 1999: 71), sind vor allem mögliche Erwartungsdiskrepanzen zu Beginn des Interviews von Bedeutung.

Gleichwohl spielen die Interaktionsbedingungen auch im weiteren Verlauf des Interviews eine bedeutsame Rolle. In Erweiterung des Schemas von Ulich (1994: 50) lassen sich verschiedene Ebenen der Interaktionsbedingungen identifizieren. Diese sind in Tabelle 2 dargestellt.

– **Interaktionserfahrungen**
   Der wohl grundlegendste Unterschied in den Voraussetzungen der Interviewsituation besteht in der *Erfahrung mit dem Interview* als soziale Situation. Diese ist beim befragten Jugendlichen in der Regel nicht gegeben. Zwar assoziieren Jugend-

Tab. 2: Bedingungen der Interviewsituation auf verschiedenen Ebenen (eigene Darstellung).

| Ebene | Befragter | Interviewer |
|---|---|---|
| Interaktionserfahrungen | Nicht gegeben | Gegeben |
| Interviewbezogene Einstellungen | Vertrauen/Argwohn<br>Neugierde/Desinteresse<br>Teilnahmebereltschaft<br>Hypothesen über Ziele des Interviews | Neugierde<br>Ziele des Interviews |
| Bedürfnisse | Informationen<br>Selbstrepräsentation<br>Anerkennung<br>Identifikation | Informationen<br>Beziehungsaufbau |
| Zuschreibungen | Status<br>Kompetenz<br>Absichten<br>Rolle | Status<br>Kompetenz<br>Absichten<br>Rolle |
| Bewertungen | Sympathie/Antipathie<br>Kosten/Nutzen | Sympathie/Antipathie<br>Kosten/Nutzen |

liche mit dem Begriff „Interview" bestimmte Interaktionsformen. Sie haben aber selbst zumeist noch nicht an einem Interview teilgenommen. Diese Form der Interaktion ist ihnen also nahezu unbekannt und macht eine Einführung des Jugendlichen durch den Interviewer in die Situation zwingend erforderlich. Der Interviewer hingegen hat, spätestens nach dem ersten Interview, bereits Erfahrungen mit der Situation und weiß dementsprechend, worauf er sich einlässt.

– **Interviewbezogene Einstellungen**
Gemäß der unterschiedlichen Erfahrungen mit Interviews unterscheiden sich auch die auf das *Interview bezogenen Einstellungen*. Beim Interviewer herrscht tendenziell Neugierde vor. Was wird der Jugendliche mir zum Thema erzählen? Was lerne ich Neues? Aufgrund dieser Neugierde und der Tatsache, dass der Interviewer das Gespräch initiiert hat, besitzt er konkrete Vorstellungen über die Ziele des Interviews. Der Jugendliche hingegen besitzt nur Annahmen über diese Ziele und die Einstellung gegenüber der neuen Situation variiert zwischen Vertrauen und Argwohn. Erstes Ziel sollte es sein, das Vertrauen des Jugendlichen gewinnen; sowohl hinsichtlich der Erwartung, dass diese Form der Interaktion gelingen kann (also keine verkrampfte Angelegenheit wird) als auch bezüglich der vertraulichen Behandlung der gegebenen Informationen (vgl. zu diesem Problem ausführlich Tietel, 2000). Ferner sollten die Ziele des Interviews dem Jugendlichen gleich zu Beginn offengelegt werden. Entschließen sich Jugendliche zur Teilnahme am Interview, kann zunächst von einer gewissen Neugierde und Teilnahmebereitschaft ausgegangen werden. Dies kann sich aber zu Beginn des Interviews bereits ändern und unterliegt auch im Verlauf des Interviews mögli-

chen Schwankungen. Deshalb ist es notwendig, sich vor dem Interview darüber klar zu werden, dass solche Veränderungen möglich sind und wie ihnen zu begegnen ist. Eine wichtige Variante ist dabei, die Bedürfnisse des Interviewten zu berücksichtigen und in das Gespräch einfließen zu lassen.

– **Bedürfnisse**

Die *Bedürfnisse* von Interviewer und Interviewtem unterscheiden sich. Die wesentlichen Bedürfnisse des Interviewers sind jene nach Informationen zur Fragestellung der eigenen Studie und, um diese zu erhalten, nach dem Aufbau einer vertrauenswürdigen und „redseligen" Beziehung zum Interviewten. Auch der Befragte hat das Bedürfnis nach Informationen. Hier handelt es sich aber um Informationen darüber, wie ein solches Interview abläuft, was der Interviewer erwartet und welche möglichen Konsequenzen das Interview haben wird. Deshalb ist es bspw. wichtig, bereits zu Beginn des Interviews dieses Informationsbedürfnis des Befragten zu befriedigen, um Unsicherheiten und Ambivalenzen zu minimieren. Ein weiteres Bedürfnis des Interviewten ist die Selbstdarstellung. Befragte möchten sich mit ihrer Person, ihrem Wissen und ihren Ansichten in das Interview einbringen. Dieses Bedürfnis kann als wichtige Motivation genutzt werden, um das Gespräch in Gang zu bringen. Damit hängt das Bedürfnis nach Anerkennung der eigenen Person zusammen. Das, was der Interviewte sagt, möchte dieser auch ernst genommen wissen. Die Vermittlung von Akzeptanz und Anerkennung des Befragten durch den Interviewer sind demnach eine wichtige Voraussetzung. Dies kann bspw. dadurch geschehen, dass der Befragte als Experte zu einem Thema adressiert wird (bspw. hinsichtlich der Hobbys eines Jugendlichen). Schließlich suchen Interviewte nach Identifikationsmöglichkeiten, die es ihnen erleichtern, ihre eigene Rolle im Interview zu konstruieren. Dies kann ebenfalls über die Zuschreibung der Expertenrolle geschehen oder über eine inhaltlich angebotene Identifikation. So kann der Interviewer ermitteln, was wichtige Interessen des Jugendlichen sind (Hobbys, bestimmte Themen etc.) und die Fragestellung der eigenen Studie mit den Interessen des Befragten verknüpfen.

– **Zuschreibungen**

Auf der Ebene der *Zuschreibungen* an sich selbst und das Gegenüber gilt für beide Interviewpartner, dass sie Vorstellungen über den Status (Schüler vs. Wissenschaftler/Student), die Kompetenz (bspw. kein bzw. geringes Wissen vs. umfangreiches Wissen), die Absichten (bspw. Informationen erhalten vs. Informationen geben) und die Rolle (Informationsgeber vs. Informationsempfänger) besitzen. All diese Zuschreibungen sind nicht statisch, sondern unterliegen im Verlauf des Interviews Veränderungen. Eine gewisse Dialektik besitzen dabei die Aspekte „Kompetenz", „Absichten" und „Rolle". Zu Beginn des Interviews suchen beide Partner nach Informationen: der Befragte über das Prozedere und der Interviewer zum Thema. Analog dazu sieht der Jugendliche den Befragten als Informationsgeber, der Interviewer sieht den Jugendlichen ebenfalls als Informationsgeber. Beide erwarten also, dass der andere die gesuchten Informationen liefert. Oder anders ausgedrückt: beide erwarten, dass der andere redet. Diese Konfusion gilt es möglichst rasch zu klären. Es sollten deshalb vor dem Interview Varianten entwickelt werden, wie zunächst das Informationsinteresse des Jugendlichen befriedigt werden kann, damit dieser sich möglichst rasch in der Rolle des Informationsgebers und nicht des -nehmers sieht. Damit sollte sich auch die Kompetenzzuschreibung verschieben. Der Jugendliche erkennt, dass er über Wissen verfügt, das der Interviewer nicht besitzt.

- **Bewertungen**
  Sowohl Befragter als auch Interviewer nehmen *Bewertungen* der Situation vor. Empfundene Sympathie oder Antipathie entscheiden mit über den Grad an erreichter Vertraulichkeit im Gespräch. Während der Interviewer hier in der Lage sein sollte, von dieser Bewertung zu abstrahieren und die Sache in den Mittelpunkt zu stellen, besteht für den Befragten hierzu keine Notwendigkeit. Die Schaffung einer freundlichen, angenehmen Atmosphäre von Beginn an ist deshalb eine wichtige Voraussetzung. Eine zweite Bewertung, die vor, während und nach dem Interview eine Rolle spielt, ist jene der Kosten-Nutzen-Bilanz. Beide entscheiden, ob die für das Interview aufgewendete Zeit in vernünftiger Relation zur Befriedigung der Bedürfnisse steht. Der Interviewer wird dies wesentlich daran festmachen, wie viele und wie viele qualifizierte Informationen er erhalten hat. Für den Jugendlichen entscheidet sich dies danach, inwieweit die Bedürfnisse nach Selbstdarstellung, Anerkennung etc. im Interview befriedigt wurden. Wenn zusätzlich eine Aufwandsentschädigung gezahlt wird, werden Jugendliche sicherlich auch die Relation Zeit/Geld miteinbeziehen.

All diesen Bedingungen ist der prinzipielle Charakter der relativen Kurzlebigkeit und Einmaligkeit der Interaktion vorgelagert. Der befragte Jugendliche und der Interviewer werden nur für etwa ein- bis eineinhalb Stunden aufeinandertreffen und in dieser Konstellation voraussichtlich nie wieder zusammentreten. Deshalb gilt das, was Ulich (1994) für sozialpsychologische Experimente beschrieben hat, auch für qualitative Interviews mit Jugendlichen: „In der Regel handelt es sich um eine nur kurz andauernde Begegnung zwischen ‚Fremden‘, die von den Beteiligten oft in Analogie zu bisherigen Interaktionserfahrungen und anderen Interaktionsbeziehungen interpretiert und gestaltet wird. [...] Wegen der Kurzlebigkeit der Beziehung sind kognitive Strukturen von großer Bedeutung [...]." (Ulich, 1994: 51).

Das heißt, Jugendliche werden sich bemühen, die ihnen neue Situation des Interviews in Anlehnung an bisherige Erfahrungen zu gestalten. Da ihnen aus ihrer Sicht solch analoge Interaktionen fehlen, entwickeln sich im Kopf des Jugendlichen vage Vorstellungen darüber, wie sich die neue Situation gestalten wird. Der Interviewer hat dieses Problem nicht, da er (außer beim ersten Interview) bereits über gleichartige Erfahrungen verfügt. Ziel der Interviewführung muss es deshalb sein, dem Jugendlichen eine Analogie zu anderen Interaktionserfahrungen anzubieten. Diese Analogie ist, gemäß den Prinzipien qualitativer Interviewforschung, jene des alltäglichen Gesprächs.

Hoffmann-Riem (1980: 350) hebt hervor, dass diese Annäherung an „die kommunikativen Regeln der alltagsweltlich Handelnden" nicht nur dem Gesprächsfluss dient, sondern darüber hinaus wichtig ist, damit „Interviewergebnisse in ihrer Geltung nicht nur auf die Interviewsituation beschränkt bleiben".

> **!** Vor dem Interview sollte sich der Interviewer über Folgendes im Klaren sein: Es muss im Verlauf des Interviews gelingen, den befragten Jugendlichen das Gefühl zu vermitteln, sich in einer (fast) normalen Unterhaltung zu befinden. Dann wird er die in Gesprächen mit Freunden etc. gemachten Erfahrungen und entwickelten Gesprächsschemata tendenziell auf das Interview anwenden.

Dabei sollte aber berücksichtigt werden, dass das Interview zwar einerseits vom Gesprächscharakter profitiert, andererseits das oder die zentralen Themen des Interviews nicht in Vergessenheit geraten sollten:

> „Manchmal verselbständigt sich dieser Gesprächsstil [von Frage und Antwort], der Interviewrahmen gerät in Vergessenheit, man plaudert mehr oder weniger über das Thema. Solche Momente zeigen an, dass das Gespräch eine gewisse Intensität erreicht hat, und spielen durchaus eine positive Rolle: Sowohl der Interviewer als auch der Befragte kann durchatmen. Doch dürfen solche Momente auch nicht zu lange andauern, sonst besteht die Gefahr der Destrukturierung des Interviews und seines Abgleitens in lahmes Geplauder." (Kaufmann, 1999: 71)

Der Nachteil allzu ausschweifender Gespräche ist erstens, dass sich das Interview in die Länge zieht und zunehmend Konzentration beider Interaktionspartner erfordert. Zweitens fließen diese „Plaudereien" als Daten in die Untersuchung ein und beanspruchen sowohl bei der Transkription als auch bei der Auswertung zusätzlich Zeit (Mayer, 2009: 36). Folglich sollte ein angemessenes Verhältnis von themenrelevanter Befragung und motivationssteigerndem Gespräch gefunden werden.

### 5.3.5 Kennenlernen des Intervieworts

Sofern möglich, empfiehlt es sich, den Ort des Interviews vorher zu besichtigen und sich mit diesem vertraut zu machen. Das beginnt schon damit, den Ort auch rechtzeitig vor dem Interview zu finden. Zu spätes Eintreffen erzeugt beim Interviewer Stress, der wieder abgebaut werden muss und der die Anfangsphase des Interviews potenziell belastet. Außerdem besteht die Gefahr, dass der Jugendliche nicht warten wird. Ein guter Zeitpuffer für die Anfahrt zum Interviewort sollte eingeplant werden.

Bei Cafés ist es möglich, diese vor dem Interview genauer zu inspizieren. Das verringert zum einen das Fremdheitsgefühl und damit eventuelles Unwohlsein. Zum anderen kann bereits vorab eruiert werden, welcher Platz für ein möglichst ungestörtes Interview günstig wäre. Plätze direkt neben der Capuccinomaschine, aber auch neben dem Eingang des Cafés oder auf dem Weg zur Toilette können wegen Publikumsverkehr ablenkend wirken. Im Sommer sind Plätze im Freien zwar sehr reizvoll, brennende Sonne, viel Publikumsverkehr und Straßenlärm können das Interviewvergnügen aber schnell trüben und das Interview zur Strapaze werden lassen.

Ist eine Vorabbesichtigung des Interviewortes nicht möglich (bspw. weil ein Jugendarbeiter sein Büro im Jugendzentrum auserkoren hat), muss man sich mit einem Blick in die Runde begnügen, um mit dem Ort vertraut zu werden und um eventuelle Störgrößen abschätzen zu können.

### 5.3.6 Zusammenfassung

Vor dem eigentlichen Interview gilt es, einige Dinge zu klären. Dazu gehört es, die Funktionsfähigkeit des Aufnahmegerätes sorgfältig zu prüfen. Dadurch wird sichergestellt, dass das Interview vollständig dokumentiert ist und später detailgetreu transkribiert werden kann. Auch die Vergewisserung, den Leitfaden sicher zu beherrschen, sollte vor jedem Interview stattfinden. Dies ermöglicht einen flexiblen Umgang mit den Fragen. Die Stichpunkte im „technischen" Interviewleitfaden sollten dabei gut mit den ausführlichen Fragen in Verbindung gebracht werden können.

Schließlich empfiehlt es sich, den Interviewort vor dem Interview in Augenschein zu nehmen. Dadurch wird die Umgebung vertrauter und geeignete Plätze für ein ungestörtes Interview können ausgewählt werden. Sodann gehört zu einer guten Interviewvorbereitung, sich über die spezifischen Bedingungen des Interviews als sozialer Situation im Klaren zu sein. Hierzu gehören zunächst allgemeine Erwartungen an die Interviewsituation:

- Welches Verhalten erwarte ich implizit oder explizit vom interviewten Jugendlichen? Inwiefern könnten meine Erwartungen meinen Interviewstil beeinflussen?
- Welche Aussagen erwarte ich vom Jugendlichen? Inwieweit bin ich auf bestimmte Inhalte fixiert und welche anderen Aspekte könnten mir dabei entgehen?
- Welche Rolle werde ich im Interview einnehmen? Ist es mir unangenehm, einer fremden Person eine ganze Reihe von Fragen zu stellen? Wie gehe ich mit schwierigen Situationen im Interview um? Kann ich Redepausen gut ertragen?

Über diese eher allgemeinen Fragen hinaus gilt es, sich Gedanken über die spezifischen Bedingungen des Interviews zu machen. Es besteht eine grundsätzliche Asymmetrie zwischen den beiden Interviewpartnern, die aus dem Wissens- und Kompetenzvorsprung, der Generationenzugehörigkeit und der Initiierung des Interviewers resultiert. Ferner unterscheiden sich beide am Interview Beteiligten potenziell hinsichtlich ihrer Erfahrung mit Interviews, ihrer Einstellungen zum Interview, ihren Bedürfnissen, Selbst- und Fremdzuschreibungen und Bewertungen.

- Jugendliche besitzen im Gegensatz zum Interviewer keine Erfahrungen mit dem Interview als soziale Interaktionsform.
- Der Interviewer ist prinzipiell neugierig auf die Aussagen des Jugendlichen und kennt die Ziele des Interviews. Der Jugendliche hat nur vage Vermutungen über

den Zweck der Befragung, weshalb er in Abhängigkeit dieser Vermutungen argwöhnisch ist oder Neugierde und Teilnahmebereitschaft zeigt.
- Die Bedürfnisse des Jugendlichen, die im Interview zu berücksichtigen sind, umfassen Bereiche wie Informationen über Sinn und Zweck der Befragung, aber auch solche nach Selbstdarstellung, Anerkennung und Identifikation mit der Thematik. Der Interviewer ist primär an einer vertrauensvollen Beziehung interessiert, um relevante Informationen zu erhalten.
- Die Interviewpartner nehmen zu Beginn des Interviews nicht unbedingt komplemäntere Zuschreibungen vor. Beide sehen den anderen jeweils als Informant und es gilt, die Rollenverteilung vor allem zu Beginn, aber auch im Verlauf des Interviews festzulegen und dadurch Handlungssicherheit zu schaffen.
- Beide an der Interaktion Beteiligten bewerten das Interview schließlich hinsichtlich der Kosten-Nutzen-Relation und bringen dem anderen Sympathie oder Antipathie entgegen. Im Unterschied zum Jugendlichen ist es jedoch für den Interviewer wichtig, von diesen Emotionen zu abstrahieren und das Ziel des Interviews im Auge zu behalten.

Es wurde hervorgehoben, dass qualitative Interviews das kurzzeitige Zusammentreffen von Jugendlichem und Interviewer bedeuten und dass das Interview als soziale Situation dem Befragten tendenziell fremd ist. Deshalb sollte man sich darüber im Klaren sein, dass das Interview ähnlich wie alltägliche Gespräche zu führen ist, damit der Befragte Analogien zwischen der aktuellen und vergangenen Situation herstellen kann. Dies erleichtert dem Jugendlichen den Umgang mit der fremden Situation und erhöht die Wahrscheinlichkeit des Informationsflusses.

### Weiterführende Literatur

Helfferich, C. (2011). *Die Qualität qualitativer Daten. Manual für die Durchführung qualitativer Interviews* (Kap. 4). Wiesbaden: VS Verlag.
Ulich, D. (1994). Interaktionsbedingungen von Verbalisation. In G. L. Huber & H. Mandl (Hrsg.), *Verbale Daten. Eine Einführung in die Grundlagen und Methoden der Erhebung und Auswertung* (43–60). Weinheim: Beltz PVU.
Vogl, S. (2015). *Interviews mit Kindern führen* (Kap. 4). Weinheim: Beltz Juventa.

## 5.4 Verlauf von Leitfadeninterviews

In diesem Kapitel wird der Verlauf von Leitfadeninterviews betrachtet. Zur besseren Orientierung innerhalb dieses Kapitels werden vorab die wichtigsten Phasen eines Leitfadeninterviews genannt und kurz beschrieben (siehe ausführlich Kap. 4.2.5).

(1) **Einstiegsphase**

Nach der Begrüßung wird der Interviewte über Form, Inhalt und Ziel des Interviews informiert. Die Erlaubnis zur Aufzeichnung des Gesprächs wird eingeholt.

(2) **Warm-up-Phase**

Diese Phase des Interviews dient dazu, in das Thema des Interviews durch das Stellen von Fragen einzuführen. Gleichzeitig wird der Interviewte mit dem Interaktionsschema vertraut gemacht.

(3) **Hauptphase I (Sondierungsfragen)**

In diesem Teil des Interviews werden Fragen aus dem Leitfaden gestellt. Zu Beginn wird dies eher im Frage-Antwort-Schema verlaufen, entwickelt sich aber sukzessive zu einem Gespräch, bei dem der Interviewte stärker die Steuerung übernimmt. Weitere Fragen des Leitfadens werden nach Passung zum aktuellen Gesprächsthema und -verlauf gestellt, also den Erzählungen des Interviewten angepasst.

(4) **Hauptphase II (Ad-hoc-Fragen)**

Im Gegensatz zur ersten Hauptphase werden hier Fragen nicht mehr primär dem Interviewverlauf angepasst, sondern solche Fragen aus dem Leitfaden gestellt, die bislang nicht thematisiert wurden oder für die keine Anknüpfungsmöglichkeiten bestanden. Das Gespräch wird wieder stärker durch den Interviewer gesteuert.

(5) **Ausklang**

Diese Phase dient dazu, den Befragten wieder aus dem Gespräch zu entlassen. Dies soll ein abruptes Ende des Gesprächs verhindern und den Interviewten aus der Rolle des Informationsgebers „befreien".

Bevor auf die einzelnen Phasen gesondert eingegangen wird, soll das Interviewmaterial der in Kapitel 3.2 beschriebenen qualitativen Jugendstudien dazu genutzt werden, den Verlauf der Worthäufigkeit von Interviews aufzuzeigen (Kap. 5.4.1). In einem weiteren Schritt werden Bedingungen aufgezeigt, die die Informationsdichte von Interviews mit Jugendlichen beeinflussen (Kap. 5.4.2).

Die darauf folgenden Abschnitte befassen sich mit der Gestalt der einzelnen Phasen und es werden Textbeispiele aus den Interviewstudien herangezogen, um das Verständnis für die Funktion der einzelnen Teile eines Leitfadeninterviews zu verdeutlichen (Kap. 5.4.3 bis 5.4.7).

### 5.4.1 Worthäufigkeiten im Verlauf qualitativer Interviews mit Jugendlichen

Die Worthäufigkeit ist nur ein Behelfsmaß, um die Informationsintensität von Interviews zu bestimmen. Es kann mit wenigen Worten Relevantes und mit vielen Worten Irrelevantes gesagt werden. Die Qualität der Informationen ist durch ein Auszählen gesprochener Wörter letztlich nicht möglich. Allerdings kann begründet davon ausgegangen werden, dass lange Redepassagen von Jugendlichen mehr Informationen enthalten werden als kurze Antworten. Da es in qualitativen Interviews insbesondere um das Sinnverstehen aus der Perspektive des Befragten geht, beinhalten lange Antworten prinzipiell ein höheres Potenzial, diesen Sinn zu rekonstruieren. Gleichwohl sollte bedacht werden, dass Worthäufigkeiten nur eine ökonomische Variante zur Bestimmung der Informationsintensität darstellen.

Als Basis für den Verlauf von Interviews dienen 83 Interviews, die in den in Kapitel 3.2 dargestellten Forschungsprojekten durchgeführt wurden. Von diesen 83 befragten Jugendlichen waren 44 Jungen (53 Prozent) und 39 Mädchen (47 Prozent) im Alter von 13 bis 21 Jahren. Das Durchschnittsalter aller Jugendlicher betrug 16 Jahre (Standardabweichung = 1,6 Jahre). Die Jugendlichen besuchten hauptsächlich das Gymnasium (41 Prozent), gefolgt von der Real- (24 Prozent) und der Hauptschule (23 Prozent). Weitere zwölf Prozent waren bereits berufstätig oder besuchten eine andere Schulform (Berufsschule oder Gesamtschule).

Im Durchschnitt dauerten alle Interviews 55 Minuten, wobei mit etwas über 21 Minuten Standardabweichung eine erhebliche Variation besteht. Da die 83 Interviews aus vier verschiedenen Projekten stammen, deren Fragestellung und Leitfadenlänge sich voneinander unterscheiden, fallen die Interviews erwartungsgemäß auch unterschiedlich lang aus. Aus Abbildung 12 ist ersichtlich, wie lange das kürzeste (mittelgrauer Balken) und das längste Interview (hellgrauer Balken) in jedem der Projekte dauerte und wie viel Zeit die Interviews im Durchschnitt (dunkelgrauer Balken) innerhalb der Projekte in Anspruch nahmen.

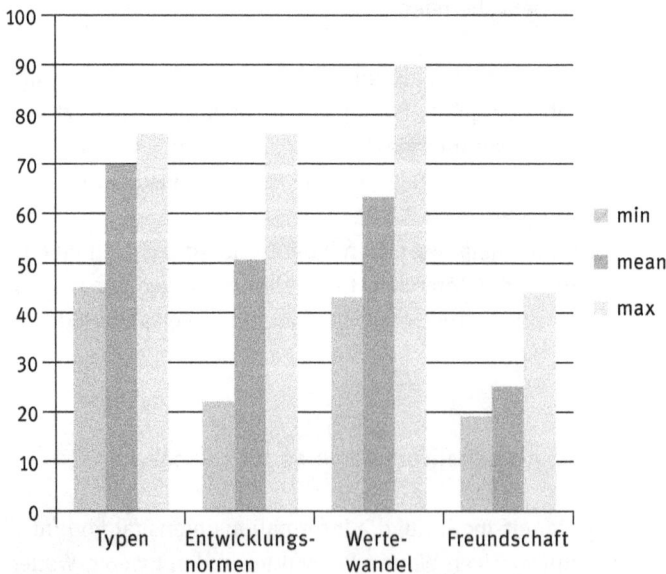

**Abb. 12:** Minimale, durchschnittliche und maximale Interviewdauer (in Minuten) nach Projekt (gerundete Werte) (eigene Darstellung).

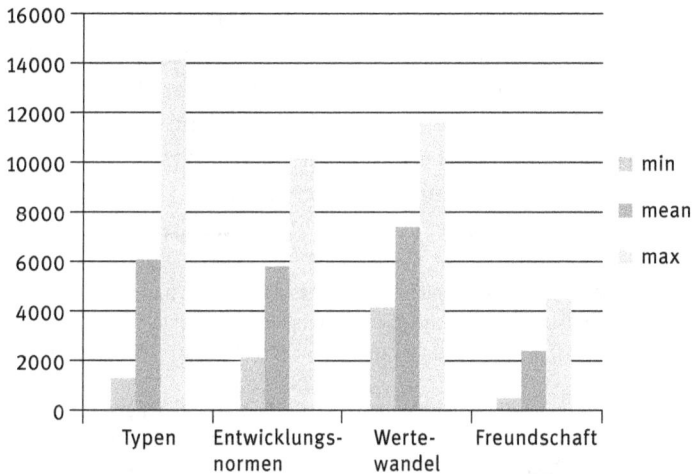

**Abb. 13:** Minimale, durchschnittliche und maximale Wortzahl nach Projekt (eigene Darstellung).

Im Durchschnitt wurden die längsten Interviews im Typenprojekt (Typologische Entwicklungswege Jugendlicher, siehe Kap. 3.2.1) und der Wertewandelstudie (Wertewandel und schulische Lernmotivation Jugendlicher, siehe Kap. 3.2.3) durchgeführt. Die im Mittel kürzesten Befragungen fanden in der Freundschaftsuntersuchung (Interethnische Freundschaftsbeziehungen im Jugendalter, siehe Kap. 3.2.4) statt. Von besonderem Interesse ist dabei, dass über alle Interviews hinweg eine große Spannweite der Interviewlänge besteht. Die Inter viewdauer variierte zwischen 19 Minuten und 90 Minuten. Hiermit geht auch die Anzahl gesprochener Wörter einher.

In Abbildung 13 ist die minimale (mittelgrauer Balken), maximale (hellgrauer Balken) und mittlere Worthäufigkeit (dunkelgrauer Balken) der Interviews nach Projekten aufgeschlüsselt. Zunächst fällt auf, dass der Umfang gesprochener Wörter mit einem Range von 466 Wörtern bis 14.141 Wörtern ganz erheblich variiert. Im Durchschnitt kann bei Leitfadeninterviews damit gerechnet werden, dass diese zwischen 2300 und 7300 Wörter umfassen werden. Als Mittelwert über alle 83 Interviews ergibt sich eine durchschnittliche Anzahl an Wörtern von knapp 5800.

Aus Abbildung 13 wird ferner deutlich, dass die Interviewlänge nur bedingt eine Funktion der Anzahl gesprochener Wörter darstellt. Denn während im Wertewandelprojekt das längste Interview durchgeführt wurde (90 Minuten), findet sich in der Typenstudie jenes mit den meisten Wörtern (14.141 Wörter). Lange Interviews bedeuten demnach nicht zwangsläufig, dass dort auch viel von den Jugendlichen gesprochen wird. Dennoch zeigt die Korrelation von $R = 0,71$ ($p < 0,001$) an, dass ein signifikanter Zusammenhang zwischen Interviewlänge und Worthäufigkeit besteht.

Im Folgenden interessiert nun, wie sich diese Worthäufigkeit im Verlauf von Interviews entwickelt. Aufgrund der großen Variation der Interviewlängen und gesprochenen Wörter wurden hierfür nur solche Interviews ausgewählt, die eine vergleichbare

Länge aufweisen.[7] Als Analyseeinheit zur Auswertung des Verlaufs der Worthäufigkeit wurden Sprecherwechsel gewählt. Das heißt, wann immer ein Wechsel des Sprechakts vom Interviewer zum Jugendlichen stattfand, wurde dies als eine gesonderte Antwort des Jugendlichen gewertet. Nicht als Sprecherwechsel gilt dabei, wenn der Interviewer einen Erzählstimulus eingefügt hat (bspw. bestätigendes „Mhm" oder „Ah, ja"). Zum besseren Verständnis hier ein Beispiel für einen Sprecherwechsel:

| | |
|---|---|
| Interviewer: | Neben der Schule arbeitet er? [Sprecherwechsel] |
| Jugendlicher: | Neben der Schule. *(.)* Das ist manchmal gar nicht so einfach. Ein anderer Kumpel macht son Winterhilfsdienst. Der hat jetzt die letzte Woche, musste er jeden Tag raus. *(.)* Von nachts um drei bis früh morgens um acht und danach ist er zur Schule gegangen. *(lacht)* |
| Interviewer: | Gibt es da mehrere Leute, die sich nebenbei Geld verdienen? [Sprecherwechsel] |
| Jugendlicher: | Eigentlich alle, *(.)* alle, die ein Auto haben. Also ich habe kein Auto, ich habe auch noch keinen Führerschein. Alle, die ein Auto haben, gehen nebenbei arbeiten, weil sonst können sie es ja nicht finanzieren. Die Eltern sind ja nun auch nicht so steinreich oder so. |

Nicht als Sprecherwechsel wurden Interviewpassagen interpretiert, die sich ähnlich wie der folgende gestalteten:

| | |
|---|---|
| Jugendlicher: | Meine Mutter ist als Krankenschwester ausgebildet. In Russland hat sie gearbeitet und ja, *(.)* hier seit wir halt in Mannheim sind, im Theresienkrankenhaus angestellt. Also nicht, *(-)* schon ziemlich lange. |
| Interviewer: | Ah, ja. [Kein Sprecherwechsel] |
| Jugendlicher: | Und das ist eigentlich ihre Berufung des. Die doktert sonst auch an jedem herum, also der macht das Spaß auf jeden Fall, sie will nicht wechseln. Sie will auch nicht irgendwie in die Verwaltung im Krankenhaus. Man hätte ja Chancen aufzusteigen in der Verwaltung und so, *(.)* aber das macht ihr keinen Spaß. Leute heilen und so, das. |

Auf der Basis dieser insgesamt 161 Sprecherwechsel lässt sich die Worthäufigkeit pro Antwort identifizieren und über den Verlauf des Interviews darstellen. Zur Erhöhung der Übersichtlichkeit wurden die Mittelwerte über alle Interviews pro Sprecherwechsel gebildet.

Diese mittleren Worthäufigkeiten pro Antwort sind schematisch in Abbildung 14 dargestellt und nach den vier Phasen des Interviews (ohne Einstiegsphase)[8] unterteilt. Die Aufteilung in die vier Phasen erfolgte dabei auf der Basis der Entwicklungstendenz

---

**7** Kriterium der Vergleichbarkeit waren die mittlere Worthäufigkeit von 5.798 Worten und die Hälfte der Standardabweichung von 2.948 Worten. Dies ergibt ein Spektrum der Worthäufigkeit zwischen 4.324 und 7.272 Worten. Hierdurch reduziert sich die Anzahl verwendbarer Interviews auf 32.

**8** Da die Einstiegsphase zumeist nicht aufgezeichnet wird, können über diese auch keine Aussagen getroffen werden.

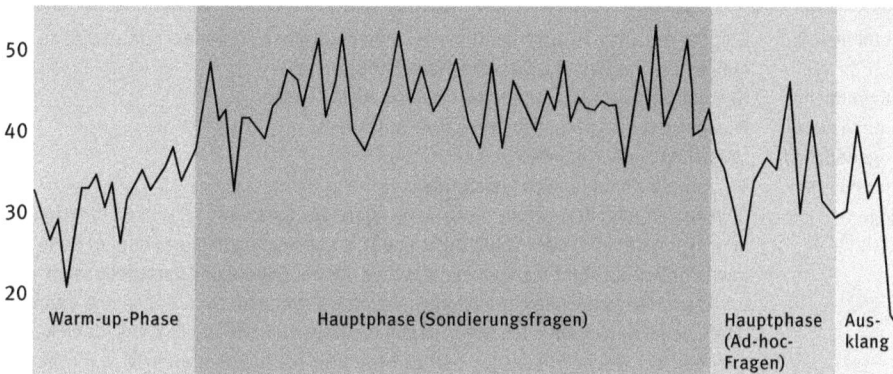

**Abb. 14:** Schematische Darstellung des Interviewverlaufs bei Leitfadeninterviews (mittlere Worthäufigkeit nach Phasen des Interviews) (eigene Darstellung).

der Worthäufigkeiten und der stichprobenartigen Überprüfung im Transkript. Dabei wurde geprüft, ob sich auch qualitativ anhand des Gesprächsverlaufs ein Wechsel zwischen den Phasen abzeichnet.

Sehr deutlich ist die ansteigende Worthäufigkeit in der Warm-up-Phase erkennbar. Zu Beginn besteht ein relativ hoher Redeanteil der Jugendlichen, der nach einigen Sprecherwechseln wieder deutlich zurückfällt, um dann in Stufen wieder anzusteigen. Am Ende der Warm-up-Phase und beim Übergang zur ersten Hauptphase (Sondierungsfragen) zeigt sich wieder ein leichter Anstieg der Worthäufigkeit, die, nach einem etwas stärkeren Absinken, Pendelbewegungen auf hohem Niveau zeigt. Die mittlere Worthäufigkeit pro Antwort liegt im Verlauf dieser Phase zwischen 35 und 50 Wörtern. Diese Pendeltendenz setzt sich in der zweiten Hauptphase (Ad-hoc-Fragen) auf etwas geringerem Niveau fort, wobei stärkere Schwankungen zwischen den Sprecherwechseln auftreten.

Insbesondere im letzten Drittel dieser Phase treten starke Schwankungen auf, die insgesamt einen Abwärtstrend verzeichnen. In der Phase des Ausklangs wird das mittlere Niveau der beiden vorherigen Phasen nicht mehr erreicht und es zeigt sich der am Ende erwartbare rapide Abfall der Worthäufigkeit. Diese Darstellung vermag bereits Grundtendenzen des Interviewverlaufs bei Leitfadeninterviews aufzuzeigen. Warm-up-Phase und Ausklang sind durch weniger lange Antworten der Jugendlichen gekennzeichnet, während die beiden Hauptphasen ein im Vergleich dazu hohes Redeaufkommen aufweisen.

Anschaulicher kann der Verlauf von Leitfadeninterviews herausgearbeitet werden, wenn Schwankungen in den Antworten der Jugendlichen stärker nivelliert werden. Das folgende Beispiel zeigt, wie stark die Worthäufigkeit trotz sehr intensiver Erzählung seitens des Jugendlichen schwanken kann.

| Interviewer: | Glaubst du, dass du auch mit diesem innerschulischen Freundeskreis ab und zu mal ins (.), was war das *[für eine Disko]*? Die „Insel"? |
|---|---|
| Jugendlicher: | Nee das war „Rocket", aber das is ja jetzt zu. [10 Wörter] |
| Interviewer: | Was machst du sonst so in der Schule mit denen? |
| Jugendlicher: | Unterricht? *(lacht)* [1 Wort] |
| Interviewer: | Gut, aber ihr habt ja auch Freistunden. |
| Jugendlicher: | Ja in den Freistunden gehen wir dann meistens ins Café oder so, und da unterhält man sich halt dabei oder spielt Billard oder, so ne Sachen halt und ehm (.) dann nach der Schule steht man noch n bisschen vor der Schule und verabredet sich vielleicht auch (.) und vielleicht auch nich und dann geht man nach Hause und dann (.) dann, na ja, dann komm ich wie gesagt nach Hause und dann meistens, denk ich, während der Woche bin ich erst mal zu kaputt, um noch was großartig zu machen, auch Hausaufgaben manchmal *(lacht)*. Und dann sitz ich halt meistens, (.) also erstmal wenn meine Schwester nicht vorm Fernseher sitzt, sitz ich vorm Fernseher *(.)* und dann, dann vielleicht mach ich auch mal Hausaufgaben. Kommt drauf an, oder lese irgendwie, weiß ich, n Sportheft von ner Zeitung *(lacht)* und (-) oder auch n Buch weiter (.) und (.) ehm, ich weiß gar nicht, dann schlag ich irgendwie die Zeit tot, geh ins Bett irgendwann und wach am nächsten Morgen auf und geh wieder zur Schule. So isses meistens. [168 Wörter] |

Innerhalb dieser Interviewsequenz schwankt die Wörterzahl der Antworten zwischen einem und 168 Wörtern. Um diese starken Schwankungen auszugleichen, wurden jeweils zehn Antworten der Jugendlichen zu einem Mittelwert zusammengefasst. Daraus ergibt sich eine mittlere Worthäufigkeit für insgesamt 16 Abschnitte der Interviews. In Abbildung 15 ist der Verlauf der Leitfadeninterviews anhand der zusammengefassten Antworten dargestellt.

Die mittlere Linie symbolisiert den Mittelwert über alle Interviews. Die obere und untere Linie zeigen die maximalen Abweichungen der mittleren Worthäufigkeit an.[9] Im Folgenden wird schwerpunktmäßig der durch die mittlere Linie repräsentierte Gesamtmittelwert interpretiert.

Der bereits anhand der Detaildarstellung (siehe Abbildung 14) ablesbare tendenzielle Verlauf von Leitfadeninterviews zeigt sich nochmals deutlicher. Die Warm-up-Phase ist durch den stetigen Anstieg der mittleren Worthäufigkeit gekennzeichnet und scheint damit ihren Zweck zu erfüllen, die Redebereitschaft Jugendlicher zu erhöhen. Das Frage-Antwort-Prinzip lässt sich offenbar langsam aber stetig durchbrechen. Ferner lässt sich ablesen, dass es den Befragten offensichtlich im Durchschnitt immer besser gelingt, sich an die ungewohnte Interaktionsform des Interviews zu gewöh-

---

**9** Es handelt sich hierbei nicht um die Standardabweichung, sondern um den minimal und maximal auftretenden Mittelwert über zehn Antworten. Das bedeutet, dass bspw. im ersten Abschnitt (erster Messpunkt des Polygonzugs) ein Jugendlicher über alle zehn Antworten im Durchschnitt knapp 17 Wörter gesagt hat und damit die geringste mittlere Worthäufigkeit aller Interviews zeigt. Die maximale mittlere Worthäufigkeit weist demgegenüber ein Jugendlicher mit knapp über 30 Wörtern auf. Insgesamt sprechen die Jugendlichen im ersten Abschnitt im Durchschnitt knapp 27 Wörter.

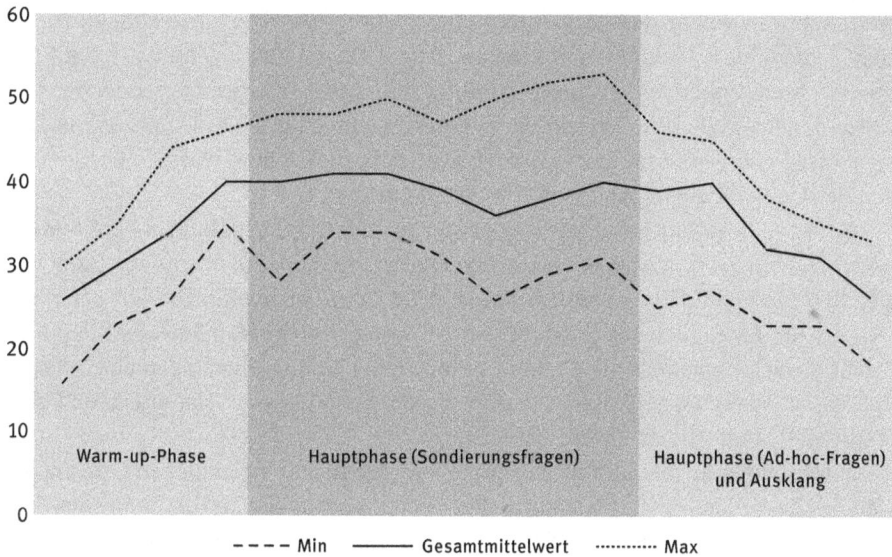

**Abb. 15:** Interviewverlauf bei Leitfadeninterviews (jeweils zehn Antworten der Jugendlichen zu einem Wert zusammengefasst) mit minimalen, maximalen und Gesamtmittelwert (eigene Darstellung).

nen. Am Ende der Warm-up-Phase ist die Anzahl durchschnittlich gesprochener Wörter von etwa 26 auf knapp über 40 gestiegen. Selbst bei den weniger redseligen Jugendlichen (untere Linie) zeigt sich dieser Trend. Im ersten Hauptteil des Interviews, in dem die Sondierungsfragen dem Gesprächsverlauf angepasst gestellt werden, zeigt sich eine hohe Kontinuität der mittleren Worthäufigkeit. Lediglich im letzten Drittel ist ein Absinken der Worthäufigkeit zu verzeichnen. Es ist plausibel, anzunehmen, dass an diesem Punkt des Interviews Ermüdungserscheinungen seitens der Jugendlichen und/oder der Interviewer auftreten, die zu weniger umfassenden Antworten führen. Der Blick in das qualitative Material stützt diese Vermutung. Gleichzeitig zeigt sich in einigen Interviews aber auch, dass den Interviewern die Anknüpfungspunkte an bisher Gesagtes ausgehen. Es treten vermehrt Ad-hoc-Fragen auf, die eigentlich in der zweite Hauptphase gestellt werden. Dieser „Gesprächsdelle" folgt am Ende der ersten Hauptphase wieder kurzfristig eine erhöhte Redebereitschaft, die etwa wieder das Niveau zu Beginn dieser Phase erreicht. Insgesamt schwanken die Redebeiträge der Jugendlichen in dieser ersten Hauptphase im Mittel zwischen 35 und 40 Wörtern pro Aussage.

Die zweite Hauptphase der Ad-hoc-Fragen wird zunächst durch eine leicht geringere Worthäufigkeit eingeleitet, die sodann nur kurz das Niveau der ersten Hauptphase wieder erreicht, um schließlich einen sukzessiven Abfall der mittleren Worthäufigkeit zu zeigen. Das Abfragen von im Interview nicht behandelten Themen und die damit einhergehende Frage-Antwort-Schematik führt offenbar auch dazu, dass die Redebeiträge der Jugendlichen im Schnitt kürzer werden. Diese sinken in ihrer mittleren

Worthäufigkeit von etwa 40 auf knapp über 25 Wörter ab. Der letzte Messpunkt bezieht sich auf den Ausklang und zeigt an, dass die befragten Jugendlichen am Ende des Gesprächs zunehmend ruhiger werden. Insbesondere die resümierenden Fragen, wie es den Jugendlichen mit dem Interview ergangen ist, und ob sie noch gerne Themen ansprechen würden, die im Interview nicht berücksichtigt wurden, werden von den Befragten häufig mit knappen Antworten quittiert.

Neben dem Verlauf des Interviews lassen sich aus der Darstellung in Abbildung 15 auch die relativen Gewichte der einzelnen Phasen erahnen. Das Warm-up nimmt vergleichsweise viel Zeit in Anspruch und scheint in dieser Ausführlichkeit auch notwendig, um Jugendliche in Erzählfluss zu bringen. Den größten Teil des Interviews macht erwartungsgemäß die erste Hauptphase der Sondierungsfragen aus. Ad-hoc-Phase und Ausklang benötigen etwas weniger Zeit als der erste Hauptteil, sind aber tendenziell länger als das Warm-up.

Insgesamt kann für qualitative Leitfadeninterviews mit Jugendlichen festgehalten werden, dass diese einen plateauförmigen Verlauf aufweisen. In der Warm-up-Phase wird sukzessive das Plateau erklommen, auf dem sich die Jugendlichen während der ersten Hauptphase im Durchschnitt konstant bewegen. In der zweiten Hauptphase steigen die Jugendlichen von diesem Plateau wieder herab und erreichen im Ausklang die geringste Worthäufigkeit. Die „Delle" im Plateau ist möglicherweise auf Ermüdungserscheinungen zurückzuführen, wobei hier genauere Analysen wünschenswert sind, um der Dynamik von qualitativen Interviews weiter auf die Spur zu kommen. Für die Durchführung eigener Interviews ist es vermutlich zunächst hilfreich, zu wissen, dass ein ausgiebiges Warm-up dem Interviewverlauf positiv zugute kommt.

### 5.4.2 Bedingungen der Länge und Informationsdichte qualitativer Interviews mit Jugendlichen

In der quantitativen Forschung bestehen eine Reihe von Arbeiten, die sich mit Determinanten der Interviewlänge standardisierter Befragungen beschäftigen (zusf. Anderson, Greb & Wang, 2004). Es bestehen gesicherte Kenntnisse darüber, wie sich die Motivation zur Teilnahme (Koch, 1997), die Erreichbarkeit der Probanden (Couper & Groves, 1994), die kognitiven und sozialen Kompetenzen (Rindermann, 2003) sowie das Alter (Baltes & Lindenberger, 1997) auf den Verlauf von standardisierten Interviews auswirken. Ferner werden Faktoren wie die Verbalisierungsfähigkeit aufseiten des Interviewers in den Blick genommen (Frey, Kunz & Lüschen, 1990; Bassili & Scott, 1996). Für qualitative Forschung finden sich systematische Auswertungen zu Bedingungen der Interviewlänge oder der Informationsintensität bislang nicht. Zwar werden regelmäßig Forderungen formuliert, wonach der Interviewer sich verständlich auszudrücken habe, möglichst gleichen Geschlechts wie der Interviewte sein solle etc. Jedoch leiten sich diese Forderungen entweder aus den Prinzipien qualitativer Forschung ab

(Lamnek, 1995a), oder sie werden als Schlussfolgerungen eigener Erfahrungen präsentiert (Hermanns, 2000; Tietel, 2000).

In diesem Abschnitt soll, soweit es die Daten der qualitativen Interviews ermöglichen, eine solche systematische Analyse von Faktoren, die potenziell im Zusammenhang zur Interviewlänge und der Informationsdichte stehen, geliefert werden. Als Maß für die Interviewdauer wird deren Länge in Minuten und als Maß für die Informationsdichte die mittlere Anzahl von Wörtern pro Minute herangezogen. Hierbei handelt es sich wiederum um Hilfskonstrukte, die nur einen Indikator der tatsächlichen Informationsqualität von Interviews darstellen. Jedoch gilt auch an dieser Stelle, dass ein längeres Interview bzw. eines mit hoher Wortdichte mehr relevante Informationen erwarten lässt als eine kurze Befragung. Als erklärende Variablen stehen das Geschlecht der Jugendlichen, ihr Alter, die besuchte Schulform, sowie die Geschlechterkonstellation während des Interviews zur Verfügung. Auf den Zusammenhang von Ausführlichkeit sowie Länge des Leitfadens und der Interviewlänge wurde bereits in Kapitel 4.4.4 näher eingegangen. Der dort aufgezeigte Einfluss des Leitfadens auf die Interviewlänge macht es erforderlich, die Bedingungen der Interviewlänge getrennt nach Projekten zu betrachten.

## Bedingungen der Interviewlänge

Als erste Bedingung der Interviewlänge wird das Geschlecht der Befragten betrachtet. Dabei zeigt sich innerhalb der einzelnen Projekte ein uneinheitliches Bild. Während im Typen- und Entwicklungsnormenprojekt die Interviews mit den Jungen im Durchschnitt etwas länger dauerten, waren die Befragungen von Mädchen und Jungen in den anderen beiden Projekten im Mittel vergleichbar lang (siehe Abbildung 16).

Demnach lässt sich die Länge eines Interviews nicht eindeutig am Geschlecht der Jugendlichen festmachen. Dieses gilt im Übrigen auch für das Geschlecht des Interviewers. Ob der Interviewer männlich oder weiblich ist, steht in keinem bedeutsamen Zusammenhang zur Länge des Interviews.

Demgegenüber spielt das Alter der befragten Jugendlichen durchaus eine Rolle. Sowohl innerhalb der einzelnen Projekte als auch über die Gesamtheit der 83 Interviews hinweg zeigt sich, dass mit dem Alter der Jugendlichen auch die Länge der Interviews tendenziell steigt (siehe Abbildung 17).

Der Unterschied zwischen den Gruppen erweist sich nur als schwach signifikant. Er deutet aber darauf hin, dass mit dem Alter auch die Gesprächsbereitschaft und/ oder -fähigkeit zunimmt.

Zumindest die Differenz von etwas über zehn Minuten zwischen der jüngsten und ältesten Gruppe Jugendlicher lässt erwarten, dass sich die Durchführung von Interviews mit Frühadoleszenten schwieriger darstellt.

Ebenfalls ein tendenzieller Zusammenhang zeigt sich zwischen der besuchten Schulform der befragten Jugendlichen und der Interviewlänge. Innerhalb der Projek-

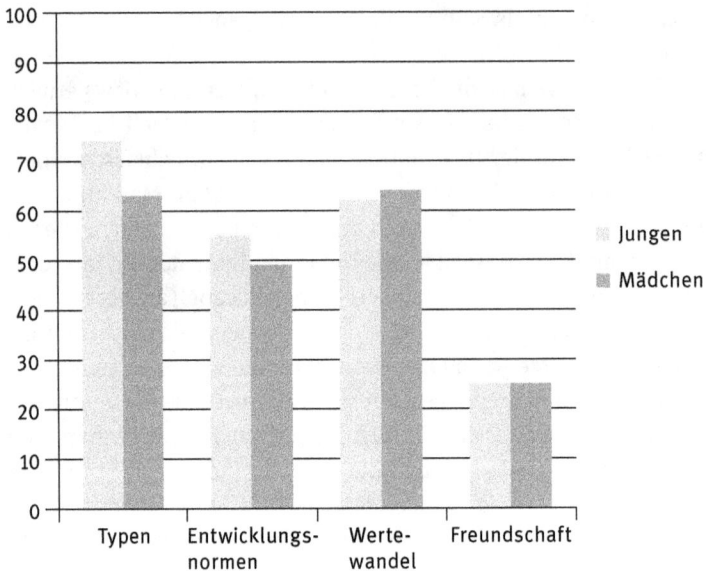

**Abb. 16:** Durchschnittliche Interviewdauer (in Minuten) nach Geschlecht (gerundete Werte) (eigene Darstellung).

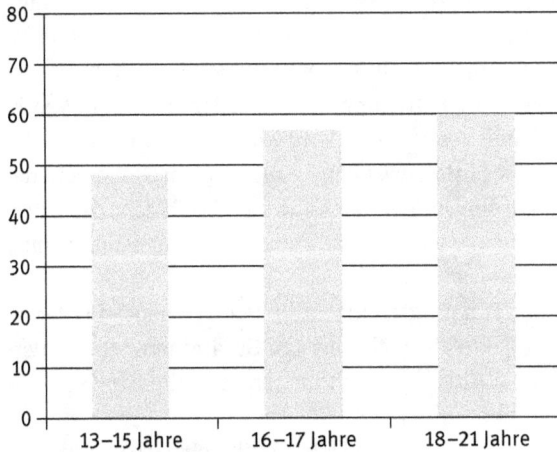

**Abb. 17:** Durchschnittliche Interviewdauer (in Minuten) und deren Standardabweichung nach Altersgruppen (gerundete Werte) (eigene Darstellung).

te[10] zeigt sich, dass Schüler von Gymnasien im Mittel längere Interviews geben als ihre Altersgenossen von der Real- oder Gesamtschule (siehe Abbildung 18).

---

**10** Die Interviews der Freundschaftsstudie mussten aus den Analysen ausgeschlossen werden, da dort nur Hauptschüler befragt wurden. Somit wären Schulform und Projekt konfundiert. Die Haupt-

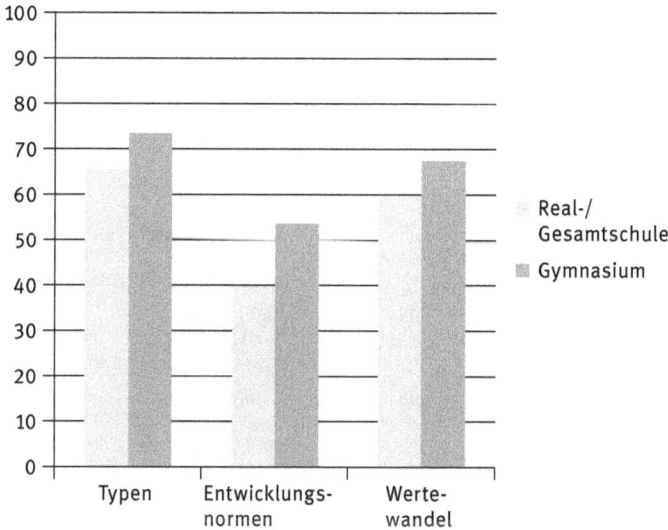

**Abb. 18:** Durchschnittliche Interviewdauer (in Minuten) nach Schulform (gerundete Werte) (eigene Darstellung).

Diese Differenz fällt besonders deutlich im Entwicklungsnormenprojekt aus, zeigt sich aber in abgeschwächter Form auch in den anderen zwei qualitativen Studien.

Schließlich wurde die Geschlechterkonstellation der Interviews als Rahmenbedingung analysiert. Dies war mit Ausnahme des Entwicklungsnormenprojekts in allen anderen Studien möglich, da dort in ausreichendem Maße auch gegengeschlechtliche Kombinationen gegeben waren (siehe Abbildung 19).

Außer im Typenprojekt lassen sich bezüglich der Interviewlänge keine bedeutsamen Differenzen identifizieren. Es scheint keinen Unterschied zu machen, ob bspw. ein Mädchen von einer Frau oder einem Mann interviewt wird. Dies hängt vermutlich auch damit zusammen, dass in den Interviews im Grunde selten sensible Themen angesprochen wurden. Allerdings ist die Geschlechterkonstellation durchaus bedeutend für die Informationsdichte von Interviews.

Zusammenfassend kann festgehalten werden, dass sich erste Hinweise für die Bedeutsamkeit des Alters und des Bildungsstands von Interviewpartnern im Jugendalter ergeben. Interviews mit älteren Gymnasialschülern sind tendenziell länger als solche mit jüngeren Schülern der Real- oder Gesamtschule. Beides lässt vermuten, dass die kognitiven und Verbalisierungskompetenzen der Jugendlichen eine Rolle dabei spielen, wie lange die Gesprächsbereitschaft aufrechterhalten bleibt.

---

schule musste insgesamt außen vor gelassen werden, weil in den ersten drei Projekten zu wenige Schüler dieser Schulform erreicht werden konnten.

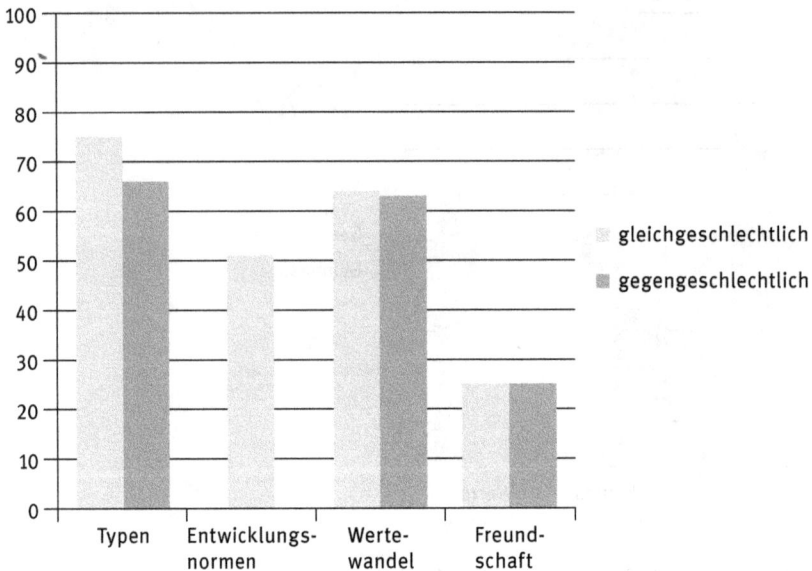

**Abb. 19:** Durchschnittliche Interviewdauer (in Minuten) nach Geschlechterkonstellation von Interviewer und Befragten (gerundete Werte) (eigene Darstellung).

### Bedingungen der Informationsdichte

Zur Messung[11] der Informationsdichte wurde berechnet, wie viele Wörter die Jugendlichen im Durchschnitt pro Minute reden. Der Quotient aus der Anzahl gesprochener Wörter und Minuten der Interviewlänge stellt ein über alle Projekte hinweg standardisiertes Maß dar, sodass auf die projektbezogene Darstellung verzichtet werden kann. Über alle Interviews gerechnet zeigt sich, dass die Jugendlichen in einer Interviewminute im Durchschnitt 105 Wörter sprechen (siehe Abbildung 20).

Inwieweit es sich hierbei um einen hohen oder geringen Wert handelt, kann in Ermangelung an Vergleichsdaten nicht entschieden werden. Besonders interessant sind aber die Abweichungen, die sich durch ausgewählte Merkmale der Jugendlichen und der Geschlechterkonstellation ergeben. Während die Interviewlänge in keinem Zusammenhang zum Geschlecht der Jugendlichen stand, ist dies für die Wortdichte durchaus der Fall. Mädchen weisen eine höhere Wortdichte auf als Jungen ($t = -2,01$; $p < 0,05$). Demnach scheinen Mädchen im gleichen Zeitraum mehr Informationen zu

---

11 Hierbei ist einschränkend zu bedenken, dass über die gesamte Länge des Interviews auch der Interviewer redet und somit Zeit in Anspruch nimmt. Diese Zeit konnte nicht präzise bestimmt und somit auch nicht von der Gesamtlänge des Interviews subtrahiert werden. Die für die Wortdichte verwendeten Werte sind demnach mit einem systematischen Fehler der Unterschätzung behaftet. Dieser Fehler sollte sich über alle Interviews hinweg gleich verteilen.

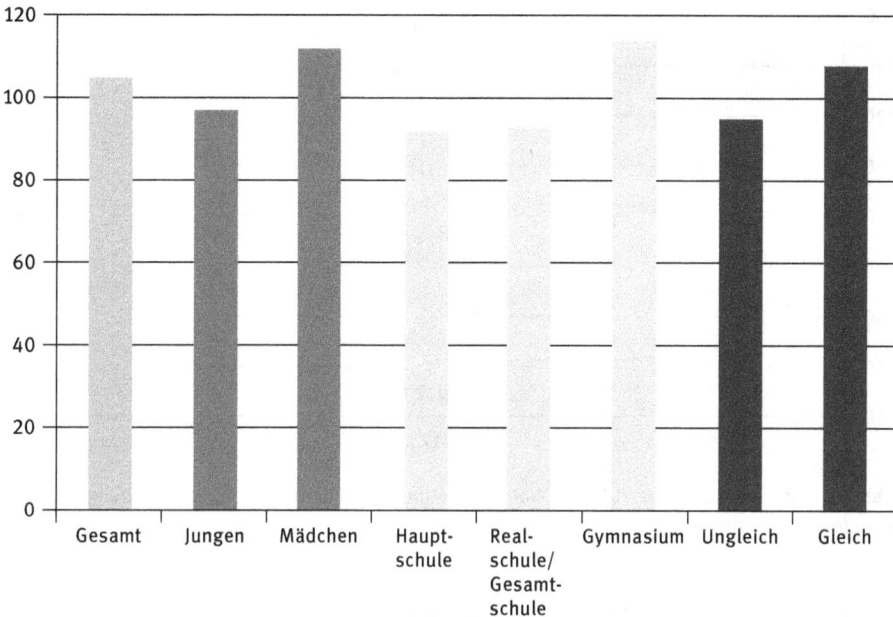

**Abb. 20:** Durchschnittliche Wortdichte (Wörter pro Minute) gesamt und nach ausgewählten soziodemografischen Merkmalen (gerundete Werte) (eigene Darstellung).

liefern als Jungen. Zumindest aber sprechen sie schneller bzw. flüssiger als ihr männliches Pendant.

Auch die besuchte Schulform zeigt einen Zusammenhang zur Wortdichte. Schüler vom Gymnasium sprechen pro Minute im Durchschnitt mehr Wörter als Jugendliche der anderen Bildungsgänge. Dieser Unterschied erweist sich im Paarvergleich als signifikant. Gymnasiasten weisen eine signifikant höhere Wortdichte als Hauptschüler ($t = -2{,}189$; $p < 0{,}05$) bzw. Real- und Gesamtschüler ($t = -2{,}193$; $p < 0{,}05$) auf. Hier spiegeln sich offenbar die variierenden kognitiven Kompetenzen und Elaborationsfähigkeiten der Schüler einzelner Schulformen wider.

Schließlich zeigt sich in der Grafik auch ein Unterschied zwischen Interviews, die in gleichgeschlechtlicher und solchen, die in gegengeschlechtlicher Konstellation durchgeführt wurden. Dieser Unterschied ist jedoch nur ein tendenzieller, der sich als nicht signifikant erweist ($t = -1{,}447$; $p > 0{,}10$). Demnach scheint der Einfluss der Geschlechterkonstellation auf die Wortdichte weniger bedeutsam als jener des Geschlechts und der Schulform der Jugendlichen zu sein.

Der deutlichste Zusammenhang zur Wortdichte findet sich jedoch beim Alter der befragten Jugendlichen. Analog zur Kovariation von Alter und Interviewlänge weisen die jüngsten befragten Jugendlichen die im Durchschnitt geringste Wortdichte auf (siehe Abbildung 21).

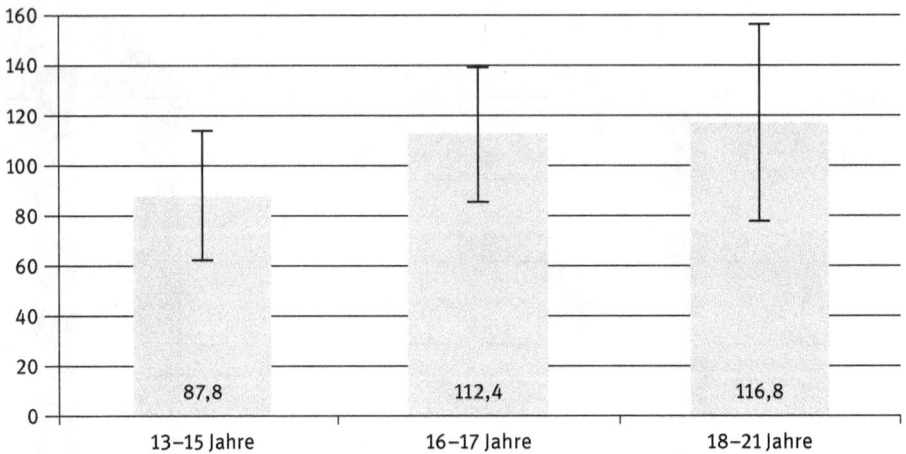

**Abb. 21:** Durchschnittliche Wortdichte (Wörter pro Minute) und deren Standardabweichung nach Alter (eigene Darstellung).

Für die Altersspanne von 16 bis 21 Jahren ergeben sich keine nennenswerten Differenzen. Demnach müssen 13- bis 15-Jährige im Vergleich zu 16- und 17-Jährigen ($t = -3,376; p < 0,01$) sowie im Vergleich zu 18- bis 21-Jährigen ($t = -2,801; p < 0,01$) als weniger redegewandt angesehen werden. Zumindest sprechen diese jüngsten Jugendlichen deutlich weniger Wörter pro Minute als ihre älteren Pendants. Mittels linearer Regression lässt sich zeigen, dass das Alter als Bedingung alle anderen Einflussfaktoren auf die Wortdichte überlagert und als einziger Prädiktor signifikanten Vorhersagewert besitzt ($\beta = 0,45$; Korr. $R^2 = 0,183$). Immerhin kann das Alter der Befragten knapp über 18 Prozent der bei der Wortdichte auftretenden Varianz erklären.

Insgesamt zeigt sich also bezüglich der Randbedingungen der Interviewdichte, dass vor allem das Alter der Befragten eine große Rolle spielt. Je jünger die Jugendlichen sind, desto geringer fällt die Wortdichte und damit tendenziell auch die Informationsqualität aus. Nachgeordneten Einfluss besitzen die von den Jugendlichen besuchte Schulform und das Geschlecht der Jugendlichen. Kein statistisch bedeutsamer Einfluss zeigt sich für die Geschlechterkonstellation. Ob ein Mann einen Jungen oder ein Mädchen bzw. eine Frau einen Jungen oder ein Mädchen interviewt, spielt für die Informationsdichte keine große Rolle.

### Folgerungen für die Durchführung von Interviews

Die Ausführungen konnten zeigen, dass Interviews nicht voraussetzungslos gleich verlaufen. Dies gilt insbesondere für die Informationsdichte. Es hat sich gezeigt, dass mit dem Alter und – nachgeordnet – dem Bildungsgang der Jugendlichen zwei Funktionen der kognitiven Kompetenzen Heranwachsender entscheidenden Einfluss auf die Wortdichte nehmen. Auch das Geschlecht spielt tendenziell eine Rolle. Das bedeutet, dass die mit Leitfadeninterviews verbundenen Anforderungen an die Stichprobe (siehe Kap. 4.2.5.6) nicht ohne Auswirkungen auf die Interviewqualität selbst bleiben. Daraus kann nun nicht die Folgerung abgeleitet werden, Interviews nur noch mit Gymnasiastinnen über 18 Jahren durchzuführen. Damit würde die Spannbreite möglicher Informationen zu stark verengt und Fragestellungen im Bereich der Jugendforschung nur unzureichend beantwortet. Vielmehr leitet sich daraus ab, dass die Gewichtung der einzelnen Gruppen an die Bedingungen der Informationsdichte angepasst werden sollte. Wenn es zutrifft, und die Daten sprechen dafür, dass Ältere und Gymnasiasten mehr Informationen liefern, dann reicht es u. U., wenige Befragte dieser Gruppen in die Stichprobe einzubeziehen und stattdessen mehr Jugendliche jüngeren Alters und unterer Bildungsgänge zu befragen. Die geringere Informationsdichte einzelner Interviews aus diesen Gruppen könnte dann dadurch kompensiert werden, dass mehr Vertreter dieser Gruppe in das Sample aufgenommen werden. Eine solche Strategie verhindert nicht, dass die erhaltenen Informationen nach wie vor ungleich verteilt sind. Allerdings wird der Tendenz bei der Auswertung entgegengewirkt, die Interpretation der Daten schwerpunktmäßig auf Aussagen von Älteren und Gymnasiasten zu stützen, weil diese besonders gehaltvoll und elaboriert sind. Gerade bei Publikationen ist es reizvoll, statt kurzer Frage-Antwort-Sequenzen ausgiebige Monologe zu zitieren. Kurze Segmente wie das folgende könnten den Eindruck erwecken, man sei der Interviewführung nicht fähig:

| | |
|---|---|
| Interviewer: | Sind das mehr türkische Freunde oder deutsche Freunde? |
| Jugendlicher: | So eigentlich unterschiedlich. Türkische und deutsche Freunde. |
| Interviewer: | Also gemischt? |
| Jugendlicher: | Gemischt, ja. |
| Interviewer: | Magst du die alle gleich gern oder gibt es da Unterschiede? |
| Jugendlicher: | Unterschiede |
| | *[Das Interview wird kurz von der Kellnerin unterbrochen.]* |
| Interviewer: | Ihr habt eine Clique sozusagen. Gibt es da einen Anführer? |
| Jugendlicher: | Nein. |

Insgesamt sollte die zu erwartende bessere Qualität von Interviews mit älteren Jugendlichen höherer Bildungsgänge durch den Einbezug mehrerer Interviews mit Heranwachsenden anderer Bildungsgänge kompensiert werden, um eine vergleichbare Informationstiefe und -breite zu erhalten. Dabei soll aber nicht unerwähnt bleiben, dass vor allem diese Gruppe von Jugendlichen schwieriger zur Teilnahme an Interviews zu motivieren ist. Dem kann durch ausreichend Zeitpuffer bei der Stichprobenphase Rechnung getragen werden.

### 5.4.3 Der Einstieg in das Gespräch

„Die ersten Minuten eines Interviews sind entscheidend. Die Interviewpartner wollen einen Begriff vom Interview haben, bevor sie sich dazu hingeben, einem Fremden gegenüber frei ihre Gefühle und Erfahrungen preiszugeben." (Kvale, 1996: 128; vgl. auch Tietel, 2000) Es wurde bereits darauf hingewiesen, dass das qualitative Interview durch die Dialektik eines Gesprächs zwischen Fremden bei gleichzeitiger Anforderung der Vertrautheit gekennzeichnet ist. Zur Bewältigung dieser Dialektik ist es erstens notwendig, dem befragten Jugendlichen eine Interaktionsform anzubieten, die alltäglichen Gesprächen nahekommt. Zweitens sollte das Bedürfnis des Interviewten nach Information über das Kommende möglichst frühzeitig gestillt werden (siehe Kap. 5.3.4). Durch beide Maßnahmen wird eine offene und konstruktive Gesprächsatmosphäre begünstigt. Oberste Priorität hat dabei in der Einstiegsphase, den Interviewten über das Kommende zu informieren. Wie ein solcher Einstieg gestaltet werden kann, zeigt die folgende Einstiegssequenz:

| | |
|---|---|
| Interviewer: | Gut, Sie wissen worum es geht? Ich bin ein bisschen erkältet, leider. Sie wissen worum es geht? |
| Jugendlicher: | Einigermaßen, (.) nicht so richtig. |
| Interviewer: | Mhm. Also wir wollen gerne eine Befragung bei Jugendlichen machen und uns fehlen in vielen Bereichen aber noch gute Fragen dazu. Deshalb haben wir überlegt, dass wir diesmal vorher mit n paar Jugendlichen sprechen, in der Hoffnung dass sie uns eben da ein paar Informationen geben, die wir hinterher eben in Fragen umbauen können. [...] Also ihr Name und so, das interessiert auch hinterher für die Auswertung überhaupt nicht. |

Ein kapitaler Fehler ist es, zunächst die Erlaubnis zur Aufzeichnung des Gesprächs einzuholen. Dies erzeugt beim Interviewten u. U. zusätzliche Unsicherheiten, weil er nicht weiß, wofür er sein Einverständnis gibt. Es könnte ja sein, dass im Interview intimste Geheimnisse offengelegt werden sollen, ohne dass Anonymität zugesichert wird. Deshalb gilt als Regel:

**!** Zunächst ist der Interviewte über Inhalte, Ziele und Rahmenbedingungen des Interviews zu informieren. Erst dann wird das (zwingend notwendige) Einverständnis eingeholt, das Interview aufzeichnen zu dürfen. Diese Vorgehensweise vermindert Unsicherheiten und mögliche Reaktanz des Interviewpartners.

Nach einer allgemeinen Begrüßung (Nennung der Namen) und einem Smalltalk mit dem Interviewten (etwa über den gewählten Interviewort) liegt es zunächst am Interviewer, den Befragten über das Interview „aufzuklären". Dabei sollten folgende Informationen gegeben werden:

- **Inhalte des Interviews**
  Die Themen des Interviews sollten in kurzer, verständlicher Form eingeführt wer-

den, ohne dabei allzu sehr in die Details zu gehen. So kann bspw. angegeben werden, dass es im folgenden Interview um die Freizeitgestaltung des Jugendlichen geht, was ihm bei Freundschaften wichtig ist und was für eine Rolle die Schule für den Jugendlichen spielt. Es ist darauf zu achten, dass nicht mehr als drei Themenschwerpunkte eingeführt werden, da mehr als drei Informationen nicht oder nur schwer erinnert werden. Gleichzeitig sollten alle Themen des Leitfadens zusammenfassend eingeführt werden, damit im Verlauf des Interviews keine Themen zur Sprache kommen, die vorab nicht angekündigt wurden.

- **Form des Interviews**
Hierzu zählt, die am Interview Beteiligten einzuführen (sofern ein Protokollant anwesend ist) und darüber zu informieren, wer das Interview führen wird. Ferner sollte der Zeitrahmen grob umrissen werden. Auch wenn dies bereits bei der ersten Kontaktaufnahme geschehen ist, kann dem Jugendlichen noch einmal verdeutlicht werden, dass das Interview bspw. zwischen ein- und eineinhalb Stunden dauern wird. Redefreudige Jugendliche lassen sich dadurch ohnehin nicht bremsen und Unsichere erhalten einen zeitlichen Orientierungspunkt.

- **Ziele des Interviews**
Es erleichtert dem Jugendlichen die Abschätzung des Kommenden, wenn er weiß, wozu das Interview verwendet wird. Die Offenheit des Interviews wird nicht dadurch beeinträchtigt, wenn bspw. angegeben wird, das Interview sei Teil einer Diplomarbeit zum Thema „Freundschaften im Jugendalter" und werde ausschließlich zu wissenschaftlichen Zwecken verwendet (was auch der Wahrheit zu entsprechen hat). Eine knappe Erläuterung, dass die Aussagen des Jugendlichen dazu genutzt werden, mehr über dieses oder jenes zu erfahren und aus der Perspektive des Jugendlichen selbst zu verstehen, ist hilfreich, weil es den Befragten gleich zu Beginn als Experten adressiert und dem Bedürfnis nach Selbstdarstellung entgegenkommt.

- **Wahrung der Intimität**
Dem Befragten sollte schließlich die Anonymität zugesichert (und auch eingehalten) werden. Es sei darauf hingewiesen, dass der Name des Jugendlichen nicht mehr im Interview auftaucht und nicht mehr rekonstruierbar ist, welcher konkrete Befragte welche Aussagen gemacht hat. Um dies dem Jugendlichen zu verdeutlichen, kann dieser (halb scherzhaft) gefragt werden, ob er besondere Wünsche für sein Pseudonym habe. Dadurch wird der Befragte selbst in den Prozess der Anonymisierung eingebunden.

Diese Auflistung suggeriert, dass diese Voraberklärung seitens des Interviewers viel Zeit in Anspruch nimmt. Tatsächlich dauert dieser Teil aber meistens nicht länger als zwei bis drei Minuten und sollte auch nicht länger ausgedehnt werden. Die Funktion, die vagen Hypothesen des Interviewten über das Kommende in konkrete Vorstellungen zu überführen, ist durch eine kurze Einführung hinreichend erfüllt.

Nach dieser Einleitung kann der Jugendliche dann um Erlaubnis zur Aufzeichnung gebeten werden. Es ist dabei hilfreich, den Sinn der Aufnahme zu verdeutlichen, ohne dabei das Gefühl der „Überwachung" zu vermitteln. Aussagen wie: „Wir nehmen das auf, damit wir hinterher ganz genau wissen, was du gesagt hast" erzeugen Kontrollgefühle. Allgemeinere Formulierungen wie: „Die Aufnahme erleichtert es uns, wichtige Informationen nicht zu vergessen" sind da besser geeignet. Hier kann es hilfreich sein, sich vorab eine Formulierung zu überlegen, die dann in jedem Interview verwendet wird (dann allerdings ist auf nicht zu schematisches „Herunterleiern" zu achten).

Der Einstieg in das Interview ist damit weitestgehend abgeschlossen und es kann der Wechsel zu den eigentlichen Themen des Interviews erfolgen. Dieser Wechsel kann durchaus explizit signalisiert werden, damit auch der Interviewte sieht, dass nun der „eigentliche Teil" des Interviews beginnt. Das Einschalten des Aufnahmegeräts ist ein solches Signal.

### 5.4.4 Warm-up-Phase

Die Warm-up-Phase stellt den eigentlichen Beginn des thematisch relevanten Interviewteils dar. Wie der Begriff bereits besagt, geht es hier darum, den Interviewten an- oder aufzuwärmen und mit der Interaktionsform vertraut zu machen (Kaufmann, 1999; siehe Kap. 5.3.4). Im Gegensatz zum Einstieg, bei dem Formales zum Interview besprochen wird, zielt die Warm-up-Phase darauf ab, jene Atmosphäre des Vertrauens und Vertrautseins zu schaffen, die sich positiv auf den Interviewverlauf auswirkt.

Die Aufwärmphase hat im Wesentlichen zwei Funktionen. Erstens soll der Befragte zum Reden animiert sowie mit dem Grundprinzip des Interviews vertraut gemacht werden. Dies heißt auch, den Interviewten erkennen zu lassen, dass er eigenständig und selbstbestimmt Redebeiträge liefern kann und nicht auf Fragen des Interviewers zu warten braucht bzw. diese nur kurz und knapp zu beantworten hat. Zweitens sollen in der Aufwärmphase bereits Informationen gesammelt werden, die für die spätere Interviewführung von Nutzen sein können.

(1) Die ersten Fragen des Interviews sollen signalisieren, dass der Interviewte Redefreiheit besitzt, dass Interesse an seiner Person besteht und er als Experte des eigenen (Er-)Lebens angesehen wird. Das Frage-Antwort-Schema soll möglichst rasch durchbrochen werden, damit aus dem Leitfadeninterview nicht eine andere Form der standardisierten Fragebogen-Befragung wird (vgl. Hopf, 1978). Beides kann dadurch realisiert werden, dass am Beginn des Interviews eine unstrukturierte Frage gestellt wird. Deren gesprächsgenerierende Wirkung sei an folgendem Beispiel veranschaulicht:

| Interviewer: | Was machst du in deiner Freizeit? War vielleicht gestern so ein typischer Tag, den du beschreiben könntest, also was du in deiner Freizeit machst? |
|---|---|
| Jugendlicher: | Gestern, ja. Also gestern habe ich nach einer Chorprobe, bin ich in die Schach AG gegangen, in der Schule, hab dort bis 16 Uhr Schach gespielt und dann bin ich nach Hause und habe da ein bisschen ferngesehen, bis der Strom ausgefallen ist. *[Gelächter]* Dann mussten wir eine Stunde warten, bis der Strom wieder da war. Dann habe ich meine Hausaufgaben gemacht. Und *(.)* ja, dann bin ich schlafen gegangen. Und ansonsten gehe ich mittwochs immer zur Feuerwehr, also „Freiwillige Feuerwehr" Zepernik. Da bin ich Mitglied. Ja, dann lese ich viel, also besonders wenn ich Zeit habe, also jetzt zur Schulzeit eigentlich weniger. Dann höre ich auch ziemlich viel Musik, meistens *[unverständlich, 2 Sek.]* und ab und zu treff ich mich mit einigen von meinen Freunden, also meistens mehr in den Ferien oder so, weil man nicht so viel zu tun hat, kleine Partys oder so was. |

Durch die konkrete Vorgabe des vorigen Tages und die Offenheit der Fragestellung gelingt es eher, Jugendliche zu Redebeiträgen zu animieren als mit formalen, strukturierten Fragen:

| Interviewer: | Ja dann sag uns doch vielleicht noch mal, wie alt du bist! |
|---|---|
| Jugendlicher: | Fünfzehn. |
| Interviewer: | Mhm. Und in welcher Schule bist du? |
| Jugendlicher: | Am Hans-Ehlers-Gymnasium. |
| Interviewer: | Wo ist das? In Steglitz? |
| Jugendlicher: | Ja. |
| Interviewer: | Ganz im Süden oder wo? |
| Jugendlicher: | Albrechtstraße, in der Nähe von der Schloßstraße. |
| Interviewer: | Ah ja. Und da bist du in welcher Klasse? |
| Jugendlicher: | Neunte. |
| Interviewer: | Und in deiner Klasse, sind da viele von deinen Freunden? Du wohnst in Marienfelde, ne?! |
| Jugendlicher: | Ja. Ich verstehe mich mit allen aus der Klasse recht gut. |
| Interviewer: | Und machst du auch in deiner Freizeit was mit denen zusammen? |
| Jugendlicher: | Ja. |

In diesem Beispiel wurde durch eine ganze Reihe strukturierter Fragen, die keinen oder wenig Raum für eigene Erläuterungen bieten, kein Klima des offenen Gesprächs geschaffen. Vielmehr hat sich gleich zu Beginn ein Frage-Antwort-Schema „eingeschlichen", das auch im weiteren Verlauf des Interviews dominant bleibt. Eine unstrukturierte Frage ist keine Garantie dafür, dass Jugendliche „warm werden". Zuweilen sind derer auch mehrere notwendig. Durch strukturierte Fragen sinkt aber die Wahrscheinlichkeit, dass Jugendliche von sich aus, entgegen der vom Interviewer ausgesendeten Signale, das Frage-Antwort-Schema aufkündigen.

(2) Die zweite Funktion des Warm-ups lässt sich anschaulich am ersten Beispiel verdeutlichen. Die Einstiegsfrage oder -fragen sollen dazu dienen, Informationen zu
sammeln, die für den weiteren Interviewverlauf nützlich sind. Entweder, um die
Fragen des Leitfadens an die Themen anzudocken („Du hast am Anfang erzählt,
dass …"). Im Falle des Schach-Feuerwehr-Jugendlichen finden sich eine ganze
Reihe solcher Anknüpfungspunkte: Chor, Schach, Hausaufgaben, Musik, Lesen.
Sodann kann ein ins Stocken geratenes Gespräch durch Bezug auf die Anfangs-
aussagen wieder in Gang gebracht werden. Hierfür sind Eingangsstatements der
Jugendlichen häufig hilfreich, weil darin eigene Interessen, Bedürfnisse etc. er-
kennbar werden:

---

| Interviewer: | So was, wie zum Schachklub zu gehen oder auch zur Feuerwehr, ist ja relativ ungewöhnlich! Wie bist du an so was gekommen? |
|---|---|
| Jugendlicher: | Na, also ich spiele schon ziemlich lange Schach und es macht mir ziemlich Spaß. Bin auch relativ gut und habe deswegen also Möglichkeiten gesucht. Also, der Schachklub gehört auch zur Schule, das wird dort angeboten. Und (-) ja bei der Feuerwehr da hab ich in einem Prospekt von der BVG einen Artikel gelesen, und da stand drin, dass man bei der Jugendfeuerwehr Sachen bekommt, unter anderem eine schöne Ausgehuniform. Und da ich mir immer so was wie eine Ausgehuniform gewünscht habe, und auch schon als kleiner Junge irgendwie immer davon geträumt habe, mal Feuerwehrmann zu werden, habe ich mir gedacht: „Guckst mal bei deiner Feuerwehr im Ort vorbei". Also, (.) wir waren grade umgezogen, machte sich dann ganz gut und bin dahin. Und habe gefragt: „Ja, ich habe da was gelesen über die Feuerwehr und so und das man da einfach so reinkommt". Da haben sie gesagt: „Ja klar, wie alt bist du?". Da hab ich gesagt 16, damals war ich noch 16. Dann haben sie gesagt: „Ja, klar, kein Problem, wir haben immer mittwochs Dienst, da kommst du vorbei". Und dann (-) seit dem bin ich da drin. Probezeit, Lehrgang, (.) also Grundlehrgang gemacht. |

---

Aus diesen Aussagen lässt sich ableiten, dass Schach und Feuerwehr zwei Themen sind, die für eine eventuell notwendige „Wiederbelebung" des Interviews
hilfreich sind. Gerade wenn die Motivation der Befragten absinkt, empfiehlt sich
eine Rückkehr zu den Themen, die den Jugendlichen interessieren. Auch hier gilt,
dass die Eingangsfrage kein Allheilmittel ist. Jedoch ist es einfacher, an berichteten Hobbys von Jugendlichen anzuknüpfen als am Alter der Befragten.

Insgesamt zeigt sich für die Warm-up-Phase, dass die Einstiegsfrage im Durchschnitt eine relativ hohe mittlere Worthäufigkeit produziert (siehe Abbildung 14).
Die diesbezüglichen Nachfragen führen allerdings zunächst zu einem Absinken
der Worthäufigkeit, ehe im Übergang zur ersten Hauptphase des Interviews längere Redebeiträge seitens der Jugendlichen auftreten. Exemplarisch kann die Entwicklung der Worthäufigkeit in der Warm-up-Phase anhand des Interviews mit
einem Gymnasiasten dargestellt werden:

---

**[Einstiegsfrage – Gesamt 132 Wörter]**

| | |
|---|---|
| Interviewer: | Also, es gibt so ne Eingangsfrage, die wir immer stellen, nämlich was du in deiner Freizeit machst, wie so bei dir die Freizeitgestaltung aussieht. |
| Jugendlicher: | Ja, also ehm (.) nach der Schule normalerweise ist es so, dass ich nach Hause gehe und dann erstmal mich ausruhe *(lacht)*, vorm Fernseher meistens und (.) ehm (.) ja, manchmal geh ich auch zu meiner Freundin nach der Schule. Aber das is, (- -) also wir sind noch nicht so lange zusammen, das ist erst in letzter Zeit so, und (.) ehm am Wochenende, (.) also abends, also erstmal Sonntag, Samstag, da schlaf ich lange aus, wenn ich kann und abends geh ich samstags und freitags meistens in irgendwelche Klubs. |
| Interviewer: | Aha. |
| Jugendlicher: | Ehm, mit Musikrichtung mehr HipHop und Reggae, Ragga (.) auf Musik bezogen, oder halt auf Privatpartys, wo dann halt alles Mögliche läuft und (.) und na ja und samstags geh ich eigentlich, normalerweise kann ich da gar nich so weit, lange ausschlafen, weil ich da um 12 Uhr dann Fußball AG hab. |

---

**[Drei Nachfragen zur Einstiegsfrage – 79 Wörter; 63 Wörter; 68 Wörter]**

| | |
|---|---|
| Interviewer: | Von der Schule? |
| Jugendlicher: | Ja, genau, also da muss man nich hingehen, aber mir machts halt Spaß, deswegen geh ich da hin und ehm, sonst (.) ich, ich bin ja auf ner ehemaligen, also in der Mittelstufe. Ich geh auf die Sopie-Scholl-Schule und da is ja inner Mittelstufe eigentlich ganztags Unterricht und deswegen kommt man erst nachmittags nach Hause und deswegen (.) is es auch nur (.) hat sich das bei mir so eigentlich eingebürgert, dass ich ja während der Woche auch gar nicht soviel mache. |
| Interviewer: | Wie lange geht dann nachmittags die Schule? |
| Jugendlicher: | Na ja (.) ehm (.) inner Mittelstufe is es so, dass man dreimal die Woche, ehm (.) zehn Stunden hat und einmal sechs und dann noch acht Stunden. Also montags, dienstags hat man zehn Stunden, ehm (.) das geht dann bis viertel nach vier und mittwochs hat man dann, glaub ich sechs Stunden nur bis eins. Und ehm (.) donnerstags wieder zehn Stunden und freitags, glaub ich, acht. |
| Interviewer: | Ah ja, da is das ja auch relativ beschnitten dann auch mit der Freizeit, oder? |
| Jugendlicher: | Na ja nee, also jetzt in der Oberstufe isses ja, hab ich n andern Stundenplan und da isses ja, wird's ja (.), des is ja ursprünglich ne Gesamtschule mit gymnasialer Oberstufe und da wird das dann so gemacht. Also jetzt hab ich montags immer noch zehn Stunden und dann dienstags (.) ehm (.) acht (.) ehm mittwochs sechs, donnerstags acht oder sieben und freitags sieben. Also n bisschen weniger und dann zwischendurch Freistunden. |

---

Ein solcher Verlauf bedeutet, dass mit der Einstiegsfrage nicht unmittelbar dauerhafte Redebereitschaft stimuliert wird, sondern durch Nachfragen kürzere Aussagen erwartbar sind. Hiervon sollte man sich im Interview nicht irritieren lassen und das Warm-up gar als gescheitert ansehen. Vielmehr helfen solche Nachfragen zur Einstiegsfrage, weitere Anknüpfungspunkte für die Sondierungsfragen der ersten Hauptphase zu identifizieren.

### 5.4.5 Hauptphase I – Sondierungsfragen

Die wesentliche Funktion der ersten Hauptphase ist es, Themen des Leitfadens anzusprechen und Informationen zu den interessierenden Fragen zu erhalten. Im Gegensatz zur Warm-up-Phase steht also nicht die Gewöhnung an die Interaktionsform im Vordergrund, sondern explizit das thematische Interesse des Forschenden. Diese Phase ist in ihrem Verlauf sehr flexibel und es ist kaum möglich, Hinweise zu deren Entwicklung zu geben. Zwei wichtige Bereiche sollen aber angesprochen werden. Zum einen, wie die eigenen Fragen an das vom Interviewten Gesagte angepasst werden können, und zum anderen, durch welche Fragetechniken angesprochene Themen vertieft werden können.

**Wechsel zwischen den Themen**

In der Phase der Sondierungsfragen werden die zentralen Themen des Interviews angesprochen und die im Leitfaden dokumentierten Fragen, soweit dies in dieser Phase bereits möglich ist, gestellt. Soweit möglich heißt, dass Fragen dem Gesprächsverlauf angepasst werden. Das vom Interviewten Gesagte wird als Anknüpfungspunkt genutzt, um weitere Fragen des Leitfadens stellen zu können. Hierdurch soll ein möglichst flüssiger Verlauf des Gesprächs ermöglicht werden. Im Gegensatz zu allen anderen Phasen ist es also für diesen Abschnitt des Interviews charakteristisch, dass die Gesprächsführung an die Redebeiträge des Interviewten angepasst wird. Auch wenn der Befragte nicht, wie etwa beim narrativen Interview, die Gesprächssteuerung vollständig übernimmt, so wird der Interviewer sein Interesse an Informationen der Breite und Tiefe der vom Interviewten angesprochenen Themen anpassen. Um dies zu signalisieren, empfiehlt sich am Übergang von der Warm-up- zur Sondierungsphase, Aussagen des Jugendlichen zur Einstiegsfrage aufzugreifen und mit dem eigenen Fragekatalog zu verknüpfen. Das folgende Beispiel zeigt, wie ein im Warm-up vom Jugendlichen angeschnittenes Thema (Gespräche mit den Eltern über die eigene Zukunft) dazu genutzt werden kann, einen Themenbereich des Interviewleitfadens (Konfliktlösung in der Familie) anzusprechen.

| | |
|---|---|
| Interviewer: | Ehm, (.) du hast vorhin gesagt, ihr redet *[in der Familie]* so über Zukunft und Ziele, die du hast. Wenn dort jetzt irgendwo in den Gesprächen Konflikte aufkommen über deine Ziele, ja? Wie werden die gelöst? Also *(-)* wie sieht das dann aus im Konfliktgespräch? |
| Jugendlicher: | Ehm, also *(-)* wir versuchen aufeinander einzugehen. Ist aber manchmal nicht so schwierig, wenn man so seine eigene *(.)* eh, nicht so einfach, wenn man seine eigene Meinung hat, dann will man das ja auch vertreten, aber, ja also, jeder *(.)* jeder versucht halt erstmal zu erläutern, was seine Position ist. Ehm *(.)* manchmal wird man dann so sauer, dass man einfach erstmal rausgeht *(lacht)*, aber *(.)* ehm irgendwann mal kommt man dann ja zurück und redet drüber. Und, ehm, *(.)* es wird keinem die Meinung vom anderen aufgezwungen, aber man denkt ja dann irgendwie drüber nach. Weil man will ja nicht ewig sauer auf den anderen sein und da denkt |

man drüber nach, wie *(.)* wieso hat er den Standpunkt und ist es auch sinnvoll. Und meistens ist es so, dass im *(.)* bei *(.)* bei beiden Standpunkten, was Sinnvolles und auch was Nichtsinnvolles ist. Und dann, kann man ja da drüber dann reden.

---

Dieses Grundprinzip der Orientierung an den Aussagen des Befragten erfordert vom Interviewer zum einen eine hohe Konzentration, damit solche Anknüpfungspunkte gefunden werden können. Zum anderen verlangt es vom Interviewer, sehr flexibel mit dem Leitfaden umzugehen und auch längere „Abschweifungen" des Interviewten zu akzeptieren.

> Hat er [der Interviewte] eine für das Thema viel sagende Geschichte erzählt? Wenn sie interessant ist, kann man über eine längere Zeit der Fährte dieser Geschichte folgen und zu ihren verschiedenen Aspekten weitere Fragen stellen. Mitunter entwickelt sich auf diesem Wege eine derart fruchtbare Enthüllungsdynamik, daß der Informant den Interviewer weit von seinem Interviewleitfaden wegführt. Solange letzterer aber der Ansicht ist, daß man noch nah genug am Thema bleibt, ist es ganz und gar in seinem Interesse, sich in diese unvorhergesehene Richtung ziehen zu lassen. (Kaufmann, 1999: 73)

„Abschweifungen" vom Leitfaden sind kein Fehler der Interviewführung, sondern tragen dem Prinzip der Offenheit qualitativer Interviews Rechnung (siehe Kap. 2.3.1). Sie helfen, bisher nicht beachtete Aspekte eines Themas zu entdecken. Gerade nach solchen Gesprächsepisoden ist es dann wieder notwendig, in die Themen des Leitfadens zurückzufinden. Ein deutlicher Themenwechsel ist unvermeidlich, sollte aber in möglichst flüssiger Form gestaltet werden. Das heißt, im Idealfall kann vorher Gesagtes geschickt in die Formulierung der nächsten Frage eingebaut werden.

---

| | |
|---|---|
| Interviewer: | Und wie ist das so mit deiner besten Freundin? Arbeitet ihr auch mal zusammen, so für Klassenarbeiten oder unterstützt ihr euch denn da auch gegenseitig? |
| Jugendlicher: | Ja, wir schreiben auch voneinander ab. Weil sie ist halt mehr in Mathe und so gut und ich bin mehr in Deutsch und so gut. Und, zum Beispiel, tauschen wir dann immer unsere Deutschaufsätze aus und ich korrigiere ihre Rechtschreibfehler. Oder bei Mathearbeiten hilft sie mir nicht so viel, weil sie traut sich immer total krass abzuschreiben, die ist richtig unverschämt dabei, und ich traue mich das nicht so. Aber sie würde mir sonst auch helfen, *(.)* zum Beispiel schreibe ich oft ihre Hausaufgaben ab oder so. Wenn wir Gruppenarbeiten machen sollen, dann machen wir das auch zusammen. |
| Interviewer: | Also ihr ergänzt euch dann ganz gut. |
| Jugendlicher: | Ja. |
| Interviewer: | Vielleicht sollten wir dann auch gleich, weil wir ja schon bei diesem Thema angelangt sind, bei „Schule" bleiben. Wie empfindest du denn Schule? Ist es für dich so ok, oder eher nicht so ok? |
| Jugendlicher: | Ja eigentlich schon. *(.)* Also im Moment bin ich eigentlich ganz froh, dass ich zur Schule gehe, weil danach, wenn man sich für etwas entscheidet, dann ist es ja schon ziemlich so was Festes, wenn man so eine Entscheidung für immer treffen muss oder so. Und außerdem muss man ja auch da mehr Verantwortung übernehmen. Und jetzt ist eigentlich Schule für mich ganz ok, *(.)* ich meine, *(.)* manchmal |

---

ist es schon blöd mit den Arbeiten und so, ist schon ganz schön viel Stress. Aber da trifft man halt die Freunde wieder und ohne die Schule, würde man die auch nicht kennen. Man hat halt so was, woran man sich orientieren kann. Ich finds schon ganz in Ordnung so, ich würde jetzt vielleicht nicht freiwillig hingehen, [...].

---

Es ist aber auch häufig der Fall, dass eine thematische Überleitung nicht ohne Weiteres möglich ist. Dann sollte der Themenwechsel direkt signalisiert werden („Ich habe da noch ein anderes Thema, für das wir uns interessieren ...") und nicht, wie in der folgenden Interviewpassage, völlig unvermittelt erfolgen:

---

| | |
|---|---|
| Interviewer: | Es gibt also feste Regeln *[in der Familie]*? Was gibt es sonst noch für feste Regeln? |
| Jugendlicher: | Essen, Waschen und Hausaufgaben machen. |
| Interviewer: | Was heißt das? Du sollst immer zum Essen zu Hause sein? |
| Jugendlicher: | Nein, ich soll nicht vergessen, zu essen. |
| Interviewer: | Und dann abwaschen? |
| Jugendlicher: | Nein, duschen, nicht Abwasch machen. |
| Interviewer: | Was denkst du über Politik? |
| Jugendlicher: | Ich weiß nichts über Politik. |
| Interviewer: | Interessiert dich nicht? |
| Jugendlicher: | Nein. |

---

Dieser abrupte Wechsel des Themas überfordert den Befragten und führt zu weniger umfangreichen Redebeiträgen, bzw. der Interviewte benötigt eine neuerliche „Aufwärmzeit", um sich mit dem neuen Thema vertraut zu machen. Eine gute Technik, um einen Themenwechsel einzuleiten, stellen kurze Pausen dar. Der Interviewer kann die Pause dazu nutzen, den Leitfaden zu überfliegen, um ein neues Thema herauszusuchen. Der Interviewte empfindet solche Pausen durchaus als Entspannung und erkennt gleichzeitig, dass ein neues Thema kommen wird (Kaufmann, 1999: 74). Eine Pause hat zudem den kleinen Nebeneffekt, dass der Jugendliche, wenn das Interview in einem Café stattfindet, auch mal an seinem Getränk nippen kann.

Insgesamt sollte in der Phase der Sondierungsfragen darauf geachtet werden, die eigenen Fragen dem Gesprächsverlauf anzupassen und eine möglichst flüssige Unterhaltung zu stimulieren.

### Vertiefung von Themen

In der Regel ist es nicht mit einer Frage zu einem Themenbereich getan. Vielmehr ist es notwendig, ein Thema durch weitere Fragen zu vertiefen, Ecken auszuleuchten und sich zu vergewissern, die Aussagen des Jugendlichen so verstanden zu haben, wie dieser sie gemeint hat. Hierzu steht eine Reihe von Möglichkeiten zur Verfügung, wie die Vertiefung geleistet werden kann:

– **Strukturabfolge von Fragen**
  Fragen werden bezüglich ihrer Strukturiertheit sukzessive geöffnet.

- **Nachhaken**
  Einzelne Aussagen werden herausgegriffen und es werden Nachfragen dazu gestellt.
- **Spiegelung**
  Aussagen des Jugendlichen werden zusammengefasst als Frage an den Jugendlichen zurückgegeben.
- **Assoziationsfragen**
  Einzelne Begriffe, die der Jugendliche verwendet hat, werden verwendet und der Befragte um freie Assoziationen gebeten.
- **Dilemmata**
  Eine vom Jugendlichen geschilderte Situation wird herausgegriffen und in ein Dilemma umgewandelt.
- **Provokationen**
  Der Jugendliche wird mit dem Gegenteil seiner Aussage konfrontiert.

Die erste Variante besteht darin, eine Abfolge von Fragen innerhalb eines Themas gemäß ihrer *Strukturierung* zu stellen. Begonnen wird mit einer strukturierten Frage, mit der geklärt werden soll, ob ein bestimmtes Phänomen überhaupt auftritt:

| | |
|---|---|
| Interviewer: | Schön, ja. Redet ihr *[in der Freundesgruppe]* auch so über Pläne? Über die Zukunft? Was ihr so mal machen wollt? |
| Jugendlicher: | Ja. |

Durch eine strukturierte Frage vorab wird sichergestellt, dass ein interessierendes Thema überhaupt den Alltagserfahrungen Jugendlicher entspricht bzw. sich dieser damit bereits auseinandergesetzt hat. Dem kann sodann eine semistrukturierte Frage folgen, bei der ein Spektrum möglicher Antworten angedeutet wird:

| | |
|---|---|
| Interviewer: | Hat dann jeder so seine eigene Vorstellung oder ähnelt ihr euch da eher? |
| Jugendlicher: | Nee, das is, (.) also schon eher verschieden, so. |

Durch semistrukturierte Fragen werden die Ausprägungen eines Phänomens (hier Ähnlichkeit vs. Verschiedenheit) identifiziert. Mit darauffolgenden unstrukturierten Fragen ist es schließlich möglich, nach Gründen für die Ausprägung des Phänomens zu fragen:

| | |
|---|---|
| Interviewer: | Was heißt verschieden? Wie kann man sich das vorstellen? |
| Jugendlicher: | Ehm, (.) also die meisten, die ich kenne, sind älter als ich. Das heißt, die studieren schon oder sind sogar schon berufstätig. Die meisten studieren und, ehm, haben dann natürlich auch ein Bild davon, was sie mal machen wollen. Lehrer zum Beispiel, hm, ja und dann erzählen wir auch einfach ein bisschen. Ja, was uns gerade so bevorsteht oder wovor wir Angst haben. Was auf uns zukommt auch mit Klausuren oder irgendwelche Prüfungen, wo wir glauben, nicht durchzukommen und dann: Was soll ich jetzt machen? |

Durch diese Fragestrategie der zunehmend offeneren Fragen wird der Interviewte langsam in das Thema eingeführt und zur vertieften Auseinandersetzung damit veranlasst. Gleichzeitig werden durch diese Abfolge von Fragen Informationen darüber gewonnen, *ob* ein Phänomen auftritt, *wie* und *warum* es auftritt.

Die zweite Variante der Themenvertiefung ist die des *„Nachhakens"*. Damit ist gemeint, bestimmte Bereiche, die der Jugendliche angesprochen hat, gezielt aufzugreifen und durch Nachfragen in den Mittelpunkt zu stellen.

---

Interviewer:    Und wie wichtig so, hast du den Eindruck, sind Klamotten im Freundeskreis?

Jugendlicher:   Ja, also wir sind so zu viert eigentlich so na ja, so was wie ne Clique ein bisschen so. Und da ist es also schon, da haben wir schon mal ein paar Konflikte. Weil zwei Freundinnen von uns, die sind ganz schön so, (.) tragen ganz ziemlich viele Markensachen und so. Und (.) ja, meine beste Freundin und ich halt, wir (.) na ja, so nur ab und zu mal, und da ist es dann eigentlich eher so rum dass wir immer so zu denen sagen: „Ey, schon wieder Markensachen" und so. […] Aber ich glaube nicht, dass irgendwie, (- -) dass man irgendwie mit manchen Leuten nur befreundet sein kann, wenn man die richtigen Klamotten hat, oder so.

Interviewer:    Sind Klamotten dann eher ein Auswahlkriterium, warum jemand in euer Clique aufgenommen wird oder eher nicht?

Jugendlicher:   Nee, auf keinen Fall. Also ich weiß nicht, so in der Schule ist schon ziemlich krass, wenn jemand irgendwas anhat, so, dass darüber auch gelästert wird und so. Aber das hat nichts zu tun, glaub ich, ob man die Leute dann nett findet. Also ich weiß nicht, wenn die nett sind, dann unterhält man sich trotzdem mit denen. Dann sagt man vielleicht: „Oh Gott das sieht ja unmöglich aus was die anhat", aber, so also, (.) ich weiß nicht, ich glaub. (- -) Also bei den Leuten die ich kenne, sind Klamotten nicht wichtig für irgendwelche menschlichen Aspekte, oder so.

---

Durch Nachfragen dieser Art wird es erstens möglich, ein besseres Verständnis für vorher Gesagtes zu erhalten und zweitens können spezifische Ecken eines Themas ausgeleuchtet und weiterverfolgt werden. Solche Nachfragen können entweder, wie im vorigen Beispiel, spezifisch erfolgen oder unspezifisch formuliert werden („Und was denkst du jetzt zum Thema Klamotten?"). Unspezifische Nachfragen eröffnen die Möglichkeit, nicht nur tiefer in das Thema einzusteigen, sondern zusätzlich eine gewisse Breite eines Subthemas zu erlauben.

Eine dritte Variante ist jene der *Spiegelung*. Dies meint, dass Aussagen von Interviewten mit eigenen Worten wiederholt und dem Befragten zur Beurteilung „vorgelegt" werden. Spiegelungen dienen zum einen der Vergewisserung, eine Aussage im Sinne des Jugendlichen verstanden zu haben („Habe ich das jetzt richtig verstanden, dass …"). Zum anderen können Befragte mit möglichen Widersprüchlichkeiten konfrontiert werden, die bisher ungelöst geblieben sind. Aussagen können Interviewern als widersprüchlich erscheinen, wenn ihnen bestimmte Informationsbausteine fehlen, die den Widerspruch auflösen können. Oder sie sind tatsächlich widersprüchlich. Dann sollte die Technik der Spiegelung genutzt werden, um vom Jugendlichen zu erfahren, welchen Teil er stärker gewichtet oder ob eine Seite der Medaille vom Interviewer falsch verstanden wurde. Bei der Technik der Spiegelung ist es wichtig, die eigene Zusammenfassung des vom Interviewten Gesagten einfach und präzise wiederzugeben. Ein Beispiel für eine misslungene Spiegelung sind Aussagen wie die folgende:

---

Interviewer:  Was denkst du, was Schule sozusagen für dich eigentlich dann auch so bedeutet? Ist es so, (.) also du sagtest ja vorhin schon noch mal, das du eigentlich ganz froh bist, das du dich jetzt noch nicht (.) unbedingt entscheiden musst für irgendwas. Also, du hast ja jetzt sozusagen noch so, (.) alles ist offen und du könntest jetzt gucken, in welchem Bereich du vielleicht später mal dann auch deine Berufsausbildung machst. Und ja, wie siehst du das dann jetzt so? (.) Also was für ne Bedeutung hat denn Schule für dich jetzt für deinen späteren Beruf? Denkst du, dass es sehr bedeutungsvoll ist, dass du da schon was für mitkriegst?

---

Zunächst ist die Aussage zu lang. Es ist schwierig, der Zusammenfassung zu folgen. Ferner wird die Aussage, die gespiegelt werden soll, in einer Fülle von Stimuli quasi ertränkt. Dem Jugendlichen ist nicht ersichtlich, auf welchen Stimulus er nun reagieren soll. Schließlich wird die Spiegelung mit einer Frage beendet, die sich nicht auf die Zusammenfassung des Interviewers bezieht, sondern eine neue Frage einleitet. Die Bestätigung durch den Interviewten, dass der Interviewer diesen richtig verstanden hat, muss ausbleiben. In diesem Beispiel hätte folgende Variante völlig ausgereicht:

---

Interviewer:  Habe ich das richtig verstanden? Du bist im Moment ganz froh, dich noch nicht für einen Beruf entscheiden zu müssen?

---

Diese Spiegelung ist kurz, verständlich und zielt darauf ab, die eigene Interpretation „absegnen" bzw. korrigieren zu lassen. Unter Umständen ist ein schlichtes „Ja" oder „Nein" hierfür völlig ausreichend. In der Regel bietet es sich aber auch an, der Spiegelungsfrage ein „Warum?" folgen zu lassen, um das Thema weiter zu vertiefen.

Eine fünfte Möglichkeit zur Vertiefung besteht in *Assoziationsfragen*. Diese sind keine genuine Technik der Vertiefung, können aber auch in deren Sinne verwendet werden. Assoziationsfragen sind solche, bei denen ein Begriff aus den Aussagen des Jugendlichen aufgegriffen und an diesen zurückgespielt wird:

---

Interviewer:  Du hast eben gesagt, dass du öfters über deine Zukunft nachdenkst. Wenn ich jetzt so den Begriff „Zukunft" hier in den Raum werfe, was fällt dir dazu ein?
Jugendlicher:  Schwarz *(lacht)*. Nee, also ehm, (-) leer. Sagen wir das mal so. Ich weiß noch gar nicht, was auf mich zukommt. Ehm, nach m Abitur mach ich erstmal ein Freiwilliges Soziales Jahr.
Interviewer:  Mhm.
Jugendlicher:  Und dann hoff ich, dass ich in dem Jahr irgendwie was rausfinde, was ich machen will. Also ich würde auf jeden Fall gerne studieren. Aber was, weiß ich einfach noch nicht.
Interviewer:  Und wo willst du dieses soziale Jahr machen?

---

| | |
|---|---|
| Jugendlicher: | Das ist, ehm in einem Missionshaus. In Wiedenest in einem Jungscharbüro. Also wieder Kinderarbeit und Freizeiten organisieren und mithelfen, Schulungen halten und so was. Hauptsächlich ist es Büroarbeit dann. |
| Interviewer: | Und weshalb hast du dich dazu entschieden, das, *(.)* ehm so zu machen? |
| Jugendlicher: | Also einmal, weil mich die Arbeit total interessiert und weil ich auch schon, ehm *(.)* also, eh *(-)* Wiedenest diese Organisation, die kenn ich schon von Freizeiten und auch von Schulungen, wo ich schon war. Und auch die Leute da, die kenn ich und mit denen verstehe ich mich gut. Und ich glaub, das wäre für mich total schlimm, wenn ich an irgendeinem Ort wäre, wo ich die Leute, *(.)* also wo ich mich mit denen überhaupt nicht verstehe. Und das ist ja zwei Stunden weit weg von hier oder so. Keine Ahnung, genau. Irgendwo bei Köln. Und, ehm da komme ich ja nicht so oft nach Hause. Und wenn ich dann weiß, da fühle ich mich nicht wohl, dann wäre das der Horror für mich. |

Das Besondere an Assoziationsfragen ist, dass einerseits ein angesprochenes Thema vertieft werden kann. Andererseits ist es dem Befragten völlig freigestellt, die Richtung der Vertiefung zu bestimmen. Im konkreten Fall konnten durch die Assoziationsfrage nicht nur die Zukunftsvorstellungen ermittelt werden, sondern auch, wodurch diese beeinflusst sind.

Sechstens ist es zuweilen hilfreich, den Jugendlichen mit einem *Dilemma* zu konfrontieren. Beschreibt ein Jugendlicher etwa das Erledigen von Hausaufgaben, können diese Beschreibungen noch dadurch vertieft werden, dass hieraus ein Dilemma konstruiert wird. Dieses Dilemma sollte möglichst nah an realistische Szenen des Jugendlichen herankommen:

| | |
|---|---|
| Interviewer: | Und dann nimmst du auch irgendwie Rücksicht, *(.)* von mir aus, dass du weißt, wenn du, zum Beispiel, jetzt noch Hausaufgaben machen musst oder so was. *(-)* Wie planst du das ein, wenn gleichzeitig die Partei zum Beispiel ruft? |
| Jugendlicher: | Hausaufgaben kann man immer machen. Die Parteiarbeit is *(.)*, oder zumindest wenn es um den Infostand geht, kann ich nicht sagen: „Tut mir leid, ich muss jetzt meine Hausaufgaben machen. Verlegt euren Infostand um ne Stunde!". Da kann ich eher meine Hausaufgaben auf nach den Infostand verlegen und dann *(.)*, also zur Not mache ich auch noch erst um sechs Uhr morgens noch die Hausaufgaben. |

Dilemmata sind in besonderer Weise dazu geeignet, Begründungen für eigene Sichtweisen oder eigenes Handeln zu rekonstruieren, weil Dilemmata eine Person per se in Begründungszwang versetzen. Damit dies erfolgt, sollte das Dilemma so gewählt sein, dass auch eine Lösung möglich ist.

Als letzte Variante der Vertiefung sei noch die *Provokation* erwähnt. Diese ist jedoch mit großer Sorgfalt in Interviews einzusetzen. Der befragte Jugendliche sollte standhaft genug sein, mit Provokationen souverän umgehen zu können, und die Provokation selbst sollte moderat und nicht verletzend ausfallen. Provokationen können durch die Formulierung einer gegenteiligen Meinung („Aber manche Leute denken ja auch, dass das Gegenteil zutrifft.") oder durch das Stellen einer Sinnfrage erzeugt

werden („Aber ergibt das denn Sinn?"). Da Provokationen eher auf einen harten Interviewstil hinweisen, werden sie in qualitativen Interviews selten eingesetzt. Manche
Nuss lässt sich aber durch diese Technik knacken. Will heißen: Informationen, die
sonst nicht erhältlich sind, können durch Provokationen hervorgelockt werden. Wesentlich ist, nach der Provokation wieder eine „versöhnliche" Stimmung zu schaffen,
damit nicht Aggression zum Grundmotiv des Interviews wird.

Insgesamt steht mit den hier skizzierten Vertiefungstechniken ein umfangreiches
Repertoire der Gesprächsführung zur Verfügung. Nicht alle Techniken kommen in einem Interview vor und sie müssen auch nicht zwanghaft angewendet werden. Zentral
im Sinne häufiger Verwendung dürften jene der Strukturabfolge von Fragen, der Spiegelung und des Nachhakens sein. Welche Technik sinnvoll ist, entscheidet sich im Verlauf des Interviews und hängt vom Interviewer, dem Jugendlichen und den bearbeite-
ten Themen ab. So sollte bei sensiblen Themen sowie bei schüchternen Jugendlichen
auf Provokationen verzichtet werden, um den Gesprächsfluss nicht zu behindern.

### 5.4.6 Hauptphase II – Ad-hoc-Fragen

Das primäre Ziel der Ad-hoc-Fragen ist, auch solche Themen anzusprechen, die bisher
keine Erwähnung gefunden haben. Durch diese Maßnahme soll die Vergleichbarkeit
der verschiedenen Interviews innerhalb einer Studie hergestellt werden, in dem von
jedem Jugendlichen Informationen zu einer Frage vorliegen.

Die zweite Hauptphase der Ad-hoc-Fragen unterscheidet sich von der vorherigen
durch eine stärkere Interviewerzentrierung. In der ersten Hauptphase werden die Fragen des Leitfadens in die Erzählungen des Interviewten eingepasst. Die Ad-hoc-Fragen sind jene, die bisher im Interview nicht angesprochen wurden, aber dennoch gestellt werden sollen. Der Übergang von der ersten zur zweiten Hauptphase kann explizit kenntlich gemacht werden („Ich habe hier noch einige Fragen zu Themen, die
uns interessieren, zum Beispiel ... "). Dies signalisiert dem Jugendlichen, dass das Gespräch nicht am Ende angekommen ist und noch weitere Informationen gewünscht
werden. Ad-hoc-Fragen werden stärker nacheinander abgearbeitet und der fließende
Übergang zwischen den Themen ist weniger möglich. Das heißt nicht, dass verblei-
bende Fragen „abgehakt" werden, um dem Leitfaden gerecht zu werden. Auch bei den
Ad-hoc-Fragen ist es wichtig, Techniken der Vertiefung anzuwenden, um gehaltvolle
Informationen zu erhalten. Auch der eine oder andere flüssige Übergang zwischen den
Fragen ist hilfreich, um die Gesprächsatmosphäre zu erhalten. In der Phase der Sondierungsfragen wurden aber bereits Themen besprochen, die den Befragten besonders beschäftigen oder interessieren, wodurch tendenziell eher solche Fragen verbleiben, die weniger Interesse beim Befragten hervorrufen. Deshalb ist es durchaus möglich, dass Fragen aus dem Leitfaden gestellt werden, mit denen Jugendlichen nichts
anfangen können. Diese sollten dann nicht, wie im Interviewbeispiel, weiterverfolgt
werden.

| | |
|---|---|
| Interviewer: | Und, ehm *(.)* ist das so, dass du auch, wenn du zu Hause bist, was in der Familie anpacken musst |
| Jugendlicher: | Ehm *(.)* ja, ich mach schon mal ab und zu mal was. |
| Interviewer: | Und was für Dinge sind das dann? |
| Jugendlicher: | Ja, also was weiß ich, Geschirr abtrocknen oder so mal *(.)* oder mal was wegräumen. *(.)* Was weiß ich. |
| Interviewer: | Also bist du aber für dein Zimmer auf jeden Fall selbst zuständig? Also das ist dann dein Bereich so schon? |
| Jugendlicher: | *(leicht genervt)* Ja, schon. |
| Interviewer: | Und auch so im Haushalt kannst du... |
| Jugendlicher: | *[unterbricht]* Ja. |
| Interviewer: | ... mit anpacken. |
| Jugendlicher: | *(genervt)* Ja. |

Vielmehr empfiehlt es sich, anhand der Antworten und Reaktionen der Jugendlichen zu entscheiden, ob es sinnvoll ist, das Thema weiterzuverfolgen. Ist dem nicht so, kann zur nächsten Frage übergegangen werden. Zeigt sich im Verlauf der Ad-hoc-Phase, dass sich Lustlosigkeit einstellt, dann kann ein Thema, welches sich als besonders ertragreich erwiesen hat, modifiziert aufgegriffen werden. Das stockende Interview kann dadurch wiederbelebt werden. Das bedeutet, in der Ad-hoc-Phase kann durchaus ein Wechsel von neuen und alten Themen stattfinden, sofern die alten Themen der ersten Phase nicht bereits erschöpfend behandelt wurden. Insgesamt führt das lose Nebeneinander der verbleibenden Fragen aber in der Regel zu einem Absinken der Worthäufigkeit (siehe Kap. 5.4.1). Dies ist der Preis dafür, dass möglichst alle Fragen des Leitfadens bearbeitet werden sollen, um eine Vergleichbarkeit zwischen den einzelnen Interviews herstellen zu können.

### 5.4.7 Ausklang

Sinn und Zweck des Ausklangs ist es, den Befragten wieder langsam aus der Interviewsituation herauszuführen und die Interaktion zum Abschluss zu bringen. Reporter können sich damit begnügen, das Interview mit dem Satz: „Wir danken Ihnen für das Gespräch!" zu beenden. Bei qualitativen Interviews hinterlässt dieses abrupte Ende den Beigeschmack, dass der Jugendliche in dem Moment uninteressant geworden ist, da er alle notwendigen Informationen geliefert hat. Ein Plausch am Ende des Interviews hilft, diesen Eindruck zu vermeiden. Wie ein Ausklang nicht erfolgen sollte, zeigt das folgende Beispiel:

| | |
|---|---|
| Interviewer: | Kannst du dir vorstellen irgendwann für immer *[in die Türkei]* zurückzugehen? |
| Jugendlicher: | Nein. |
| Interviewer: | Also willst du hierbleiben? Warum? |
| Jugendlicher: | Was soll ich in der Türkei anfangen? Türkei ist ein schönes Land, aber was soll man da verdienen? Da kann man nichts verdienen. |

| Interviewer: | Aber wenn du einen guten Job dort hättest? |
|---|---|
| Jugendlicher: | Auch nicht. |
| Interviewer: | Bist du Alevit? |
| Jugendlicher: | Nein, kein Alevit. |
| Interviewer: | Danke für das Interview. |

Neben der sozialen Komponente des Ausklangs besteht noch die Funktion, eine Einschätzung des Interviews durch den Jugendlichen einzuholen. Erstens kann dieses Resümée auch gleich als Ausklangsplausch genutzt werden. Zweitens zeigt es dem Jugendlichen das Ende des Interviews an. Fragen danach, was dem Jugendlichen gefallen und nicht gefallen hat, helfen, die eigene Interviewtechnik zu verbessern. Zusätzlich werden Hinweise auf weitere interessante Themen für den Leitfaden gewonnen. Die Frage, ob man noch etwas Wichtiges vergessen hat anzusprechen, wird häufig mit einem wortkargen „Nein" quittiert. In einigen Fällen sprechen Jugendliche aber von sich aus weitere Themen an, die sie gerne berücksichtigt hätten. Ist dies der Fall, lohnt es in jedem Fall, hier nachzuhaken. Es eröffnen sich neue Themenbereiche und Perspektiven, die der Forschende bis dahin nicht bedacht hat. Spricht der Jugendliche ein neues Thema an, dann sollte er sich dazu auch äußern können. Eine ähnliche Variante ist die Frage: „Welche Fragen würdest du anderen Jugendlichen stellen?". Auch hier werden nur wenige Interviewte Vorschläge machen. Diejenigen, die eine oder mehrere Fragen anbieten, sollten auch gleich um ihre eigenen Antworten gebeten werden („Und was würdest du auf die Frage antworten?"). Auch hierdurch werden u. U. wertvolle Hinweise für zukünftige Interviews gewonnen.

Am Ende wird durch das Abschalten des Aufnahmegeräts der Abschluss des Interviews signalisiert. Und dann geht es bei manchen Jugendlichen erst richtig los. Das Ende der Aufnahme wird als Ende des formalen Rahmens interpretiert und eigene Aussagen werden als geschützter, weil nicht aufgenommen, empfunden. Dieser Ausklang nach dem Ausklang liefert zuweilen wertvolle Informationen, die man sich gut merken und anschließend protokollieren sollte. Kaufmann (1999) empfiehlt gar, bei besonders interessanten Gesprächen das Band – Erlaubnis vorausgesetzt – wieder einzuschalten. In jedem Fall sollten diese Post-Interviewgespräche dokumentiert und dem Transkript des Interviews beigefügt werden.

### 5.4.8 Zusammenfassung

In diesem Kapitel stand der Verlauf eines Leitfadeninterviews im Mittelpunkt. Dabei wurden idealtypisch vier Phasen des Interviews unterschieden, die sich in ihrer Informationsintensität und ihrer Funktion unterscheiden. Anhand des Verlaufs der Worthäufigkeit von bereits durchgeführten Leitfadeninterviews konnte gezeigt werden, dass Jugendliche, je nach Phase, in unterschiedlicher Intensität reden. Für die Warm-up-Phase ist kennzeichnend, dass die Worthäufigkeit sukzessive steigt und am

Übergang zur ersten Hauptphase der Sondierungsfragen ihren Höhepunkt aufweist. Dieses Niveau einer relativ hohen Worthäufigkeit halten Jugendliche im Durchschnitt bis zum letzten Drittel der ersten Hauptphase, wo ein leichter Abfall der Informationsintensität zu verzeichnen ist. Gegen Ende der ersten und zu Beginn der zweiten Hauptphase der Ad-hoc-Fragen findet sodann wieder ein leichter Anstieg statt, der schließlich in einem kontinuierlichen Absinken der Worthäufigkeit in der Ad-hoc-Phase und der Ausklangsphase mündet.

Dabei konnte insbesondere für die Wortdichte der Interviews nachgezeichnet werden, dass das Alter der Befragten und auch ihr Bildungsstand einen Einfluss darauf haben, wie viel die Jugendlichen pro Zeiteinheit reden. Insbesondere ältere Jugendliche, die das Gymnasium besuchen, weisen eine im Vergleich zu den anderen Gruppen höhere Wortdichte auf. Es wurde deshalb empfohlen, nicht etwa auf diese Befragtengruppen zu fokussieren, sondern die geringe Wortdichte jüngerer Schüler unterer Schulformen durch das Einbeziehen von mehr Fällen dieser Gruppen zu kompensieren.

In den darauffolgenden Kapiteln standen die einzelnen Interviewphasen im Mittelpunkt. Dabei wurden die folgenden Aspekte besprochen:

– **Einstiegsphase**
  Diese Phase geht dem eigentlichen Interview voran und dient dazu, den Interviewten über die Form, die Inhalte und die Ziele des Interviews zu informieren. Auch sollte Anonymität zugesichert (und eingehalten) werden und die Einwilligung zur Aufnahme des Gesprächs eingeholt werden, Letzteres allerdings erst ganz zum Schluss der Einstiegsphase.

– **Warm-up-Phase**
  Dieser Abschnitt des Interviews dient dazu, den Befragten langsam in das oder die Themen des Interviews einzuführen und eine Einstiegsfrage zu stellen, die als Anknüpfungspunkt für das weitere Gespräch genutzt werden kann. Der Interviewte soll mit dem Grundprinzip des Interviews vertraut gemacht werden und die Möglichkeit erkennen, aktiv und steuernd auf das Gespräch Einfluss nehmen zu können.

– **Hauptphase I – Sondierungsfragen**
  Es werden die Themen und Fragen des Leitfadens angesprochen. Wesentlich ist, dass die Fragen dem Gesprächsverlauf angepasst werden, um den Redefluss nicht unnötig zu unterbrechen und von der Interaktion her näher an einem alltäglichen Gespräch zu sein. Wechsel zwischen den Themen sollten, soweit möglich, flüssig vorgenommen und Abschweifungen vom Leitfaden ermöglicht und konstruktiv für das weitere Interview genutzt werden. Um eine Themenvertiefung zu erreichen, wurden mit der Strukturabfolge von Fragen, dem Nachhaken, der Spiegelung, den Assoziationsfragen, dem Dilemma sowie der Provokationen Techniken besprochen, die dem diesem Ziel förderlich sein können.

– **Hauptphase II – Ad-hoc-Fragen**
  Die zweite Hauptphase dient dazu, im Interview noch nicht behandelte Themen

des Leitfadens anzusprechen. Hierdurch wird die Vergleichbarkeit der Interviews erhöht. Gleichzeitig werden die Fragen in dieser Phase nicht in gleichem Maße wie in der ersten Hauptphase dem Gesprächsfluss angepasst. Themenwechsel erfolgen tendenziell abrupter und die Redeanteile der Jugendlichen nehmen folglich eher ab.

– **Ausklang**

  Am Ende des Gesprächs wird der Befragte wieder aus der Interviewsituation „entlassen", indem ein Übergang von den Themen des Leitfadens zu einem allgemeineren Gespräch geschaffen wird. Im Ausklang können Jugendliche um Hinweise für weitere Themen und um eine Einschätzung des Gesprächs gebeten werden. Hierdurch werden die Interviewten auf eine Metaebene zum Interview bewegt. Unter Umständen können nützliche Hinweise für weitere Aspekte der Forschungsfrage eingeholt werden.

Von der Abfolge und Gestalt der Phasen sind in einzelnen Interviews mehr oder weniger deutliche Abweichungen möglich und auch zu erwarten. Die Analyse der 83 Interviews mit Jugendlichen zeigt aber, dass im Durchschnitt der hier skizzierte Phasenablauf zu erwarten ist. Er deckt sich im Wesentlichen mit den in der Literatur besprochenen Phasen (Witzel, 1982; siehe Kap. 4.2.5) und kann als eine erste Heuristik für die Durchführung eigener Interviews dienen. Allerdings stellen die Ausführungen kein „Schema F" dar, wie ein informationsintensives Interview geführt werden könnte. Vielmehr helfen die im folgenden Kapitel aufgezeigten möglichen Fehler bei der Interviewdurchführung, eine Störung des Informationsflusses zu vermeiden.

**Weiterführende Literatur**

Hermanns, H. (2000). Interviewen als Tätigkeit. In U. Flick, E. von Kardorff & I. Steinke (Hrsg.), *Qualitative Forschung. Ein Handbuch* (360–369). Reinbek: Rowohlt.

Kaufmann, J.-C. (1999). *Das verstehende Interview* (Kapitel II.3). Konstanz. UVK.

Wiesenfeld, E. (2000). Between prescription and action: The gap between the theory and practice of qualitative inquiries. *Forum Qualitative Sozialforschung*. [Online verfügbar unter: http://www.qualitative-research.net/index.php/fqs/article/view/1099/2417; Stand: 15.03.2016].

## 5.5 Probleme und Fehler bei der Interviewdurchführung

Bei der Durchführung von Interviews treten immer wieder Probleme auf, die bspw. durch die geringe Teilnahmemotivation oder Redebereitschaft der Jugendlichen oder aber durch Fehler seitens des Interviewers entstehen. Wenn Probleme auch nicht unvermeidlich sind, so können diese durch Berücksichtigung einiger Punkte doch gemindert werden. Wenn aber 14-Jährige mit dem Kettcar zum Interview kommen oder gleich Mutter und Schwester mitbringen, dann sind dies schon besondere Herausforderungen an einen Interviewer:

---

*[Der verabredete Zeitpunkt um 16 Uhr verschob sich etwas, da wir vor dem Café nach einem einzelnen Jungendlichen Ausschau hielten. Wir rechneten nicht damit, dass Justus in Begleitung seiner Mutter und seiner 12-jährigen Schwester kommt. Sie warteten bereits an einem Tisch. Der Interviewer fragte die Mutter, ob sie nicht noch ein paar Einkäufe zu erledigen hätte. Sie verneinte, setzte sich jedoch mit ihrer Tochter bereitwillig an einen anderen Tisch. Justus konnte seine Mutter nicht sehen, da sie einen Tisch hinter ihm auswählte. Dadurch konnte er jedoch sicher auch nicht beurteilen, ob sie etwas von dem Gespräch verstand.]*

---

In diesem Fall war an eine offene Gesprächsatmosphäre nicht zu denken, da die Mutter dem Jugendlichen buchstäblich im Nacken saß. Und bei Jugendlichen, die die Zähne nicht auseinanderbekommen, hilft auch die beste Interviewführung nichts. Dann verläuft ein Interview zäh und sowohl Jugendlicher als auch Interviewer sind froh, dem Leiden endlich ein Ende setzen zu können:

---

| | |
|---|---|
| Interviewer: | Mhm. Und was hast du für Fächer gewählt? |
| Jugendlicher: | Physik und Mathe als Leistungsfach. |
| Interviewer: | Mhm. (-) Und was willst du damit mal anfangen? |
| Jugendlicher: | Irgendwas mit Computer oder Elektronik. |
| Interviewer: | Mhm. (- -) Hast du schon eine konkrete Berufsvorstellung? |
| Jugendlicher: | Nee, noch gar nicht. |
| Interviewer: | Gar nicht. Weißt auch noch nicht genau, was du nach dem Abi machen willst. |
| Jugendlicher: | Weiß ich auch noch nicht. (2.0) Studieren, oder mal sehen, was dann kommt. |
| Interviewer: | Die Bundeswehr steht ja noch an. |
| Jugendlicher: | Bundeswehr steht auch noch an. |
| Interviewer: | Willst du da also, (.) willst du es machen oder willst du verweigern? |
| Jugendlicher: | Nee, will ich machen. |

---

Ein weiteres, häufiger auftretendes Problem ist jenes des Tandemphänomens. Jugendliche kamen zuweilen in Begleitung ihres besten Freundes und hatten die Absicht, das Interview gemeinsam mit diesem durchzuführen. Die freundliche Erklärung, warum das nicht geht, führte dazu, dass der Freund wartete und der Jugendliche selbst dazu neigte, das Interview möglichst schnell abzuhaken. Kurzum: Nicht alle Jugendlichen sind „optimale" Interviewpartner. Dies ist ein Problem, welches zuweilen schwer in den Griff zu bekommen ist.

Der Interviewer selbst kann durch seinen Interviewstil ebenfalls dazu beitragen, dass das Interview nicht in der gewünschten Form verläuft und keine reichhaltigen Informationen liefert. Hieran kann und sollte jeder Interviewer arbeiten. Die Auseinandersetzung mit geführten Interviews und das Aufdecken von Interviewerfehlern wird damit zur Pflicht. Hierauf sollte ausreichend Zeit und Mühe verwendet werden, um Fehler in späteren Interviews nicht zu wiederholen. Die nachfolgende Liste möglicher

Fehler soll dabei helfen, Fauxpas entweder bereits während der Interviews zu vermeiden oder eigene Fehler während der Befragung leichter zu entdecken und für zukünftige Interviews zu vermeiden. Es wird im Einzelnen auf

- das Problem der „Leitfaden-Bürokratie" (Kap. 5.5.1),
- der Unterbrechung des Redeflusses (Kap. 5.5.2),
- der Angst vor Gesprächspausen (Kap. 5.5.3),
- Suggestivfragen (Kap. 5.5.4),
- Belehrungen (Kap. 5.5.5),
- der Verständlichkeit der Fragen (Kap. 5.5.6),
- dem Verschenken von Informationen (Kap. 5.5.7),
- dem Verbleib bei uninteressanten Themen (Kap. 5.5.8) sowie
- der Verletzung der Anonymität (Kap. 5.5.9)

eingegangen. In der abschließenden Zusammenfassung werden die wichtigsten Aspekte der aufgezählten Fehler hervorgehoben.

### 5.5.1 Leitfadenbürokratie

Der wohl am häufigsten zitierte Fehler ist jener der „Leitfaden-Bürokratie". Dieses Problem hat Hopf (1978) ausführlich diskutiert. Damit ist gemeint, dass der Interviewer zu sehr am Leitfaden „klebt" und die einzelnen Fragen wie bei einem standardisierten Fragebogen abarbeitet. Ein unflexibler Umgang mit dem Leitfaden und geringer Einpassung der Fragen in den aktuellen Gesprächsverlauf, führt zu einer unnötigen Störung des Gesprächsflusses. Dies gilt insbesondere für die erste Hauptphase der Sondierungsfragen (siehe Kap. 5.4.5). In dieser Phase soll gerade nicht der Eindruck vermittelt werden, dass Fragen der Reihe nach zu beantworten sind. Vielmehr ist es wichtig, einem alltäglichen Gespräch möglichst nahezukommen. Auch für das Warm-up ist wesentlich, nicht direkt zu den Themen des Leitfadens überzugehen, sondern dem Befragten ausreichend Raum für die Entwicklung eines Gesprächsstrangs zu geben. Dieser Fehler kann durch ein sicheres Beherrschen des Leitfadens (siehe Kap. 5.3.2) vermieden werden. Auch die Angst davor, Fragen vergessen zu können, führt häufig zu einer starken Leitfadenbürokratie. Es ist hilfreich, eine gewisse Gelassenheit zu entwickeln, damit während des Interviews nicht ständig das Zwangsgefühl mitschwingt, noch soundso viele Fragen abarbeiten zu müssen. Es ist besser, ein freies Gespräch zu entwickeln, bei dem vielleicht einige Aspekte nicht angesprochen werden, als ein Interview zu führen, bei dem zwar alle Themen angesprochen werden, aber der Informationsfluss unnötig gestört wird. Hopf (1978) empfiehlt eine intensive Interviewerschulung, die in jedem Fall Probeinterviews miteinschließen sollte.

### 5.5.2 Unterbrechungen des Redeflusses

Im Zusammenhang mit der Leitfadenbürokratie steht zum Teil auch das Problem, den Befragten allzu schnell zu unterbrechen. Dies geschieht besonders dann, wenn der Interviewer den Eindruck hat, der Befragte komme nicht auf den Punkt oder schweife zu weit vom Thema ab. Dahinter steckt zumeist die bereits erwähnt Angst, den Leitfaden nicht komplett behandeln zu können. Von einigen Interviewern wird es als Problem erlebt, das richtige Verhältnis von stimulierendem Plausch und Orientierung am Leitfaden finden zu können. Jugendliche werden dann tendenziell häufiger unterbrochen, was dem Jugendlichen das Gefühl vermittelt, Uninteressantes zu erzählen oder den Anforderungen des Interviews nicht gerechtzuwerden. Dies wiederum mindert bei wiederholten Unterbrechungen die Redebereitschaft des Jugendlichen. Generell gilt, den Befragten aussprechen zu lassen bzw. bei zu starken Abschweifungen einen sanften Übergang zum Thema zu finden, bei dem betont wird, dass das vorher Gesagte durchaus interessant ist.

### 5.5.3 Pausenangst

Gesprächspausen werden vom Interviewer gerade bei den ersten Interviews als unangenehm empfunden. Selbst kurze Pausen von vielleicht zwei bis drei Sekunden beeinträchtigen den Eindruck, es handle sich um ein flüssiges Gespräch. Deshalb entsteht die Tendenz, solche Pausen zu vermeiden. Dies äußert sich häufig darin, dass bereits in die Aussage des Jugendlichen hineingesprochen wird bzw. Phasen des Nachdenkens durch weitere Fragen gestört werden. Man sollte sich aber dessen bewusst sein, dass im Interview Themen abgefragt werden, über die Jugendliche nicht ständig nachdenken und dementsprechend keine vorgefertigte Meinung oder Aussage parat haben. Dann benötigen Jugendliche Zeit, um einen eigenen Standpunkt zum Thema zu entwickeln. Pausen sind dann unvermeidlich und sollten gewährt werden. Auch Pausen, die durch die Durchsicht des Leitfadens entstehen, stellen in der Regel kein Problem für ein Interview dar. Wie bereits erwähnt, erleben Befragte diesen Augenblick, in dem der Interviewer den Leitfaden nach dem nächsten Thema durchforstet, zumeist als Moment der Entspannung. Da der Befragte während des Interviews quasi unter Dauerbeschuss mit Fragen steht, ist eine „Feuerpause" durchaus erwünscht.

Insgesamt sollten Gesprächspausen, sofern sie nicht allzu lange dauern, nicht als ein Stocken des Gesprächs empfunden werden, an dem der Interviewer aufgrund von schlechter Interviewtechnik Schuld trägt. Sie sind vielmehr wichtige Momente der Entspannung. Es ist sinnvoll, sich selbst in einem normalen Gespräch mit Freunden zu beobachten, wie man dort auf Gesprächspausen reagiert bzw. welche Funktion diese haben.

### 5.5.4 Suggestivfragen

Ein Problem, das prinzipiell für jede Befragungsform gilt, ist jenes der Suggestivfragen. Damit ist gemeint, dass durch die Fragen des Interviewers bereits eine bestimmte Antworttendenz für den Befragten vorgegeben wird. Dieses Problem tritt besonders dann auf, wenn Jugendliche sozial erwünscht antworten wollen. Das heißt, sie versuchen zu antizipieren, was der Interviewer hören möchte (Mummendey, 2008). Zwar können Suggestivfragen bei standhaften Jugendlichen als gezielte Provokation eingesetzt werden. Hierbei ist allerdings große Vorsicht geboten (siehe Kap. 5.4.5). Die häufigste Form der Suggestivfrage ist, dass bei semistrukturierten und strukturierten Fragen nur eine Antwortalternative vorgegeben wird:

| | |
|---|---|
| Interviewer: | Es gibt ja, denke ich, viele andere Jugendliche, die haben nicht so ein ausgeprägtes, organisiertes Freizeitleben. Inwiefern denkst du, unterscheidest du dich von diesen anderen Jugendlichen? |

Bei dieser Frage wird suggeriert, der Jugendliche unterscheide sich von anderen Jugendlichen, ohne dass als Antwortalternative auch die Gleichheit angeboten wird. Eine Antwort im Sinne der Suggestion wird wahrscheinlich. Die zögerliche Antwort und das „vielleicht" in der Aussage des Jugendlichen deutet zumindest darauf hin, dass diese Unterschiedlichkeit nicht uneingeschränkt geteilt wird.

| | |
|---|---|
| Jugendlicher: | Na ja *(- -)*, also ich bin vielleicht schon immer ein ziemlicher Einzelgänger gewesen, auch schon in der Grundschule, also ziemlich früh. |

Zur Vermeidung solcher Effekte ist es deshalb ratsam, Fragen so offen zu stellen, dass sich Befragte für eine der Alternativen entscheiden können:

| | |
|---|---|
| Interviewer: | Findest du das, was stattfindet, eher positiv oder würdest du sagen, es muss nicht sein? |
| Jugendlicher: | Also, ich find das schon gut, wenn Exkursionen gemacht werden, also es bringt auch ein bisschen raus, aus diesen bloß sturen Lernen, bloß aus Büchern, das ist eben, *(-)* man nimmt ja das Wissen auch mal durch andere Medien auf, also durch Museen oder so was. Das gestaltet den Unterricht sicherlich interessanter. |

Durchgängig vermeiden lassen sich Suggestionen wohl kaum. Jeder Interviewer hat zu bestimmten Themen eine eigene Ansicht, die während des Interviews zum Vorschein kommt. Werden solche Fragen jedoch häufiger gestellt, wird das Prinzip der Offenheit qualitativer Forschung verletzt und Ansichten und Bedeutungszuschreibungen der Jugendlichen werden nur unzureichend erhoben. Zur Vermeidung dieses Problems empfiehlt es sich, die Fragen bereits im Leitfaden offen zu formulieren, oder in die Frage das komplette Spektrum möglicher Antworten einzuflechten.

### 5.5.5 Belehrungen

In noch viel stärkerer Form als dies bei Suggestionen der Fall ist, beeinflussen Belehrungen durch den Interviewer. Entweder empfinden sich Jugendliche durch Belehrungen in einer Situation, die ihr Unwissen betont – die Angst vor „falschen" Antworten hemmt dann die Redebereitschaft – oder der Jugendliche liest aus Belehrungen eine Meinung des Interviewers heraus und bemüht sich, bei seinen Antworten der Ansicht des Interviewers zu entsprechen.

---

| | |
|---|---|
| Interviewer: | Und hast du denn da schon son Blick dann auf deinen späteren Beruf oder ist es dann auch eher wichtig, das du denkst: „Also in dem Bereich will ich dann schon noch ein bisschen mehr Allgemeinbildung kriegen"? |
| Jugendlicher: | Na ja, wenn, wenn ich irgendein Fach brauche für meinen Beruf, dann sicher eher die Fächer. Also ich weiß ja noch nicht, was ich machen will. Wahrscheinlich will ich irgendetwas machen, was gar nichts so mit den Fächern in der Schule zu tun hat, so *(.)* Psychologie oder so was vielleicht studieren, aber wenn. *(-)* Also ich denke mal, ein Beruf, wo ich Mathe oder so brauche, werde ich auf keinen Fall machen, also wenn, dann schon eher so was. |
| Interviewer: | Na, wenn du Psychologie machst, dann brauchst du auch ein bisschen Mathe. Du musst nachher auch Statistik und so was alles machen. |
| Jugendlicher: | Ach so! |

---

Darüber hinaus ist denkbar, dass Jugendliche den Interviewer als Autorität ansehen, dessen Meinung als „Wahrheit" interpretiert wird. Bei der befragten Jugendlichen bestand allerdings nicht die Gefahr, dass zumindest ihre Biografie nachhaltig durch die Belehrung beeinflusst wurde ... Belehrungen stellen jedoch kein häufig auftretendes Problem dar und können vergleichsweise leicht unterlassen werden.

### 5.5.6 Vielschichtige und unverständliche Fragen

Ein im Vergleich zu Belehrungen häufiger auftretender Fehler ist jener der vielschichtigen oder unverständlichen Fragen. Auch dies ist kein genuines Problem der qualitativen Forschung. Durch den Gesprächscharakter qualitativer Interviews, bei dem Fragen nicht vorab gründlich editiert werden können, tritt es bei diesem Forschungstypus jedoch gehäuft auf. Fragen sind nicht selten entweder viel zu lang, enthalten dadurch verschiedenartige Stimuli, sind unverständlich oder aber alles drei gleichzeitig:

---

| | |
|---|---|
| Interviewer: | Also das heißt schon, dass du auch irgendwie einen Beruf haben willst, wo du andere unterstützen kannst, anderen helfen kannst. Aber *(.)*, also das darf dann auch nicht ganz so krass sein, dass dich das *(-)*, weil dich das dann auch mehr berührt. Weil, du sagtest ja, so Streetworker oder so, das ist ja dann so, dass einen das wahrscheinlich zu Hause auch noch beschäftigt. Und ja, wenn du dann, nehmen wir mal |

> an, mit deinem Studium fertig bist und du suchst dann n Arbeitsplatz, und ich meine, die heutige Situation die sieht ja eigentlich so aus, dass man Glück haben muss, dass man ne gute Arbeit bekommt. Hast du da irgendwie auch Vorstellungen, wo du da auch Unterstützung z. B. bekommen könntest, einen Arbeitsplatz zu kriegen? *(.)* Also ich hab ja vorhin grad eben noch erzählt, dass meine große Tochter ja über diese normalen Bewerbungen das gar nicht geschafft hat, sondern auch nur wieder über Freunde oder Ähnliches.

Diese Frage ist zum einen deutlich zu lang. Damit zusammenhängend enthält sie mindestens sechs Stimuli (altruistischer Berufswunsch, nicht zu „krasser" Beruf, Arbeitsplatzsuche nach Studium, Zugang zum Arbeitsmarkt, Unterstützung für Arbeitssuche, Beispiel der eigenen Tochter) auf die der Jugendliche antworten kann. Abgesehen vom Problem der Behaltensleistung stellt dies den Befragten vor die Entscheidung, welche der Stimuli beantwortet werden sollen, oder ob gar die Anforderung besteht, auf alle Aspekte zu reagieren. Fragen dieser Art sind gut dazu geeignet, beim Jugendlichen Stress zu erzeugen. Ferner vergisst der Interviewer durch das Zusammenschnüren vieler Fragen zu einem unhandlichen Paket potenziell die Fragen, die der Jugendliche nicht beantwortet hat.

Eine weitere Variante, warum Fragen unverständlich sein können, ist die gewählte Sprache. Grundsätzlich soll bei der Formulierung von Fragen auf komplizierten Satzbau und auf Fremdwörter verzichtet werden. Nicht alle Jugendlichen trauen sich, nachzufragen, wenn sie etwas nicht verstanden haben. Es wurde bereits angemerkt, dass die Fragen auch nicht in einem zweifelhaften Imitat jugendlichen Jargons gestellt werden sollten (siehe Kap. 2.2.3). Es reicht, sich bündig und verständlich auszudrücken. Zur Realisierung verständlicher Fragen im Interview ist es hilfreich, diese bereits im Leitfaden klar und eingängig zu formulieren (siehe Kap. 4.4.3.4).

### 5.5.7 Informationen verschenken

Interviews erfordern viel Konzentration und Aufmerksamkeit vom Interviewer. Dies führt dazu, dass Informationen des Befragten „verschenkt" werden und Nachfragen zu interessanten Aspekten ausbleiben können. Häufig wird dies erst beim Lesen des Transkripts festgestellt. Dann ist es jedoch für eine Vertiefung eines Themas zu spät. Zwar kann prinzipiell eine nochmalige Befragung erfolgen, was gerade bei biografischen Interviews durchaus vorkommt (Jakob, 2003). Allerdings ist dies bei Interviews mit Jugendlichen eher die Ausnahme. Die folgende Passage kann verdeutlichen, in welcher Weise gute Anknüpfungspunkte für Vertiefungen ungenutzt bleiben:

| | |
|---|---|
| Interviewer: | Und wenn ich jetzt sage, ehm *(-)* was sind jetzt deine Ziele? Also jetzt, *(-)* ehm auf nähere Zukunft jetzt mal bezogen oder auf die Zukunft dann an sich? Deine Ziele? |
| Jugendlicher: | Hm. Also, erstmal Abitur bestehen. Und wenn möglich, auch noch ziemlich gut *(lacht)*. Und danach erstmal, *(.)* ehm ja, dieses Freiwillige Soziale Jahr lang erstmal, |

| | |
|---|---|
| | (.) ehm ein bisschen ausspannen. Was (.) was komplett Neues machen und dann auch mal einen Blick für die Zukunft kriegen. Also was man machen will. Und, ehm (.) irgendwann mal hätte ich auch gerne eine Familie. Aber trotzdem würde ich auch gerne einen Beruf ausüben. Also nicht Hausfrau oder so. |
| Interviewer: | Mhm. |
| Jugendlicher: | Ja, und sonst, vielleicht (.) vielleicht auch ins Ausland gehen. Das wäre auch ganz schön. Aber sonst habe ich, glaub ich, keine größeren Pläne. Ich lass es einfach auf mich zukommen *(lacht)*. |
| Interviewer: | Ehm, bei diesen Zielsetzungen, (.) ehm (.), fällt dir irgendwie ein, wer dich darin so beeinflusst hat oder wer dir da auch ein paar Hinweise gegeben hat auf diese Zielsetzungen? Oder hast du das eher so selbst entwickelt? |

Die erste Antwort des Jugendlichen beinhaltet eine ganze Reihe wichtiger Bereiche der Zukunftsgestaltung: Bedeutung des Abiturs, das Soziale Jahr als Zeit des „Ausspannens" und des „Neuen", Zukunftsperspektive entwickeln, Vereinbarkeit von Familie und Beruf. Statt zumindest eines dieser Themen weiterzuverfolgen, wird mit der nächsten Frage erhoben, wer die Ziele beeinflusst hat. Um den Gehalt der eigenen Interviews zu erhöhen, ist es ratsam, solche Hinweise auf Themen zu erkennen und durch Nachfragen zu verfolgen.

### 5.5.8 Uninteressantes fortführen

Quasi das Gegenteil zum vorherigen Fehler stellt das Nachfragen bei Themen dar, die den Jugendlichen nicht interessieren oder zu denen er keine Meinung hat. An folgendem Beispiel ist ersichtlich, wie der befragte Jugendliche entnervt auf die Fragen des Interviewers reagiert:

| | |
|---|---|
| Interviewer: | Wie ist das denn jetzt so? Das heißt also, ihr könnt dann schon am Morgen entscheiden, wer heute Mittagessen will? |
| Jugendlicher: | Nee, das muss man ne Woche vorher planen, weil die müssen des ja bestellen. |
| Interviewer: | Da gibts nen Essensplan, der hängt aus? |
| Jugendlicher: | Ja, ja *(genervt)*, und in dem Computer sieht man das ja auch alles. |
| Interviewer: | Ach so, da stehen richtige Computer ... |
| Jugendlicher: | *[unterbricht]* Ja, ja. |
| Interviewer: | ... wo man das dann eingeben kann? Das ist ja toll. Das macht Ihr mit ner Chipkarte? |
| Jugendlicher: | Ja, und dann muss mans halt beim Essen, wenn man geht, muss man noch mal an son kleinen Computer und dann sehen die halt, ja Essen eins und so, und kriegt man halt sein Essen. |

Der Ablauf des Mittagessens in der Schulmensa fasziniert eher den Interviewer als den Jugendlichen, der die Fragen mit einem leicht genervten Unterton quittiert und sich am Ende des Themas entledigen will, indem erklärt wird, wie der Ablauf in der Schulmensa aussieht.

Hartnäckig bei Uninteressantem zu bleiben, mindert die Redebereitschaft Jugendlicher und ihre Motivation zur Teilnahme. Diese Motivation muss nach solchen, wenig informativen Passagen erst wieder mühsam aufgebaut werden. Es empfiehlt sich durchaus, bei einem Thema kurzfristig zu bleiben, um herauszufinden, ob der Jugendliche nicht doch wichtige Informationen liefern kann. Allerdings sollte dieses Nachhaken nicht allzu lange dauern und nicht unbedingt beim Thema „Mittagessen in der Schulmensa" erfolgen ...

### 5.5.9 Anonymitätsverletzung

Bei bestimmten Fragestellungen ist es erforderlich, Jugendliche zu befragen, die miteinander befreundet sind. Auch kommt es vor, dass sich zwei befreundete Jugendliche oder Geschwister im Sample der Studie wiederfinden. In diesen Fällen ist es wichtig, die Anonymität der Gespräche zu wahren. Informationen aus dem einen Gespräch sollten nicht unter Angabe der Quelle in dem anderen Interview verwendet werden:

---

Interviewer:  Ja, ich weiß natürlich insofern, weil ich mit deinem Bruder gesprochen hatte, *(.)* das ist natürlich jetzt ein bisschen gemein mit der Anonymität *(lacht)*. Aber er hat gesagt, er hätte eine ältere Schwester, die wohnt nicht mehr zu Hause. Und du bist mit 15 bereits ausgezogen?

---

Hierdurch wird nicht nur die im vorherigen Interview zugesicherte Anonymität verletzt. Auch wird im aktuellen Interview signalisiert, dass das Gesagte unter Umständen nach außen dringen kann. Sollte es jedoch notwendig sein, Informationen anderer Interviews zu verwenden, dann sind diese so in die Fragen einzuflechten, dass erstens die Quelle nicht genannt wird und zweitens ist so allgemein zu formulieren, dass der Jugendliche die Quelle nicht rekonstruieren kann. Optimal ist es, wenn Informationen so verpackt werden, als wüsste der Interviewer diese unabhängig von früheren Interviews. Sobald Jugendliche das Gefühl haben, die Anonymität wird verletzt, hat dies einen negativen Einfluss auf die Redebereitschaft.

Zusammenhängend mit der Anonymität sollte auch darauf geachtet werden, dass Name, Alter, Schulform etc. des Jugendlichen nicht auf Band aufgenommen werden. Hierdurch entsteht für Jugendliche der Eindruck, das Gesagte kann jederzeit seiner Person zugeordnet werden. Besser ist, diese Informationen entweder vor oder nach dem Gespräch zu erfragen und im Protokoll bzw. Postskript zu notieren. Dies entlastet das eigentliche Interview auch von Fragen, die ein starres Frage-Antwort-Schema aufweisen.

## 5.5.10 Zusammenfassung

Die Aufzählung möglicher Fehler ist längst nicht vollständig und führt nur diejenigen auf, die häufiger bei der Durchführung von Interviews auftreten. Aber bereits diese Liste suggeriert, dass bei einem Interview alles Mögliche schiefgehen kann. Dies kann entmutigend wirken, soll es aber nicht. Das perfekte Interview gibt es nicht. In jedem Interview unterlaufen Fehler, die erst hinterher entdeckt werden. Der Anspruch ist vielmehr, solche Probleme möglichst frühzeitig zu (er-)kennen und sie deshalb besser vermeiden zu können. Während des Interviews fallen einem dann solche Fehler eher auf, aber das soll nicht die Unsicherheit im Gespräch erhöhen. Im Gegenteil, solange das Interview noch läuft, lassen sich mögliche Patzer am ehesten korrigieren. Nach dem Interview ist es hierfür zu spät. Wie bereits erwähnt, ist deshalb eine intensive Vorbereitung auf Interviews, bei der aus Fehlern vergangener Befragungen gelernt wird, zwingend notwendig. Dabei sollte u. a. auf die folgenden Probleme geachtet werden:

- **Vermeidung der „Leitfaden-Bürokratie"**
  Der Leitfaden ist kein Seil, an dem sich der Interviewer durch das Gespräch hangelt. Er dient vielmehr als Rahmen für mögliche Themen, die, dem Gesprächsverlauf angepasst, eingebracht werden.
- **Unterbrechungen vermeiden**
  Den Redefluss des Befragten sollte der Interviewer nicht unterbrechen. Jugendliche sollten ausreden können und, wenn nötig, gilt es, sie sanft zu einem neuen oder dem ursprünglichen Thema zurückzuführen.
- **Pausen zulassen**
  Pausen dienen dem Nachdenken und der kurzzeitigen Entspannung. Sie sind in der Regel kein Ausdruck verkorkster Interviews. Deshalb empfiehlt sich, Pausen zuzulassen und als Chance für das Interview zu begreifen.
- **Keine Suggestivfragen**
  Der Jugendliche soll offen und nach eigenen Vorstellungen auf Fragen antworten können. Suggestivfragen legen dem Interviewten Antworten „in den Mund" und führen dazu, die tatsächlichen Ansichten zu verdecken. Insbesondere bei strukturierten und semistrukturierten Fragen soll immer das komplette Antwortspektrum in die Frage eingeflochten werden.
- **Nicht belehren**
  Die Funktion des Interviewers ist es nicht, Jugendliche über Themen zu belehren. Dies erzeugt Unsicherheit oder gar Reaktanz bei den Befragten.
- **Verständliche Fragen formulieren**
  Die gestellten Fragen sollen einfach, kurz und verständlich formuliert sein (möglichst nur ein Stimulus pro Frage, keine Fremdwörter oder komplizierten und/ oder verschachtelten Sätze).
- **Informationen nutzen**
  Nicht selten beinhalten Antworten verschiedene Informationen und Informati-

onsebenen. Auf solche Passagen sollte mit Nachfragen reagiert werden, um weiter in die Tiefe eines Themas gelangen zu können.

– **Uninteressantes abhaken**

Stellt sich heraus, dass ein Jugendlicher ein Thema uninteressant findet, ist ein Themenwechsel angebracht. Nach einigen entnervten Antworten oder sehr knappen Aussagen dürfte dieser Moment erreicht sein.

– **Anonymität wahren**

Durch das Zitieren anderer Interviews wird der Eindruck erweckt, Informationen blieben nicht vertraulich. Dieses Signal gilt es zu vermeiden, um die Redebereitschaft der Befragten nicht zu beinträchtigen.

Bei Beachtung dieser Fehler und ihrer Vermeidung kommt das Interview einer informativen Befragung sehr viel näher. Der Interviewer kann also einen wesentlichen Beitrag dazu leisten, dass ein Interview breite und vielschichtige Informationen liefert. Bei schweigsamen Jugendlichen, die ihre Mutter und ihre Schwester samt Kettcar mitbringen, nutzen diese Hinweise allerdings auch nichts ...

### Weiterführende Literatur

Helfferich, C. (2011). *Die Qualität qualitativer Daten. Manual für die Durchführung qualitativer Interviews* (Kap. 2). Wiesbaden: VS Verlag.

Hermanns, H. (2000). Interviewen als Tätigkeit. In U. Flick, E. von Kardorff & I. Steinke (Hrsg.), *Qualitative Forschung. Ein Handbuch* (360–369). Reinbek: Rowohlt.

Kaufmann, J.-C. (1999). *Das verstehende Interview* (Kapitel II.3). Konstanz. UVK.

Hopf, Ch. (1978). Die Pseudo-Exploration. Überlegungen zur Technik qualifizierter Interviews in der Sozialforschung. *Zeitschrift für Soziologie*, 7. Jg., Heft 1, 97–115.

Hopf, Ch. (1982). Norm und Interpretation. Einige methodische und theoretische Probleme der Erhebung und Analyse subjektiver Interpretationen in qualitativen Untersuchungen. *Zeitschrift für Soziologie*, 11. Jg., Heft 3, 307–329.

Köckeis-Stangl, E. (1977). Ja-sagen als Defensivstrategie bei geringer Interaktionskompetenz. *Österreichische Zeitschrift für Soziologie*, 2. Jg., Heft 2, 69–87.

## 5.6 Transkription des Interviews

„Unter Transkription versteht man die graphische Darstellung ausgewählter Verhaltensaspekte von Personen, die an einem Gespräch (z. B. einem Interview oder einer Alltagsunterhaltung) teilnehmen. [...] Transkripte sind nötig um das flüchtige Gesprächsverhalten für wissenschaftliche Analysen auf dem Papier dauerhaft verfügbar zu machen. [...] Transkripte sind Ergänzungen und nicht als Ersatz für elektronische Aufnahmen zu verstehen." (Kowal & O'Connell, 2000: 438) Nachdem das Interview erfolgreich „im Kasten" ist, muss es dort wieder heraus. Das heißt, das aufgenommene Gespräch muss für die weitere Bearbeitung verschriftlicht werden. Und das klingt zunächst einmal nur nach Abschreiben, was für sich genommen schon mühselig genug ist. Darüber hinaus gilt es, bei dieser Abschrift eine Reihe von Aspekten zu beachten, damit das Transkript entweder ein möglichst originalgetreues Abbild des Interviews darstellt und/oder aber die Voraussetzungen erfüllt, die für die spätere Auswertung notwendig sind. Ersteres ist eine Frage der Genauigkeit, zweiteres eine Frage der Pragmatik. Auch wenn in der Linguistik mittlerweile eine regelrechte Transkriptionsdisziplin entstanden ist (vgl. Edwards & Lampert, 1991), die theoriegeleitete, präzise Vorgaben bereithält, wie ein Transkript anzufertigen ist, kann es auch ratsam sein, ökonomische Kriterien für die Anfertigung eines Transkripts heranzuziehen. Nach einigen Überlegungen zu Informationsgrenzen eines Transkripts (Kap. 5.6.1) wird deshalb auf eine Reihe von Entscheidungen eingegangen, die vor der Anfertigung des Transkripts zu treffen sind (Kap. 5.6.2). Daran schließen sich Ausführungen über Bestandteile eines Transkripts (Kap. 5.6.3) sowie zur Notierung von Zeiten, Zeilennummern und Paginierungen an (Kap. 5.6.4). Es werden verschiedene Schreibdarstellungen (Kap. 5.6.5) und Verschriftungsformen (Kap. 5.6.6) vorgestellt. Dem Notationssystem und dem Einfügen von Kommentaren werden dabei gesonderte Kapitel gewidmet (Kap. 5.6.7 und 5.6.8). Abschließend werden einige praktische Tipps für die Anfertigung von Transkripten gegeben (Kap. 5.6.9) und die Ausführungen des Kapitels zusammengefasst (Kap. 5.6.10).

### 5.6.1 Informationsgrenzen des Transkripts

Wie das Eingangszitat von Kowal und O'Connell (2000) bereits deutlich macht, ist ein Transkript die grafische (schriftliche) Darstellung eines Interviews, deren Zweck die Konservierung und Analysierbarkeit der im Interview erhobenen Daten ist. Verschiedentlich wird angemerkt, dass ein Transkript dabei den Anschein erwecke, mit den zugrunde liegenden Primärdaten (dem Gespräch) und den daraus resultierenden Sekundärdaten (Aufnahme des Gesprächs) identisch zu sein (Kowal & O'Connell, 1995). Deshalb sei hier darauf hingewiesen, dass Transkripte notwendigerweise immer eine Reduktion der Originaldaten darstellen und deshalb, wie Kowal und O'Connell (2000) betonen, immer nur als Ergänzung zu den Sekundärdaten gesehen werden können. Dies sei an einem Beispiel verdeutlicht.

Während des Interviews wird einem Jugendlichen die Frage gestellt, ob er zu Hause im Haushalt helfe. Der Jugendliche rollt mit den Augen, lacht ironisch und sagt „Ja, klar.". Durch Mimik und paraverbale Merkmale (Lachen) ist diese Antwort als Ironie zu werten. Er hilft nicht und hält diesen Gedanken für abwegig. Bei der Aufnahme geht bereits das Rollen der Augen als Datum verloren. Es bleibt die verbale und paraverbale Information („Ja, klar", Lachen). Bei der Anfertigung des Transkripts geht, wenn die Entscheidung dafür gefallen ist, nur verbale Daten zu verschriftlichen, auch das Lachen als Information verloren. Im Transkript stünde dann:

| Interviewer: | Hilfst du daheim auch im Haushalt? |
|---|---|
| Jugendlicher: | Ja, klar. |

Bei der Auswertung des Interviewers muss der Lesende dann zu dem Ergebnis kommen, dass der Jugendliche im Haushalt hilft. Tatsächlich ist das Gegenteil der Fall. Aber selbst wenn paraverbale Daten mit verschriftlicht werden, ist die Auswertung möglicherweise fehlerhaft.

| Interviewer: | Hilfst du daheim auch im Haushalt? |
|---|---|
| Jugendlicher: | *(lacht)* Ja, klar. |

Noch immer kann vermutet werden, dass der Jugendliche zu Hause hilft, und dies vielleicht sogar noch gerne macht. Es besteht die Möglichkeit, das Lachen zu klassifizieren, in dem die Anmerkung *(lacht) [ironisch]* angefügt wird. Hierbei handelt es sich aber bereits um eine Interpretation des Transkribierenden, die nicht immer zutreffend sein muss. Wer kennt sich schon mit den verschiedenen Lachvarianten eines spezifischen Jugendlichen aus, wenn er diese nur vom Band hört. Bei der Auswertung der Tertiärdaten sollte also stets das Bewusstsein vorhanden sein, mit dem Transkript ein nur unvollständiges Zeugnis des Interviews in Händen zu halten. In Zweifelsfällen ist dann der Griff zur Aufnahme obligatorisch. Gleichzeitig lassen sich mögliche Fehler bei der Auswertung durch ein Transkriptionssystem vermeiden, welches das Transkript den Originaldaten möglichst nahebringt.

### 5.6.2 Grundlegende Entscheidungen vor der Transkription

Nicht alle brauchen alles. Wer Jugendliche als Experten in Sachen „Musikstile" anspricht und die aktuellen Stilrichtungen in Erfahrung bringen möchte, kann sich auf die Abschrift der Aussagen (verbale Daten) beschränken, ohne paraverbale Informationen (Lachen etc.) verschriftlichen zu müssen. Geht es in Interviews hingegen um Themen wie „Konfliktverhalten", „Gewissensentscheidungen", „Zukunftsvorstellungen" oder um allgemein sensible Bereiche, ist nicht nur das Gesagte entscheidend, sondern auch die Art, *wie* es gesagt wurde. Sprechpausen und Laute etc. werden dann für die Auswertung der Daten bedeutsam. Neben dieser eher ökonomischen Frage gehen der Transkription eine Reihe weiterer Entscheidungen voran.

- **Wozu brauche ich die Informationen?**
  Da das Anfertigen von Transkripten zeitaufwendig ist, empfiehlt es sich, vorab die o. g. Entscheidung der Datentiefe zu treffen. Bei Pretest-Interviews kann u. U. auf eine allzu zeitintensive Transkription verzichtet werden. Wichtig ist aber, dass diese erste Entscheidung nachhaltige Folgen für die weiteren Auswertungsschritte hat. Was nicht transkribiert wird, geht für die Auswertung als Information verloren.

– **Wie sollen Protokollinformationen in das Transkript eingebunden werden?**
Sofern beim Interview ein Protokoll angefertigt wurde, stellt sich die Frage, in welcher Form dieses im Transkript Verwendung finden soll. Es besteht zum einen die Möglichkeit, das Protokoll dem Transkript voranzustellen. Dann fungiert es als eine Art „Zusammenfassung". Oder aber es werden relevante, mitgeschriebene Informationen an der betreffenden Stelle des Interviews eingefügt. In diesem Fall dient das Protokoll dem besseren Verständnis einzelner Interviewpassagen.
– **Welches Transkribiersystem soll verwendet werden?**
Es bestehen eine ganze Reihe von Systemen der Abschrift. Bereits vor dem ersten Transkript sollte eine Festlegung für eine spezifische Variante vorgenommen und für alle Interviews gleichermaßen verwendet werden. Dabei ist es nicht zwingend notwendig, bestehende Systeme wie die „Halbinterpretative Arbeitstranskription (HIAT)" (Ehlich & Rehbein, 1976) oder das „Gesprächsanalytische Transkriptionssystem (GAT)" (Selting et al., 1998) zu übernehmen. Wesentlich ist aber, dass vorab die Regeln der Transkription verbindlich festgelegt und dokumentiert werden, damit Transkriptlesende die Art der Transkription wieder entziffern können.
– **Welches Notationssystem kommt zur Anwendung?**
Auch hier gilt, dass das Notationssystem (Art, wie Laute verschriftlicht werden), vorab festzulegen und zu dokumentieren ist.

Die erste Frage nach der Informationstiefe von Interviews hängt vom Ziel der Auswertung ab und bedarf gründlicher Überlegungen. Bestehen hier Unsicherheiten, hilft der Blick in andere qualitative Studien und deren Arbeitsweise. Im Fall einer Abschlussarbeit sollte hier auch der Betreuer weiterhelfen können. Die übrigen Fragen sind im Wesentlichen Spezialisierungen der Ausgangsentscheidung. Wichtig ist, dass die getroffenen Entscheidungen und die verwendeten Transkribiersysteme dokumentiert werden.

### 5.6.3 Bestandteile des Transkripts

Ein Transkript besteht nicht nur aus der Abschrift des im Interview Gesagten, sondern enthält eine Reihe weiterer Informationen, die für das Verständnis des Transkripts von Belang sind. Hier wird unterschieden nach dem Transkriptionskopf und dem eigentlichen Gesprächstranskript.

#### Transkriptionskopf
Der Transkriptionskopf ist, wie der Name bereits andeutet, am Beginn eines jeden Transkripts platziert. Dabei sollte darauf geachtet werden, dass jedes Interview eines Projekts die gleichen Informationen enthält. In Anlehnung an Selting et al. (1998) sind dies:

- **Projektkennung und Aufnahmenummer**
  Zu Archivierungszwecken empfiehlt es sich, den Namen des Projekts und die Nummer des Interviews zu vermerken (Bsp.: Interethnische Freundschaftsbe-ziehungen, Interview Nr. 001). Die Aufnahmenummer wird später überdies für Zitationen aus Interviews benötigt.
- **Aufnahmetag, -zeit und -ort**
  Zu jedem Interview gehört der Ort und das Datum, inklusive genauer Uhrzeit zu der das Interview begonnen und beendet wurde (Bsp.: Montag, 31. 01. 2016, 11:35–12:40 Uhr, Café Meyerbeer, Mannheim-Mitte). Hier sollte auch der Interview-ort näher beschrieben werden, etwa bzgl. der Geräuschkulisse, der Intensität des Publikumsverkehrs, Abgeschiedenheit des Interviews vom übrigen Geschehen etc.
- **Interviewdauer**
  Zusätzlich ist es hilfreich, direkt die Interviewdauer in Minuten anzugeben.
- *Name des Interviewers.* Wenn mehrere Interviewer an der Studie beteiligt sind, sollte jedes Interview einem Interviewer zugeordnet werden können.
- **Name des Transkribierenden**
  Gleiches gilt für die Person, die das Transkript angefertigt hat.
- **Name des Jugendlichen**
  Für die bessere Zuordnung der Interviewtranskripte zu Jugendlichen im Verlauf der Auswertung kann es hilfreich sein, dem Jugendlichen einen Namen zu geben. Dieser darf aber nicht der tatsächliche Name des Befragten, sondern muss ein Pseudonym sein.
- **Geschlecht, Alter, Bildungsstand und Herkunft des Befragten**
  Diese Informationen gehören, sofern vorhanden, ebenfalls in den Kopf des Tran-skripts und erleichtern die weitere Arbeit mit dem Transkript.
- **Kurze Charakterisierung des Gesprächs**
  Hier wird angegeben, um welche Art des Gesprächs es sich handelt. Regelmäßig unterschieden werden Face-to-Face-Interview, informelles Gespräch, Telefonin-terview, Gruppendiskussion etc. Zur besseren Klassifikation sollte zudem die Art die Befragungsmethode hinzugefügt werden, etwa Leitfadeninterview, narratives Interview etc.
- **Kurze Charakterisierung der Gesprächsatmosphäre**
  Die Aussagen der Jugendlichen werden verständlicher, wenn die Gesprächsatmo-sphäre beschrieben wird. Dies kann entweder auf verschiedenen Dimensionen wie „distanziert" bis „freundlich" geschehen oder über eine Beschreibung der At-mosphäre. Deren Veränderung im Verlauf des Interviews sollte dabei berücksich-tigt werden.
- **Zusammenfassung des Gesprächsinhalts**
  Es erleichtert die spätere Arbeit mit den Transkripten enorm, wenn zunächst ei-ne Inhaltsangabe des Interviews erfolgt. Diese kann entweder chronologisch er-folgen oder bereits nach Themenblöcken sortiert sein. Sie sollte allerdings erst

nach der Anfertigung des Transkripts eingefügt werden, damit die Inhaltsangabe möglichst wenig verzerrt wirkt. Erfahrungsgemäß findet durch das Lesen der Inhaltsangabe bereits ein Priming bezüglich dessen statt, was aus dem Interview herausgelesen wird. Sorgfältigkeit hilft hier, Wahrnehmungsselektionen zu vermindern.

– **Klassifikation des Transkripts**
  Hier ist anzugeben, in welchem zeitlichen Abstand zum Interview das Transkript begonnen und auch beendet wurde (Bsp.: Beginn des Transkribierens: 03. 02. 2016; Ende des Transkribierens: 07. 02. 2016).

– **Verwendetes Transkribiersystem**
  Zum besseren Verständnis des Transkripts sollte angemerkt werden, welches Transkribiersystem angewendet wird. Dabei kann entweder auf ein bestehendes System (etwa GAT) verwiesen werden. Dann sollte dieses System allerdings auch in der Originalvariante genutzt werden. Oder es kann auf ein eigene System hingewiesen werden, welches dann im Anhang zu dokumentieren ist.

Diesen Informationen können, je nach Bedarf, weitere hinzugefügt werden und sollten dann für jedes Interviewtranskript verfügbar sein.

**Gesprächstranskript**
Der zweite Teil des Transkripts enthält den Wortlaut des Interviews und stellt damit den Hauptteil dar. Der eigentlichen Verschriftung des Gesprochenen werden in der Regel noch Kommentare hinzugefügt, etwa zu paraverbalen Daten. Auch kann das Gesprächstranskript längere Einfügungen aus dem während des Interviews angefertigten Protokoll enthalten. Editorische Teile müssen aber als solche deutlich erkennbar sein. Das Gesprächstranskript kann dabei in verschiedenen Varianten angefertigt werden. Hierauf wird im folgenden Abschnitt eingegangen.

### 5.6.4 Zeiten, Zeilennummerierung und Paginierung

Bei Transkripten werden die Zeiten des Beginns eines Sprechakts notiert, die einzelnen Zeilen nummeriert und paginiert.

**Zeitangabe**
Die Zeitangabe eines Sprechakts[12] erleichtert die Einordnung, in welchem Teil des Interviews Aussagen getroffen wurden. Angesichts des Verlaufs von Interviews kann dies eine nützliche Information sein, um mögliche Ermüdung als Rahmenbedingung

---

12 Programme wie F4/F5 ermöglichen es, die Zeitangaben automatisch in das Transkript einzufügen. Dies erleichtert die Anfertigung des Transkripts deutlich.

von Aussagen zu erkennen. Ferner ermöglicht es, gravierende zeitliche Überlappungen von Aussagen zu erfassen.

| | |
|---|---|
| Interviewer (00:05:35): | Hilfst du daheim im Haushalt, oder bist du … |
| Jugendlicher (00:05:37): | Ja, klar. |
| Interviewer (00:05:41): | Also das heißt, du hilfst eher nicht? |
| Jugendlicher (00:05:47): | Nee, auf keinen Fall. |
| Interviewer (00:05:50): | Aha. |

## Zeilennummerierung

Die Zeilen des Interviewtranskripts sind fortlaufend durchzunummerieren. Diese Nummerierung dient zusammen mit der Interviewnummer (siehe Kap. 5.6.3) als Quellangabe, wenn Passagen eines Interviews in Publikationen zitiert werden sollen.

| | |
|---|---|
| 401 Interviewer (00:05:35): | Hilfst du daheim im Haushalt, oder bist du … |
| 402 Jugendlicher (00:05:37): | Ja, klar. |
| 403 Interviewer (00:05:41): | Also das heißt, du hilfst eher nicht? |
| 404 Jugendlicher (00:05:47): | Nee, auf keinen Fall. |
| 405 Interviewer (00:05:50): | Aha. |

Wird dieses Gesprächssegment als Beleg für eine Interpretation herangezogen, so wird dies dann zitiert als [Interview 001, 401–405]. Hierdurch ist es möglich, Auswertungen des Forschenden mit den dazugehörigen Daten zu verknüpfen.

## Paginierung

Da das Interview im Transkript zeilenweise nummeriert wird, sind Seitenzahlen eher nachrangig. Diese können aber eingefügt werden, um dem Lesenden die Suche nach einer zur Interpretation gehörenden Interviewstelle zu erleichtern: [Interview 001, S. 5, 401–405].

### 5.6.5 Schreibdarstellungen

Grundsätzlich werden bei Transkripten zwei Schreibdarstellungen unterschieden. Im HIAT und GAT wird die Partiturschreibweise verwendet, wohingegen in vielen qualitativen Studien und vor allem bei der Darstellung von Interviewmaterial in Publikationen die zeilenweise Darstellung dominiert.

## Partitur

Diese beinhaltet nicht nur die Kennzeichnung des Sprechers, den Beginn der Sprechzeit eines Sprechers und des Sprecherwechsels, sondern darüber hinaus die relative Position des Gesprochenen zueinander innerhalb der Zeilen.

```
Interviewer:    Hilfst du daheim im Haushalt, oder bist du
Jugendlicher:                              Ja, klar.
Interviewer:    Also das heißt, du hilfst eher nicht?
Jugendlicher:                            Nee, auf keinen Fall.
Interviewer:    Aha.
```

Bei der Partiturschrift ist es möglich, Szenen zu identifizieren, bei denen der Befragte dem Interviewer „ins Wort fällt". Hierdurch ist sie bezüglich der Sprecherwechsel sehr präzise. Damit dies möglich ist, empfiehlt sich eine sogenannte Nicht-Proportionalschrift (etwa Courier), bei der jedes Zeichen die gleiche Breite einnimmt. Die Partiturschrift ist gleichzeitig auch sehr aufwendig und es sollte entschieden werden, ob die Information des präzisen Sprecherwechsels notwendig ist.

### Zeilenweise Transkription

Hiervon unterschieden wird die zeilenweise Transkription, bei der die relative Position der Aussagen beider Interviewpartner zueinander nicht abgebildet wird.

| | |
|---|---|
| Interviewer: | Hilfst du daheim im Haushalt, oder bist du ... |
| Jugendlicher: | Ja, klar. |
| Interviewer: | Also das heißt, du hilfst eher nicht? |
| Jugendlicher: | Nee, auf keinen Fall. |
| Interviewer: | Aha. |

Diese Variante hat den Vorteil, ökonomischer zu sein, lässt allerdings präzise Informationen über den Sprecherwechsel aus. Interviewpassagen, bei denen Jugendliche bspw. genervt auf Fragen reagieren und den Interviewer aus diesem Grund häufig unterbrechen, sind in dieser Schreibweise schlechter zu identifizieren. Auch Unterbrechungen, die der Interviewer vornimmt, sind schwerer zu erkennen.

### 5.6.6 Verschriftungsformen

Das Interview kann neben variierender Darstellung auch in diversen Arten verschriftet werden. Kowal und O'Connell (2000: 441) unterscheiden vier Versionen der Verschriftungsform: Standardorthografie, literarische Umschrift, „eye dialect" und phonetische Umschrift.

### Standardorthografie

Die Verschriftung in Standardorthografie meint, dass das gesprochene Wort nach den Regeln der geschrieben Sprache (ergo: der deutschen Rechtschreibung) verschriftlicht wird. Dies erleichtert die Anfertigung des Transkripts, da bspw. Dialekte und umgangssprachliche Laute und Formulierungen mehr Zeit bei der Abschrift in Anspruch nehmen. Auch erhöht sich hierdurch die Lesbarkeit des Transkripts. Der Nachteil ist, dass Besonderheiten der gesprochenen Sprache verlorengehen.

### Literarische Umschrift

Diese Besonderheiten werden bei der literarischen Umschrift berücksichtigt. Aussagen wie „Un dann gehn wa ins Kino" werden in der dargestellten Form verschriftlicht und nicht, wie bei der Standardorthografie, schriftsprachlich korrekt wiedergegeben: „Und dann gehen wir ins Kino". Es empfiehlt sich aus Gründen der Lesbarkeit, auf unnötige Interpunktionen zu verzichten. Dies gilt insbesondere für Apostrophierungen: „Un' dann geh'n wa in's Kino". Elisionen (Verlust eines Vokals oder Konsonanten) und Assimilationen (Zusammenzug von Worten) sind in der literarischen Umschrift nicht gesondert durch Interpunktionen zu kennzeichnen. Der Vorteil der literarischen Umschrift ist, dass diese auch Dialekte und Besonderheiten der gesprochenen Sprache abbildet. Nachteilig ist die aufwändigere Transkription und die höhere Fehlerrate bei der Rechtschreibung (u. a. weil Korrekturhilfen in Textverarbeitungsprogrammen nicht greifen).

### Eye dialect

Noch weitergehender ist die Anpassung der Verschriftung an die gesprochene Sprache beim sog. „eye dialect". Diese eher selten angewandte Verschriftungsform kommt der phonetischen Darstellung (etwa in Wörterbüchern) sehr nahe, ohne allerdings deren Kodierungen zu verwenden. So würde im „eye dialect" aus der Standardorthografie „Kannst du ... " in der Verschriftung „Kannsche ... " werden. Der Vorteil der literarischen Umschrift, dass gelesene Aussagen leichter „gehört" werden können, konkurriert bei dieser Variante mit dem Problem, das Transkript überhaupt entziffern zu können. Zuweilen muss erst der Ursprung eines Wortes rekonstruiert werden, bevor es verstanden werden kann. Was könnte bspw. der Ursprung des transkribierten „Pascho"[13] sein?

### Phonetische Umschrift

Nur der Vollständigkeit halber wird die phonetische Umschrift angeführt. Diese, auf dem Standard des Internationalen Phonetischen Alphabets basierende Verschriftungsform, verwendet die IPA-Kodierungen, um die Aussprache zu verschriftlichen. „Sehen" als das gesprochene Wort „sehn" würde dann dargestellt als „[se:n]". Unpopulär ist diese Verschriftungsform in der Interviewforschung allein schon deshalb, weil zu deren Dechiffrierung das IPA beherrscht werden muss und selbst dann sowohl die Verschriftlichung des Interviews als auch das Lesen des Transkripts zu einem schwerfälligen Vorgang werden.

---

13 Passt schon.

Bei der Verschriftungsform wie bei der Darstellungsweise (siehe Kap. 5.6.5) gilt, dass die Entscheidung für eine der Varianten davon abhängig gemacht werden soll, welche Informationen später analysiert werden. Während die phonetische Umschrift vermutlich zu viele Daten transportiert, wird die Standardorthografie eventuell zu wenige Informationen enthalten. Die Entscheidung hängt davon ab, wie detailliert die Sekundärdaten für die Auswertung im Transkript repräsentiert sein müssen.

### 5.6.7 Das Notationssystem

Mit Notation ist gemeint, wie die gesprochene Sprache verschriftlicht wird. Die Verschriftungsform ist streng genommen bereits eine Notation.

Allerdings ist damit bei der Anfertigung von Transkripten die Art und Weise gemeint, wie zusätzliche Informationen zur Standardorthografie hinzugefügt werden können. Notationsregeln werden sowohl für die Verschriftlichung von verbalen als auch paraverbalen Daten sowie Kommentaren aufgestellt. Wesentlich ist, dass die Notationsregeln, die bei der Transkription angewendet werden, erstens durchgängig identisch Verwendung finden und zweitens dokumentiert werden, damit Lesende des Transkripts den Code der Notationen dechiffrieren können. Auch für Notationen halten gängige Transkribiersysteme wie HIAT oder GAT standardisierte Regeln bereit. In Tabelle 3 wird in Anlehnung an das GAT (Selting et al., 1998)[14] ein Überblick über jene Notationen gegeben, die bei Transkripten der eigenen Studien am häufigsten verwendet wurden.

Neben diesen Notationen bestehen noch eine ganze Reihe weiterer Regeln und Kodierungen, etwa zu steigender oder fallender Tonhöhe, langsamer oder schneller Sprechweise etc. (vgl. ausführlich Selting, et al., 1998). Ein Blick in das GAT kann bei der Entscheidung helfen, welche zusätzlichen Informationen im Transkript notiert werden sollen. Zur Dokumentation sollte jedem Transkript eine aussagekräftige Aufstellung der verwendeten Notationen (etwa in Tabellenform) angefügt werden.

**Tab. 3:** Übersicht häufig verwendeter Notationen (eigene Darstellung).

| Notation | Bedeutung/Anwendung |
| --- | --- |
| Unterstreichung | Darstellung eines betonten Wortes, Wortteils oder Satzabschnitts<br>Bsp.: Ja, mitnichten, die Frage ist doch |
| Doppelte Unterstreichung | Darstellung eines besonders betonten Wortes, Wortteils oder Satzabschnitts<br>Bsp.: Nee, niemals, ganz und gar nicht |

---

14 In Teilen weichen die vorgeschlagenen Notationen von jenen des GAT ab, da sich diese in den eigenen Studien als brauchbar und ausreichend erwiesen haben. Dies gilt bspw. für die Notation von Sprechpausen und Betonungen.

| | |
|---|---|
| :, ::, ::: | Darstellung einer Vokaldehnung, die über die erwartbare Länge des Vokals hinausreicht. Je nach Länge der Dehnung werden ein, zwei oder drei Doppelpunkte verwendet<br>Bsp.: Ja:, scho::n. |
| ' (Glottalverschluss) | Darstellung eines nicht beendeten Wortes<br>Bsp.: Und dann ha', also, ich woll', ich wollte halt nicht. |
| (.) | Kurze Sprechpause (Mikropause), etwa bei Wortwiederholungen<br>Bsp.: Ich (.) ich bin mir nicht sicher. |
| (-), (- -), (- - -) | Längere Sprechpausen mit einer geschätzter Dauer zwischen 1 bis 2 Sekunden<br>Bsp.: Und (-), na ja, wie soll ich das sagen (- -), dann war, hm (- - -) schwierig, dann wars halt vorbei. |
| (3.0) | Geschätzte Pause in Sekunden ab einer Pausendauer von über drei Sekunden; auf die Dezimalstelle kann dabei verzichtet werden.<br>Bsp.: Mal überlegen (3.5), nee fällt mor nichts zu ein. |
| <p>, </p> | Kennzeichnung einer leisen Äußerung<br>Bsp.: Das war mir, na ja, schon <p> peinlich </p>. |
| <f>, </f> | Kennzeichnung einer lauten Äußerung<br>Bsp.: Das war <f> echt der Hammer </f>. |
| (schnieft) | Charakterisierung parasprachlicher Handlungen oder Vorgänge<br>Bsp.: Na ja, (lacht), das war halt so. |
| [Kommentar] | Vom Transkribierenden eingefügter, interpretierender Kommentar bzw. Zusätze<br>Bsp.: Na ja, (lacht) [ironisch], das war halt so. |
| [unverständlich, 2.5 Sek.] | Kennzeichnung der Länge eines nicht verständlichen Interview- oder Aussageteils<br>Bsp.: Und erst als [unverst., 3 Sek.] konnten wir … |

### 5.6.8 Kommentare

Kein Gegenstand des Interviews selbst, und damit eine nachträglich eingefügte Information, sind Kommentare. Dies sind editorische Notizen, deren Zweck das bessere Verständnis des Transkripts ist. Sie unterliegen der Interpretation des Transkribierenden und sollten sparsam und möglichst identisch über die Interviews hinweg verwendet werden. Zum einen können Kommentare zu paraverbalen Daten gegeben werden.

| | |
|---|---|
| Interviewer: | Hilfst du daheim im Haushalt, oder bist du … |
| Jugendlicher: | (lacht) [ironisch] Ja, klar. |
| Interviewer: | Also das heißt, du hilfst eher nicht? |
| Jugendlicher: | Nee, auf keinen Fall. |
| Interviewer: | Aha. |

Diese Kommentare sollen helfen, die verbalen Daten besser interpretieren zu können. Sie werden in der Regel in eckige Klammern und kursiv gesetzt. Zum anderen können dem Transkript Kommentare hinzugefügt werden, die eine spezifische Situation des Interviews beschreiben sollen.

| | |
|---|---|
| Interviewer: | Hilfst du daheim im Haushalt, oder bist du … |
| Jugendlicher: | *(lacht) [ironisch]* Ja, klar. |
| Interviewer: | Also das heißt, du hilfst eher nicht? |
| Jugendlicher: | Nee, auf keinen Fall. |
| Interviewer: | Aha. *[Das Interview wird kurz unterbrochen, weil die Kellnerin die Getränke bringt.]* |

Solche Anmerkungen werden ebenfalls kursiv, aber in eckige Klammern gestellt, und beinhalten häufig knappe Zusammenfassungen von Ereignissen während des Interviews. Auch Zusammenfassungen von Gesprächspassagen, die vor oder nach der Aufnahme stattgefunden haben, werden als solche Kommentare an der chronologisch korrekten Stelle beigefügt.

### 5.6.9 Einige praktische Tipps

Die Anfertigung eines Transkripts kann erleichtert werden, wenn einige Dinge beachtet werden. Es erleichtert die Arbeit, wenn

- das Transkript sehr zeitnah zum Interview selbst angefertigt wird. Man hat das Interview noch besser „im Ohr" und kann auch schwer verständliche Passagen besser transkribieren.
- in einem ersten Schritt das Basistranskript angefertigt wird und erst im zweiten Schritt das Feintranskript. So kann beim ersten Hörgang das gesprochene Wort transkribiert und im zweiten Schritt die Notation hinzugefügt werden. Außerdem können Fehler beim zweiten Hören korrigiert werden bzw. vorher Unverständliches leichter rekonstruiert werden.
- die Aufnahme vor dem Transkribieren erst einmal drei oder vier Minuten angehört und erst dann mit der Abschrift begonnen wird. Dadurch steigt die Vertrautheit mit der Aufnahme und seinen Sprechern.
- im Textverarbeitungsprogramm Makros eingerichtet werden, mit denen häufig verwendete Notationen wie *(.)* oder *(lacht)* per Tastendruck eingefügt werden können und nicht jedes Mal aufs Neue getippt werden müssen. Wie dies beim verwendeten Textverarbeitungsprogramm funktioniert, kann in der jeweiligen Hilfefunktion nachgelesen werden. Die in die Erstellung der Makros investierte Zeit lohnt in jedem Fall.

Diese Hinweise machen das Transkribieren nicht zu einer freudvollen Angelegenheit, können aber die aufgewendete Zeit verkürzen.

### 5.6.10 Zusammenfassung

In diesem Kapitel wurde die Anfertigung eines Interviewtranskripts besprochen. Unter „Transkript" wird dabei die Verschriftlichung des Interviews verstanden, die als Grundlage für die Auswertung der Informationen dient. Dabei sind Transkripte zwar die wichtigste Arbeitsgrundlage, bedürfen aber aufgrund ihres informationsreduzierenden Charakters der Hinzunahme der Sekundärdaten (Aufnahme des Interviews). Bevor das Transkript angefertigt wird, gilt es, eine Reihe von Entscheidungen zu treffen, von denen die Wesentlichste jene der tatsächlich genutzten Informationen darstellt. Je nachdem, welche Informationen ausgewertet werden sollen oder müssen, kann die im Transkript enthaltene Informationstiefe (über das gesprochene Wort hinaus) variiert werden. Dabei ist zu bedenken, dass die Entscheidung gegen die Verschriftlichung bestimmter Informationen (etwa paraverbale Daten) dazu führt, dass diese für die Auswertungen nicht zur Verfügung stehen bzw. später den Transkripten mühsam hinzugefügt werden müssen. Sind solche Entscheidungen getroffen, kann mit der Anfertigung der Abschrift begonnen werden. Grundsätzlich besteht ein Transkript aus

- einem *Transkriptionskopf* inkl. Projektname und Interviewnummer, der Informationen über Zeit, Ort, Gesprächspartner und Inhalte des Interviews enthält und
- einem *Gesprächstranskript*, das die eigentliche Abschrift des Interviews beinhaltet.

Das Gesprächstranskript ist zeilenweise zu nummerieren und die genaue Zeit des Beginns von Sprechakten zu dokumentieren. Optional kann das Transkript mit Seitenzahlen versehen werden. Das Gesprächstranskript kann dabei in zwei Schreibdarstellungen angefertigt werden:

(1) Bei der *Partiturschreibweise* entspricht die relative Position der Abschrift dem Verhältnis zur vorherigen Aussage. Sprechüberschneidungen sind hierdurch identifizierbar.

(2) Diese Information ist in der *zeilenweise Darstellung* nicht enthalten. Vielmehr werden wechselnde Sprechakte zeilenweise untereinander ohne Versatz innerhalb der Zeilen dokumentiert. Diese Variante hat den Vorteil der besseren Lesbarkeit und ist schneller transkribierbar.

Bei beiden Darstellungen ist jede der vorgestellten Verschriftungsformen möglich. Die Entscheidung für eine der Varianten hängt u. a. von den benötigten Informationen ab:

- Die *Standardorthografie* bildet das Gespräch nach den Regeln der Rechtschreibung ab und beinhaltet kein Abbild der Eigenheiten gesprochener Sprache. Ihr Vorteil ist die gute Lesbarkeit, ihr Nachteil die geringere Informationstiefe.
- Spezifika des gesprochenen Wortes werden bei der *literarischen Umschrift* und dem „*eye dialect*" berücksichtigt. Hier wird das Gesagte lautmalerisch transkri-

biert. Diese Variante ist somit näher am tatsächlich Gesagten, kann aber – gerade beim „*eye dialect*" – auch zu Verständnisproblemen führen.

– Die selten verwendete phonetische Umschrift orientiert sich bei der Verschriftlichung am Internationalen Phonetischen Alphabet und ermöglicht so eine recht präzise Wiedergabe des gesprochenen Wortes. Allerdings leidet die Lesbarkeit hierunter, da nicht nur die Inhalte des Gesagten, sondern auch die IPA-Regeln dechiffriert werden müssen.

Die eher allgemeine Darstellung der Verschriftungsformen wurde schließlich durch einige Hinweise zum Notationssystem ergänzt. Notationen sollten, unabhängig von ihrer konkreten Gestalt, durchgängig identisch genutzt und für den Lesenden erklärt werden. Dies gilt auch für die Art, wie dem Transkript Kommentare hinzugefügt werden, die als editorische Notizen dem besseren Verständnis des Transkribierten dienen und somit kein eigentlicher Bestandteil der Sekundärdaten sind.

Insgesamt ist es das Ziel dieses Kapitels, für Probleme und Regeln bei der Transkription zu sensibilisieren. Das Anfertigen der Transkripte ist eben keine Abschrift des Interviews nach Gutdünken, sondern ein Prozess der Transformation von Informationen. Bei diesem Transformationsprozess sollten entweder möglichst wenige Informationen verlorengehen, oder aber eine kontrollierte und beabsichtigte Informationsreduktion erfolgen. Das Anfertigen eines „korrekten" Transkripts macht die Arbeit nicht einfacher. Allerdings mindert ein gutes Transkript die Gefahr, dass sich bei der Auswertung die gesamte Arbeit der Abschrift als unzulänglich erweist. Und nervenaufreibende Arbeit wird nicht dadurch besser, dass sie zwei Mal gemacht werden muss.

### Weiterführende Literatur

Kowal, S. & O'Connell, D. C. (2000). Zur Transkription von Gesprächen. In U. Flick, E. von Kardorff & I. Steinke (Hrsg.), *Qualitative Forschung. Ein Handbuch* (437–447). Reinbek: Rowohlt.

Selting, M. (2000). Probleme der Transkription verbalen und paraverbalen/prosodischen Verhaltens. In G. Antos, K. Brinker, W. Heinemann & S. Sager (Hrsg.), *Text- und Gesprächslinguistik. Ein internationales Handbuch zeitgenössischer Forschung. 2. Halbband: Gesprächslinguistik.* Berlin: DeGruyter.

Selting, M., Auer, P., Barden, B., Bergmann, J., Couper-Kuhlen, E., Günthner, S., Meier, C., Quasthoff, U., Schlobinski, P. & Uhmann, S. (1998). Gesprächsanalytisches Transkriptionssystem. *Linguistische Berichte*, 197, 91–122. [Online verfügbar unter: https://www.germanistik.uni-hannover.de/fileadmin/deutsches_seminar/publikationen/gat.pdf; Stand: 15.03.2016]

## 5.7 Neulich im Interview

Das Führen von Interviews ist nicht immer nur anstrengend. Zuweilen entstehen auch Dialoge, die einer gewissen Ironie nicht entbehren. Der Kettcar-Jugendliche wurde bereits erwähnt. Es gab aber auch jene Jugendliche, die alle Aushänge der Interviewstudie in ihrer Umgebung abgerissen haben und die Telefonnummer nur gegen eine gewisse Provision anderen Jugendlichen aushändigen wollten.

Bei Interviews trifft man auf Jugendliche, die mit 17 Jahren bereits Kleinaktionäre sind und fleißig den Wirtschaftsteil der Tageszeitung lesen und es begegnen einem Jugendliche, die unbedingt zur Feuerwehr möchten, damit sie eine schicke Ausgehuniform besitzen. Andere Befragte haben erst ihren Freund vorgeschickt, um zu sehen, was auf sie zukommt, sodass der Interviewpartner im Laufe des Gesprächs unvermittelt wechselte.

Als Ausklang aus dem Thema dieses Bandes werden einige Interviewpassagen unkommentiert zitiert, die einen gewissen Witz enthalten und die gelegentlich dröge Forschungsarbeit aufheitern können.

---

| | |
|---|---|
| Interviewer: | Wie bist du darauf gekommen [Bundeswehroffizier zu werden], durch deine Eltern oder ...? |
| Jugendlicher: | Durch das Arbeitsamt. Wir hatten mal eine Exkursion mit der Schule und da war so ein Computer, wo man Stärken und Schwächen eingeben sollte und der hat dann ein paar Berufe ausgespuckt und da war auch an zweiter Stelle Offizier bei der Bundeswehr. Und da habe ich mir gedacht: „Warum nicht?". |

---

| | |
|---|---|
| Interviewer: | Was würden deine Eltern oder deine Freunde sagen, wenn du die Schule schmeißt? |
| Jugendlicher: | Sauer. |

---

| | |
|---|---|
| Interviewer: | Wie verbringst du den Tag? |
| Jugendlicher: | Fernsehn gucken, Playstation spielen und Musik hören. |
| Interviewer: | Was für Sender guckst du? |
| Jugendlicher: | So Satellit. |
| Interviewer: | Und was schaust du dir am Liebsten an? |
| Jugendlicher: | Actionfilme. |
| Interviewer: | Wer ist denn dein Lieblingsschauspieler? |
| Jugendlicher: | DJ Bobo. *[ist ein Sänger]* |

---

| | |
|---|---|
| Interviewer: | Wie sieht es denn mit Büchern aus? Liest du? |
| Jugendlicher: | Ab und zu mal. |
| Interviewer: | Und was sind das dann für Bücher? |
| Jugendlicher: | Schulbücher. |

---

| | |
|---|---|
| Interviewer: | Ah, ja. Und lesen, was liest du dann? |
| Jugendlicher: | So Sportdings. |
| Interviewer: | Aus der Zeitung: Sportschau? |
| Jugendlicher: | Von Hertha oder so. |

| | |
|---|---|
| Interviewer: | Geht ihr in Theatervorstellungen und Konzerte? |
| Jugendlicher: | Mit der Schule. |
| Interviewer: | Was habt ihr euch angeschaut? |
| Jugendlicher: | Weiß ich nicht mehr. |

| | |
|---|---|
| Interviewer: | Es gibt also feste Regeln? Was gibt es sonst noch für feste Regeln? |
| Jugendlicher: | Essen, Waschen und Hausaufgaben machen. |
| Interviewer: | Was heißt das? Du sollst immer zum Essen zu Hause sein? |
| Jugendlicher: | Nein, ich soll nicht vergessen, zu essen. |
| Interviewer: | Und dann abwaschen? |
| Jugendlicher: | Nein, duschen, nicht Abwasch machen. |

| | |
|---|---|
| Interviewer: | Wie nennt ihr eure Clique? |
| Jugendlicher: | Sixty-one. |
| Interviewer: | Was heißt das? |
| Jugendlicher: | Einundsechzig. |

# 6 Schlussbemerkung

Wenn Sie an dieser Stelle des Buches angekommen sind, haben Sie entweder alle vorherigen Seiten leichtsinnig übersprungen. Für das Gelingen Ihrer Studie gibt es dann keine Garantie! Oder Sie haben sich durch die diversen Kapitel hindurchgearbeitet. Auch dann gibt es für Ihre Studie keine Garantie! Zumindest aber verfügen Sie über mehr Wissen zur Durchführung qualitativer Interviewstudien mit Jugendlichen als die notorischen Letzte-Seite-eines-Buches-Leser. Dieses zusätzliche Wissen sollte es Ihnen erleichtern, mögliche Klippen ohne größere Blessuren zu umschiffen. Letztlich spielen aber viele Faktoren für das Gelingen einer Studie eine Rolle. Die *Zeit*, die Ihnen zur Verfügung steht, die *Ressourcen*, die *Jugendlichen* die Sie befragen und das, was die Befragten bereit sind, zu *erzählen*. Dies und anderes beeinflusst, wie gut es gelingen kann, die Fragestellung einer Studie zu beantworten. Und hieran macht sich letztlich eine gute Studie fest. Sie soll Antworten auf die Fragestellung liefern, einen zusätzlichen Erkenntnisgewinn bringen, methodisch und technisch sauber durchgeführt worden sein. Nicht zuletzt soll die Forschungsarbeit Ihnen das Gefühl vermitteln, mit der Durchführung einer solchen Studie vertraut zu sein. Es ist frustrierend und kommt durchaus vor, dass sich das Gefühl einer nutzlosen Studie einschleicht, bei der nichts „herumgekommen" ist, die Zeit und Nerven gekostet hat und die Ahnung von den Möglichkeiten qualitativer Interviewstudien nur vage bleibt.

Allerdings ist es das Ziel dieses Buches gewesen, dass dieses Gefühl bei den Letzte-Seite-Lesern auftritt und nicht bei jenen, die sich die Mühe der intensiven Lektüre gemacht haben. Sofern Sie zu den Letzte-Seite-Lesern gehören und Ihre Studie noch nicht begonnen haben, hält sie nichts davon ab, nachher mit der ersten Seite zu beginnen, um das Gefühl der Sinnlosigkeit zu vermeiden. Ist die Studie bereits gelaufen, und zwar sehr zu Ihrer Zufriedenheit, dann legen Sie das Buch einfach wieder ins Regal oder verkaufen es. Dann wäre die Lektüre dieses Buches völlig vergebens. Ist Ihr Projekt aber weniger ertragreich gewesen, lohnt ein Blick auf die vorherigen Seiten, um herauszufinden, woran dies gelegen haben könnte. Gerade wenn weitere Studien geplant sind, nutzt der Band ganz sicher.

Aber wie geht es jetzt weiter? Sie haben die Interviews durchgeführt, transkribiert und möchten diese auswerten. Hiermit beschäftigt sich dieses Buch nicht und es würde auch dessen Rahmen erheblich sprengen (ist ja so schon dick genug). Auch wenn in diversen Rezensionen zur ersten Auflage moniert wurde, dass die Auswertung von Interviews fehlt, bleiben wir auch in der dritten Auflage dabei: Qualitative Inhaltsanalysen und dergleichen werden in anderen Werken ausführlich und gut beschrieben.

Was Sie jetzt benötigen, ist genau diese Literatur, die sich mit der Auswertung von qualitativen Interviews beschäftigt. Und hier gibt es eine ganze Reihe von Möglichkeiten. Sie können Einzelfallanalysen vornehmen oder einen vergleichenden Blick auf alle Interviews werfen. Sie können Typen von Jugendlichen bilden und diese Typen beschreiben. Auch eine hermeneutische Herangehensweise ist möglich. Dies hängt zum einen von der Fragestellung Ihrer Studie ab und zum anderen von der Qualität des Materials. Eine vergleichende bzw. typisierende Analyse bedarf einer halbwegs gesicherten Vergleichbarkeit der Daten, die hermeneutische Methode ist bei grundsätzlich allem möglich. Für jede Herangehensweise gibt es eine Vielzahl an Literatur, die bei der Auswahl der geeigneten Auswertungsstrategie hilfreich ist. Dieser Band ist hierfür nicht von Nutzen.

### Weiterführende Literatur

Kurzum, an der Schwelle zur Auswertung endet dieses Buch. Und zwar genau mit den folgenden Literaturhinweisen zu Auswertungsverfahren:

Garz, D. (2003). Die Methode der Objektiven Hermeneutik. Eine anwendungsbezogene Einführung. In B. Friebertshäuser & A. Prengel (Hrsg.), *Handbuch Qualitative Forschungsmethoden in der Erziehungswissenschaft* (535–544). Weinheim: Juventa.

Hoffmeyer-Zlotnik, J. H. P. (Hrsg.) (1992). *Analyse verbaler Daten. Über den Umgang mit qualitativen Daten*. Opladen: Westdeutscher Verlag.

Kluge, S. (2000). Empirisch begründete Typenbildung in der qualitativen Sozialforschung. *Forum Qualitative Sozialforschung*.

[Online verfügbar unter: http://qualitative-research.net/fqs/; Stand: 02.02.2005]

Kuckartz, U. (2003). Qualitative Daten computergestützt auswerten: Methoden, Techniken, Software. In B. Friebertshäuser & A. Prengel (Hrsg.), *Handbuch Qualitative Forschungsmethoden in der Erziehungswissenschaft* (584–598). Weinheim: Juventa.

Lamnek, S. (1995b). *Qualitative Sozialforschung. Band 2: Methoden und Techniken* (Kap. 3.8–3.9 & 5.2–5.3). Weinheim: Beltz PVU.

Mayring, Ph. (2000). *Qualitative Inhaltsanalyse. Grundfragen und Techniken*. Weinheim: Deutscher Studienverlag.

Schmidt, Ch. (2003). „Am Material". Auswertungstechniken für Leitfadeninterviews. In B. Friebertshäuser & A. Prengel (Hrsg.), *Handbuch Qualitative Forschungsmethoden in der Erziehungswissenschaft* (544–569). Weinheim: Juventa.

# Abbildungsverzeichnis

# Tabellenverzeichnis

# Literaturverzeichnis

Es ist im Allgemeinen üblich, daß der Autor einer wissenschaftlichen Arbeit auf der letzten Seite eine Liste der Bücher gibt, die er gelesen hat. Er tut das, damit man weiß, daß er sich nichts in seinem eigenen Kopf ausgedacht, sondern alles wahrheitsgetreu und gewissenhaft aus schon Vorhandenem abgeschrieben hat. (J. Korczak, Wenn ich wieder klein bin, Göttingen 1973, S. 375)

Abels, H. (2010). Interaktion, Identität, Präsentation. Kleine Einführung in interpretative Theorien der Soziologie. Wiesbaden: VS Verlag.

Adorno, T. W. (1995). *Studien zum autoritären Charakter.* Frankfurt am Main: Suhrkamp.

Ajzen, I. & Fishbein, M. (1980). *Understanding Attitudes and Predicting Social Behavior.* New Jersey: Jossey Bass.

Anderson, E., Greb, K. & Wang, Y. (2004). *Der Einfluss von Befragten- und Interviewermerkmalen auf die Interviewlänge – Darstellung von zentralen Determinanten.* Unpubl. Paper. Mannheim: Universität Mannheim.

Aram, E., Mücke, S. & Tamke, F. (2003). Jugendliche zwischen Entwicklung und Entfaltung. Stabilität und Veränderung von Orientierungsmustern im Längsschnitt. *Zeitschrift für Erziehungswissenschaft, 4,* 571–589.

Atteslander, P. (2010). *Methoden der empirischen Sozialforschung.* Berlin & New York: De Gruyter.

Auer, P. & Dirim, I. (2000). Das versteckte Prestige des Türkischen. Zur Verwendung des Türkischen in gemischtethnischen Jugendgruppen in Hamburg. In I. Gogolin & B. Nauck (Hrsg.), *Migration, gesellschaftliche Differenzierung und Bildung* (S. 97–112). Opladen: Leske + Budrich.

Baacke, D. (1980). Der sozialökologische Ansatz zur Beschreibung und Erklärung des Verhaltens Jugendlicher. *Deutsche Jugend, 4,* 493–505.

Baacke, D. (2009). *Die 13- bis 18-Jährigen.* Weinheim: Beltz.

Baltes, P. & Lindenberger, U. (1997). Emergence of a powerful connection between sensory and cognitive functions across the adult life span: a new window at the study of cognitive aging? *Psychology and Aging, 12,* 12–21.

Bassili, J. N. & Scott, B. S. (1996). Response Latency as a Signal to Question Problems in Survey Research. *Public Opinion Quarterly, 60,* 390–399.

Beck, U. (1986). *Risikogesellschaft. Auf dem Weg in eine andere Moderne.* Frankfurt am Main: Suhrkamp.

Bergs-Winkels, D. & Classen, G. (2003). „Hauptsache, ich kriege überhaupt eine Arbeit …". Qualitative Interviews zu Arbeitseinstellungen bei Jugendlichen. In H. Merkens & A. Wessels (Hrsg.), *Zwischen Anpassung und Widerstand. Zur Herausbildung der sozialen Identität türkischer und deutscher Jugendlicher* (S. 183–192). Baltmannsweiler: Schneider Verlag Hohengehren.

Berner, H. (1983). *Die Entstehung der empirischen Sozialforschung.* Gießen.

Berry, J. W., Poortinga, Y. H., Segall, M. H. & Dasen, P. R. (2011). *Cross-Cultural Psychology: Research and Applications.* Cambridge: University Press.

Bertlein, H. (1960). *Das Selbstverständnis der Jugend von Heute.* Hannover: Schroedel.

Biresch, P., Ferchhoff, W. & Stüwe, G. (1978). Handlungsforschung und interaktionstheoretische Sozialwissenschaft. *Neue Praxis, 8,* 114–128.

Blank, R. (2000). Jugend 2000 – Fremde hier wie dort. In Deutsche Shell (Hrsg.), *Jugend 2000, Band 2* (S. 7–38). Opladen: Leske + Budrich.

Blumer, H. (1969). *Symbolic Interactionism. Perspective and Method.* Englewood Cliffs: Prentice Hall.

Blumer, H. (1973). Der methodologische Standort des Symbolischen Interaktionismus. In Arbeitsgemeinschaft Bielefelder Soziologen (Hrsg.), *Alltagswissen, Interaktion und gesellschaftliche
Wirklichkeit, Band 1* (S. 80–145). Reinbek: Rowohlt.

Blumer, H. (1979). Methodologische Prinzipien empirischer Wissenschaft. In K. Gerdes (Hrsg.),
*Explorative Sozialforschung. Einführende Beiträge aus „Natural Sociology" und Feldforschung
in den USA* (S. 41–62). Stuttgart: Enke.

Blumer, H. (1981). George Herbert Mead. In B. Rhea (Hrsg.), *The Future of the Sociological Classics*
(S. 80–146). Boston: Goerge Allen & Unwin.

Bogdan, R. & Taylor, S. J. (1998). *Introduction to Qualitative Research Methods. A Phenomenological
Approach to Social Sciences*. New York.

Bortz, J. (1984). *Lehrbuch der empirischen Forschung für Sozialwissenschaftler*. Berlin: Springer.

Böhnisch, L. & Münchmeier, R. (1990). *Pädagogik des Jugendraumes*. Weinheim: Juventa.

Butz, P. (1998). *Familie und Jugend im sozialen Wandel. Dargestellt am Beispiel Ost- und Westber-
lins*. Hamburg: Kovaç.

Classen, G., Bergs-Winkels, D. & Merkens, H. (1998). *The Authoritarian Character*. Vortrag. AEPF-
Tagung. Frankfurt am Main.

Cohn, R. (2009). *Von der Psychoanalyse zur Themenzentrierten Interaktion*. Stuttgart: Klett-Cotta.

Coleman, J. C. (1974). *Relationships in Adolescence*. London: Routledge.

Conzelmann, A., Gabler, H., & Nagel, S. (1998). Individuelle Entwicklungsverläufe ehemaliger Hoch-
leistungssportler – – ein Beitrag zum Thema Sport und Persönlichkeit. *Sportwissenschaft,
28*(1), 73–93.

Dales, R. J. (1955). A Method for Measuring Developmental Tasks: Scales for Selected Tasks at the
Beginning of Adolescence. *Child Development, 26*, 111–122.

Dann, H.-D. & Barth, A.-R. (1995). Die Interview- und Legetechnik zur Rekonstruktion kognitiver
Handlungsstrukturen (ILKHA). In E. König & P. Zedler (Hrsg.), *Bilanz qualitativer Forschung.
Band II: Methoden*. Weinheim: Juventa.

Danner, H. (Hrsg.) (2006). *Methoden geisteswissenschaftlicher Pädagogik*. München: Reinhardt.

Denzin, N. K. (2005). Symbolischer Interaktionismus. In U. Flick, E. v. Kardorff & I. Steinke (Hrsg.),
*Qualitative Forschung. Ein Handbuch* (S. 136–150). Reinbek: Rowohlt.

Denzin, N. K. & Lincoln, Y. S. (2011x). Strategies of inquiry. In N. K. Denzin & Y. S. Lincoln (ed.), *Handbook of Qualitative Research* (S. 200–208). Thousand Oaks: Sage Publications.

Deppe, U. (2013). Familie, Peers und Bildungsungleichheit. Qualitative Befunde zur interdependen-
ten Bildungsbedeutsamkeit außerschulischer Bildungsorte. *Zeitschrift für Erziehungswissenschaft, 16*(3), 533–552.

Deutsche Shell (Hrsg.) (2000). *Jugend 2000*. Opladen: Leske + Budrich.

Deutsches PISA-Konsortium (2001). *PISA 2000. Basiskompetenzen von Schülerinnen und Schülern
im internationalen Vergleich*. Opladen: Leske + Budrich.

Diekmann, A. (1995). *Empirische Sozialforschung*. Reinbek: Rowohlt.

Dreher, E. & Dreher, M. (1985a). Entwicklungsaufgaben im Jugendalter: Bedeutsamkeit und Bewäl-
tigungskonzepte. In D. Liepmann & A. Stiksrud (Hrsg.), *Entwicklungsaufgaben und Bewälti-
gungsprobleme in der Adoleszenz* (S. 56–70). Göttingen: Hogrefe.

Dreher, E. & Dreher, M. (1985b). Wahrnehmung und Bewältigung von Entwicklungsaufgaben im
Jugendalter: Fragen, Ergebnisse und Hypothesen zum Konzept einer Entwicklungs- und Pädago-
gischen Psychologie des Jugendalters. In R. Oerter (Hrsg.), *Lebensbewältigung im Jugendalter*
(S. 30–61). Weinheim: Juventa.

Eco, U. (1992). *Die Grenzen der Interpretation*. München: Hanser.

Eco, U. (2010). *Wie man eine wissenschaftliche Abschlussarbeit schreibt*. Heidelberg: UTB.

Edwards, J. A. & Lampert, M. D. (Hrsg.) (1991). *Transcription and coding methods for language
research*. Hillsdale: Lawrence Erlbaum.

Ehlich, K. & Rehbein, J. (1976) Halbinterpretative Arbeitstranskription (HIAT 1). *Linguistische Berichte, 45*, 21–41.

Erikson, E. H. (1966, 1970). *Jugend und Krise*. Stuttgart: Klett-Cotta.

Erikson, E. H. (1968). *Youth: Identity and Crisis*. New York: Norton.

Fauser, K., Fischer, A. & Münchmeier, R. (2006). *Jugendliche als Akteure im Verband. Ergebnisse einer empirischen Untersuchung der Evangelischen Jugend. 3 Bde.* Opladen: Verlag Barbara Budrich.

Fend, H. (1988). *Sozialgeschichte des Aufwachsens*. Frankfurt am Main: Suhrkamp.

Ferchhoff, W. (1999). *Jugend an der Wende vom 20. zum 21. Jahrhundert – Lebensformen und Lebensstile*. Opladen: Leske + Budrich.

Fischer, H. (2012). Feldforschung. In H. Fischer (Hrsg.), *Ethnologie. Einführung und Überblick* (S. 79–99). Berlin.

Fischer-Rosenthal, W. & Rosenthal, G. (1997). Warum Biographieanalyse und wie man sie macht. *Zeitschrift für Sozialisationsforschung und Erziehungssoziologie, 17*, 405–427.

Flick, U., Kardorff, E. v. & Steinke, I. (2000). Was ist qualitative Forschung? Einleitung und Überblick. In U. Flick, E. v. Kardorff & I. Steinke (Hrsg.), *Qualitative Forschung. Ein Handbuch* (S. 13–30). Reinbek: Rowohlt.

Flick, U. (2000). Design und Prozeß qualitativer Forschung. In U. Flick, E. v. Kardorff & I. Steinke (Hrsg.), *Qualitative Forschung. Ein Handbuch* (S. 252–265). Reinbek: Rowohlt.

Frenkel-Brunswik, E. (1996). *Studien zur autoritären Persönlichkeit. Ausgewählte Schriften*. Graz & Wien: Nausner & Nausner.

Frey, J., Kunz G. & Lüschen, G. (1990). *Telefonumfragen in der Sozialforschung*. Opladen: Westdeutscher Verlag.

Friebertshäuser, B. & Prengel, A. (Hrsg.) (2003). *Handbuch qualitative Forschungsmethoden in der Erziehungswissenschaft*. Weinheim: Juventa.

Friebertshäuser, B. (2003a). Feldforschung und teilnehmende Beobachtung. In B. Friebertshäuser & A. Prengel (Hrsg.), *Handbuch Qualitative Forschungsmethoden in der Erziehungswissenschaft* (S. 503–534). Weinheim: Juventa.

Friebertshäuser, B. (2003b). Interviewtechniken – Ein Überblick. In B. Friebertshäuser & A. Prengel (Hrsg.), *Handbuch Qualitative Forschungsmethoden in der Erziehungswissenschaft* (S. 371–395). Weinheim: Juventa.

Friedrichs, J. (1990). *Methoden empirischer Sozialforschung*. Opladen: Westdeutscher Verlag.

Fromm, M. (1995). *Repertory Grid Methodik. Ein Lehrbuch*. Weinheim: Juventa.

Fuchs-Heinritz, W. (1993). Methoden und Ergebnisse der qualitativ orientierten Jugendforschung. In H.-H. Krüger (Hrsg.), *Handbuch der Jugendforschung* (S. 181–204). Opladen: Leske + Budrich.

Garz, D. (2003). Die Methode der Objektiven Hermeneutik. Eine anwendungsbezogene Einführung. In B. Friebertshäuser & A. Prengel (Hrsg.), *Handbuch Qualitative Forschungsmethoden in der Erziehungswissenschaft* (S. 535–544). Weinheim: Juventa.

Girtler, R. (1992). *Methoden der qualitativen Sozialforschung. Anleitung zur Feldarbeit*. Wien: Böhlau.

Glaser, B. G. & Strauss, A. L. (1967). *The Discovery of Grounded Theory. Strategies for Qualitative Research*. Chicago: Aldine.

Gosnell, H. F. (1927). *Getting Out the Vote. An Experiment in the Stimulation of Voting*. Chicago.

Groeben, N. (1986). *Handeln, Tun, Verhalten als Einheiten einer verstehend-erklärenden Psychologie*. Tübingen: Francke.

Grunert, C. (2002). Methoden und Ergebnisse der qualitativen Kindheits- und Jugendforschung. In H.-H. Krüger & C. Grunert (Hrsg.), *Handbuch Kindheits- und Jugendforschung* (S. 225–248). Opladen: Leske + Budrich.

Grunert, C. (2015). Außerschulische Bildung. In H. Reinders, H. Ditton, C. Gräsel, & B. Gniewosz (Hrsg.), *Empirische Bildungsforschung. Band 2: Gegenstandsbereiche* (S. 165–178). Wiesbaden: VS Verlag.

Grunert, C. & Krüger, H.-H. (2000). Jugendforschung in Deutschland von der Nachkriegszeit bis zum Beginn des 21. Jahrhunderts. In P. Götte & W. Gippert (Hrsg.), *Historische Pädagogik am Beginn des 21. Jahrhunderts. Bilanzen und Perspektiven* (S. 181–200). Essen: Klartext-Verlag.

Habermas, T. (2001). Eine nicht ganz zufällige Begegnung: Kurt Lewins Feldtheorie und Siegfried Bernfelds Psychoanalyse im Berlin der späten 20er Jahre. *Zeitschrift für Psychologie, 4*, 416–431.

Harbordt, S. (1995). Erfolgreiche demokratische Sozialisation. Eine empirische Jugendstudie zur politischen Bildung. *Aus Politik und Zeitgeschichte, B47/1995*, 20–26.

Hargreaves, D. H., Hester, S. K. & Mellor, F. J. (1981). *Abweichendes Verhalten im Unterricht*. Weinheim: Beltz.

Havighurst, R. J. (1948). *Developmental Tasks and Education*. New York: Longman.

Heinze, Th. (Hrsg.) (2001). *Qualitative Sozialforschung: Einführung, Methodologie und Forschungspraxis*. München: Oldenbourg.

Heitmeyer, W., Buhse, H., Liebe-Freund, J., Möller, K., Müller, J., Ritz, H., Siller, G. & Vossen, J. (1993). *Die Bielefelder Rechtsextremismus-Studie*. Weinheim: Juventa.

Helfferich, C. (2011). *Die Qualität qualitativer Daten. Manual für die Durchführung qualitativer Interviews*. Wiesbaden: VS Verlag.

Hermanns, H. (1991). Narratives Interview. In U. Flick, E. v. Kardorff, H. Keupp, L. v. Rosenstiel & S. Wolff (Hrsg.), *Handbuch Qualitative Sozialforschung* (S. 182–185). München: PVU.

Hermanns, H. (2000). Interviewen als Tätigkeit. In U. Flick, E. v. Kardorff & I. Steinke (Hrsg.), *Qualitative Forschung. Ein Handbuch* (S. 360–369). Reinbek: Rowohlt.

Hitzler, R. (2002). Sinnrekonstruktion. Zum Stand der Diskussion in der deutschsprachigen interpretativen Soziologie. *Forum Qualitative Sozialforschung* [Online verfügbar unter: http://www.qualitative-research.net/index.php/fqs; Stand: 18.05.2016].

Hofer, M. (2003). Wertewandel, schulische Motivation und Unterrichtsorganisation. In W. Schneider & M. Knopf (Hrsg.), *Entwicklung, Lehren und Lernen* (S. 235–253). Göttingen: Hogrefe.

Hofer, M. (2004). Schüler wollen für die Schule lernen, aber auch anderes tun. Theorien der Lernmotivation in der Pädagogischen Psychologie. *Zeitschrift für Pädagogische Psychologie, 2*, 79–92.

Hofer, M., Reinders, H., Fries, S. & Clausen, M. (2005). Der Einfluss des Wertewandels auf die Entwicklung im Jugendalter: Ein deduktiver Ansatz. *Zeitschrift für Pädagogik, 51*, 81–101.

Hoffmann-Riem, C. (1980). Die Sozialforschung einer interpretativen Soziologie. *Kölner Zeitschrift für Soziologie und Sozialpsychologie, 3*, 339–372.

Hoffmeyer-Zlotnik, J. H. P. (Hrsg.) (1992). *Analyse verbaler Daten. Über den Umgang mit qualitativen Daten*. Opladen: Westdeutscher Verlag.

Hopf, Ch. (1978). Die Pseudo-Exploration – Überlegungen zur Technik qualifizierter Interviews in der Sozialforschung. *Zeitschrift für Soziologie, 7*, 97–115.

Hopf, Ch. (1982). Norm und Interpretation. Einige methodische und theoretische Probleme der Erhebung und Analyse subjektiver Interpretationen in qualitativen Untersuchungen. *Zeitschrift für Soziologie, 11*, 307–329.

Hopf, Ch. (1983). Die Hypothesenprüfung als Aufgabe qualitativer Sozialforschung. *ASI-News, 6*, 33–55.

Hopf, Ch. (1990). Autoritarismus und soziale Beziehungen in der Familie. *Zeitschrift für Pädagogik, 2*, 371–391.

Hopf, Ch. (1991). Qualitative Interviews in der Sozialforschung. Ein Überblick. In U. Flick, E. v. Kardorff, H. Keupp, L. v. Rosenstiel & S. Wolff (Hrsg.), *Handbuch Qualitative Sozialforschung* (S. 177–182). München: PVU.

Hopf, Ch. (1992). Eltern-Idealisierung und Autoritarismus. *Zeitschrift für Sozialisationsforschung und Erziehungssoziologie, 12*, 52–65.

Hopf, Ch. (2000). Qualitative Interviews – Ein Überblick. In U. Flick, E. v. Kardorff & I. Steinke (Hrsg.), *Qualitative Forschung. Ein Handbuch* (S. 349–368). Reinbek: Rowohlt.

Hron, A. (1994). Qualitative Verfahren: fokussiertes und narratives Interview. In G. L. Huber & H. Mandl (Hrsg.), *Verbale Daten: eine Einführung in die Grundlagen und Methoden der Erhebung und Auswertung* (S. 119–140). Weinheim: Beltz.

Huber, G. L. & Mandl, H. (Hrsg.) (1994). *Verbale Daten. Eine Einführung in die Grundlagen und Methoden der Erhebung und Auswertung*. Weinheim: PVU.

Hurrelmann, K. (2012). *Lebensphase Jugend*. Weinheim: Juventa.

Inglehart, R. (1997). *Modernization and Postmodernization – Cultural, Economic and Political Change in 43 Societies*. Princeton: Prentice Hall.

Jakob, G. (2003). Das narrative Interview in der Biographieforschung. In B. Friebertshäuser & A. Prengel (Hrsg.), *Handbuch Qualitative Forschungsmethoden in der Erziehungswissenschaft* (S. 445–458). Weinheim: Juventa.

Jugendwerk der Deutschen Shell (Hrsg.) (1981). *Jugend '81 – Lebensentwürfe, Alltagskulturen, Zukunftsbilder*. Hamburg: Eigenverlag.

Jugendwerk der Deutschen Shell (1985). *Jugend und Erwachsene '85 – Generationen im Vergleich*. Opladen: Leske + Budrich.

Jugendwerk der Deutschen Shell (Hrsg.) (1997). *Jugend '97 – Zukunftsperspektiven, gesellschaftliches Engagement, politische Orientierungen*. Opladen: Leske + Budrich.

Kandel, D. B. (1986). Processes of Peer Influence in Adolescence. In R. K. Silbereisen, K. Eyferth & G. Rudinger (Hrsg.), *Development as Action in Context: Problem Behavior and Normal Youth Development* (S. 203–228). New York: Springer.

Kaufmann, J.-C. (1999). *Das verstehende Interview*. Konstanz: UVK.

Kelle, H. (2003). Die Komplexität sozialer und kultureller Wirklichkeit als Problem qualitativer Forschung. In B. Friebertshäuser & A. Prengel (Hrsg.), *Handbuch Qualitative Forschungsmethoden in der Erziehungswissenschaft* (S. 192–208). Weinheim: Juventa.

Kelle, U. & Erzberger, C. (2000). Qualitative und quantitative Methoden: kein Gegensatz. In U. Flick, E. v. Kardorff & I. Steinke (Hrsg.), *Qualitative Forschung. Ein Handbuch* (S. 299–309). Reinbek: Rowohlt.

Kluge, S. (2000). Empirisch begründete Typenbildung in der qualitativen Sozialforschung. *Forum Qualitative Sozialforschung*. [Online verfügbar unter: http://www.qualitative-research.net/index.php/fqs/; Stand: 18.05.2016]

Koch, A. (1997). Teilnahmeverhalten beim ALLBUS 1994. Soziodemographische Determinanten von Erreichbarkeit, Befragungsfähigkeit und Kooperationsbereitschaft. *Kölner Zeitschrift für Soziologie und Sozialpsychologie, 49*, 98–122.

Köckeis-Stangl, E. (1977). Ja-sagen als Defensivstrategie bei geringer Interaktionskompetenz. *Österreichische Zeitschrift für Soziologie, 2*, 69–87.

Kowal, S. & O'Connell, D. C. (1995). Notation und Transkription in der Gesprächsforschung. *Ars Semiotica: An International Journal of Semiotics*.

Kowal, S. & O'Connell (2000). Zur Transkription von Gesprächen. In U. Flick, E. v. Kardorff & I. Steinke (Hrsg.), *Qualitative Forschung. Ein Handbuch* (S. 437–447). Reinbek: Rowohlt.

König, E. (1995). Qualitative Forschung subjektiver Theorien. In E. König & P. Zedler (Hrsg.), *Bilanz qualitativer Forschung. Band II: Methoden* (S. 11–29). Weinheim: Juventa.

König, E. & Bentler, A. (2003). Arbeitsschritte im qualitativen Forschungsprozeß. Ein Leitfaden. In B. Friebertshäuser & A. Prengel (Hrsg.), *Handbuch Qualitative Forschungsmethoden in der Erziehungswissenschaft* (S. 88–96). Weinheim: Juventa.

Kracke, B. (2000). *Importance and Achievement of Social and Occupational Developmental Tasks in Middle Track Students During the Last School Years.* Poster presented at the 7th EARA, Jena.

Krappmann, L. & Oswald, H. (1996). *Alltag der Schulkinder. Beobachtungen und Analysen von Interaktionen und Sozialbeziehungen.* Weinheim: Juventa.

Kromrey, H. (2009). *Empirische Sozialforschung – Modelle und Methoden der Datenerhebung und Datenauswertung.* Opladen: Westdeutscher Verlag.

Krotz, F. (2008). Handlungstheorien und Symbolischer Interaktionismus als Grundlage kommunikationswissenschaftlicher Forschung. In C. Winter, A. Hepp & A. Krotz (Hrsg.), *Theorien der Kommunikations- und Medienwissenschaft* (S. 29–47). Wiesbaden: VS Verlag.

Krüger, H.-H. (2000). Stichwort: Qualitative Forschung. *Zeitschrift für Erziehungswissenschaft, 3,* 323–342.

Krüger, H.-H., Keßler, C., Otto, A. & Schippling, A. (2014). Elite und Exzellenz aus der Perspektive von Jugendlichen und ihren Peers an exklusiven Schulen. *Zeitschrift für Erziehungswissenschaft, 17*(3), 221–241.

Kuckartz, U. (2003). Qualitative Daten computergestützt auswerten: Methoden, Techniken, Software. In B. Friebertshäuser & A. Prengel (Hrsg.), *Handbuch Qualitative Forschungsmethoden in der Erziehungswissenschaft* (S. 584–598). Weinheim: Juventa.

Kvale, S. (1996). *InterViews: An Introduction to Qualitative Research Interviewing.* Thousand Oaks: Sage Publications.

Labov, W. & Waletzky, J. (1967). Narrative Analysis: Oral Versions of Personal Experience. *Journal of Narrative and Life History, 7,* 3–38.

Lamnek, S. (1995a). *Qualitative Sozialforschung. Band 1: Methodologie.* Weinheim: Beltz PVU.

Lamnek, S. (1995b). *Qualitative Sozialforschung. Band 2: Methoden und Techniken.* Weinheim: Beltz PVU.

Lamnek, S. (1995c). Das fokussierte Interview. In Ders., *Qualitative Sozialforschung. Band 2: Methoden und Techniken* (S. 79–81). Weinheim: PVU.

Larson, R. W. (2002). Globalization, Societal Change, and New Technologies: What They Mean for the Future of Adolescence. *Journal for Research on Adolescence, 12,* 1–30.

Leithäuser, T. & Volmerg, B. (1979). *Anleitung zur Empirischen Hermeneutik. Psychoanalytische Textinterpretation als sozialwissenschaftliches Verfahren.* Frankfurt am Main: Suhrkamp.

Lerner, R. M. (1982). Children and Adolescents as Producers of Their Own Development. *Developmental Review, 20,* 342–370.

Manning, P. K. (1967). Problems in Interpreting Interview Data. *Sociology and Social Research, 51,* 302–316.

Marotzki, W. (2000). Qualitative Biographieforschung. In U. Flick, E. v. Kardorff & I. Steinke (Hrsg.), *Qualitative Forschung. Ein Handbuch* (S. 175–187). Reinbek: Rowohlt.

Marsal, E. (2003). Erschließung der Sinn- und Selbstdeutungsdimensionen mit den Dialog-Konsens-Methoden. In B. Friebertshäuser & A. Prengel (Hrsg.), *Handbuch Qualitative Forschungsmethoden in der Erziehungswissenschaft* (S. 436–444). Weinheim: Juventa.

Mayer, H. O. (2009). *Interview und schriftliche Befragung: Entwicklung, Durchführung und Auswertung.* München: Oldenbourg.

Mayring, Ph. (1983). *Qualitative Inhaltsanalyse. Grundlagen und Techniken.* Weinheim: Beltz.

Mayring, Ph. (2000). Qualitative Inhaltsanalyse. In U. Flick, E. v. Kardorff & I. Steinke (Hrsg.), *Qualitative Forschung. Ein Handbuch* (S. 468–475). Reinbek: Rowohlt.

Mayring, Ph. (2002). Problemzentriertes Interview. In P. Mayring (Hrsg.), *Einführung in die Qualitative Sozialforschung* (S. 67–72). Weinheim: Beltz.

Meinefeld, W. (2000). Hypothesen und Vorwissen in der qualitativen Sozialforschung. In U. Flick, E. v. Kardorff & I. Steinke (Hrsg.), *Qualitative Forschung. Ein Handbuch* (S. 265–276). Reinbek: Rowohlt.

Merkens, H., Steiner, I. & Wenzke, G. (1998). *Lebensstile Berliner Jugendlicher 1997*. Berlin: Freie Universität Berlin.

Merkens, H. (1999). *Schuljugendliche in beiden Teilen Berlins – Reaktionen auf den sozialen Wandel*. Baltmannsweiler: Schneider Verlag Hohengehren.

Merkens, H. (2000). Auswahlverfahren, Sampling, Fallkonstruktion. In U. Flick, E. v. Kardorff & I. Steinke (Hrsg.), *Qualitative Forschung. Ein Handbuch* (S. 286–299). Reinbek: Rowohlt.

Merkens, H. (2001). Die Nutzung sozialer Räume durch Jugendliche in ihrer Freizeit. *Zeitschrift für Erziehungswissenschaft, 3*, 437–456.

Merkens, H. (2003). Stichproben bei qualitativen Studien. In B. Friebertshäuser & A. Prengel (Hrsg.), *Handbuch Qualitative Forschungsmethoden in der Erziehungswissenschaft* (S. 97–106). Weinheim: Juventa.

Merton, R. K., Fiske, M. & Kendall, P. L. (1956). *The focused interview. A manual of problems and procedures*. Glencoe: The Free Press.

Merton, R. K. & Kendall, P. L. (1993). Das fokussierte Interview. In C. Hopf & E. Weingarten (Hrsg.), *Qualitative Sozialforschung* (S. 171–204). Stuttgart: Klett-Cotta.

Mey, G. (2000). Qualitative Forschung und Prozessanalyse. Überlegungen zu einer „Qualitativen Entwicklungspsychologie". *Forum Qualitative Sozialforschung* [Online verfügbar unter: http://www.qualitative-research.net/index.php/fqs; Stand: 18.05.2016].

Mey, G. (Hrsg.) (2001). *Qualitative Forschung in der Entwicklungspsychologie Potentiale, Probleme, Perspektiven. Dokumentation zur gleichnamigen Arbeitsgruppe auf der 15. Tagung Entwicklungspsychologie in Potsdam 2001*. Forschungsbericht 1-2001. Berlin: Technische Universität Berlin. [Online verfügbar unter http://psydok.sulb.uni-saarland.de/volltexte/2004/336/pdf/ber200101.pdf; Stand: 15.03.2016].

Misoch, S. (2014). *Qualitative Interviews*. München: De Gruyter Oldenbourg.

Morse, J. M. (2011). Designing Funded Qualitative Research. In N. K. Denzin & Y. S. Lincoln (Hrsg.), *Handbook of Qualitative Research* (S. 220–235). Thousand Oaks: Sage Publications.

Möller, K. (2001). *Coole Hauer und brave Engelein. Gewaltakzeptanz und Gewaltdistanzierung im Verlauf des frühen Jugendalters*. Opladen: Leske + Budrich.

Mruck, K. (2000). Qualitative Sozialforschung in Deutschland. *Forum Qualitative Sozialforschung* [Online verfügbar unter: http://www.qualitative-research.net/index.php/fqs; Stand: 18.05.2016.

Mullis, I. V. S., Martin, M. O., Gonzalez, E. J., Gregory, K. D., Garden, R. A., O'Connor, K. M., Chrostowski, S. J. & Smith, T. A. (1999). *TIMSS 1999 International Mathematics Report. Findings from IEA's Repeat of the Third International Mathematics and Science Study at the Eighth Grade*. [Online verfügbar unter: http://www.timss.org; Stand: 18.05.2016].

Mummendey, H. D. (2008). *Die Fragebogen-Methode: Grundlagen und Anwendung in Persönlichkeits-, Einstellungs- und Selbstkonzeptforschung*. Göttingen: Hogrefe.

Münchmeier, R. (1998). Jugend als Konstrukt. Zum Verschwimmen des Jugendkonzepts in der „Entstrukturierung" der Jugendphase. *Zeitschrift für Erziehungswissenschaft, 1*, 103–118.

Niethammer, L. (Hrsg.) (1983). *„Hinterher merkt man, daß es richtig war, daß es schiefgegangen ist." Nachkriegserfahrungen im Ruhrgebiet*. Berlin: Dietz.

Noack, P. (1990). *Jugendentwicklung im Kontext. Zum aktiven Umgang mit sozialen Entwicklungsaufgaben in der Freizeit*. München: PVU.

Noack, P. (2002). Familie und Peers. In M. Hofer, E. Wild & P. Noack (Hrsg.), *Lehrbuch Familienbeziehungen. Eltern und Kinder in der Entwicklung* (S. 143–167). Göttingen: Hogrefe.

Oesterreich, D. (1993). *Autoritäre Persönlichkeit und Gesellschaftsordnung. Der Stellenwert psychischer Faktoren für politische Einstellungen – Eine empirische Untersuchung von Jugendlichen in Ost und West*. Weinheim: Juventa.

Oevermann, U. (1971). Soziologische und sozialpsychologische Ansätze zur Erklärung des schichten-spezifischen Sprachgebrauchs. *Linguistik und Didaktik, 5*, 24–42.

Oevermann, U. (1981). *Fallrekonstruktionen und Strukturgeneralisierung als Beitrag der objektiven Hermeneutik zur soziologisch-strukturtheoretischen Analyse*. [Online verfügbar unter: http://publikationen.ub.uni-frankfurt.de/files/4955/Fallrekonstruktion-1981.pdf; Stand: 18.05.2016].

Oswald, H. (2003). Was heißt qualitativ forschen? Eine Einführung in Zugänge und Verfahren. In B. Friebertshäuser & A. Prengel (Hrsg.), *Handbuch Qualitative Forschungsmethoden in der Erziehungswissenschaft* (S. 71–87). Weinheim: Juventa.

Parsons, T. (1968). *Sozialstruktur und Persönlichkeit*. Frankfurt am Main: Europäische Verlagsanstalt.

Patton, M. Q. (Hrsg.) (1987). *How to Use Qualitative Methods in Evaluation*. Beverly Hills: Sage Publications.

Patton, M. Q. (1990, 2002). *Qualitative Research and Evaluation Methods*. Thousand Oaks: Sage Publications.

Patton, M. Q. (Hrsg.) (1997). *Utilization-Focused Evaluation. The New Century Text*. Thousand Oaks: Sage.

Peterson, R. C. & Thurstone, L. L. (Hrsg.) (1933). *Motion Pictures and the Social Attitudes of Children*. New York.

Popper, K. (1935). *Logik der Forschung*. Wien: Julius Springer.

Ramachers, G. (1996). *Konflikte und Konfliktbewältigung in intra- und interkulturellen Freundschaften*. Frankfurt am Main: Peter Lang.

Reichertz, J. (2000). Abduktion, Deduktion und Induktion in der qualitativen Forschung. In U. Flick, E. von Kardorff & I. Steinke (Hrsg.), *Qualitative Forschung. Ein Handbuch* (S. 276–286). Reinbek: Rowohlt.

Reinders, H. (2002). Entwicklungsaufgaben. Theoretische Positionen zu einem Klassiker. In H. Merkens & J. Zinnecker (Hrsg.), *Jahrbuch Jugendforschung 02/2002* (S. 13–38). Opladen: Leske + Budrich.

Reinders, H. (2003). *Jugendtypen – Ansätze zu einer differentiellen Theorie der Adoleszenz*. Opladen: Leske + Budrich.

Reinders, H. (2005). Jugendtypen, Handlungsorientierungen und Schulleistungen. Überlegungen und empirische Befunde zu einer differenziellen Theorie der Adoleszenz. *Zeitschrift für Pädagogik*.

Reinders, H. (2006). *Jugendtypen zwischen Bildung und Freizeit. Theoretische Präzisierung und empirische Prüfung einer differenziellen Theorie der Adoleszenz*. Münster: Waxmann.

Reinders, H. (2015). Sozialisation in der Gruppe der Gleichaltrigen. In K. Hurrelmann, U. Bauer, M. Grundmann & S. Walper (Hrsg.), *Handbuch Sozialisationsforschung* (S. 393–413). Weinheim: Beltz.

Reinders, H., Hupka, S., Karataş, M., Schneewind, J. & Alizadeh, F. (2000). *Individuation und soziale Identität – Kontextsensitive Akkulturation türkischer Jugendlicher in Berlin*. Zwischenbericht an die VW-Stiftung. Berlin: Freie Universität Berlin.

Reinders, H. & Butz, P. (2001). Entwicklungswege Jugendlicher zwischen Transition und Moratorium. *Zeitschrift für Pädagogik, 47*, 913–928.

Reinders, H., Bergs-Winkels, D., Butz, P. & Classen, G. (2001). Typologische Entwicklungswege Jugendlicher: Die horizontale Dimension sozialräumlicher Entfaltung. In J. Mansel, W. Schweins & M. Ulbrich-Herrmann (Hrsg.), *Zukunftsperspektiven junger Menschen. Wirtschaftliche und soziale Entwicklungen als Herausforderung und Bedrohung* (S. 200–216). Weinheim: Juventa.

Reinders, H. & Bergs-Winkels, D. (2001). Das SORAT-Inventar: Skalen zur Erfassung sozialräumlicher Aktivitäten im Jugendalter. In A. Glöckner-Rist & P. Schmidt (Hrsg.), *ZUMA-Informationssystem. Ein elektronisches Handbuch sozialwissenschaftlicher Erhebungsinstrumente* Mannheim: Zentrum für Umfragen, Methoden und Analysen.

Reinders, H., Bergs-Winkels, D. & Parikh, F. (2001). *Typologie jugendlicher Entwicklungswege.* Zwischenbericht an die DFG. Berlin: Freie Universität Berlin.

Reinders, H. & Wild, E. (Hrsg.) (2003). *Jugendzeit – Time Out? Zur Ausgestaltung des Jugendalters als Moratorium.* Opladen: Leske + Budrich.

Reinders, H. & Mangold, T. (2005). Entstehung und Auswirkungen von interethnischen Freundschaften in der Adoleszenz. Theoretische Überlegungen und empirische Befunde. In F. Oser, C. Quesel & H. Biedermann (Hrsg.), *Jugend und Politik. Zwei getrennte Welten?*

Reinders, H., Mangold, T. & Greb, K. (2005). Ko-Kulturation in der Adoleszenz. Freundschaftstypen, Interethnizität und kulturelle Offenheit im Jugendalter. In T. Badawia, F. Hamburger & M. Hummrich (Hrsg.), *Bildung durch Migration. Über Anerkennung und Integration in der Einwanderungsgesellschaft.* Opladen: Verlag für Sozialwissenschaften.

Rindermann, H. (2003). *Schule, Unterricht und kognitive Fähigkeiten.* Unpubl. Paper. Kassel: Universität Kassel.

Rosenthal, S. P. (1934). Change of Socioeconomic Attitudes under Radical motion Picture Propaganda. *Archives of Psychology, Nr. 166.*

Rosenthal, G. & Fischer-Rosenthal, W. (2000). Analyse narrativ-biographischer Interviews. In U. Flick, E. v. Kardorff & I. Steinke (Hrsg.), *Qualitative Forschung. Ein Handbuch* (S. 456–467). Reinbek: Rowohlt.

Rößler, W. (1957). *Jugend im Erziehungsfeld.* Düsseldorf.

Schaeper, H. & Witzel, A. (2001). Rekonstruktion einer qualitativen Typologie mit standardisierten Daten. In S. Kluge & U. Kelle (Hrsg.), *Methodeninnovation in der Lebenslaufforschung. Integration qualitativer und quantitativer Verfahren in der Lebenslauf- und Biographieforschung* (S. 217–259). Weinheim: Juventa.

Schatzman, L. & Strauss, A. L. (1973). *Field Research: Strategies for a Natural Sociology.* Englewood Cliffs: Prentice Hall.

Scheibelhofer, E. (2004). Das Problemzentrierte Interview. Möglichkeiten und Grenzen eines Erhebungs- und Auswertungsinstruments. *Zeitschrift Sozialwissenschaften und Berufspraxis, 27,* 75–90.

Scheuch, E. K. (1970). Methoden. In R. König (Hrsg.), *Das Fischer Lexikon Soziologie* (S. 194–224). Frankfurt am Main: Fischer.

Scheuch, E. K. (1973). Das Interview in der Sozialforschung. In R. König (Hrsg.), *Handbuch der empirischen Sozialforschung* (S. 66–190). Stuttgart: Enke.

Schmidt, A., Binder, J. & Deppermann, A. (1998). Ästhetik des Ungeschönten. Skater-Zeitschriften als Dokumentations- und Inszenierungsform einer Jugend-Szene. *Medien praktisch. Medienpädagogische Zeitschrift für die Praxis, 22,* 51–55.

Schmidt, Ch. (2000). Analyse von Leitfadeninterviews. In U. Flick, E. v. Kardorff & I. Steinke (Hrsg.), *Qualitative Forschung. Ein Handbuch* (S. 447–456). Reinbek: Rowohlt.

Schmidt, Ch. (2003). „Am Material". Auswertungstechniken für Leitfaden-Interviews. In B. Friebertshäuser & A. Prengel (Hrsg.), *Handbuch Qualitative Forschungsmethoden in der Erziehungswissenschaft* (S. 544–569). Weinheim: Juventa.

Schmid, S., Hofer, M., Dietz, F., Reinders, H. & Fries, S. (in press). Value Orientations and Action Conflicts in Students' Everyday Life: An Interview Study. *European Journal of Psychology of Education.*

Schmidtchen, G. (1962). *Der Anwendungsbereich betriebssoziologischer Umfragen.* Bern: Huber.

Schorn, A. (2000). Das „themenzentrierte Interview". Ein Verfahren zur Entschlüsselung manifester und latenter Aspekte subjektiver Wirklichkeit. *Forum Qualitative Sozialforschung* [Online verfügbar unter: http://www.qualitative-research.net/index.php/fqs; Stand: 18.05.2016].

Schulze, T. (1993). Biographisch orientierte Pädagogik. In D. Baacke & T. Schulze (Hrsg.), *Aus Geschichten lernen* (S. 13–40). Weinheim: Juventa.

Schütze, F. (1977). *Die Technik des narrativen Interviews in Interaktionsfeldstudien – dargestellt an einem Projekt zur Erforschung von kommunalen Machtstrukturen.* Unpubl. Paper. Bielefeld: Universität Bielefeld.

Selting, M. (2000). Probleme der Transkription verbalen und paraverbalen/prosodischen Verhaltens. In G. Antos, K. Brinker, W. Heinemann & S. Sager (Hrsg.), *Text- und Gesprächslinguistik. Ein internationales Handbuch zeitgenössischer Forschung. 2. Halbband: Gesprächslinguistik.* Berlin: DeGruyter.

Selting, M., Auer, P., Barden, B., Bergmann, J., Couper-Kuhlen, E., Günthner, S., Meier, C., Quasthoff, U., Schlobinski, P. & Uhmann, S. (1998). Gesprächsanalytisches Transkriptionssystem. *Linguistische Berichte, 197,* 91–122. [Online verfügbar unter: http://www.fbls.uni-hannover.de/sdls/schlobi/schrift/GAT/gat.pdf; Stand: 18.05.2016]

Silbereisen, R., Vaskovics, L. & Zinnecker, J. (1997). *Jungsein in Deutschland: Jugendliche und junge Erwachsene 1991 und 1996.* Opladen: Leske + Budrich.

Spranger, E. (1914). *Lebensformen.* Halle: Niemeyer.

Stecher, L. (2003). Jugend als Bildungsmoratorium. Die Sicht der Jugendlichen. In H. Reinders & E. Wild (Hrsg.), *Jugendzeit – Time Out? Zur Ausgestaltung des Jugendalters als Moratorium* (S. 201–218). Opladen: Leske + Budrich.

Stracke, I. (2004). *Einsatz Computer basierter Concept Maps zur Wissensdiagnose in der Chemie.* Münster: Waxmann.

Strauss, A. L. (2007). *Grundlagen qualitativer Sozialforschung. Datenanalyse und Theoriebildung in der empirischen soziologischen Forschung.* München: Fink.

Terhart, E. (2003). Entwicklung und Situation des qualitativen Forschungsansatzes in der Erziehungswissenschaft. In B. Friebertshäuser & A. Prengel (Hrsg.), *Handbuch Qualitative Forschungsmethoden in der Erziehungswissenschaft* (S. 27–42). Weinheim: Juventa.

Thrasher, F. M. (1927). *The Gang.* Chicago: University of Chicago Press.

Tietel, E. (2000). Das Interview als Beziehungsraum. *Forum Qualitative Sozialforschung* [Online verfügbar unter: http://www.qualitative-research.net/index.php/fqs; Stand: 18.05.2016].

Treumann, K. P. (1986). Zum Verhältnis von qualitativer und quantitativer Forschung. Mit einem Ausblick auf neuere Jugendstudien. In W. Heitmeyer (Hrsg.), *Interdisziplinäre Jugendforschung: Fragestellungen, Problemlagen, Neuorientierungen* (S. 193–214). Weinheim: Juventa.

Ulich, D., Haußer, K., Mayring, Ph., Strehmel, P., Kandler, M. & Degenhardt, B. (1985). *Psychologie der Krisenbewältigung. Eine Längsschnittunteruchung mit Arbeitslosen.* Weinheim: Beltz.

Ulich, D. (1994). *Arbeitspsychologie.* Zürich: Schäffer-Poeschel.

Ulichny, P. (1997). When Critical Ethnography and Action Collide. *Qualitative Inquiry, 3,* 139–169.

Vogl, S. (2015). *Interviews mit Kindern führen.* Weinheim: BeltzJuventa.

Weinberg, M. S. & Williams, C. J. (1973). Soziale Beziehungen zu devianten Personen bei der Feldforschung. In J. Friedrichs (Hrsg.), *Teilnehmende Beobachtung abweichenden Verhaltens* (S. 287–298). Weinheim: Beltz.

Weißhaupt, H. (1995). Qualitative Forschung als Forschungstradition. In E. König & P. Zedler (Hrsg.), *Bilanz qualitativer Forschung. Band 1* (S. 75–96). Weinheim: Beltz.

Weller, W. (2003). *HipHop in Sao Paulo und Berlin. Ästhetische Praxis und Ausgrenzungserfahrungen junger Schwarzer und Migranten.* Opladen: Leske + Budrich.

Wiesenfeld, E. (2000). Between Prescription and Action: The Gap between the Theory and Practice of Qualitative Inquiries. *Forum Qualitative Sozialforschung* [Online verfügbar unter: http://www.qualitative-research.net/index.php/fqs; Stand: 18.05.2016].

Wilson, T. P. (1973). Theorien der Interaktion und Modelle soziologischer Erklärung. In Arbeitsgemeinschaft Bielefelder Soziologen (Hrsg.), *Alltagswissen, Interaktion und gesellschaftliche Wirklichkeit, Band 1* (S. 54–79). Reinbek: Rowohlt.

Winterhager-Schmid, L. (2003). Jugendtagebuchforschung. In B. Friebertshäuser & A. Prengel (Hrsg.), *Handbuch Qualitative Forschungsmethoden in der Erziehungswissenschaft* (S. 354–370). Weinheim: Juventa.

Witt, H. (2001). Forschungsstrategien bei quantitativer und qualitativer Sozialforschung. *Forum Qualitative Sozialforschung* [Online verfügbar unter: http://www.qualitative-research.net/index.php/fqs; Stand: 18.05.2016].

Witzel, A. (1982). *Verfahren der qualitativen Sozialforschung. Überblick und Alternativen*. Frankfurt am Main: Campus.

Witzel, A. (1985). Das problemzentrierte Interview. In G. Jüttemann (Hrsg.), *Qualitative Forschung in der Psychologie* (S. 227–255). Weinheim: Beltz.

Witzel, A. (2000). Das problemzentrierte Interview. *Forum Qualitative Sozialforschung* [Online verfügbar unter: http://www.qualitative-research.net/index.php/fqs; Stand: 18.05.2016].

Wolff, S. (2000). Wege ins Feld und ihre Varianten. In U. Flick, E. v. Kardorff & I. Steinke (Hrsg.), *Qualitative Forschung. Ein Handbuch* (S. 334–349). Reinbek: Rowohlt.

Zeiher, H. (2010). Die vielen Räume der Kinder. Zum Wandel räumlicher Lebensbedingungen seit 1945. In U. Preuss-Lausitz (Hrsg.), *Kriegskinder, Konsumkinder, Krisenkinder* (S. 176–195). Weinheim: Juventa.

Zeiher, H. J. & Zeiher, H. (1998). *Orte und Zeiten der Kinder. Soziales Leben im Alltag von Großstadtkindern*. Weinheim: Juventa.

Zinnecker, J. (2001). Fünf Jahrzehnte öffentliche Jugendbefragung in Deutschland. Die Shell-Jugendstudien. In H. Merkens & J. Zinnecker (Hrsg.), *Jahrbuch Jugendforschung 1/2001* (S. 243–278) Opladen: Leske + Budrich.

Zinnecker, J., Behnken, I., Maschke, S. & Stecher, L. (2002). *Null zoff & voll busy: Die erste Jugendgeneration des neuen Jahrhunderts*. Opladen: Leske + Budrich.

# Namensregister

www.ingramcontent.com/pod-product-compliance
Lightning Source LLC
Chambersburg PA
CBHW081737270326
41932CB00020B/3299